# 시나공의
# 합격 알고리즘

할수있어!

## 1과목
### 데이터 이해

## 2과목
### 데이터 분석 기획

**학습 포인트**

- 1과목 2과목은 핵심 이론 암기를 우선으로 준비합니다.

- 문제 유형이 크게 변하지 않고 비슷한 패턴의 문제가 반복 출제되므로, 기출문제를 풀이하며 틀린 문제를 확인하고 보완합니다.

- 키워드를 중심으로 핵심 내용을 암기한 후, 정리 문제를 통해 이론을 탄탄하게 다집니다.

## 3과목
### 데이터 분석

**학습 포인트**

- 3과목은 문제 변형과 새로운 패턴 출제가 많으므로 단순 암기가 아닌 이해 중심의 학습이 필요합니다.

- 3과목을 두 파트로 나누어 학습 효율을 높이고, 동영상 강좌를 추가하여 이해도를 향상시켰습니다.

## 마무리 전략

**학습 포인트**

- 1과목, 2과목은 기출문제 반복 풀이를 통해 실수를 줄이고, 3과목은 출제 의도를 파악하며 깊이 있는 학습을 통해 변형된 문제와 새로운 패턴에 대비해야 합니다.

- 전반적으로 과락에 주의하고 모든 과목을 균형있게 준비하는 것이 합격의 핵심입니다!

# 자주하는 질문(FAQ)

**Q ADsP와 ADP의 차이점은 무엇인가요?**

**A** ADsP(데이터분석 준전문가)는 데이터 분석 기초 역량을 평가하는 자격증으로, 데이터 분석의 기본 개념과 활용 능력을 다룹니다. 반면, ADP(데이터분석 전문가)는 실무 경험을 기반으로 더 심화된 분석 역량과 고급 기법을 평가하는 상위 자격증입니다. ADP는 필기시험과 실기시험 모두를 통과해야 취득할 수 있습니다.

**Q ADsP 시험에 응시하기 위한 자격 조건이 따로 있나요?**

**A** ADsP 시험은 응시 자격에 제한이 없습니다. 데이터 분석에 관심이 있는 누구나 응시할 수 있습니다. 비전공자나 데이터 분석 초보자도 충분히 도전할 수 있는 시험입니다.

**Q ADsP 시험의 합격률은 어느 정도인가요?**

**A** ADsP 시험의 합격률은 매 회차마다 다르지만, 일반적으로 50% 내외로 알려져 있습니다. 이는 시험의 난이도와 응시자의 준비 정도에 따라 변동될 수 있습니다.

**Q ADsP 자격증의 유효기간이 있나요?**

**A** ADsP 자격증은 국가공인 자격증으로, 한 번 취득하면 갱신 없이 평생 유효합니다.

**Q ADsP 자격증이 있으면 어떤 점이 도움이 되나요?**

**A** ADsP는 데이터 분석의 기초 역량을 입증하는 국가공인 자격증으로, 데이터 분석 분야로 진출하고자 하는 취업 준비생, 직장인, 데이터 실무 초보자에게 유용합니다. 최근 ADsP 응시자 수가 급격히 증가하면서 데이터 활용과 분석 역량을 요구하는 모든 분야에서 주목받는 자격증으로 인식되고 있습니다.

**Q ADsP 시험에서 계산기를 사용할 수 있나요?**

**A** ADsP 시험에서는 계산기 사용이 허용되지 않습니다. 하지만 복잡한 계산보다는 간단한 계산 문제가 출제되므로 계산기 없이도 충분히 해결할 수 있습니다.

**Q 시험 대비를 위해 꼭 R을 학습해야 하나요?**

**A** 초기에는 R 문법이 출제되었으나, 현재는 R 문법에 대한 문제는 거의 출제되지 않습니다. 대신, 통계 분석 결과 해석이나 데이터 마이닝 결과를 이해하는 문제가 주로 출제되기 때문에 R의 문법 학습보다는 결과 해석과 분석 개념 이해에 중점을 두어 준비하는 것이 더 중요합니다.

**Q 기출문제만 반복해서 풀면 합격할 수 있나요?**

**A** 기출문제 풀이가 시험 대비에 큰 도움이 됩니다. 하지만, 3과목인 데이터 분석은 문제 변형이 많고 새로운 개념이 계속 추가되기 때문에 깊이 있는 학습이 필요합니다. 또한, 최근 단답형 문제가 폐지되면서 객관식 문제의 난이도가 높아졌기 때문에 기출문제 풀이와 함께 이론 이해와 개념 학습도 반드시 병행해야 합니다.

**Q ADsP 준비 기간은 얼마나 걸리나요?**

**A** 개인별 학습 속도와 배경 지식에 따라 다르지만, 일반적으로 1~2개월 정도의 준비 기간을 권장합니다. 매일 꾸준히 학습하고 기출 문제를 반복 풀이하는 것이 중요합니다.

**Q ADsP 시험문제가 공개되나요?**

**A** ADsP 시험문제는 공식적으로 공개되지 않습니다. 교재에 수록된 기출문제는 수험생들의 기억에 의해 복원되고 재구성된 문제로, 실제 시험문제와 다소 차이가 있을 수 있습니다. 따라서 기출문제를 참고하되, 기본 개념과 분석 방법을 충분히 학습하는 것이 중요합니다.

# 데이터분석 준전문가의 개요

데이터분석 준전문가(ADsP: Advanced Data Analytics Semi-Professional)는 데이터 분석의 기본 지식을 바탕으로 데이터 이해, 분석 기획, 데이터 분석 등의 직무를 수행하는 실무자를 대상으로 하는 국가공인 자격증입니다.

## 1. 시험 개요

① 자격명: 데이터분석 준전문가(ADsP)
② 주관 기관: 한국데이터산업진흥원(K-DATA)
③ 시험 형태: 필기시험(PBT: Paper Based Test)
④ 응시 자격: 제한 없음

## 2. 시험주요내용

ADsP 시험은 총 3과목으로 구성되며, 각 과목은 다음과 같은 주요 항목을 포함합니다.

| 구분 | 과목명 | 주요 항목 |
|------|--------|-----------|
| 1과목 | 데이터 이해 | 데이터 및 데이터베이스 활용 / 빅데이터 개념 / 데이터 사이언스와 데이터 사이언티스트 |
| 2과목 | 데이터 분석 기획 | 분석 기획 및 방향성 설정 / 분석 과제 발굴 / 분석 프로젝트 관리 및 거버넌스 체계 |
| 3과목 | 데이터 분석 | R기초 및 데이터마트 / 통계 기초 / 정형 데이터 마이닝 |

## 3. 출제 문항 및 배점

① 총 문항 수: 50문항 (모두 객관식)
② 배점: 총 100점 (각 문항당 2점)
③ 시험 시간: 90분

| 구분 | 과목명 | 문항수 | 배점 |
|------|--------|--------|------|
| 1과목 | 데이터 이해 | 10문항 | 20점 |
| 2과목 | 데이터 분석 기획 | 10문항 | 20점 |
| 3과목 | 데이터 분석 | 30문항 | 60점 |

## 4. 합격 기준

① 총점 60점 이상
② 과목별 40% 미만 득점 시 과락

\* 자세한 내용은 한국데이터산업진흥원 공식 웹사이트를 참고하시기 바랍니다.

## 키워드 학습

출제가 반복되는 키워드를 핵심으로 묶어 시험에 나오는 내용만 공부할 수 있습니다.

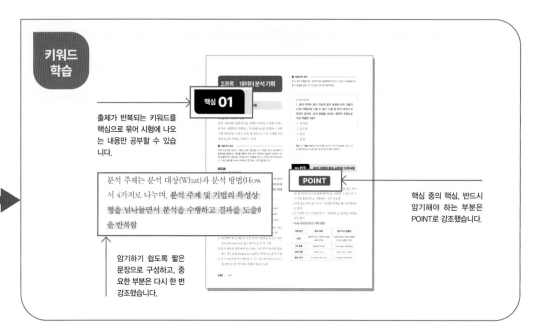

핵심 **01**

분석 주제는 분석 대상(What)과 분석 방법(How 서 4가지로 나누며, 분석 주제 및 기법의 특성상 형을 넘나들면서 분석을 수행하고 결과를 도출함 을 반복함

암기하기 쉽도록 짧은 문장으로 구성하고, 중요한 부분은 다시 한 번 강조했습니다.

POINT

핵심 중의 핵심, 반드시 암기해야 하는 부분은 POINT로 강조했습니다.

## 패턴 학습

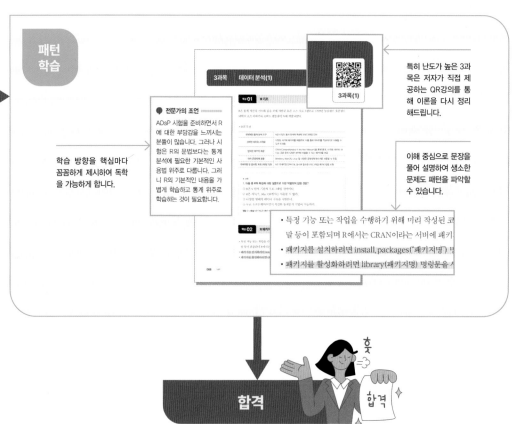

특히 난도가 높은 3과목은 저자가 직접 제공하는 QR강의를 통해 이론을 다시 정리해드립니다.

학습 방향을 핵심마다 꼼꼼하게 제시하여 독학을 가능하게 합니다.

이해 중심으로 문장을 풀어 설명하여 생소한 문제도 패턴을 파악할 수 있습니다.

합격

2025 시나공 × 합격의 정석

ADsP
데이터분석
준전문가
기출문제의 재구성

이상미 지음

길벗

지은이 이상미

화학, 컴퓨터공학, 통계학을 전공하고, 현재 세종사이버대학교에서 데이터 분석 관련 과목을 강의하고 있습니다. 서울대, 아주대, 동국대, 한기대, 부산대, 가천대 등의 대학에서 ADsP 특강을 진행하였으며, 에듀피디, 에듀인소프트, 마소캠퍼스 등 다양한 교육 플랫폼에서 ADsP와 빅데이터분석기사 등의 온라인 강의를 제공하고 있습니다.

학생들과 소통하며 따뜻한 강의를 만들어가는 것을 중요하게 생각하며, 데이터 분석을 보다 쉽고 친근하게 전달하기 위해 노력하고 있습니다.

## 시나공 ADsP 데이터분석 준전문가 기출문제의 재구성

**초판 1쇄 발행** · 2025년 3월 24일

**지은이** · 이상미
**발행인** · 이종원
**발행처** · (주)도서출판 길벗
**출판사 등록일** · 1990년 12월 24일
**주소** · 서울시 마포구 월드컵로 10길 56(서교동)
**대표 전화** · 02)332-0931 | **팩스** · 02)323-0586
**홈페이지** · www.gilbut.co.kr | **이메일** · gilbut@gilbut.co.kr

**기획 및 책임편집** · 임은정(eunjeong@gilbut.co.kr) | **디자인** · 강은경 | **제작** · 이준호, 손일순, 이진혁
**웹마케팅** · 조승모, 유영은, 정혜린 | **영업관리** · 김명자 | **독자지원** · 윤정아 | **유통혁신** · 한준희

**감수** · 김유태 | **전산편집** · 도설아 | **CTP 출력 및 인쇄** · 금강인쇄 | **제본** · 금강제본

© 이상미, 2025
ISBN 979-11-407-1295-3 13000 (길벗 도서번호 030896)
정가 25,000원

**독자의 1초를 아껴주는 정성 길벗출판사**
**(주)도서출판 길벗** | (주)도서출판 길벗 IT단행본, 성인어학, 교과서, 수험서, 경제경영, 교양, 자녀교육, 취미실용 www.gilbut.co.kr
**길벗스쿨** | 국어학습, 수학학습, 주니어어학, 어린이단행본, 학습단행본 www.gilbutschool.co.kr
**시나공 홈페이지** www.sinagong.co.kr

모든 것이 데이터가 된다. 특히 거짓말이.

말이 데이터다. 클릭이 데이터다. 링크가 데이터다. 오타가 데이터다.

꿈속 바나나가 데이터다. 어조가 데이터다. 숨소리가 데이터다.

심박이 데이터다. 비장의 크기가 데이터다. 사진 역시 데이터다.

그리고 검색어는 그 무엇보다 많은 것을 드러내주는 데이터다.

(출처: 세스 스티븐스 다비도위츠, 『모두 거짓말을 한다』)

우리는 그 모든 것이 데이터가 되는 시대에 살고 있습니다. 말 한마디, 클릭 한 번, 검색어 하나까지 모든 것이 기록되고, 데이터로 변환됩니다. 데이터는 단순한 기록을 넘어 인사이트를 발견하고, 가치를 창출하며, 의사결정을 이끄는 중요한 자산이 되었습니다.

데이터가 모든 것을 이끄는 이 시대, 데이터를 이해하고 분석하는 역량은 이제 선택이 아닌 필수입니다. 데이터분석 준전문가(ADsP)는 데이터 분석을 처음 시작하는 사람들에게 기본기를 다지고, 데이터 분석에 필요한 개념을 체계적으로 익힐 수 있는 유용한 자격증입니다.

## 이 책의 목표와 특징

이 책은 데이터분석 준전문가(ADsP) 시험을 준비하는 수험생들이 최대한 효율적으로 시험에 대비할 수 있도록 돕기 위해 기획되었습니다. 이 책은 단순한 이론 학습을 넘어, 실제 시험 준비 과정에서 실질적인 도움을 제공하고자 다음과 같은 특징을 담았습니다.

### 1. 효율적인 학습 설계

ADsP 시험을 최대한 빠르게 준비할 수 있도록 핵심 내용과 출제 경향을 중심으로 정리했습니다. 이 책은 방대한 내용을 효과적으로 학습할 수 있도록 구성되어 있습니다.

### 2. 기출문제 기반의 체계적 정리

그간 출제된 기출문제를 철저히 분석하여 1과목과 2과목에서는 반복 출제된 내용을 간결하고 명료하게 정리했습니다. 3과목에서는 단순 암기가 아닌 이해를 목표로 핵심 개념을 풀어쓰고 설명하였으며, 문제의 변형이 있더라도 해결할 수 있도록 구성했습니다.

### 3. 전문가의 조언

'전문가의 조언'을 통해 출제 경향과 시험 패턴을 소개하고, 시험을 효과적으로 준비할 수 있는 방향성을 제시했습니다.

이 책은 수험생들이 ADsP 시험의 핵심 내용을 빠르게 이해하고 실전에 대비할 수 있도록 돕는 가장 실용적인 길잡이가 될 것입니다.

이상미

# 차례

## 1과목 　데이터의 유형

## 2과목 　데이터 분석 기획

## 3과목    데이터 분석(1)

## 3과목  데이터 분석(2)

## 최신기출문제

# 이 책의 구성과 활용 방법

이 책은 총 4개의 파트로 1과목, 2과목, 3과목, 최신기출문제로 구성되어 있습니다. 1과목과 2과목은 반복 출제된 내용을 간결하고 명료하게 정리해서 단기간 학습이 가능하도록 구성했습니다. 수험생들이 가장 어려워하는 3과목은 출제 문제 비중이 제일 높은 과목으로 이해를 목표로 핵심 개념을 풀어쓰고 설명했습니다.

출제가 반복된 이론만 핵심으로 묶어 시험에 나오는 내용만 공부할 수 있습니다.

핵심of핵심!!!
POINT 체크가 되어 있는 이론은 꼭 암기하고 넘어가세요.

특히 난도가 높은 3과목은 저자가 직접 제공하는 QR 강의를 통해 체계적으로 설명하고 정리해드립니다.

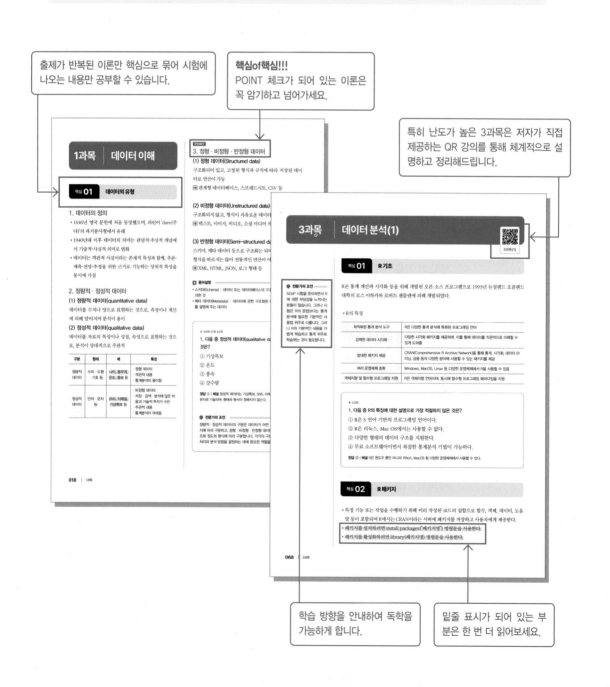

학습 방향을 안내하여 독학을 가능하게 합니다.

밑줄 표시가 되어 있는 부분은 한 번 더 읽어보세요.

각 과목의 이론 학습 후 정리문제를 풀며 내용을 복습하고, 최신기출문제를 통해 실전 감각을 익히면 합격에 한 발 더 다가갈 수 있습니다.

총 120개의 정리문제, 10회분의 최신기출문제로 학습했던 내용을 복습하고 정리합니다.

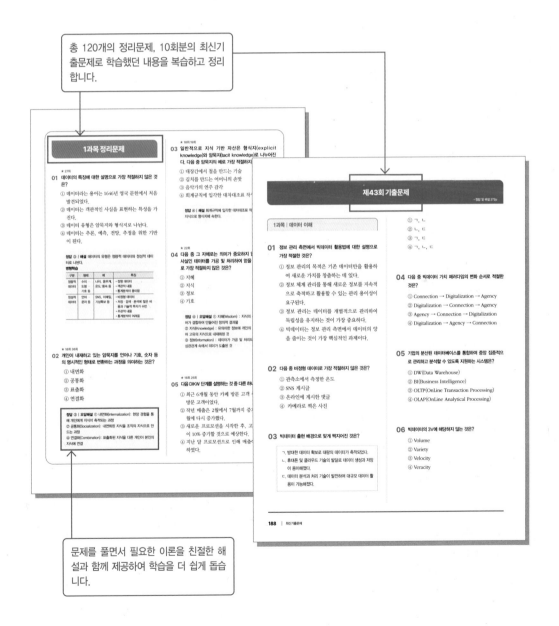

문제를 풀면서 필요한 이론을 친절한 해설과 함께 제공하여 학습을 더 쉽게 돕습니다.

# 데이터분석 준전문가(ADsP) 개요

데이터분석 준전문가(ADsP: Advanced Data Analytics Semi-Professional)는 데이터 분석의 기본 지식을 바탕으로 데이터 이해, 분석 기획, 데이터 분석 등의 직무를 수행하는 실무자를 대상으로 하는 국가공인 자격증입니다.

## 1. 시험 개요

① 자격명: 데이터분석 준전문가(ADsP)

② 주관 기관: 한국데이터산업진흥원(K-DATA)

③ 시험 형태: 필기시험(PBT: Paper Based Test)

④ 응시 자격: 제한 없음

## 2. 시험주요내용

ADsP 시험은 총 3과목으로 구성되며, 각 과목은 다음과 같은 주요 항목을 포함합니다.

| 구분 | 과목명 | 주요 항목 |
|---|---|---|
| 1과목 | 데이터 이해 | 데이터 및 데이터베이스 활용 / 빅데이터 개념 / 데이터 사이언스와 데이터 사이언티스트 |
| 2과목 | 데이터 분석 기획 | 분석 기획 및 방향성 설정 / 분석 과제 발굴 / 분석 프로젝트 관리 및 거버넌스 체계 |
| 3과목 | 데이터 분석 | R기초 및 데이터마트 / 통계 기초 / 정형 데이터 마이닝 |

## 3. 출제 문항 및 배점

① 총 문항 수: 50문항 (모두 객관식)

② 배점: 총 100점 (각 문항당 2점)

③ 시험 시간: 90분

| 구분 | 과목명 | 문항수 | 배점 |
|---|---|---|---|
| 1과목 | 데이터 이해 | 10 문항 | 20점 |
| 2과목 | 데이터 분석 기획 | 10 문항 | 20점 |
| 3과목 | 데이터 분석 | 30 문항 | 60점 |

## 4. 합격 기준

① 총점 60점 이상

② 과목별 40% 미만 득점 시 과락

* 자세한 내용은 한국데이터산업진흥원 공식 웹사이트를 참고하시기 바랍니다.

# 시험 응시 전략

ADsP 시험은 과목별 과락 없이 총점 60점 이상을 획득해야 합격할 수 있으므로 모든 과목을 균형 있게 학습하는 것이 중요합니다. 특히 3과목은 난이도가 상대적으로 높기 때문에, 1과목과 2과목에서 확실히 고득점을 확보하는 것이 합격의 핵심 전략입니다.

## 1과목 데이터 이해

- 핵심 이론 암기를 우선으로 준비해야 합니다.
- 비슷한 패턴의 문제들이 반복 출제되므로 기출문제를 반복해서 풀이하며 틀린 문제를 확인하고 보완하는 것이 중요합니다.
- 이론 중심이기 때문에 주요 개념과 용어를 확실히 정리해 두면 고득점이 가능합니다.

## 2과목 데이터 분석 기획

- 1과목과 마찬가지로 핵심 이론을 암기하면서 기출문제 풀이를 병행해야 합니다.
- 문제 유형이 크게 변하지 않기 때문에 반복 출제되는 내용을 정확히 이해하면 고득점을 노릴 수 있습니다.
- 기출문제에서 틀린 부분을 꼼꼼하게 학습하여 실수를 최소화하는 것이 중요합니다.

## 3과목 데이터 분석

- 3과목은 문제 변형과 새로운 패턴 출제가 많으므로 단순 암기가 아닌 이해 중심의 학습이 필요합니다.

| 구분 | 주요 항목 |
|---|---|
| R기초와 데이터 마트 | • R 문법은 거의 출제되지 않으므로 문법 학습에 시간을 많이 투자할 필요는 없습니다.<br>• 데이터 마트, 결측값 처리, 이상값 탐색 등은 출제 빈도가 높으므로 집중 학습해야 합니다.<br>• 분석 코드의 의도와 결과 해석에 초점을 맞추어 학습하면 충분히 대비할 수 있습니다. |
| 통계분석 | • 단순 암기보다는 기본 원리와 개념 이해를 통해 결과 해석의 의미를 파악하는 것이 중요합니다.<br>• 기초 통계 이론의 개념을 확실히 학습한 후 기출문제를 풀어보세요.<br>• 특히 기술통계, 평균 검정, 상관분석, 회귀분석 등은 분석 실행 결과를 해석하는 문제가 자주 출제됩니다. |
| 정형 데이터 마이닝 | • 주요 알고리즘(분류, 군집, 연관 분석 등)의 특징과 원리를 확실히 이해해야 합니다.<br>• 알고리즘이 어떤 상황에서 사용되는지, 알고리즘의 특징이 무엇인지 이해해야 문제 변형에 대비할 수 있습니다. |

## 마무리 전략

1과목과 2과목은 기출문제 반복 풀이를 통해 실수를 줄이고, 3과목은 출제 의도를 파악하며 깊이 있는 학습을 통해 변형된 문제와 새로운 패턴에 대비해야 합니다. 전반적으로 과락에 주의하고 모든 과목을 균형 있게 준비하는 것이 합격의 핵심입니다.

# R의 설치

R은 통계 분석과 데이터 시각화를 위해 개발된 프로그래밍 언어입니다. 다양한 통계 기능과 확장 가능한 패키지를 제공해 데이터 분석, 시각화, 머신러닝 등 여러 분야에서 널리 활용되는 언어입니다.

① http://www.r-project.org/에서 "Download R"을 클릭

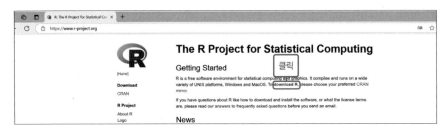

② Korea https://cran.yu.ac.kr/을 클릭

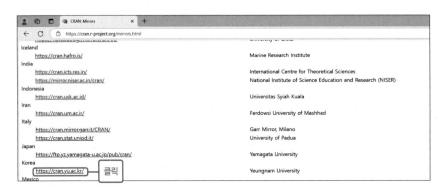

③ "Download R for Windows" 클릭

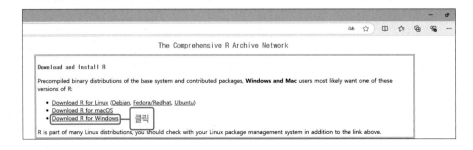

④ "base" 클릭

Subdirectories:

| | |
|---|---|
| base 클릭 | Binaries for base distribution. This is what you want to **install R for the first time**. |
| contrib | Binaries of contributed CRAN packages (for R >= 4.0.x). |
| old contrib | Binaries of contributed CRAN packages for outdated versions of R (for R < 4.0.x). |
| Rtools | Tools to build R and R packages. This is what you want to build your own packages on Windows, or to build R itself. |

Please do not submit binaries to CRAN. Package developers might want to contact Uwe Ligges directly in case of questions / suggestions related to Windows binaries.

You may also want to read the R FAQ and R for Windows FAQ.

Note: CRAN does some checks on these binaries for viruses, but cannot give guarantees. Use the normal precautions with downloaded executables.

⑤ "Download R-4.4.2 for Windows" 클릭

Download R-4.4.2 for Windows (83 megabytes, 64 bit)  클릭
README on the Windows binary distribution
New features in this version

This build requires UCRT, which is part of Windows since Windows 10 and Windows Server 2016. On older systems, UCRT has to be installed manually from here.

If you want to double-check that the package you have downloaded matches the package distributed by CRAN, you can compare the md5sum of the .exe to the f
master server.

⑥ 설치 실행 파일 더블클릭 후 설치를 완료

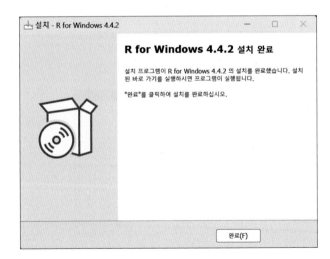

# R Studio의 설치

R 프로그래밍 언어를 위한 통합 개발 환경(IDE)으로 코드 작성, 코드 실행 및 디버깅, 시각화, 도움말 등을 지원하는 편리한 프로그램입니다.

① https://posit.co/download/rstudio-desktop/

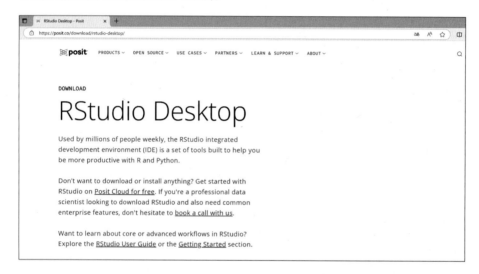

② 화면 아래로 스크롤하여 운영체제에 맞는 파일을 선택하여 다운로드

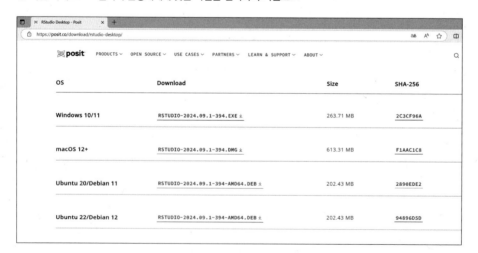

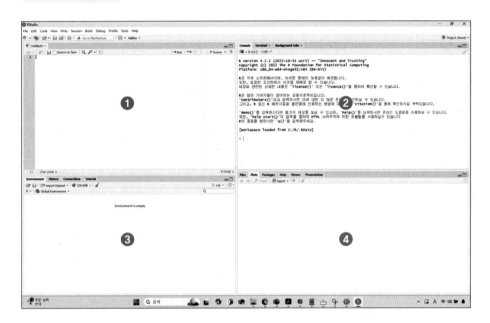

❶ 스크립트 창 : 스크립트를 작성하고 편집

❷ 콘솔 창 : 스크립트를 실행한 결과를 확인

❸ 환경 및 히스토리 : 현재 R 세션에서 사용되고 있는 변수들의 목록과 값을 확인, 이전에 실행한 R 코드의 목록 확인

❹ 파일/플롯/패키지/헬프/뷰어 : 작업 디렉토리의 파일들을 관리, R로 생성한 그래픽을 확인, 설치된 R 패키지의 목록을 확인, 도움말을 확인, HTML 문서나 웹 페이지를 확인

---

| T I P | **R Studio에서 명령어 실행하는 방법** |

- 한 줄만 실행 : Ctrl + Enter 또는 ⇥ Run 클릭
- 여러 줄을 실행 : 블록 지정 후 Ctrl + Enter
- 주석문은 #을 이용(# 이후의 내용은 주석으로 간주하여 실행하지 않음)
- 도움말 : ? 명령어 또는 help(명령어)

# 자주하는 질문(FAQ)

**Q ADsP와 ADP의 차이점은 무엇인가요?**

**A** ADsP(데이터분석 준전문가)는 데이터 분석 기초 역량을 평가하는 자격증으로, 데이터 분석의 기본 개념과 활용 능력을 다룹니다. 반면, ADP(데이터분석 전문가)는 실무 경험을 기반으로 더 심화된 분석 역량과 고급 기법을 평가하는 상위 자격증입니다. ADP는 필기시험과 실기시험 모두를 통과해야 취득할 수 있습니다.

**Q ADsP 시험에 응시하기 위한 자격 조건이 따로 있나요?**

**A** ADsP 시험은 응시 자격에 제한이 없습니다. 데이터 분석에 관심이 있는 누구나 응시할 수 있습니다. 비전공자나 데이터 분석 초보자도 충분히 도전할 수 있는 시험입니다.

**Q ADsP 시험의 합격률은 어느 정도인가요?**

**A** ADsP 시험의 합격률은 매 회차마다 다르지만, 일반적으로 50% 내외로 알려져 있습니다. 이는 시험의 난이도와 응시자의 준비 정도에 따라 변동될 수 있습니다.

**Q ADsP 자격증의 유효기간이 있나요?**

**A** ADsP 자격증은 국가공인 자격증으로, 한 번 취득하면 갱신 없이 평생 유효합니다.

**Q ADsP 자격증이 있으면 어떤 점이 도움이 되나요?**

**A** ADsP는 데이터 분석의 기초 역량을 입증하는 국가공인 자격증으로, 데이터 분석 분야로 진출하고자 하는 취업 준비생, 직장인, 데이터 실무 초보자에게 유용합니다. 최근 ADsP 응시자 수가 급격히 증가하면서 데이터 활용과 분석 역량을 요구하는 모든 분야에서 주목받는 자격증으로 인식되고 있습니다.

**Q ADsP 시험에서 계산기를 사용할 수 있나요?**

**A** ADsP 시험에서는 계산기 사용이 허용되지 않습니다. 하지만 복잡한 계산보다는 간단한 계산 문제가 출제되므로 계산기 없이도 충분히 해결할 수 있습니다.

**Q 시험 대비를 위해 꼭 R을 학습해야 하나요?**

**A** 초기에는 R 문법이 출제되었으나, 현재는 R 문법에 대한 문제는 거의 출제되지 않습니다. 대신, 통계 분석 결과 해석이나 데이터 마이닝 결과를 이해하는 문제가 주로 출제되기 때문에 R의 문법 학습보다는 결과 해석과 분석 개념 이해에 중점을 두어 준비하는 것이 더 중요합니다.

**Q 기출문제만 반복해서 풀면 합격할 수 있나요?**

**A** 기출문제 풀이가 시험 대비에 큰 도움이 됩니다. 하지만, 3과목인 데이터 분석은 문제 변형이 많고 새로운 개념이 계속 추가되기 때문에 깊이 있는 학습이 필요합니다. 또한, 최근 단답형 문제가 폐지되면서 객관식 문제의 난이도가 높아졌기 때문에 기출문제 풀이와 함께 이론 이해와 개념 학습도 반드시 병행해야 합니다.

**Q ADsP 준비 기간은 얼마나 걸리나요?**

**A** 개인별 학습 속도와 배경 지식에 따라 다르지만, 일반적으로 1~2개월 정도의 준비 기간을 권장합니다. 매일 꾸준히 학습하고 기출 문제를 반복 풀이하는 것이 중요합니다.

**Q ADsP 시험문제가 공개되나요?**

**A** ADsP 시험문제는 공식적으로 공개되지 않습니다. 교재에 수록된 기출문제는 수험생들의 기억에 의해 복원되고 재구성된 문제로, 실제 시험문제와 다소 차이가 있을 수 있습니다. 따라서 기출문제를 참고하되, 기본 개념과 분석 방법을 충분히 학습하는 것이 중요합니다.

# 1과목

이 과목은 데이터의 정의와 유형, 데이터베이스 활용, 빅데이터 기본 개념, 데이터 사이언스의 주요 내용을 다룬다. 데이터 분석에 필요한 기초 이론과 기본 개념을 이해하는 데 초점이 맞춰져 있다.

**준비 요령**

관련 용어를 정확히 익히고, 기출문제를 반복적으로 풀어 출제 경향에 익숙해지는 것이 중요하다. 핵심 개념을 간단히 정리해 자주 복습하는 것도 효과적이다.

# 1과목 | 데이터 이해

## 핵심 01 데이터의 유형

### 1. 데이터의 정의
- 1646년 영국 문헌에 처음 등장했으며, 라틴어 'dare(주다)'의 과거분사형에서 유래
- 1940년대 이후 데이터의 의미는 관념적·추상적 개념에서 기술적·사실적 의미로 변화
- 데이터는 객관적 사실이라는 존재적 특성과 함께, 추론·예측·전망·추정을 위한 근거로 기능하는 당위적 특성을 동시에 가짐

### 2. 정량적 · 정성적 데이터

**(1) 정량적 데이터(quantitative data)**
데이터를 수치나 양으로 표현하는 것으로, 측정이나 계산에 의해 얻어지며 분석이 용이

**(2) 정성적 데이터(qualitative data)**
데이터를 자료의 특성이나 성질, 속성으로 표현하는 것으로, 분석이 상대적으로 주관적

| 구분 | 형태 | 예 | 특징 |
|---|---|---|---|
| 정량적 데이터 | 수치 · 도형 · 기호 등 | 나이, 몸무게, 온도, 풍속 등 | · 정형 데이터<br>· 객관적 내용<br>· 통계분석이 용이함 |
| 정성적 데이터 | 언어 · 문자 등 | SNS, 이메일, 기상특보 등 | · 비정형 데이터<br>· 저장 · 검색 · 분석에 많은 비용과 기술적 투자가 수반<br>· 주관적 내용<br>· 통계분석이 어려움 |

POINT
### 3. 정형 · 비정형 · 반정형 데이터

**(1) 정형 데이터(Structured data)**
구조화되어 있고, 고정된 형식과 규칙에 따라 저장된 데이터로 연산이 가능
예 관계형 데이터베이스, 스프레드시트, CSV 등

**(2) 비정형 데이터(Unstructured data)**
구조화되지 않고, 형식이 자유로운 데이터로 연산 불가능
예 텍스트, 이미지, 비디오, 소셜 미디어 게시물 등

**(3) 반정형 데이터(Semi−structured data)**
스키마, 메타 데이터 등으로 구조화는 되어 있지만, 일정한 형식을 따르지는 않아 전통적인 연산이 어려운 데이터
예 XML, HTML, JSON, 로그 형태 등

**🅰 용어설명**
- 스키마(Schema) : 데이터 또는 데이터베이스의 구조, 형식, 관계 등을 정의한 것
- 메타 데이터(Metadata) : 데이터에 관한 구조화된 데이터로 다른 데이터를 설명해 주는 데이터

---

★ 20회 21회 42회

**1. 다음 중 정성적 데이터(qualitative data)에 속하는 것은?**

① 기상특보
② 온도
③ 풍속
④ 강수량

**정답** ① | **해설** 정성적 데이터는 기상특보, SNS, 이메일과 같이 언어나 문자로 기술되며, 형태와 형식이 정해지지 않는다.

---

**● 전문가의 조언**
정량적 · 정성적 데이터의 구분은 데이터가 어떤 형태로 표현되는지에 따라 구분하고, 정형 · 비정형 · 반정형 데이터는 데이터의 구조화 정도와 형식에 따라 구분합니다. 각각의 구분 방식은 데이터 처리와 분석 방법을 결정하는 데에 중요한 역할을 합니다.

## 핵심 02 암묵지와 형식지

### (1) 암묵지(tacit knowledge)
- 학습과 체험을 통해 개인에게 습득된 무형의 지식
- 외부에 표출되거나 다른 사람에게 공유되기 어려운 단점을 가짐 예 김장김치 담그기, 자전거 타기 등

### (2) 형식지(explicit knowledge)
- 형상화된 지식으로 유형의 대상이 있어 지식의 전달과 공유가 매우 용이 예 교과서, 매뉴얼, 비디오, DB 등

**POINT**
### (3) 암묵지와 형식지의 상호작용
① 내면화(Internalization)
  현장 경험을 통해 개인에게 지식이 축적되는 과정
② 공통화(Socialization)
  내면화된 지식을 조직의 지식으로 만드는 과정
③ 표출화(Externalization)
  개인의 암묵지를 언어나 기호, 숫자 등의 형태로 표현하는 과정
④ 연결화(Combination)
  표출된 지식을 다른 개인이 본인의 지식에 연결하는 과정

---

★ 17회 23회 26회

**1. 다음 중 암묵지와 형식지의 상호작용 관계로 가장 적절한 것은?**

① 내면화 → 연결화 → 표출화 → 공통화
② 표출화 → 공통화 → 내면화 → 연결화
③ 공통화 → 표출화 → 연결화 → 내면화
④ 연결화 → 표출화 → 공통화 → 내면화

**정답** ③ | **해설** 암묵지와 형식지의 상호작용은 내면화 → 공통화 → 표출화 → 연결화가 상호 순환되며 어떤 것부터 시작해도 상관이 없이 순환된다.

● **전문가의 조언**
내-공-표-연으로 암기합니다. 내면화, 공통화, 표출화, 연결화는 4가지 과정이 순환되므로 어떤 것부터 시작되어도 상관없습니다. 순서를 반드시 기억해야 합니다.

---

## 핵심 03 DIKW 피라미드

데이터, 정보, 지식을 통해 최종적으로 지혜를 얻어내는 과정을 계층 구조로 설명한 것

| | |
|---|---|
| 지혜<br>(Wisdom) | 지식의 축적과 아이디어가 결합된 **창의적 산물**<br>예 A마트의 다른 상품들도 B마트보다 쌀 것이라고 판단 |
| 지식<br>(Knowledge) | 유의미한 정보에 **개인적인 경험을 결합**하여 예측<br>예 상대적으로 저렴한 A마트에서 연필을 사야겠다. |
| 정보<br>(Information) | 데이터의 **가공과 상관관계**를 통해 의미를 부여<br>예 A마트의 연필가격이 더 싸다. |
| 데이터<br>(Data) | 다른 데이터와의 상관관계가 없는 가공 전의 **객관적인 값**<br>예 A마트는 100원, B마트는 200원에 연필을 판매한다. |

---

★ 28회 30회 31회 37회 42회

**1. DIKW 피라미드는 데이터, 정보, 지식, 지혜를 얻어내는 과정을 계층 구조로 설명한다. 아래 예시를 알맞게 연결한 것을 고르시오.**

〈아래〉
(a) : A마트는 100원에, B마트는 200원에 연필을 판매한다.
(b) : A마트의 연필 가격이 더 싸다.
(c) : 상대적으로 저렴한 A마트에서 연필을 사야겠다.

① (a) : 데이터, (b) : 정보, (c) : 지식
② (a) : 데이터, (b) : 지식, (c) : 지혜
③ (a) : 지식, (b) : 정보, (c) : 지혜
④ (a) : 정보, (b) : 지식, (c) : 지혜

정답 ①

## 핵심 04 데이터베이스의 정의와 특징

### (1) 데이터베이스의 정의

문자, 기호, 이미지, 영상 등 서로 연관된 다수의 콘텐츠를 정보처리 및 정보통신 기기를 통해 체계적으로 수집, 축적하여 다양한 방법으로 이용할 수 있도록 정리한 정보의 집합체

**POINT**

### (2) 데이터베이스의 특징

- 통합된 데이터(Integrated data) : 데이터베이스 내에 중복을 최소화하도록 데이터가 구성됨
- 저장된 데이터(Stored data) : 컴퓨터가 접근 가능한 저장 매체에 데이터가 보관됨
- 공용 데이터(Shared data) : 여러 사용자가 다른 목적으로 데이터베이스의 정보를 공동으로 이용함
- 변화하는 데이터(Changeable data) : 데이터의 삽입, 갱신, 삭제로 항상 변화하면서도 현재의 정확한 정보를 유지함

**잠 깐 만 요**

**데이터베이스의 독립성**

- 물리적 독립성 : 데이터베이스의 물리적 저장 방식이나 구조가 변경되더라도 응용 프로그램에는 영향을 미치지 않는 특성
- 논리적 독립성 : 데이터베이스의 논리적 구조나 스키마가 변경되더라도 응용 프로그램에는 영향을 미치지 않는 특성

★ 20회 30회 31회 33회 36회 42회

**1. 다음 중 데이터베이스의 일반적인 특징에 대한 설명으로 가장 적절하지 않은 것은?**

① 데이터베이스는 통합된 데이터이다. 이것은 동일한 내용의 데이터 중복을 최소화하도록 설계된다는 것을 의미한다.

② 데이터베이스는 저장된 데이터이다. 이것은 자기디스크나 클라우드 스토리지 등과 같이 컴퓨터가 접근할 수 있는 저장 매체에 저장되는 것을 의미한다.

③ 데이터베이스는 공용 데이터이다. 이것은 여러 사용자가 서로 다른 목적으로 데이터베이스의 데이터를 공동으로 이용되는 것을 의미한다.

④ 데이터베이스는 정량 데이터이다. 이것은 저장, 검색, 분석이 용이하게 수치로 명확하게 표현되는 것을 의미한다.

**정답** ④ | **해설** 데이터베이스는 단순히 수치로 표현되는 정량 데이터만을 저장, 검색, 분석하는 것이 아니며, 수치 데이터뿐만 아니라 텍스트, 날짜, 이미지 등 다양한 형태와 유형의 데이터를 포함할 수 있다.

★ 30회 31회 36회

**2. 다음 중 데이터베이스의 특징으로 가장 적절하지 않은 것은?**

① 응용 프로그램 종속성

② 데이터의 무결성 유지

③ 프로그래밍 생산성 향상

④ 데이터 중복성 최소화

**정답** ① | **해설** 데이터베이스는 응용 프로그램과 독립적으로, 응용 프로그램에 영향을 주지 않고 데이터베이스 논리적 구조를 변경할 수 있어야 한다.

데이터베이스 관리 시스템(DBMS)

## 1. DBMS(DataBase Management System)

데이터베이스를 관리하여 응용 프로그램들이 데이터베이스를 공유하며 사용할 수 있는 환경을 제공하는 소프트웨어

• DBMS의 종류

| 관계형 DBMS (RDBMS) | 데이터를 행(row)과 열(column)을 이루는 하나 이상의 테이블로 정리하는 DBMS<br>예 오라클, MS-SQL, MySQL 등 |
|---|---|
| 객체지향 DBMS (OODBMS) | 객체 형태로 표현하는 데이터베이스 모델로 사용자 정의 데이터 및 멀티미디어 데이터 등 복잡한 구조를 표현 관리하는 DBMS |

## 2. 데이터베이스의 설계 순서

• 요구 조건 분석 : 데이터베이스가 해결하려는 문제와 요구 조건을 파악하는 단계
• 개념적 설계 : 개념적 스키마를 만들고 ER(Entity-Relationship) 다이어그램 등을 사용하여 데이터와 그 사이의 관계를 정리하는 단계
• 논리적 설계 : 특정 DBMS에 맞게 테이블과 필드, 인덱스 등을 정의하고 정규화 과정을 진행
• 물리적 설계 : 실제로 저장장치에 어떻게 저장할 것인지 결정하는 단계
• 구현 : 실제 DBMS에 데이터베이스를 생성하고, 작동하는지 검증하는 단계

## 3. SQL(Structured Query Language)

데이터베이스를 사용할 때 데이터베이스에 접근할 수 있는 데이터베이스의 하부 언어

• SQL의 종류

| 데이터 정의어 (DDL) | CREATE(생성), ALTER(변경), DROP(제거) |
|---|---|
| 데이터 조작어 (DML) | SELECT(검색), INSERT(삽입), UPDATE(갱신), DELETE(삭제) |
| 데이터 제어어 (DCL) | GRANT(권한 부여), REVOKE(권한 취소) |

## 4. NoSQL

관계형 데이터베이스의 한계를 극복하기 위해 개발된 비관계형 데이터베이스 관리 시스템

예 MongoDB, Cassandra, Hbase, Redis 등

---

★ 23회 35회

**1. 사용자와 데이터베이스 사이에서 사용자의 요구에 따라 정보를 처리해주고 데이터베이스를 관리해주는 소프트웨어는?**

① DBMS
② Data Dictionary
③ SQL
④ ERD

**정답** ① | **해설** DBMS(DataBase Management System)는 데이터베이스를 관리하여 응용 프로그램들이 데이터베이스를 공유하며 사용할 수 있는 환경을 제공하는 소프트웨어이다.
**오답해설**
② Data Dictionary(데이터 사전): 데이터베이스의 구조와 특성에 대한 정보를 저장하는 메타 데이터의 모음
③ SQL(Structured Query Language): 관계형 데이터베이스 관리 시스템(RDBMS)에서 데이터를 관리하고 질의하는 데 사용되는 표준화된 프로그래밍 언어
④ ERD(Entity-Relationship Diagram): 데이터베이스의 논리적 구조를 그래픽으로 표현한 다이어그램

---

★ 17회 20회 33회

**2. 다음 중 NoSQL 데이터베이스가 아닌 것은?**

① HBase
② MongoDB
③ MySQL
④ Cassandra

**정답** ③ | **해설** MySQL은 관계형 데이터베이스 관리 시스템(RDBMS)으로, 전통적인 SQL을 사용하여 데이터를 처리하는 시스템이며 NoSQL 데이터베이스가 아니다. NoSQL에는 MongoDB, Cassandra, Hbase, Redis 등이 포함된다.

데이터웨어하우스(Datawarehouse/DW)

- 단순히 데이터만이 아니라 분석 방법까지 포함하여 조직 내에서 의사결정을 할 수 있도록 데이터를 통합하여 저장하고 관리하는 데이터베이스로 주로 정형 데이터를 기반으로 함
- 주제 지향성, 데이터 통합, 데이터 시계열성, 데이터 비휘발성의 특징을 가짐

| 주제 지향성 (Subject-oriented) | 특정 주제에 초점을 맞춰 데이터를 저장하여 사용자가 특정 주제에 대한 정보를 쉽게 조회하고 분석할 수 있게 함 |
|---|---|
| 데이터 통합 (Integrated) | 여러 소스에서 오는 다양한 형태의 데이터를 통합하여 일관된 데이터 형식을 제공함 |
| 데이터 시계열성 (Time-variant) | 시간에 따른 데이터의 변화를 기록하여 시간의 흐름에 따른 추세나 패턴을 분석함 |
| 데이터 비휘발성 (Non-volatile) | 저장된 데이터는 일단 입력되면 변경되거나 삭제되지 않으므로 데이터의 안정성을 보장함 |

**잠깐만요**

**데이터 레이크(Data Lake)**
대규모의 다양한 원시 데이터를 수집하고 저장하는 데이터 저장 및 관리 시스템으로, 기존의 데이터웨어하우스와는 다른 접근 방식을 가지며 다양한 소스에서 정형, 비정형, 반정형 데이터를 빠르게 한 곳에 저장할 수 있음

**데이터 마트(Data Mart)**
데이터웨어하우스와 사용자 사이의 중간층에 위치한 것으로 하나의 주제 또는 하나의 부서 중심의 데이터웨어하우스

★ 20회 22회 23회 37회

**1. 다음 중 데이터웨어하우스에 대한 설명으로 가장 적절하지 않은 것은?**

① 데이터웨어하우스는 주로 구조화된 데이터를 저장한다.
② 데이터웨어하우스는 시간에 따라 데이터의 변화를 추적한다.
③ 데이터웨어하우스는 ETL(추출, 변환, 로드) 과정을 통해 데이터를 정제하고 구조화한다.
④ 데이터웨어하우스는 재무, 생산, 운영 등과 같이 특정 조직의 특정 업무 분야에 초점을 맞추어 구축된다.

**정답** ④ | **해설** 재무, 생산, 운영 등과 같이 특정 조직의 특정 업무 분야에 초점을 맞추어 구축되는 것은 데이터 마트의 특징이다.

● **전문가의 조언**
데이터웨어하우스는 주로 구조화된 데이터를 저장하고, ETL(추출, 변환, 적재) 과정을 통해 데이터를 정제합니다. 반면에 데이터 레이크는 구조화되지 않은 원시 데이터를 포함한 모든 유형의 데이터를 저장하고, 데이터는 사용할 때 변환됩니다.

데이터베이스 활용

**POINT**

## 1. 기업 내부 데이터베이스

**(1) OLTP(On-Line Transaction Processing)**
온라인 거래 처리, 사용자 요청에 신속하게 반응하여 트랜잭션을 처리하는 기술

**(2) OLAP(On-Line Analytical Processing)**
온라인 분석 처리, 대용량 데이터에 대해 사용자가 대화식으로 분석하고 의사결정에 활용하는 기술

**(3) CRM(Customer Relationship Management)**
고객 관계 관리, 고객별 구매 이력과 다양한 데이터를 분석하여 고객과의 관계를 강화하고, 만족도를 높이며, 효과적인 마케팅 전략을 구축하는 시스템

**(4) SCM(Supply Chain Management)**
공급망 관리, 기업이 외부 공급업체 또는 제휴업체와 연계하여 최적의 시간과 비용을 달성하기 위한 통합된 정보 시스템으로 자재구매 데이터, 생산·재고 데이터, 유통·판매 데이터, 고객 데이터로 구성

**(5) KMS(Knowledge Management System)**
지식 관리 시스템, 조직의 지식을 체계적으로 관리하여 기업의 경쟁력을 강화하는 정보 시스템

**(6) ERP(Enterprise Resource Planning)**
전사적 자원 관리, 경영·인사·재무·생산 등 기업 전반의 시스템을 통합하여 효율성을 극대화하는 경영 전략

### (7) BI(Business Intelligence)

기업이 보유한 다량의 데이터를 정리하고 분석하여 인사이트를 도출하며 의사결정에 활용하는 일련의 과정으로 대시보드, 리포트 등을 통해 시각화된 정보를 제공

예 Tableau, PowerBI, FineReport 등

### (8) BA(Business Analytics)

통계적, 수학적 기법과 예측 분석을 통해 데이터를 분석하고, 비즈니스 의사결정에 필요한 인사이트를 도출하는 과정

## 2. 사회기반 구조 데이터베이스

### (1) ITS(Intelligence Transport System)

지능형 교통 시스템, 실시간 교통 정보로 방송 매체 등에서 운전자에게 제공되는 교통 정보

### (2) NEIS(National Education Information System)

교육행정 정보 시스템, 시·도교육청에 시스템을 구축하여 모든 학교와 교육행정기관을 인터넷으로 연결하고 학사, 인사, 예산, 회계 등의 교육행정 업무를 전자적으로 처리하는 시스템

---

★ 19회 27회

**1. 아래는 데이터베이스 활용에 대한 용어와 의미를 서로 연결한 것이다. 잘못 연결한 것을 모두 고르시오.**

(A) OLTP - 다차원의 데이터를 대화식으로 분석하기 위한 소프트웨어
(B) BI(Business Intelligence) - 비즈니스 의사결정을 위한 통계적이고 수학적인 분석에 초점을 둔 기법
(C) BA(Business Analytics) - 데이터 기반 의사결정을 지원하기 위한 리포트 중심의 도구
(D) Data Mining - 대용량 데이터로부터 의미 있는 관계나 규칙, 패턴을 찾는 과정

① (A)
② (A), (B)
③ (A), (B), (C)
④ (A), (B), (C), (D)

**정답 ③ | 해설**
(A) OLTP(On-Line Transaction Processing) : 온라인 거래 처리, 사

---

용자 요청에 신속하게 반응하여 트랜잭션을 처리하는 기술
(B) BA(Business Analytics) : 비즈니스 의사결정에 초점을 둔 통계적이고 수학적인 분석 기법
(C) BI(Business Intelligence) : 기업이 보유한 다량의 데이터를 정리하고 분석하여 인사이트를 도출하며 의사결정에 활용하는 일련의 과정으로 대시보드, 리포트 등을 통해 시각화된 정보를 제공

---

**● 전문가의 조언**

BI는 주로 과거와 현재의 데이터를 시각화하여 보고서를 생성하는 데 중점을 둡니다. 반면에, BA는 데이터 분석을 통해 미래를 예측하고 전략적으로 의사결정을 내리는 데 중점을 둡니다.

---

**핵심 08    빅데이터의 이해**

POINT

## 1. 빅데이터의 정의

가트너(Gartner)의 더그 래니(Doug Laney)는 빅데이터의 주요 개념으로 3V를 정의했으며, 이후 4V로 확장됨

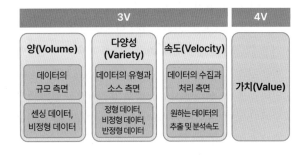

| 3V | | | 4V |
|---|---|---|---|
| 양(Volume) | 다양성(Variety) | 속도(Velocity) | 가치(Value) |
| 데이터의 규모 측면 | 데이터의 유형과 소스 측면 | 데이터의 수집과 처리 측면 | |
| 센싱 데이터, 비정형 데이터 | 정형 데이터, 비정형 데이터, 반정형 데이터 | 원하는 데이터의 추출 및 분석속도 | |

- 양(Volume): 데이터의 규모를 나타내는 측면으로, 다양한 소스로부터 수집된 방대한 양의 데이터를 의미함
- 다양성(Variety): 데이터의 유형과 소스의 다양성을 의미하며, 정형, 비정형, 반정형 데이터를 모두 포함함
- 속도(Velocity): 데이터의 수집되고 처리되는 속도를 의미하며, 데이터가 얼마나 빠르게 수집되고 분석될 수 있는지를 나타냄
- 가치(Value): 데이터 분석을 통해 생성할 수 있는 가치로, 방대한 데이터에서 의미 있는 통찰과 가치를 추출하는 것이 빅데이터의 핵심 목표임

**A 용어설명**

• 7V : Volume(크기), Variety(다양성), Velocity(속도), Veracity(정확성), Value(가치), Validity(유효성), Volatility(휘발성)

**잠깐만요**

**데이터 용량 단위**

| | |
|---|---|
| • KB(킬로바이트) : $2^{10}$ Byte | • PB(페타바이트) : $2^{50}$ Byte |
| • MB(메가바이트) : $2^{20}$ Byte | • EB(엑사바이트) : $2^{60}$ Byte |
| • GB(기가바이트) : $2^{30}$ Byte | • ZB(제타바이트) : $2^{70}$ Byte |
| • TB(테라바이트) : $2^{40}$ Byte | • YB(요타바이트) : $2^{80}$ Byte |

## 2. 빅데이터 출현 배경

빅데이터는 완전히 새로운 개념이 등장한 것이 아니라 기존의 데이터, 처리 방식, 다루는 사람과 조직 차원에서 일어나는 변화를 의미함

### (1) 산업계

고객 데이터를 축적하여 데이터에 숨어있는 가치를 발굴

### (2) 학계

거대 데이터를 활용한 학문 분야 확산

예 게놈 프로젝트, NASA의 기후 시뮬레이션

### (3) 관련 기술 발전

• 디지털화의 급진전 : 아날로그의 디지털 전환
• 저장 기술의 발전과 가격 하락 : 압축 기술의 발전하여 비용 감소
• 인터넷 발전 : 인터넷 사업 모델로 양면시장 모델 채택
• 모바일 혁명 : SNS(감정 데이터), GPS, 가속 센서, 거리 센서 등이 데이터를 양산
• 클라우드 컴퓨팅 기술 발전 : 클라우드로 많은 정보를 수집, 빅데이터의 처리 비용을 획기적으로 낮춤(맵리듀스와 같은 혁신적 방식을 사용)

**A 용어설명**

• 클라우드 컴퓨팅(Cloud Computing) : 인터넷을 통해 컴퓨터 자원(하드웨어, 소프트웨어, 네트워크 등)을 필요에 따라 유연하게 제공하는 컴퓨팅 모델로, 사용자가 자체적으로 컴퓨터 자원을 보유하고 관리하는 것이 아니라 인터넷을 통해 필요한 컴퓨팅 자원을 필요한 만큼 사용하는 방식

## 3. 빅데이터의 기능

• 산업혁명 시대의 석탄, 철 : 제조업뿐만 아니라 서비스 분야에서도 생산성을 대폭 향상시켜 사회·경제·문화·생활 전반에 혁명적인 변화를 가져올 것으로 기대

• 21세기의 원유 : 다양한 비즈니스와 경제 성장을 위해 필요한 정보를 제공함으로써 산업 전반의 생산성을 한 단계 높이고, 기존에 없던 새로운 산업 분야를 창출할 것으로 기대
• 렌즈 : 현미경이 렌즈를 통해 생물학 발전에 기여한 것처럼, 빅데이터 역시 산업 발전에 중요한 영향을 미칠 것으로 기대
  예 구글의 Ngram Viewer(1500년부터 현재까지 출판된 문헌에서 특정 단어나 문구의 빈도를 검색하고 분석할 수 있는 도구)
• 플랫폼 : 플랫폼이란 공동 활용의 목적으로 구축된 유무형의 구조물로, 빅데이터는 다양한 서드파티 비즈니스에 활용되면서 플랫폼 역할을 할 것으로 전망
  예 페이스북, 인스타그램, 카카오톡 등

**POINT**

## 4. 빅데이터가 만들어내는 본질적인 변화

### (1) 사전처리 → 사후처리

필요한 정보만 수집하는 것이 아니라 가능한 많은 데이터를 수집하여 숨은 정보를 찾아냄

### (2) 표본조사 → 전수조사

데이터 수집 비용과 처리 비용 감소, 통계 도구의 발전으로 전수조사가 보편화됨

### (3) 질 → 양

데이터 양이 많아지면, 일부 오류 데이터가 분석 결과에 큰 영향을 미치지 않음

### (4) 인과관계 → 상관관계

인과관계 분석에 소요되는 시간을 줄이고, 실시간 상관관계 분석으로 도출된 인사이트를 통해 빠르게 대응하고 수익을 창출

**POINT**

## 5. 빅데이터 가치 선정이 어려운 이유

빅데이터 시대에는 데이터의 활용 방식, 새로운 가치 창출, 분석 기술의 발전으로 특정 데이터의 가치를 측정하는 것이 어려움

• 데이터 활용 방식 : 재사용, 재조합(mashup), 다목적용 개발이 일반화되면서 특정 데이터를 언제·어디서·누가 활용하는지 알 수 없음

- 새로운 가치 창출 : 데이터가 기존에 없던 가치를 창출함에 따라 가치 측정이 어려움
- 분석 기술 발전 : 클라우드 분산 컴퓨팅과 새로운 분석 기법의 등장으로 가치 없는 데이터도 거대한 가치를 만들어내는 재료가 될 가능성이 커짐

★ 16회 29회 30회 33회

**1. 다음 중 빅데이터에 대한 설명으로 적절하지 않은 것은?**

① 빅데이터 환경에서는 표본조사의 중요성이 강조되고 있다.

② 빅데이터를 활용하면 기존 방법으로는 도출할 수 없었던 새로운 인사이트나 가치 창출이 가능하다.

③ 클라우드 컴퓨팅의 발전과 저장장치 가격의 하락 등이 빅데이터 출현의 배경으로 작용했다.

④ 4차 산업혁명 시대에, 빅데이터는 과거 석탄처럼 중요한 역할을 하게 될 것으로 전망된다.

**정답 ①** | **해설** 빅데이터 환경에서는 데이터 수집 비용과 처리 비용이 급격하게 감소하여 전수조사가 보편화 되었다.

★ 17회 27회 29회 30회 42회

**2. 다음 중 빅데이터가 만드는 본질적인 변화로 적절하지 않은 것은?**

① 질 → 양

② 상관관계 → 인과관계

③ 사전처리 → 사후처리

④ 표본조사 → 전수조사

**정답 ②** | **해설** 빅데이터 시대에는 인과관계에서 상관관계로 변화되었다.

---

**핵심 09　빅데이터 활용**

## 1. 빅데이터 활용 사례

### (1) 기업

- 구글 : 사용자의 로그 데이터를 활용하여 기존 페이지랭크(PageRank) 알고리즘 혁신
- 월마트 : 고객의 구매 패턴을 분석하여 상품 진열에 활용
- 넷플릭스 : cinematch(사용자의 영화 취향을 분석하여 영화를 추천)
- 아마존 : 전자책에 대한 데이터를 분석하여 저자에게 독자의 독서 패턴 정보를 제공
- 자라 : fast fashion(최신 패션 트렌드를 반영한 제품을 매우 짧은 시간 내에 생산하고, 매장에 공급)

### (2) 정부

- 환경 탐색 : 실시간 교통 정보 수집, 기후 정보, 각종 지질 활동, 소방 서비스를 위한 모니터링 등에 활용
- 상황 분석 : 소셜 미디어, CCTV, 통화기록, 문자 통화 내역 등의 모니터링과 분석 결과를 국가 안전 확보 활동에 활용
- 의료와 교육 개선에 빅데이터를 활용

### (3) 개인

- 정치인 : 사회관계망 분석을 통해 유세 지역과 선거 활동에 활용
- 가수 : 팬들의 음악 청취 기록 분석

**POINT**

## 2. 빅데이터 활용 기본 테크닉

- 연관 규칙 학습(Association rule learning) : 특정 변수들 사이에 주목할 만한 상관관계가 있는지를 찾아내는 기법
  예 기저귀를 구매하는 사람이 맥주를 더 많이 사는지 분석
- 유형 분석(Classification tree analysis) : 새로운 사건이 어느 범주에 속할지를 결정하는 기법
  예 온라인 수강생을 특성에 따라 분류

- 유전 알고리즘(Genetic algorithms) : 최적화가 필요한 문제의 해결책을 찾기 위해 자연선택, 돌연변이 등의 메커니즘을 통해 점진적으로 진화시켜 나가는 기법
  - 예 최대 시청률을 얻기 위한 프로그램 배치, 택배 차량의 효율적 배치
- 기계 학습(Machine learning) : 훈련 데이터를 학습하여 알려진 특성을 활용하여 '예측'하는 것에 초점을 맞춘 기법
  - 예 기존 시청기록을 바탕으로 시청자가 관심 있어 할 영화를 선정
- 회귀 분석(Regression analysis) : 독립변수의 변화가 종속변수에 미치는 영향을 관찰하여 두 변수 간 관계를 파악하는 기법
  - 예 구매자의 나이가 구매 차량의 타입에 어떤 영향을 미치는지 분석(나이-독립변수, 구매 차량 타입-종속변수)
- 감정 분석(Sentiment analysis) : 특정 주제에 대해 말하거나 글을 쓴 사람의 감정을 분석하는 기법
  - 예 새로운 환불 정책에 대한 고객의 평가는 어떤지 분석
- 소셜 네트워크 분석(Social network analysis) : 오피니언 리더, 즉 영향력 있는 사람을 식별하고, 고객들 간의 소셜 관계를 파악하는 기법
  - 예 고객들 간 소셜 관계는 어떻게 구성되어 있는지 파악

---

★ 19회 20회 22회 25회 27회 35회 43회

**1. 다음의 비즈니스 문제를 해결하는 방법으로 연결이 가장 적절하지 않은 것은?**

① 고객의 서비스 만족도가 재구매율에 어떤 영향을 미치는가 – 회귀분석

② 빵을 사는 사람은 우유도 같이 구매하는 경우가 많다. – 연관 규칙 학습

③ 택배 차량을 어떻게 배치하는 것이 비용 측면에서 가장 효율적인가 – 유형 분석

④ 팀원 간의 협력이 프로젝트 성공에 어떤 영향을 미치는가 – 소셜 네트워크 분석

**정답** ③ | **해설** 택배 차량을 어떻게 배치하는 것이 비용 측면에서 가장 효율적인가는 최적화의 문제이므로 유전 알고리즘을 활용하는 것이 적절하다.

---

POINT

## 1. 빅데이터 시대의 위기 요인과 통제 방안

### (1) 사생활 침해 → 동의에서 책임으로

- 특정 데이터가 가공 처리되어 2차·3차적 목적으로 활용될 가능성이 증가하면서 사생활 침해 위험이 증가하고, 이는 사회·경제적 위협으로 변형될 수 있음
- 개인을 식별할 수 있는 정보를 제거하거나 변조하여, 특정 개인을 알아볼 수 없도록 하는 익명화(anonymization) 기술 발전이 필요함
- '개인정보 제공자의 동의'를 통해 해결하기보다 '개인정보 사용자의 책임'으로 해결해야 함

### (2) 책임 원칙 훼손 → 결과 기반 책임 원칙 고수

- 빅데이터 기반 분석과 예측 기술의 발전에 따라 정확도가 향상되면서 분석 대상이 되는 사람들은 예측 알고리즘의 피해를 볼 가능성이 증가함
- 빅데이터 시스템에 의해 부당하게 피해 보는 상황을 최소화할 장치 마련이 필요함
- 특정인의 '성향'에 따라 처벌하는 것이 아닌 '행동 결과'를 보고 처벌해야 함

### (3) 데이터 오용 → 알고리즘 접근 허용

- 데이터 과신이나 잘못된 지표의 사용으로 인해 잘못된 인사이트를 얻어 비즈니스에 적용할 경우 직접 손실이 발생됨
- 알고리즘에 대한 접근권 보장과 객관적 인증 방안을 도입
- 알고리즘에 의해 불이익을 당한 사람들은 대변해 피해자를 구제할 수 있는 능력을 갖춘 전문가가 필요하게 되면서 컴퓨터와 수학, 통계학이나 비즈니스에 두루 깊은 지식을 갖춘 알고리즈미스트(Algorithmist)의 역할이 중요해짐

## 2. 개인정보 비식별 기술

데이터 셋에서 개인을 식별할 수 있는 요소를 삭제하거나 값을 대체하는 등의 방법을 사용하여 개인 식별을 방지하는 기술

- 가명처리(Pseudonymization) : 성명, 출신학교 등 개인 식별이 가능한 데이터를 직접적으로 식별할 수 없는 다른 값으로 대체하는 기법

  예) 홍길동, 35세, 서울 거주, 한국대 재학 → 임꺽정, 30대, 서울 거주, 국제대 재학

- 총계처리(Aggregation) : 데이터의 통계값을 적용하여 특정 개인의 민감한 정보를 식별할 수 없도록 하는 기법

  예) 임꺽정 180cm, 홍길동 170cm, 이콩쥐 160cm, 김팥쥐 150cm → 물리학과 학생 키 합 : 660cm, 평균키 165cm

- 데이터 삭제(Data Reduction) : 개인을 식별할 수 있는 정보나 생체정보 등을 삭제 처리하는 기법

  예) 주민등록번호 901206-1234567 → 90년대 생, 남자

- 데이터 범주화(Data Suppression) : 특정 정보를 해당 그룹의 대푯값으로 변환하거나 구간값으로 변환하여 개인 식별을 방지하는 기법

  예) 홍길동, 35세 → 홍씨, 30~40세

- 데이터 마스킹(Data Masking) : 데이터의 전부 또는 일부분을 대체값(공백, 노이즈 등)으로 변환하는 기법

  예) 홍길동, 35세, 서울 거주, 한국대 재학 → 홍○○, 35세, 서울 거주, ○○대학 재학

---

★ 16회 18회 19회 23회 25회 31회 33회 42회

**1. 빅데이터 시대의 위기 요인에 대한 통제 방안을 잘못 연결한 것은?**

> 가. 사생활 침해 - 동의제에서 책임제로 전환
> 나. 책임 원칙 훼손 - 알고리즘 접근 허용
> 다. 데이터 오용 - 결과 기반 책임 원칙 고수

① 가, 나, 다
② 가, 나
③ 나, 다
④ 가, 다

**정답** ③ | **해설** 책임 원칙 훼손은 결과 기반 책임 원칙 고수, 데이터 오용은 알고리즘 접근 허용이다.

---

★ 21회 26회 29회 36회

**2. 다음 중 개인정보 비식별화 기법을 설명한 것으로 가장 가장 적절하지 않은 것은?**

① 가명처리 - 개인 식별이 가능한 데이터에 대하여 직접적으로 식별할 수 없는 다른 값으로 대체

② 범주화 - 단일 식별 정보를 해당 그룹의 대표 값으로 변환

③ 데이터 마스킹 - 개인정보 식별이 가능한 특정 데이터 값 삭제 처리

④ 총계처리 - 개별 데이터 값을 총합 또는 평균값으로 대체하는 것

**정답** ③ | **해설** ③은 데이터 삭제에 대한 설명이며, 데이터 마스킹은 데이터의 전부 또는 일부분을 대체값(공백, 노이즈 등)으로 변환하는 기법이다.

---

**핵심 11 빅데이터 활용에 필요한 3요소**

### (1) 데이터

수많은 센서가 인터넷에 연결되는 사물인터넷(IoT) 시대로 모든 것이 데이터화(Datafication)하는 시대가 도래함

**A 용어설명**

- 사물인터넷(IoT; Internet of Things) : 각종 사물에 센서나 칩을 장착하여 인터넷에 연결함으로써, 사람의 개입 없이도 자동으로 데이터를 수집하고 처리하는 기술

### (2) 기술

- 빅데이터 분석 알고리즘의 진화가 빠르게 진행
- 스스로 학습이 가능한 인공지능(Artificial Intelligence) 기술의 발전
- 인공지능 기술은 인간의 사고, 추론, 계획, 학습 능력을 담아내며, 인간보다 빠르고 정확한 판단을 내림

### (3) 인력

- 데이터 사이언티스트와 알고리즈미스트의 역할이 중요할 것으로 전망
- 데이터 사이언티스트(Scientist) : 빅데이터에 대한 깊은 이론적 이해와 고급 분석 기술을 기반으로, 통찰력, 의사소통 능력 및 협업 능력을 겸비한 전문가

- 알고리즈미스트(Algorithmist) : 빅데이터 알고리즘에 의해 부당한 피해를 보는 사람을 구제하는 전문가

---

★ 31회 33회

**1. 빅데이터의 관점에서 사물인터넷(IoT)의 역할로 가장 적절한 것은?**

① 모든 것의 데이터화(Datafication)
② 서비스의 지능화(Intelligent Service)
③ 분석 고급화(Advanced analytics)
④ 정보 공유화(Information Sharing)

**정답** ① | **해설** 수많은 센서가 인터넷에 연결되는 사물인터넷(IoT) 시대로 모든 것이 데이터화(Datafication)하는 시대가 도래한다.

---

## 핵심 12 빅데이터 분석과 전략 인사이트

## 1. 빅데이터 회의론

- 투자 효과를 거두지 못한 부정적 학습 효과 : 과거의 고객 관계 관리(CRM)와 IT 솔루션의 공포 마케팅 → 결국 거액을 투자하고 방치하는 사태
- 많은 빅데이터 분석 사례는 기존의 분석 프로젝트를 포장 : 예전부터 해오던 분석으로 굳이 빅데이터 분석이 필요하지 않은 경우가 대부분
- 근본적으로 빅데이터 분석은 데이터에서 가치, 즉 통찰을 끌어내 성과를 창출하는 것이 관건

## 2. 빅데이터 분석, 'Big'이 핵심 아니다.

- 더 많은 데이터가 더 많은 가치로 바로 연결되지 않음 → 많은 정보가 오히려 혼란을 야기할 수도 있음
- 직관에 기초한 의사결정보다 데이터에 기초한 의사결정이 중요 → 데이터 자체의 중요성 강조
- 데이터의 양이 아니라 유형의 다양성이 중요함 → 음성, 텍스트, 로그, 이미지, 비디오 등 다양한 원천의 활용
- 보다 객관적이고 종합적인 통찰을 줄 수 있는 데이터를 찾는 것이 가장 중요
- 빅데이터와 관련된 걸림돌은 '비용이 아니라 분석적 방

법과 성과에 대한 이해 부족'

## (3) 전략적 통찰이 없는 분석의 함정

- 성과가 우수한 기업들도 가치 분석적 통찰력을 갖춘 것은 아님
- 단순히 분석을 많이 사용하는 것이 곧바로 경쟁우위를 가져다주지는 않음
- 분석이 경쟁의 본질을 바라보지 못할 때는 쓸모없는 분석 결과만 쏟아냄
- 전략적 인사이트를 주는 분석을 통해 복잡한 사업 모델을 단순화하는 것이 필요함

## 4. 일차적인 분석 vs 전략 도출 위한 가치 기반 분석

## (1) 일차적인 분석

- 일차적인 분석은 업계 내부의 문제에만 포커스를 두고, 주로 부서 단위로 관리됨
- 기존 성과를 유지하고 업계 차원의 경쟁력 확보를 위해 필요한 요소를 파악할 수 있지만, 이것이 앞서감을 의미하지 않음

## (2) 전략적 가치 기반 분석

- 사업과 이에 영향을 미치는 트렌드에 대한 전체적인 이해가 필요함
- 전략적 가치 기반 분석은 사업성과를 견인하는 요소들, 차별화를 이룰 기회에 대해 중요한 인사이트를 제공
- 분석이 전략적 통찰력 창출에 초점을 맞추면, 이는 해당 사업에서 중요한 기회를 찾아내고 주요 경영진의 지원을 받아 강력한 추진력을 생성할 수 있음을 의미

---

★ 16회 30회

**1. 아래는 어떤 산업에 대한 일차적인 분석 사례를 나열한 것인가?**

〈아래〉
트레이딩, 공급, 수요 예측

① 제조업
② 에너지

---

③ 소매업

④ 금융 서비스

**정답** ② | **해설** 트레이딩, 공급, 수요 예측은 에너지 산업에 대한 일차적인 분석 사례이다.

**오답해설**
① 제조업 : 공급사슬 최적화, 수요 예측, 재고 보충, 보증서 분석, 맞춤형 상품 개발, 신상품 개발
② 소매업 : 판촉, 매매 관리, 수요 예측, 재고 보충, 가격 및 제조 최적화
③ 금융 서비스 : 신용점수 산정, 사기 탐지, 가격 책정, 프로그램 트레이딩, 클레임 분석, 고객 수익성 분석

## 핵심 13  데이터 사이언스

### 1. 데이터 사이언스의 의미와 역할

- 데이터 사이언스는 데이터로부터 의미 있는 정보를 추출하는 학문으로 정의
- 데이터 공학, 수학, 통계학, 컴퓨터공학, 시각화, 해커의 사고방식, 해당 분야의 전문지식을 종합한 학문
- 데이터 사이언스가 기존의 통계학과 다른 점은 총체적(holistic) 접근법을 사용한다는 점
- 데이터 사이언스는 전략적인 인사이트를 탐구하며, 비즈니스의 핵심 문제를 해결하는 방안을 제공하고, 이를 통해 사업성과를 높일 수 있음

**POINT**
### 2. 데이터 사이언스의 구성 요소

#### (1) IT(Data Management) 영역
시그널 프로세싱, 프로그래밍, 데이터 엔지니어링, 데이터 웨어하우징, 고성능 컴퓨팅 등

#### (2) 분석적 영역(Analytics)
수학, 확률 모델, 머신러닝, 분석학, 패턴 인식과 학습, 불확실성 모델링 등

#### (3) 비즈니스 컨설팅 영역
커뮤니케이션, 프리젠테이션, 스토리텔링, 시각화 등

### 3. 데이터 사이언티스트의 역할과 요구 역량

- 데이터 사이언티스트는 빅데이터 영역에서 중요한 통찰력을 발굴할 수 있는 능력을 훈련받은, 호기심 많은 전문가로서 문제의 이면을 파고들고, 질문들을 찾고, 검증 가능한 가설을 세우는 능력을 요구함
- 이외에도 스토리텔링, 커뮤니케이션, 창의력, 열정, 직관력, 비판적 시각, 글쓰기 능력, 대화 능력 등을 갖추어야 함
- 데이터 사이언티스트의 요구 역량

| 하드 스킬(Hard Skill) | 소프트 스킬(Soft Skill) |
|---|---|
| • 빅데이터의 이론적 지식 관련 기법에 대한 이해와 방법론 습득<br>• 분석 기술에 대한 숙련 최적의 분석 설계 및 노하우 축적 | • 통찰력 있는 분석 창의력 사고, 호기심, 논리적 비판<br>• 설득력 있는 전달 스토리텔링, 비주얼라이제이션<br>• 다분야 간 협력 커뮤니케이션 |

**잠깐만요**

**가트너(Gartner)에서 제시한 데이터 사이언티스트의 필요 역량**
데이터 관리(Data Management), 분석적 모델링(Analytics Modeling), 비즈니스 분석(Business Analysis), 소프트 스킬(Soft Skill)

★ 17회 26회 34회

**1. 다음 중 데이터 사이언스(Data Science)에 설명으로 가장 적절하지 않은 것은?**

① 데이터 사이언스는 데이터로부터 의미 있는 정보를 추출하는 학문이다.

② 데이터 사이언스는 정형 또는 비정형을 막론하고 다양한 유형의 데이터를 대상으로 한다.

③ 데이터 사이언스는 주로 분석에 초점을 두고 있다.

④ 데이터 사이언스가 기존 통계학과 다른 점은 총체적 접근법을 사용한다는 점이다.

**정답** ③ | **해설** 데이터 사이언스는 분석뿐만 아니라 이를 효과적으로 구현하고 전달하는 과정까지를 포함한 포괄적 개념이다.

---

★ 26회 33회 42회

**2. 데이터 사이언티스트의 요구 역량 중 소프트 스킬(Soft Skill)로 적절하지 않은 것은?**

① 이론적 지식

② 스토리텔링

③ 커뮤니케이션

④ 설득력 있는 전달

**정답** ① | **해설** 빅데이터에 대한 이론적 지식은 하드 스킬(Hard Skill)에 포함된다.

---

## 핵심 14  전략적 통찰력과 인문학의 부활

### 1. 외부 환경적 측면

① 컨버전스(convergence) → 디버전스(divergence) : 단순 세계화에서 복잡한 세계화로의 변화

**A 용어설명**

• 컨버전스(convergence) : 다양한 기능과 서비스를 하나의 장치로 통합하는 것 예 스마트폰
• 디버전스(divergence) : 다양한 기능과 서비스를 분리된 장치로 분할하는 것 예 디지털 카메라, 게임기 등

② 제품 생산 → 서비스 : 고객과의 관계 및 커뮤니케이션이 우선

③ 생산(공급자 중심 기술 경쟁이 핵심) → 시장창조로 변환(암묵적이고 함축적 지식과 같은 무형 자산이 중요해짐) : 경제와 산업의 논리가 생산에서 시장창조로 변화

### 2. 내부 상황적인 측면

최근 기업들이 '목표 부재의 아노미'에 빠지게 되면서 전통적 사고방식을 벗어나 문제를 바라보고 해결하는 능력이 필요하게 됨 → 비즈니스의 핵심가치를 이해하고 고객과 직원의 내면적 요구를 이해하는 능력 등 인문학에서 배울 수 있는 역량이 절실히 요구됨

### 3. 데이터 사이언스의 한계와 인문학

**(1) 데이터 사이언스의 한계**

분석 과정에서는 가정 등 인간의 해석이 개입되는 단계를 반드시 거침

**(2) 데이터 사이언스와 인문학**

인문학을 이용하여 빅데이터와 데이터 사이언스는 데이터에 숨겨진 잠재력을 발굴하고, 새로운 가능성을 찾고, 누구도 보지 못한 창조적인 아이디어를 구상하는 능력을 발휘함

---

★ 18회 32회

1. 다음 중 데이터 사이언스에서 인문학 열풍을 가져오게 한 외부 환경 요소로 가장 적절하지 않은 것은?

① 단순 세계화인 컨버전스에서 복잡한 세계화인 디버전스로 변화

② 비즈니스 중심이 제품 생산에서 서비스로 이동

③ 경제와 산업의 논리가 생산에서 시장창조로 변화

④ 빅데이터 분석 기법의 이해와 분석 방법론 확대

**정답** ④ | **해설** 빅데이터 분석 기법의 이해와 분석 방법론 확대는 인문학 열풍을 가져오게 한 외부 환경 요소와 관계가 없다.

---

## 핵심 15  가치 패러다임의 변화

**POINT**

**(1) 1단계 패러다임 디지털화(Digitalization)**

아날로그의 세상을 어떻게 효과적으로 디지털화하는가 - 빌게이츠가 대표 주자

**(2) 2단계 패러다임 연결(Connection)**

디지털화된 정보와 대상의 연결을 얼마나 효과적이고 효율적으로 제공해 주는가 - 구글 검색엔진

**(3) 3단계 패러다임 에이전시(Agency)**

복잡한 연결을 얼마나 효과적이고 믿을 만하게 관리해주는가 - 사물인터넷(IoT)의 등장으로 복잡해진 연결 관리

---

★ 39회 43회

1. 다음 중 빅데이터 가치 패러다임의 변화 순서로 적절한 것은?

① Connection → Digitalization → Agency

② Digitalization → Connection → Agency

③ Agency → Connection → Digitalization

④ Digitalization → Agency → Connection

**정답** ②

---

# 1과목 정리문제

★ 27회

**01** 데이터의 특징에 대한 설명으로 가장 적절하지 않은 것은?

① 데이터라는 용어는 1646년 영국 문헌에서 처음 발견되었다.
② 데이터는 객관적인 사실을 표현하는 특성을 가진다.
③ 데이터 유형은 암묵지와 형식지로 나뉜다.
④ 데이터는 추론, 예측, 전망, 추정을 위한 기반이 된다.

**정답** ③ | **해설** 데이터의 유형은 정량적 데이터와 정성적 데이터로 나뉜다.

**병행학습**

| 구분 | 형태 | 예 | 특징 |
|---|---|---|---|
| 정량적 데이터 | 수치 · 도형 · 기호 등 | 나이, 몸무게, 온도, 풍속 등 | • 정형 데이터<br>• 객관적 내용<br>• 통계분석이 용이함 |
| 정성적 데이터 | 언어 · 문자 등 | SNS, 이메일, 기상특보 등 | • 비정형 데이터<br>• 저장 · 검색 · 분석에 많은 비용과 기술적 투자가 수반<br>• 주관적 내용<br>• 통계분석이 어려움 |

★ 18회 36회

**02** 개인이 내재하고 있는 암묵지를 언어나 기호, 숫자 등의 명시적인 형태로 변환하는 과정을 의미하는 것은?

① 내면화
② 공통화
③ 표출화
④ 연결화

**정답** ③ | **오답해설** ① 내면화(Internalization): 현장 경험을 통해 개인에게 지식이 축적되는 과정
② 공통화(Socialization): 내면화된 지식을 조직의 지식으로 만드는 과정
④ 연결화(Combination): 표출화된 지식을 다른 개인이 본인의 지식에 연결

★ 18회 19회

**03** 일반적으로 지식 기반 자산은 형식지(explicit knowledge)와 암묵지(tacit knowledge)로 나누어진다. 다음 중 암묵지의 예로 가장 적절하지 않은 것은?

① 대장간에서 철을 만드는 기술
② 김치를 만드는 어머니의 손맛
③ 음악가의 연주 감각
④ 회계규칙에 입각한 대차대조표 작성

**정답** ④ | **해설** 회계규칙에 입각한 대차대조표 작성은 형상화된 지식으로 형식지에 속한다.

★ 22회

**04** 다음 중 그 자체로는 의미가 중요하지 않은 객관적인 사실인 데이터를 가공 및 처리하여 얻을 수 있는 것으로 가장 적절하지 않은 것은?

① 지혜
② 지식
③ 정보
④ 기호

**정답** ④ | **오답해설** ① 지혜(Wisdom) : 지식의 축적과 아이디어가 결합하여 만들어진 창의적 결과물
② 지식(Knowledge) : 유의미한 정보에 개인의 경험이 결합되어 고유의 지식으로 내재화된 것
③ 정보(Information) : 데이터가 가공 및 처리되고, 데이터 간 상관관계 속에서 의미가 도출된 것

★ 18회 25회

**05** 다음 DIKW 단계를 설명하는 것 중 다른 하나는 무엇인가?

① 최근 6개월 동안 카페 방문 고객 중 40%가 재방문 고객이었다.
② 작년 매출은 2월에서 7월까지 증가하였고, 10월에 다시 증가했다.
③ 새로운 프로모션을 시작한 후, 고객 재방문율이 10% 증가할 것으로 예상한다.
④ 지난 달 프로모션으로 인해 매출이 20% 증가하였다.

① (A) – 데이터 모델, (B) – 데이터 딕셔너리
② (A) – 메타 데이터, (B) – 인덱스
③ (A) – 데이터 마트, (B) – 스키마 구조
④ (A) – 스키마 구조, (B) – 메타 데이터

**정답** ②

★ 17회 21회 22회 28회

**06** 다음 중 사용자 정의 데이터 및 멀티미디어 데이터 등 복잡한 데이터 구조를 표현하고 관리할 수 있는 데이터베이스 관리 시스템으로 가장 적절한 것은?

① 관계형 DBMS
② 네트워크 DBMS
③ 객체지향 DBMS
④ 계층형 DBMS

★ 19회 32회 37회

**08** 다음 중 기업의 다양한 자원을 통합 관리하기 위한 것으로, 기업의 주요 비즈니스 프로세스를 하나의 소프트웨어로 연결하여 효율적으로 관리할 수 있도록 하는 시스템은?

① ERP
② CRM
③ SCM
④ KMS

★ 19회 25회 38회

**07** 아래는 데이터베이스의 구성 요소를 설명한 것이다. 각 설명에 해당하는 구성 요소를 가장 적절하게 나열한 것은?

<아래>
(A) 데이터에 대한 정보를 제공하는 데이터로, 데이터의 내용, 구조, 관리 및 사용 방법에 대한 세부 정보를 포함
(B) 데이터베이스에서 데이터 검색 속도를 향상시키기 위해 사용되는 데이터 구조

★ 21회 29회 30회

**09** 다음 중 고객과의 관계를 체계적으로 관리하고 개선하기 위해 고객 관련 데이터베이스를 분석하여, 고객 만족도를 높이고 장기적인 관계를 구축하여 기업의 수익성을 증대시키는 것을 목표로 하는 것은?

① SCM
② CRM
③ ERP
④ KMS

**정답** ②

**10** 다음 중 일반적으로 통용되고 있는 빅데이터의 정의로 가장 적절하지 않은 것은?

① 빅데이터는 양(Volume)이 방대하여 전통적인 데이터베이스 시스템으로는 저장, 처리, 분석이 어렵다.

② 빅데이터는 기존의 작은 데이터 처리 분석으로는 얻을 수 없었던 통찰과 가치를 하둡(Hadoop)을 기반으로 하는 대용량의 분산 처리 기술을 통해 창출한다.

③ 빅데이터는 다양한 형태(Variety)의 데이터를 포함하며, 이는 구조화된 데이터뿐만 아니라 비구조화된 텍스트, 이미지, 비디오 등을 말한다.

④ 빅데이터는 실시간으로 빠르게 생성되고 수집되는 속도(Velocity)가 빠르며, 이를 통해 실시간 분석이나 의사결정이 가능하다.

**정답** ② | **해설** 실제로 빅데이터 기술은 하둡(Hadoop) 뿐만 아니라 다양한 기술과 플랫폼을 포함한다.
**병행학습**
• 하둡(Hadoop) : 대규모 데이터를 처리하고 저장하기 위한 분산 컴퓨팅 프레임워크로, HDFS(Hadoop Distributed File System)를 통해 데이터를 분산하여 안정적으로 저장하고, 맵리듀스(MapReduce)로 데이터 처리를 분산하여 병렬로 수행하여 빠른 처리와 확장성을 제공하는 시스템

**11** 다음 중 빅데이터 분석에 경제성을 제공해 준 결정적인 기술로 가장 적절한 것은?

① 텍스트 마이닝
② 스마트폰의 급속한 확산
③ 클라우드 컴퓨팅
④ 저장장치 비용의 지속적인 하락

**정답** ③ | **해설** 클라우드 컴퓨팅은 빅데이터 분석을 경제적으로 가능하게 만든 핵심 기술로, 방대한 양의 데이터를 저렴하게 저장하고 처리할 수 있는 인프라를 제공하여, 빅데이터 분석의 비용 효율성을 크게 향상시켰다.

**12** 다음 중 다양한 이해관계자들이 기존의 상품, 서비스, 기술을 기반으로 추가적인 상품이나 서비스, 기술을 제공하며 상호 보완적인 관계를 형성하는 생태계를 창출하는 것을 목표로 하는 비즈니스 모델은?

① 고객 중심형 비즈니스 모델
② 사회적 가치 기반형 비즈니스 모델
③ 가치사슬형 비즈니스 모델
④ 플랫폼형 비즈니스 모델

**정답** ④ | **해설** 플랫폼형 비즈니스 모델은 다양한 참여자들이 서로 상호작용할 수 있는 중개 플랫폼을 기반으로 하는 비즈니스 모델로, 제공자(Provider), 소비자(Consumer), 플랫폼 운영자(Platform Operator)로 구성된다.

**13** 다음 아래에서 빅데이터의 본질적인 변화로 가장 적절하지 않은 것은?

<아래>
(ㄱ) 빅데이터 시대에는 기술의 발전으로 전수조사의 비용이 줄어들었다.
(ㄴ) 빅데이터 시대에는 자원을 효율적으로 활용하기 위해 주로 샘플링 조사를 활용한다.
(ㄷ) 데이터의 수가 증가함에 따라 개별 데이터의 사소한 오류가 전체 결과에 미치는 영향이 상대적으로 덜 중요해졌다.
(ㄹ) 상관관계보다 인과관계를 중시하게 되었다.

① (ㄱ), (ㄴ)
② (ㄷ), (ㄹ)
③ (ㄱ), (ㄷ)
④ (ㄴ), (ㄹ)

**정답** ④ | **해설** 데이터 수집 비용과 처리 비용 감소, 통계 도구의 발전으로 전수조사가 보편화되고, 인과관계보다는 상관관계를 중시하게 되었다.

**14** 다음 중 빅데이터의 가치 산정에 대한 설명으로 가장 적절하지 않은 것은?

① 데이터의 재사용, 재조합(mashup), 다목적용 개발이 일반화되면서 특정 데이터를 언제·어디서·누가 활용하는지 알 수 없다.

② 데이터가 기존에 없던 가치를 창출함에 따라 가치 측정이 어렵다.

③ 빅데이터 전문인력의 증가로 다양한 곳에서 빅데이터가 활용되고 있어 빅데이터 가치 산정이 어렵다.

④ 클라우드 분산 컴퓨팅과 새로운 분석 기법의 등장으로 가치 없는 데이터도 거대한 가치를 만들어내는 재료가 될 가능성이 커졌다.

> **정답 ③ | 해설** 빅데이터 전문인력의 증가는 오히려 빅데이터의 활용도를 높이고, 그로 인해 빅데이터의 가치를 더욱 명확하게 산정할 수 있게 도울 수 있다. 즉, 전문인력의 증가는 가치 산정을 어렵게 만드는 요소보다는 가치 창출 및 활용 측면에서 긍정적인 영향을 줄 수 있다.

**15** 다음 중 감성 분석에 대한 설명으로 가장 적절하지 않은 것은?

① 사용자들의 사회적 관계를 알아내기 위해 사용된다.

② 텍스트에서 긍정적 또는 부정적 감정을 판별하는 기술이다.

③ 소셜 미디어, 리뷰 사이트, 온라인 포럼의 데이터를 분석하는 데 사용된다.

④ 기업이 제품이나 서비스에 대한 고객의 반응을 이해하는 데 도움이 된다.

> **정답 ① | 해설** 사용자들의 사회적 관계를 알아내기 위해 사용되는 것은 소셜 네트워크 분석(Social network analysis)이다.

**16** 다음 중 빅데이터의 위기와 통제 방안으로 바르게 짝지은 것은?

> 가. 사생활 침해의 통제 방안은 데이터의 공개를 활성화하는 것이다.
> 나. 알고리즘에 대해 접근을 허용하는 것은 데이터 오용에 대한 대응책이다.
> 다. 책임 원칙의 훼손에 대한 통제 방안은 데이터의 집중화를 늘리는 것이다.
> 라. 책임 원칙의 훼손을 막기 위해 익명화 기술이 발달하였다.
> 마. 알고리즈미스트는 알고리즘에 의해 불이익을 당한 사람들을 대변해 피해자를 구제할 수 있는 능력을 갖춘 전문가이다.

① 가, 나
② 나, 마
③ 다, 마
④ 나, 라

> **정답 ② | 오답해설** • 사생활 침해 : '개인정보 제공자의 동의'를 통해 해결하기보다 '개인정보 사용자의 책임'으로 해결
> • 책임 원칙 훼손 : 결과 기반 책임 원칙 고수

**17** 데이터 분석과 인공지능 전문가 등이 만들어낸 알고리즘으로 부당한 피해를 보는 사람을 방지하기 위해 생겨난 전문가를 무엇이라 하는가?

① 애널리스트
② 데이터 관리자
③ 빅데이터 전문가
④ 알고리즈미스트

> **정답 ④**

**18** 빅데이터 시대의 위기 요인 중 '책임 원칙 훼손'과 관련된 것으로 가장 적절한 것은?

① SNS 플랫폼에서 개인의 활동 내역을 수집하여 광고주에게 제공
② 개인의 위치 데이터를 기반으로 한 광고 타겟팅
③ 범죄예측 프로그램에 의해 범행 전 체포
④ 가짜 리뷰와 검색 순위 조작

> **정답** ③ | **해설** 사전 체포는 법적 책임과 처벌의 기본 원칙인 '범죄 행위가 확인된 후 처벌을 받는다'는 원칙을 훼손할 수 있다.
> **오답해설** ①, ② 사생활 침해, ④ 데이터 오용과 관련이 있다.

**19** 퍼스널 빅데이터에는 건강정보, 행태정보, 감정정보 등이 있다. 다음 중 행태정보에 속하는 것으로 가장 적절하지 않은 것은?

① 웹사이트 방문 기록
② 구매 이력 및 패턴
③ 모바일 앱 사용 시간
④ 정당별 선호도의 변화

> **정답** ④ | **해설** 정당별 선호도 변화는 개인의 정치적 선호나 견해를 반영하는 정보로, 행동 패턴이나 생활 습관보다는 개인의 의견이나 신념에 가깝다. 행태정보는 주로 개인의 행동, 습관, 이용하는 서비스 등 구체적인 행동 양식을 나타내는 데이터를 의미한다.

**20** 다음은 개인정보 비식별화 기법 중 무엇에 대한 설명인가?

> 개인 식별이 가능한 데이터를 직접적으로 식별할 수 없는 다른 값으로 대체하는 기법

① 가명처리
② 범주화
③ 데이터 마스킹
④ 총계처리

> **정답** ① | **오답해설** ② 범주화(Data Suppression) : 특정 정보를 해당 그룹의 대푯값으로 변환하거나 구간값으로 변환하여 개인 식별을 방지하는 기법
> ③ 데이터 마스킹(Data Masking) : 데이터의 전부 또는 일부분을 대체값(공백, 노이즈 등)으로 변환하는 기법
> ④ 총계처리(Aggregation) : 데이터의 통계값을 적용하여 특정 개인의 민감한 정보를 식별할 수 없도록 하는 기법

**21** 빅데이터 활용에 필요한 기본적인 3요소로 가장 적절한 것은?

① 기술, 인력, 프로세스
② 데이터, 기술, 인력
③ 데이터, 인력, 알고리즘
④ 데이터, 프로세스, 알고리즘

> **정답** ②

**22** 다음 중 통찰력을 제공하는 분석 기술로 가장 적절하지 않은?

① 모델링
② 추출
③ 최적화
④ 예측

> **정답** ② | **해설** 데이터에서 유의미한 정보를 추출하는 것은 데이터를 준비하는 초기 단계에 해당하며, 이 자체로는 통찰력을 제공하기보다는 데이터를 분석 준비 상태로 만드는 데 주로 사용된다. 반면, 모델링, 예측, 최적화는 분석을 통해 비즈니스 결정을 내리는 데 도움이 되는 심층적인 통찰력을 제공할 수 있다.

★ 27회

**23** 다음 중 기업의 성과와 분석의 활용에 대한 설명으로 가장 적절하지 않은 것은?

① 성과가 높은 기업과 낮은 기업은 분석에 대한 태도에서 큰 차이가 있다.

② 성과가 낮은 기업들은 실시간 분석 역량을 갖추고 있는 비율이 낮다.

③ 성과가 높은 기업들도 가치 분석적 통찰력을 모두 갖추고 있는 것은 아니다.

④ 성과가 높은 기업들도 일상업무에 데이터 분석을 활용하지는 못하고 있다.

> **정답** ④ | **해설** 데이터 분석을 일상업무에 통합하는 것은 성과가 높은 기업들의 특징 중 하나이다. 이는 실시간 분석, 예측 분석, 고객 행동 분석 등 다양한 형태로 나타날 수 있으며, 이를 통해 기업은 더 빠르고 효율적인 의사결정을 내릴 수 있다.

★ 28회 34회

**24** 다음 중 빅데이터의 특성에 대한 설명으로 적절하지 않은 것은?

① 직관에 기초한 의사결정보다 데이터에 기초한 의사결정이 중요하다.

② 비즈니스에 객관적이고 종합적인 가치를 가져다줄 수 있는 데이터를 찾아야 한다.

③ 빅데이터와 관련된 장애는 비용이 아니라 분석적 방법과 성과에 대한 이해 부족이다.

④ 데이터의 크기가 크고 많은 분석을 하는 것이 중요하다.

> **정답** ④ | **해설** 더 많은 데이터가 더 많은 가치로 바로 연결되지 않으며, 많은 정보가 오히려 혼란을 야기할 수 있다.

★ 17회 26회

**25** 다음 중 데이터 사이언스에 대한 설명으로 가장 적절하지 않은 것은?

① 기업의 빅데이터 분석은 기업 분석 문화의 영향을 받는다.

② 미래 가치 패러다임의 변화에서 빅데이터 분석 활용 능력은 핵심적인 역할을 한다.

③ 데이터 사이언스에서 시각화와 효과적인 커뮤니케이션은 중요한 요소이다.

④ 데이터 사이언스는 정형화된 실험데이터를 대상으로 한다.

> **정답** ④ | **해설** 데이터 사이언스는 정형 또는 비정형을 막론하고 다양한 유형의 데이터를 대상으로 한다.

★ 23회 26회

**26** 다음 중 데이터 사이언티스트에게 요구되는 역량 중 스킬 분야가 다른 하나는?

① 데이터 엔지니어링

② 확률 모델

③ 스토리텔링

④ 분산 컴퓨팅

> **정답** ③ | **해설** 스토리텔링은 소프트 스킬에 속하고, 데이터 엔지니어링, 확률 모델, 분산 컴퓨팅은 하드 스킬에 속한다.

★ 22회 27회 35회

**27** 다음 중 빅데이터를 다각적으로 분석하여 인사이트를 도출하는 데이터 사이언티스트의 필요 역량으로 가장 적절하지 않은 것은?

① 설득력 있는 스토리텔링 능력

② 통찰력 있는 분석 능력

③ 뉴럴 네트워크 최적화 능력

④ 다분야 간 커뮤니케이션 능력

> **정답** ③ | **해설** 뉴럴 네트워크 최적화 능력은 특정한 기계학습 분야나 딥러닝 분야에서 중요할 수 있으나, 모든 데이터 사이언티스트에게 필수적인 역량은 아니다.
> 데이터 사이언티스트에게는 데이터를 다각적으로 분석하여 인사이트를 도출하는 능력 외에도 통찰력, 스토리텔링, 다분야 간 커뮤니케이션 능력 등이 필요하다.

**28** 다음 중 가트너가 제시한 데이터 사이언티스트의 역량으로 가장 적절하지 않은 것은?

① 비즈니스 분석(Business Analysis)

② 하드 스킬(Hard Skill)

③ 데이터 관리(Data Management)

④ 분석 모델링(Analytics Modeling)

**정답** ② | **해설** 가트너가 제시한 데이터 사이언티스트의 역량은 데이터 관리, 분석적 모델링, 비즈니스 분석, 소프트 스킬이다.

**병행학습**
- 데이터 관리(Data Management): 데이터 수집, 정제, 저장, 조회 등을 효과적으로 수행할 수 있는 능력
- 분석 모델링(Analytical Modeling): 통계, 머신러닝, AI 등의 분석 기법을 활용하여 데이터를 분석하고 모델링하는 능력
- 비즈니스 분석(Business Analysis): 비즈니스 문제를 이해하고 이를 해결하기 위해 데이터를 활용하는 능력
- 소프트 스킬(Soft Skills): 커뮤니케이션, 협업, 문제 해결 등의 스킬. 복잡한 분석 결과를 비전문가에게 이해하기 쉽게 설명, 다양한 배경의 팀원들과 협업, 창의적으로 문제 해결하는 능력

**29** 다음 중 미래 사회의 특성과 빅데이터 역할이 연결된 것으로 가장 적절하지 않은 것은?

① 불확실성 – 통찰력

② 단순화 – 경쟁력

③ 리스크 – 대응력

④ 융합 – 창조력

**정답** ② | **해설** 미래사회의 특성과 빅데이터의 역할은 불확실성–통찰력, 리스크–대응력, 스마트–경쟁력, 융합–창조력으로 연결할 수 있다.

**30** 의사결정 오류인 로직 오류와 프로세스 오류에 대한 설명으로 가장 적절하지 않은 것은?

① 사실을 기반으로 올바른 대답을 찾는 게 아니라 분석을 이용하여 자신의 주장을 합리화하는 것은 로직 오류이다.

② 데이터 수집이나 분석이 너무 늦어 사용할 수 없게 되는 것은 로직 오류이다.

③ 대안을 진지하게 고려하지 않는 것은 프로세스 오류이다.

④ 결정에서 분석과 통찰력을 고려하지 않는 것은 프로세스 오류이다.

**정답** ② | **해설** 데이터 수집이나 분석이 너무 늦어 사용할 수 없게 되는 것은 프로세스 오류에 해당한다.

**병행학습**
- 로직 오류 : 의사결정 시 발생하는 논리적인 오류를 의미
  - 올바른 질문을 하지 않는 것
  - 부정확한 가정을 하고 테스트를 하지 않는 것
  - 사실을 기반으로 올바른 대답을 찾는 게 아니라 분석을 이용하여 자신의 주장을 합리화하는 것
  - 시간을 충분히 들여 대안들을 이해하지 않거나 데이터를 정확하게 해석하지 않는 것
- 프로세스 오류 : 의사결정 과정에서 발생하는 절차적인 오류를 의미
  - 부주의한 실수를 하는 것
  - 결정에서 분석과 통찰력을 고려하지 않은 것
  - 대안을 진지하게 고려하지 않는 것
  - 부정확하거나 불충분한 결정 기준을 사용하는 것
  - 데이터 수집이나 분석이 너무 늦어 사용할 수 없게 되는 것

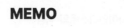

**MEMO**

# 2과목

이 과목은 데이터 분석 기획의 방향성을 설정하고, 분석 과제를 발굴하며, 분석 프로젝트를 효과적으로 관리하는 방법을 다룬다. 분석 방법론, 마스터 플랜 수립, 분석 거버넌스 체계 구축 등 데이터 분석 프로젝트의 전반적인 기획 과정을 학습한다.

핵심 용어와 주요 개념을 암기하고, 기출문제를 통해 출제 경향을 파악하며 반복적으로 연습하는 것이 중요하다. 3과목(데이터 분석)을 먼저 학습한 후 2과목을 공부하면 실제 분석 과정에 대한 이해도가 높아져 학습에 큰 도움이 된다.

# 2과목 | 데이터 분석 기획

## 핵심 01 분석 주제 유형

### 1. 분석 기획의 이해

분석 기획이란 실제 분석을 수행하기에 앞서 어떤 주제로 분석을 진행할지 결정하고, 목표(What)를 달성하기 위해 어떤 데이터를 가지고 어떤 방식(How)으로 수행할지에 대한 일련의 계획을 수립하는 작업

● **전문가의 조언**
데이터 분석에 있어서 '기획'은 매우 중요합니다. 기획은 분석 프로젝트의 방향성을 설정하고, 목표를 명확히 하며, 분석 과정에서 필요한 자원과 시간을 효율적으로 배분하는 데 필수적인 역할을 합니다. 무조건 암기하기보다는 기획의 절차를 하나씩 이해하고 암기하는 것이 필요합니다.

**POINT**
### 2. 분석 주제 유형

분석 주제는 분석 대상(What)과 분석 방법(How)에 따라서 4가지로 나누며, 분석 주제 및 기법의 특성상 4가지 유형을 넘나들면서 분석을 수행하고 결과를 도출하는 과정을 반복함

| 분석 방법 (How) | 분석 대상 (What) | |
|---|---|---|
| | Known | Un-known |
| Known | ① Optimization | ③ Insight |
| Un-known | ② Solution | ④ Discovery |

① 해결해야 할 문제와 분석의 방법을 알고 있는 경우 개선을 통한 최적화(Optimization)의 형태로 분석 수행
② 해결해야 할 문제를 알지만, 분석의 방법을 모르는 경우 솔루션(Solution)을 찾는 방식으로 분석 수행
③ 분석 대상을 명확하게 모르지만, 기존 분석 방식을 활용하는 경우 통찰(Insight)을 도출하는 방식으로 분석 수행
④ 분석 대상과 분석의 방법을 모르는 경우 발견(Discovery) 접근법으로 분석의 대상 자체를 새로이 도출

● **전문가의 조언**
분석 주제 유형을 묻는 문제가 많이 출제되므로 반드시 암기가 필요합니다. 분석 대상을 알면 OS, 모르면 ID로 암기해주세요.

---

★ 16회 17회 21회

1. 분석 주제는 분석 대상과 분석 방법에 따라 다음의 4가지 유형으로 나눌 수 있다. 다음 중 분석 대상이 무엇인지 알지만, 분석 방법을 모르는 경우의 유형으로 가장 적절한 것은?

① 최적화
② 솔루션
③ 발견
④ 통찰

**정답** ② | **해설** 해결해야 할 문제를 알지만, 분석의 방법을 모르는 경우 솔루션(Solution)을 찾는 방식으로 분석을 수행한다.

---

## 핵심 02 분석 기획의 목표 시점과 고려사항

**POINT**
### 1. 목표 시점별 분석 기획

• 목표 시점에 따라 분석 기획은 과제 중심적인 접근 방식과 장기적인 마스터 플랜 방식으로 구분할 수 있으며, 두 가지를 융합적으로 적용하는 것이 중요함
• 과제 중심적인 접근 방식 : 당면한 과제를 빠르게 해결하는 방식
• 장기적인 마스터 플랜 방식 : 지속적으로 분석을 내재화하는 방식
• 목표 시점별 분석 기획 방안

| 기획 방안 | 분석 과제 | 분석 마스터플랜 |
|---|---|---|
| 단위 | 당면한 분석 주제의 해결 (과제 단위) | 지속적 분석 문화 내재화 (마스터 플랜 단위) |
| 1차 목표 | Speed &Test | Accuracy &Deploy |
| 과제 유형 | Quick-win | Long Term View |
| 접근 방식 | Problem Solving | Problem Definition |

## 2. 분석 기획 시 고려사항

### (1) 가용 데이터(Available Data)

데이터 확보가 필수적이며, 데이터 유형에 따라 적용 가능한 솔루션 및 분석 방법이 다르므로 데이터 유형에 대한 분석이 선행되어야 함

**잠깐만요**

**데이터 유형에 따른 종류**

| 정형 데이터 | EPR, CRM Transaction data, Demand Forecast |
| 반정형 데이터 | Competitor Pricing, Sensor, web logIoT |
| 비정형 데이터 | email, SNS, voice, IoT, 보고서, news |

● **전문가의 조언**

실제로 정형 데이터, 반정형 데이터, 비정형 데이터의 구분의 경계가 모호한 경우도 있습니다. 여기에서는 이론적으로 명확하게 구분된 것을 기준으로 기억하시는 것이 좋습니다. 정형 데이터는 RDBMS, 반정형 데이터는 센서 데이터, 비정형 데이터는 SNS 데이터 등 대표적인 예를 하나씩 기억해보세요.

### (2) 적절한 유스케이스(Proper Business Use Case)

① 분석을 통해서 가치가 창출될 수 있는 적절한 활용방안과 활용 가능한 유스케이스 탐색이 필요함

② "바퀴는 재발명하지 마라" → 기존에 잘 구현된 유사 분석 시나리오 및 솔루션을 최대한 활용할 것

### (3) 분석 과제 수행을 위한 장애 요소(Low Barrer of Execution)

① 장애 요소에 대한 사전 계획 수립이 필요함

② 정확도를 올리기 위해 기간과 투입 리소스가 늘어남 → 비용 상승으로 이어짐

③ 사용자가 쉽게 이해하고 활용할 수 있는 모델을 수립해야 함

④ 조직의 역량으로 내재화하기 위해서 충분하고 계속적인 교육 및 활용방안 등의 변화관리를 고려해야 함

---

★ 19회 30회

**1. 다음 중 지속적인 분석 내재화를 위한 '마스터 플랜 방식'에 비하여 '과제 중심적인 접근 방식'의 특징으로 가장 적절하지 않은 것은?**

① Quick-Win

② Problem Solving

③ Accuracy & Deploy

④ Speed & Test

**정답 ③ | 해설** 과제 중심적 접근 방식은 빠른 성과(Quick-Win), 문제 해결(Problem Solving), 빠른 속도와 테스트(Speed & Test)를 우선시한다. 분석 접근 방식에서 Accuracy & Deploy의 강조는 체계적인 방법으로 문제를 철저히 이해하고 해결한 후에 배포를 진행하는 마스터 플랜 방식의 포괄적이고 구조적인 성격과 더 일치한다.

---

★ 27회 28회

**2. 다음 중 분석 기획을 위한 고려사항에 대한 설명으로 가장 적절하지 않은 것은?**

① 기존에 잘 구현된 유사 분석 시나리오 및 솔루션을 최대한 활용

② 분석 과제를 수행하기 위한 가용 데이터의 존재 여부를 파악

③ 데이터 유형에 따라 분석 방법이 다르므로 데이터 유형에 대한 분석 선행

④ 실사용자의 이해도보다는 높은 정확도에 초점을 맞춘 복잡하고 정교한 모델 구현

**정답 ④ | 해설** 복잡하고 정교한 모델이 높은 정확도를 제공할 수 있지만, 모델의 복잡성이 사용자의 이해를 넘어서면 분석 결과를 효과적으로 활용하기 어려워진다. 따라서 분석 기획 시에는 모델의 정확도뿐만 아니라 실사용자의 이해도와 사용 용이성도 함께 고려해야 한다.

---

★ 18회 21회 25회

**3. 다음 중 정형 데이터 – 반정형 데이터 – 비정형 데이터의 순서로 올바르게 짝지어진 것은?**

① Demand Forecasts – Competitor pricing – Email records

② Facebook status – Weather data – Web logs

③ RFID – Internet of things sensing – Loyalty program

④ CRM Transaction data – Twitter density – Mobile location

**정답 ① | 해설** • Demand Forecasts(수요 예측): 수요 예측은 일반적으로 숫자, 날짜 등 고정된 형식의 데이터를 사용(정형 데이터)

- Competitor Pricing(경쟁사 가격 정보): 경쟁사 가격 정보는 웹사이트, PDF 문서, 엑셀 파일 등 다양한 형태로 제공(반정형 데이터)
- Email Records(이메일 기록): 이메일은 텍스트, 이미지, 비디오 등 고정된 구조가 없는 데이터를 포함(비정형 데이터)

## 핵심 03 소프트웨어 개발 방법론

### (1) 폭포수형 모델(Waterfall Model)

- 하향식(Top-Down) 모델로 단계를 차례대로 진행하는 방법, 이전 단계가 완료되어야 다음 단계로 진행할 수 있음
- 문제나 개선 사항이 발견되면 전 단계로 돌아가는 피드백(Feedback) 과정이 수행됨

### (2) 프로토타입 모델(Prototype Model)

- 상향식(Bottom-Up) 모델로 폭포수 모델의 단점을 보완한 모델
- 사용자가 요구사항이나 데이터를 정확히 규정하기 어렵고 데이터 소스도 명확히 파악하기 어려운 상황에서 일단 분석을 시도해 보고 그 결과를 확인해 가면서 반복적으로 개선해 나가는 방법

● **전문가의 조언**

데이터 분석에 있어서 상향식 모델과 하향식 모델의 구분은 매우 중요합니다. 폭포수 모델은 하향식, 프로토타입과 나선형 모델은 상향식 모델이라는 점을 기억해주세요.

### (3) 나선형 모델(Spiral Model)

- 상향식(Bottom-Up) 모델로 반복을 통하여 점증적으로 개발하는 방법이며 처음 시도하는 프로젝트에 적용이 용이
- 반복에 대한 관리체계를 효과적으로 갖추지 못한 경우 복잡도가 상승하여 프로젝트 진행이 어려움

1. 목표설정 (Determine Objective)  2. 위험분석 (Risk Analysis)
4. 고객평가/다음단계수립 (Evaluation/Plan the next Iteration)  3. 개발과 검증 (Development and Test)

잠깐만요

**기업의 합리적 의사결정 장애 요소**
① 고정관념(Stereotype)
② 편향된 생각(Bias)
③ 프레이밍 효과(Framing Effect) : 문제의 표현 방식에 따라 동일한 사건이나 상황임에도 불구하고 개인의 판단이나 선택이 달라질 수 있는 현상
→ 기업 문화의 변화와 업무 프로세스의 개선을 촉진하는 도구로 데이터 분석을 활용해야 한다.

---

★ 19회 33회

**1.** 다음 중 반복을 통하여 점증적으로 개발하는 방법으로, 크고 복잡한 시스템, 높은 위험을 가진 프로젝트, 요구사항이 불확실하거나 변화가 잦은 프로젝트에 적합한 모델은?

① 폭포수 모델
② 나선형 모델
③ 프로토타입 모델
④ V-모델

**정답** ② | **해설** 나선형 모델은 폭포수형 모델의 엄격한 순차적 접근과 프로토타입 모델의 유연성을 결합한 모델로, 개발 과정이 여러 번의 반복 주기로 구성한다. 각 반복마다 제품의 리스크를 관리하고 사용자의 요구사항을 반영하여 점진적으로 개발을 진행한다.

## 핵심 04 KDD 분석 방법론

### 1. 분석 방법론의 개요

- 데이터 분석을 효과적으로 기업 내 정착하기 위해서는 데이터 분석 방법론의 수립이 필수

- 방법론은 절차(Procedure), 방법(Methods), 도구와 기법(Tools & Techniques), 템플릿과 산출물(Templates & Outputs)로 구성
- 방법론 생성 과정 : 개인의 암묵지가 조직의 형식지로 전개되면서 방법론이 생성

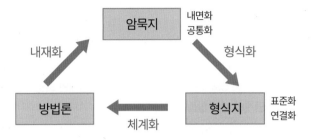

● 전문가의 조언

데이터 분석 방법론인 KDD, CRISP-DM, 빅데이터 분석 방법론은 출제가 많은 부분입니다. 특히 국내에서 만든 빅데이터 분석 방법론은 많은 문제가 출제되었으므로 조금 더 상세하게 학습할 필요가 있습니다.

## 2. KDD(Knowledge Discovery in Database) 5단계 프로세스

### (1) 데이터셋 선택(Selection)

- 데이터셋 선택에 앞서 비즈니스 도메인에 대한 이해, 프로젝트 목표를 정확하게 설정
- 원시 데이터에서 분석에 필요한 데이터 선택
- 데이터 마이닝에 필요한 목표 데이터(Target Data)를 구성
- 데이터 전처리 프로세스에서 데이터셋 추가가 요구되면 선택 프로세스를 반복할 수 있음

### (2) 데이터 전처리(Preprocessing)

- 데이터셋에 포함된 잡음(Noise), 이상값(Outlier), 결측치(Missing Value)를 식별
- 필요시 제거하거나 의미 있는 데이터로 처리하는 데이터셋 정제 작업을 시행

### (3) 데이터 변환(Transformation)

- 분석 목적에 맞는 변수를 선택하거나 데이터 차원을 축소하여 데이터 마이닝을 효율적으로 적용될 수 있도록 데이터셋을 변경하는 프로세스를 수행

### (4) 데이터 마이닝(Data Mining)

- 분석 목적에 맞는 데이터 마이닝 기법을 선택하고 데이

터마이닝 알고리즘을 선택
- 데이터의 패턴을 찾거나 데이터를 분류 또는 예측

### (5) 데이터 마이닝 결과 평가(Interpretation/Evaluation)

- 데이터 마이닝 결과에 대한 해석과 평가, 분석 목적과의 일치성을 확인
- 발견된 지식을 업무에 활용하기 위한 방안을 찾음
- 필요에 따라 데이터셋 선택 프로세스부터 데이터 마이닝 프로세스를 반복하여 수행

---

★ 16회 23회 41회

1. 다음 중 KDD 분석 방법론에서 데이터셋에 포함된 이상치, 결측치를 식별하고 정제하는 단계로 가장 적절한 것은?

① 데이터셋 선택(Selection)
② 데이터 변환(Transformation)
③ 데이터 전처리(Preprocessing)
④ 데이터마이닝(Mata Mining)

정답 ③ | 해설 데이터 전처리 단계에서는 데이터의 품질을 높이기 위해 결측치 처리, 이상치 탐지 및 제거, 데이터 정규화와 같은 작업을 수행합니다.

---

### 핵심 05 CRISP-DM 분석 방법론

### (1) CRISP-DM 4레벨 구조

① 단계(Phases)
일반화 태스크(Generic Tasks)를 포함
② 일반화 태스크(Generic Tasks)
데이터 마이닝의 단일 프로세스를 완전하게 수행하는 단위
예 데이터 정제
③ 세분화 태스크(Specialized Task)
일반화 태스크를 구체적으로 수행하는 레벨
예 범주형 데이터 정제, 연속형 데이터 정제 등
④ 프로세스 실행(Process Instances)
데이터 마이닝을 위한 구체적인 실행을 포함

## (2) CRISP-DM 6단계 프로세스

- 업무 이해 → 데이터 이해 → 데이터 준비 → 모델링 → 평가 → 전개
- 단계 간 피드백(Feedback)을 통하여 단계별 완성도를 높임 (업무 이해 → 데이터 이해, 데이터 준비 → 모델링)

① 업무 이해(Business Understanding)

- 비즈니스 관점에서 프로젝트 목적과 요구사항을 이해하기 위한 단계
- 도메인 지식을 데이터 분석을 위한 문제 정의로 변경하고 초기 프로젝트 계획을 수립
- 업무 목적 파악, 상황 파악, 데이터 마이닝 목표 설정, 프로젝트 계획 수립

② 데이터 이해(Data Understanding)

- 분석을 위한 데이터 수집, 데이터 속성을 이해하는 과정 데이터
- 품질에 대한 문제점을 식별하고 숨겨진 인사이트를 발견
- 초기 데이터 수집, 데이터 기술 분석, 데이터 탐색, 데이터 품질 확인

③ 데이터 준비(Data Preparation)

- 수집된 데이터에서 분석 기법에 적합한 데이터셋을 편성하는 단계로 많은 시간이 소요
- 분석용 데이터셋 선택, 데이터 정제, 분석용 데이터셋 편성, 데이터 통합, 데이터 포맷팅

④ 모델링(Modeling)

- 다양한 모델링 기법과 알고리즘을 선택하고 모델링 과정에서 사용되는 파라미터를 최적화하는 단계
- 데이터셋이 추가로 필요한 경우 데이터 준비 단계를 반복 수행할 수 있음
- 모델링 기법 선택, 모델 테스트 계획 설계, 모델 작성, 모델 평가

⑤ 평가(Evaluation)

- 모델이 프로젝트 목적에 부합하는지를 평가
- 데이터 마이닝 결과를 수용할 것인지 최종적으로 판단
- 분석 결과 평가, 모델링 과정 평가, 모델 적용성 평가

⑥ 전개(Deployment)

- 실 업무에 적용하기 위한 계획을 수립하고 모니터링과 모델의 유지보수 계획을 마련
- 전개 계획 수립, 모니터링과 유지보수 계획 수립, 프로젝트 종료 보고서 작성, 프로젝트 리뷰

● **전문가의 조언**

CRISP-DM의 6단계 업무 이해 → 데이터 이해 → 데이터 준비 → 모델링 → 평가 → 전개를 암기하고 KDD와 차이점을 구분해서 학습하세요.

---

★ 19회 21회 25회 33회 36회 40회

**1. 다음 중 CRISP-DM 분석 방법론에서 4단계인 모델링 단계의 세부 활동이 아닌 것은?**

① 모델링 기법 선택
② 모델 적용성 평가
③ 모델 평가
④ 모델 테스트 계획 설계

**정답** ② | **해설** 모델 적용성 평가는 평가 단계에 포함된다.

---

### 핵심 06 빅데이터 분석 방법론

## (1) 빅데이터 분석 방법론 3계층 구조

① 단계(Phases) : 최상위 계층, 프로세스 그룹(Process Group)을 통하여 완성된 단계별 산출물이 생성, 각 단계는 기준선(Baseline)으로 설정되어 관리

② 태스크(Task) : 단계를 구성하는 단위 활동으로써 물리적 또는 논리적 단위로 품질 검토의 항목

③ 스텝(Step) : WBS(Work Breakdown Structure)의 워크 패키지에 해당하고 입력 자료(Input), 처리 및 도구(Process & Tool), 출력 자료(Output)로 구성된 단위 프로세스(Unit Process)

● **전문가의 조언**

빅데이터 분석 방법론은 3가지 방법론 중 가장 많은 문제가 출제되는 부분입니다. 분석 기획-데이터 준비-데이터 분석-시스템 구현-평가 및 전개 단계를 암기하고 각 단계에 포함되는 태스크까지 꼼꼼하게 학습해야 합니다.

## (2) 5단계 프로세스

| Planning<br>(분석기획) | Preparing<br>(데이터 준비) | Analyzing<br>(데이터 분석) | Developing<br>(시스템 구현) | Deploying<br>(평가 및 전개) |
|---|---|---|---|---|
| 비즈니스 이해 및 범위 설정 | 필요 데이터 정의 | 분석용 데이터 준비 | 설계 및 구현 | 모델 발전계획 수립 |
| 프로젝트 정의 및 계획 수립 | 데이터 스토어 설계 | 텍스트 분석 | 시스템 테스트 및 운영 | 프로젝트 평가 및 보고 |
| 프로젝트 위험계획 수립 | 데이터 수집 및 정합성 점검 | 탐색적 분석 | | |
| | | 모델링 | | |
| | | 모델 평가 및 검증 | | |
| | | 모델 적용 및 운영방안 수립 | | |

### ① 분석 기획(Planning)

- 비즈니스를 이해하고 도메인의 문제점을 파악하여 빅데이터 분석 프로젝트의 범위를 확정, 향후 프로젝트 진행의 기준선이 되도록 준비
- 태스크 : 비즈니스 이해 및 프로젝트 범위 설정, 프로젝트 정의 및 계획 수립, 프로젝트 위험 계획 수립

| | | |
|---|---|---|
| 비즈니스 이해 및 프로젝트 범위 설정 | 비즈니스 이해 | 내부 업무 매뉴얼과 관련자료, 외부 관련 비즈니스를 조사하고 향후 프로젝트 진행을 위한 방향 설정 |
| | 프로젝트 범위 설정 | 프로젝트 목적에 부합되는 범위를 명확하게 설정하고 프로젝트에 참여하는 모든 관계자들의 이해를 일치시키기 위한 프로젝트 범위 정의서인 SOW(State-ment of Work) 작성 |
| 프로젝트 정의 및 계획 수립 | 데이터 분석 프로젝트 정의 | 프로젝트의 목표 및 KPI, 목표 수준 등을 구체화하여 상세 프로젝트 정의서를 작성하고 프로젝트의 목표를 명확화 하기 위하여 모델 운영 이미지 및 평가 기준 설정 |
| | 프로젝트 수행 계획 수립 | 프로젝트의 목적 및 배경, 기대효과, 수행 방법, 일정 및 추진조직, 프로젝트 관리방안과 WBS 작성 |
| 프로젝트 위험 계획 수립 | 데이터 분석 위험 식별 | 발생 가능한 위험을 식별하고 식별된 위험은 위험의 영향도와 빈도, 발생가능성 등을 평가하여 위험의 우선순위를 설정 |
| | 위험 대응 계획 수립 | 식별된 위험은 정량적·정성적 분석을 통해 위험 대응방안 수립 위험 대응은 회피(Avoid), 전이(Trans-fer), 완화(Mitigate), 수용(Accept)으로 구분하여 위험 관리 계획서를 작성 |

**A 용어설명**

- SOW(Statement of Work) : 비즈니스 이해 및 프로젝트 범위 설정의 산출물로, 프로젝트의 목적과 범위, 수행 방법 등을 기술한 프로젝트 범위 정의서

### ② 데이터 준비(Preparing)

- 비즈니스 요구사항을 데이터 차원에서 다시 파악하고 프로젝트별로 필요로 하는 데이터를 정의하여 전사 차원의 데이터 스토어(Data Store)를 준비
- 데이터 수집 저장 시 ETL(Extract Transform Load) 등의 다양한 도구를 사용
- 데이터 품질 확보를 위해 품질 통제와 품질 보증 프로세스 수행
- 태스크 : 필요 데이터 정의, 데이터 스토어 설계, 데이터 수집 및 정합성 점검

| | | |
|---|---|---|
| 필요 데이터 정의 | 데이터 정의 | 다양한 내외부 원천 데이터 소스로부터 분석에 필요한 데이터 정의 |
| | 데이터 획득방안 수립 | 내부 데이터 획득에는 부서간 업무협조와 개인정보보호 및 정보보안 문제점을 사전 점검하고, 외부 데이터 획득은 시스템간 다양한 인터페이스 및 법적인 문제점 고려 |
| 데이터 스토어 설계 | 정형 데이터 스토어 설계 | 일반적으로 RDBMS를 사용하고 데이터 스토어의 논리적, 물리적 설계를 구분하여 설계 |
| | 비정형 데이터 스토어 설계 | 하둡, NoSQL 등을 이용하여 논리적, 물리적 데이터 스토어 설계 |
| 데이터 수집 및 정합성 점검 | 데이터 수집 및 저장 | ETL, API, 스크립트 프로그램 등을 이용하여 데이터를 수집하고, 수집된 데이터를 설계된 데이터 스토어에 저장 |
| | 데이터 정합성 점검 | 데이터 품질 점검을 통해 데이터의 정합성을 확보하고 품질 개선 |

**A 용어설명**

- RDBMS(Relational Database Management System) : 데이터를 표(table) 형태로 관리하는 데이터베이스 관리 시스템
- ETL : 추출(Extract), 변환(Transform), 적재(Load)의 약자로, 다양한 출처에서 수집된 데이터를 분석하기 위해 표준화하는 데 필요한 단계
- API(Application Programming Interface) : 데이터 소스로부터 자동으로 데이터를 수집하거나, 외부 분석 도구와 통합하여 데이터를 처리하고 분석 결과를 교환하는 데 사용

③ 데이터 분석(Analyzing)

- 데이터 스토어에서 분석에 필요한 데이터셋을 준비하고 탐색적 분석, 모델링과 모델 평가 태스크를 진행
- 비정형 테스트 데이터 : 텍스트 마이닝, 텍스트 분류 등의 분석 기법과 알고리즘 이용하고 필요 시 정형 데이터와 결합하여 통합 모델링을 수행
- 분석에 필요한 충분한 데이터 확보를 위해서 데이터 준비 단계를 반복하여 수행
- 태스크 : 분석용 데이터 준비, 텍스트 분석, 탐색적 분석, 모델링, 모델 평가 및 검증

| 분석용 데이터 준비 | 비즈니스 룰 확인 | 세부적인 비즈니스 룰을 파악하고 분석에 필요한 데이터의 범위를 확인 |
|---|---|---|
| | 분석용 데이터셋 준비 | 데이터 스토어로부터 분석에 필요한 데이터를 추출하고 데이터베이스나 구조화된 형태로 구성 |
| 텍스트 분석 | 텍스트 데이터 확인 및 추출 | 비정형 데이터를 데이터 스토어에서 확인하고 필요한 데이터를 추출 |
| | 텍스트 데이터 분석 | 텍스트 데이터를 분석 도구로 적재하여 다양한 기법으로 분석하고 모델 구축 |
| 탐색적 분석 | 탐색적 데이터 분석 | 기초 통계량을 산출하고 데이터 자체의 특성 및 데이터의 통계적 특성을 이해 |
| | 데이터 시각화 | 시각화는 탐색적 데이터 분석을 위한 도구로 활용, 모델의 시스템화를 위한 시각화는 시각화 기획, 시각화 설계, 시각화 구현 등의 별도의 프로세스를 따라 진행 |
| 모델링 | 데이터 분할 | 모델 개발을 위한 훈련용 데이터와 검증력을 테스트하기 위한 데이터로 분할 |
| | 데이터 모델링 | 분류, 예측, 군집 등의 모델을 만들어 가동 중인 운영 시스템에 적용 |
| | 모델 적용 및 운영 방안 | 알고리즘 설명서 작성 |
| 모델 평가 및 검증 | 모델 평가 | 프로젝트 정의서의 모델 평가 기준에 따라 모델을 객관적으로 평가하고 품질관리 차원에서 모델 평가 프로세스를 진행 |
| | 모델 검증 | 검증용 데이터를 이용하여 모델 검증 작업을 실시하고 모델링 검증 보고서 작성 |

**A 용어설명**

- 탐색적 데이터 분석(EDA; Exploratory Data Analysis) : 다양한 데이터 시각화를 활용하여 데이터의 가독성을 명확히 하고 데이터의 형상 및 분포 등 데이터 특성을 파악하는 태스크

- 알고리즘 설명서 : 시스템 구현 단계에서 중요한 입력 자료로 활용되므로 의사 코드(Pseudo code) 수준의 상세한 작성이 필요

④ 시스템 구현(Developing)

- 운영 중인 시스템에 적용하거나 프로토타입(Prototype)을 구현하고자 하는 경우 시스템 구현 단계를 진행
- 단순한 데이터 분석이나 데이터 마이닝을 통한 분석 보고서를 작성하는 것으로 프로젝트가 종료되는 경우에는 수행할 필요 없음
- 소프트웨어 개발 생명 주기인 SDLC(Software Development Life Cycle)와 기업 내 시스템 개발을 위해 사용하고 있는 방법론을 커스터마이징(Customizing)하여 적용할 수 있음
- 태스크 : 설계 및 구현, 시스템 테스트 및 운영

| 설계 및 구현 | 시스템 분석 및 설계 | 가동중인 시스템을 분석하고 알고리즘 설명서에 근거하여 응용 시스템 구축 설계 프로세스를 진행 |
|---|---|---|
| | 시스템 구현 | BI 패키지를 활용, 새롭게 시스템을 구축, 가동 중인 운영 시스템의 커스터마이징 등을 통해 설계된 모델 구현 |
| 시스템 테스트 및 운영 | 시스템 테스트 | 단위 테스트, 통합 테스트, 시스템 테스트 등을 실시 |
| | 시스템 운영 계획 | 시스템 운영자, 사용자를 대상으로 필요한 교육을 실시하고 시스템 운영 계획 수립 |

⑤ 평가 및 전개(Deploying)

- 분석 기획 단계에서 수립된 프로젝트의 목적을 달성했는지를 평가
- 데이터 분석 단계와 시스템 구현 단계에서 구축된 모델의 발전계획을 수립
- 수행된 프로젝트를 객관적이고 정량적으로 평가하여 내부 활용 및 자산화 추진
- '프로젝트 종료 보고서'를 작성하여 의사소통 체계에 따라 보고하고 프로젝트를 종료
- 태스크 : 모델 발전 계획 수립, 프로젝트 평가 및 보고

| 모델 발전<br>계획 수립 | 모델 발전<br>계획 | 발전 계획을 상세하게 수립하여 모델의<br>계속성을 확보 |
| --- | --- | --- |
| 프로젝트<br>평가 및<br>보고 | 프로젝트<br>성과 평가 | 프로젝트의 정량적 성과와 정성적 성과<br>로 나누어 성과 평가서 작성 |
| | 프로젝트<br>종료 | 프로젝트의 모든 산출물 및 프로세스를<br>지식자산화 하고 프로젝트 최종 보고서<br>작성 |

★ 17회 20회 22회 29회 35회 39회 41회

**1. 빅데이터 분석 방법론의 분석 기획 단계에서 프로젝트 위험대응 계획을 수립할 때 예상되는 위험에 대한 대응 방법으로 가장 적절하지 않은 것은?**

① 회피(Avoid)

② 완화(Mitigate)

③ 관리(Manage)

④ 수용(Accept)

**정답** ③ | **해설** 위험에 대한 대응 방법으로는 회피(Avoid), 전이(Transfer), 완화(Mitigate), 수용(Accept)이 있으며, 관리(Manage)는 포함되지 않는다.

---

★ 26회

**2. 다음 중 빅데이터 분석 방법론에 대한 설명으로 가장 적절하지 않은 것은?**

① 단순한 데이터 분석이나 데이터 마이닝을 통한 분석 보고서를 작성하는 것으로 프로젝트를 종료하는 경우에는 시스템 구현단계를 수행할 필요가 없다.

② 소프트웨어 개발 생명 주기와 기업 내 시스템 개발을 위해 사용하고 있는 방법론을 커스터마이징(Customizing)하여 적용할 수 있다.

③ 시스템 구현 단계는 설계 및 구현, 시스템 테스트 및 운영으로 이루어진다.

④ 시스템 구현 단계에서 정보보안은 주요 고려 요소가 아니다.

**정답** ④ | **해설** 빅데이터 분석에서도 데이터 보호 규정을 준수하고, 데이터 유출 및 오용을 방지하기 위한 보안 조치는 필수적입니다. 따라

서, 시스템 구현 단계에서도 정보보안을 주요 고려요소로 포함하는 것이 매우 중요하다.

---

**핵심 07**     **하향식 접근법**

## 1. 분석 과제 도출 방식

• 분석 과제는 풀어야 할 문제를 데이터 분석 문제로 변환한 후 데이터 분석 관계자들이 이해하고 프로젝트로 수행할 수 있는 과제정의서 형태로 도출

• 분석 과제를 도출하기 위한 방식은 하향식 접근 방식과 상향식 접근 방식으로 분류

• 최적의 의사결정은 두 접근 방식이 상호 보완 관계에 있을 때 가능

| | | 분석 대상 (What) | |
| --- | --- | --- | --- |
| **분석<br>방법<br>(How)** | | Known | Un-known |
| | Known | Optimization | Insight |
| | Un-known | Solution | Discovery |

Top-Down Approach   Bottom-Up Approach
(Problem Solving)    (Problem Creating)

● **전문가의 조언**

하향식 접근법은 큰 그림이나 목표를 먼저 설정하고, 그 목표를 달성하기 위해 구체적인 데이터 분석을 수행하는 방식입니다. 이는 건축가가 먼저 건물의 설계도를 그리고 그에 따라 건물을 짓는 과정과 비슷합니다. 반면, 상향식 접근법은 특정 데이터에서 출발하여 점차 전체 패턴이나 통찰을 찾아가는 방식으로, 퍼즐 조각을 하나씩 맞추어 전체 그림을 완성하는 것에 비유할 수 있습니다.

## 2. 하향식 접근법(Top Down Approach)

• 전통적으로 수행된 분석 과제 발굴 방식

• 문제가 주어지고 이에 대한 해법을 찾기 위해 각 과정이 체계적으로 단계화되어 수행되는 방식

## (1) 문제 탐색(Problem Discovery) 단계

전제적인 관점의 기준 모델을 활용하여 빠짐없이 문제를 도출하고 식별하는 단계

① 비즈니스 모델 기반 문제 탐색

- 비즈니스 모델 캔버스 9가지 블록을 단순화하여 5개의 영역(업무, 제품, 고객, 규제&감사, 지원 인프라) 단위로 문제를 발굴
- 분석 기회 발굴의 범위 확장

| 거시적 관점 (STEEP) | 사회적(Social), 기술적(Technological), 경제적(Economic), 환경적(Environmental), 정치적(Political) 요소들을 포괄하는 거시적 환경을 분석하여 분석 기회를 발굴 |
|---|---|
| 경쟁자 확대 | 기존의 경쟁자 뿐만 아니라 대체재 제공업체, 신규 진입자 등을 포함한 넓은 범위의 경쟁 환경을 분석 |
| 시장 니즈 탐색 | 고객, 채널, 기타 영향을 미치는 이해관계자들의 필요와 기대를 파악 |
| 역량의 재해석 | 기존의 내부 역량과 파트너 네트워크를 다시 평가하여, 그들이 제공할 수 있는 새로운 가치와 기회를 발견 |

### 🅰 용어설명

- 채널(Channel) : 기업의 가치를 고객에게 전달하는 방법

### ● 전문가의 조언

하향식 접근법에서는 '문제 탐색' 단계에서 가장 많은 문제가 출제되므로 모든 내용을 꼼꼼하게 학습할 필요가 있습니다.

② 외부 참조 모델 기반 문제 탐색

- 유사 동종 사례 벤치마킹: 산업별, 업무 서비스별 분석 테마 후보 그룹(Pool)을 통해 "Quick & Easy" 방식으로 아이디어 도출, 워크숍 형태의 브레인 스토밍(Brain Storming)을 통해 빠르게 도출
- 분석 유즈 케이스(Analytics Use Case) : 풀어야 할 문제에 대한 상세한 설명 및 해당 문제를 해결했을 때 발생하는 효과를 명시함으로써 향후 데이터 분석 문제로의 전환 및 적합성 평가에 활용하는 것

## (2) 문제 정의(Problem Definition) 단계

- 식별된 비즈니스 문제를 데이터의 문제로 변환하여 정의하는 단계
- 필요한 데이터 및 기법(How)을 정의하기 위한 데이터 분석의 문제로 변환

  예 고객 이탈의 증대 → 고객의 이탈에 영향을 미치는 요인을 식별하고 이탈 가능성을 예측

## (3) 해결 방안 탐색(Solution Search)

- 정의된 데이터 분석 문제를 해결하기 위한 다양한 방안이 모색하는 단계
- 데이터나 분석 시스템에 따라 소요 예산과 활용 가능한 도구가 다름

  예 엑셀 등의 간단한 도구로 분석, 하둡 등의 빅데이터 분석 도구로 분석
- 교육이나 전문 인력 채용을 통한 역량 확보나 분석 전문 업체를 활용하는 방안을 사전에 검토

## (4) 타당성 검토(Feasiblity Study)

- 경제적 타당성 : 비용(데이터, 시스템, 인력, 유지보수 등) 대비 편익(실질적 비용 절감, 추가적 매출과 수익 등)의 관점에서 접근
- 데이터 및 기술적 타당성 : 데이터 존재 여부, 분석 시스템 환경, 분석 역량이 필요

---

★ 18회 28회 30회 34회

**1. 다음 중 하향식 접근 방식의 문제 탐색 단계에 대한 설명으로 가장 적절하지 않은 것은?**

① 비즈니스 모델 캔버스를 문제 탐색에 활용한다.

② 환경과 경쟁 구도의 변화, 역량의 재해석을 통해 분석 기회를 추가 도출한다.

③ 문제를 빠짐없이 도출하고 식별하는 것이 중요하다.

④ 유스케이스 활용보다는 새로운 이슈 탐색이 우선한다.

**정답** ④

---

★ 20회 22회 28회 33회

**2. 다음 중 빅데이터 분석 과제 발굴 시에 하향식 접근 방법의 단계로 가장 적절한 것은?**

① 문제 탐색 → 문제 정의 → 해결 방안 탐색 → 타당성 검토

② 문제 정의 → 문제 탐색 → 해결 방안 탐색
→ 타당성 검토

③ 타당성 검토 → 문제 정의 → 문제 탐색 → 해
결 방안 탐색

④ 해결 방안 탐색 → 문제 탐색 → 문제 정의
→ 타당성 검토

**정답 ①**

---

★ 16회 32번

**3. 다음 중 하향식 접근 방법의 문제 탐색에서 거시적
관점의 요인으로 가장 적절하지 않은 것은?**

① 사회(Social)

② 기술(Technological)

③ 환경(Environmental)

④ 채널(Channel)

**정답 ④ | 해설** 거시적 관점(STEEP)은 Social(사회), Technological(기술), Economic(경제), Environmental(환경), Political(정치)로 채널(Channel)은 포함되지 않습니다.

---

## 핵심 08 　상향식 접근법

- 기업에서 보유하고 있는 다양한 원천 데이터로부터의 분석을 통하여 통찰력과 지식을 얻는 방법으로, 문제의 정의 자체가 어려운 경우 데이터를 기반으로 문제의 재정의 및 해결 방안을 탐색하고 이를 지속해서 개선하는 방식

- 상향식 접근법 절차: 프로세스 분류 → 프로세스 흐름 분석 → 분석 요건 식별 → 분석 요건 정의

### POINT
### 1. 기존의 하향식 접근법의 한계 극복을 위한 분석 방법론

#### (1) 디자인 사고(Design Thinking) 접근법
- 상향식 접근 방식의 발산(Diverge) 단계와 하향식 접근 방식이 수렴(Converge) 단계를 반복적으로 수행하는 기법

- 기존의 분석 접근법의 한계를 극복하기 위해서 현장 관찰과 감정 이입(상대의 관점으로의 전환) 수행

- Why가 아닌 사물을 있는 그대로 인식하는 'What'의 관점을 의미

- d.school에서는 첫 단계로 감정 이입(Empathize)을 특히 강조

● **전문가의 조언**

디자인 사고는 사용자의 필요와 경험에 초점을 맞춘 창의적 문제 해결 방식입니다. 상향식 접근 방식의 발산 단계에서는 다양한 아이디어를 탐색하고, 하향식 접근 방식의 수렴 단계에서는 이 중 가장 실현 가능하고 효과적인 해결책을 선별합니다. 이 두 단계를 반복하며 사용자 중심의 혁신적 해결책을 도출하는 것이 핵심입니다.

#### (2) 비지도 학습(Unsupervised Learning) 방법
- 데이터 자체의 결합, 연관성, 유사성 등을 중심으로 데이터의 상태를 표현한 것
- 새로운 유형의 인사이트 도출하기에 유용한 방식
  예 장바구니 분석, 군집 분석, 기술 통계 및 프로파일링

잠깐만요

**지도 학습(Supervised Learning)**
- 명확한 목적하에서 분석을 시행하는 것
- 분류, 추측, 예측, 최적화를 통해 사용자의 주도하에 분석을 시행하고 지식을 도출하는 것이 목적

#### (3) 상관관계 분석, 연관 분석을 통한 문제의 해결
- 인과관계(Know-why) → 상관관계(Know-affinity) 분석으로 이동

### POINT
### 2. 시행착오를 통한 문제해결 - 프로토타이핑(Prototyping) 접근법
- 사용자가 요구사항이나 데이터를 정확히 규정하기 어렵고 데이터 소스도 명확히 파악하기 어려운 상황에서 일단 분석을 시도해 보고 그 결과를 확인해 가면서 반복적으로 개선해 나가는 방법
- 완전하지 못해도 신속하게 해결책이나 모형을 제시함으로써 이를 바탕으로 문제를 좀 더 명확하게 인식하고 필요한 데이터를 식별하여 구체화할 수 있게 하는 상향식 접근 방식

- 프로토타이핑 접근법의 프로세스 : 가설의 생성 → 디자인에 대한 실험 → 실제 환경에서의 테스트 → 통찰 도출 및 가설 확인

## 3. 분석 과제 정의서

- 도출한 분석 과제를 분석 과제 정의서 양식으로 상세하게 정의해야 함
- 분석 과제 정의서는 향후 프로젝트 수행 계획의 입력물로 사용
- 프로젝트를 수행하는 이해관계자가 프로젝트의 방향을 설정하고 성공 여부를 판별할 수 있는 주요 자료로서 명확하게 작성
- 분석 별로 필요한 소스 데이터, 분석 방법, 데이터 입수 및 분석의 난이도, 분석 수행 주기, 분석 결과에 대한 검증 오너십, 상세 분석 과정 등을 정의(상세 알고리즘 X)

---

★ 16회 26회 27회 42회

**1. 분석 과제 발굴을 위한 접근 방식에 대한 설명으로 가장 적절하지 않은 것은?**

① 분석할 대상이 명확한 경우 상향식 접근 방식이 적절하다.

② 디자인 사고 프로세스는 상향식 접근과 하향식 접근이 반복적으로 수행된다.

③ 하향식 접근 방식은 문제가 주어지고 이에 대한 해법을 찾기 위한 과정이 단계화된 것이다.

④ 일반적으로 상향식 접근 방식은 비지도 학습 방식으로 수행된다.

**정답** ① | **해설** 분석할 대상이 명확하지 않거나, 분석 목표보다는 데이터를 탐색하는 경우에 주로 활용된다. 반면, 분석할 대상이 명확한 경우는 하향식 접근 방식이 더 적합할 수 있다.

---

★ 23회 30회

**2. 다음 중 분석 과제를 발굴하기 위한 상향식 접근법 (Bottom Up Approach)에 대한 설명으로 가장 적절한 것은?**

① 일반적으로 상향식 접근법의 데이터 분석은 지도학습(Supervised Learning) 방법으로 수행된다.

② 디자인 사고 프로세스의 수렴 단계(Converge)에 해당한다.

③ 상향식 접근법은 문제의 구조가 분명하고 문제 정의가 명확한 경우에 적합하다.

④ 인사이트를 도출 후 반복적인 시행착오를 통해서 수행하며 문제를 도출하는 과정을 말한다.

**정답** ④ | **해설** 상향식 접근법은 인사이트를 도출하고, 이를 통해 반복적인 시행착오를 겪으며 점차적으로 문제를 발견하고 정의해 나가는 과정을 포함한다. 이 접근법은 데이터 내의 패턴이나 구조를 탐색하며, 문제의 구조가 불명확하거나 문제 정의가 명확하지 않을 때 특히 유용하다. | **오답해설** ① 일반적으로 상향식 접근법의 데이터 분석은 비지도학습(Unsupervised Learning) 방법으로 수행된다.
② 디자인 사고 프로세스의 발산(Diverge) 단계에 해당한다.
③ 하향식 접근법은 문제의 구조가 분명하고 문제 정의가 명확한 경우에 적합하다.

---

★ 25회

**3. 다음 중 분석 과제 정의서에 대한 설명으로 가장 적절한 것은?**

① 소스 데이터, 데이터 입수 및 분석의 난이도, 분석 방법 등에 대한 항목이 포함되어야 한다.

② 프로젝트 계획서를 작성하기 위한 중간 결과로서 구성 항목(Configuration Item)으로 도출할 필요는 없다.

③ 프로젝트를 수행하는 이해관계자가 프로젝트의 방향을 설정하고 성공 여부를 판별하기는 어렵다.

④ 분석 모델에 적용될 상세한 알고리즘과 분석 모델의 기반이 되는 변수가 포함되어야 한다.

**정답** ① | **해설** 분석 과제 정의서에는 분석 별로 필요한 소스 데이터, 분석 방법, 데이터 입수 및 분석의 난이도, 분석 수행 주기, 분석 결과에 대한 검증 오너십, 상세 분석 과정 등을 정의합니다.

# 1. 분석 과제의 관리 영역

기존 프로젝트의 영역별 관리(범위, 일정, 품질, 리스크, 의사소통 등) + 5가지 추가적 관리(Data Size, Data Complexity, Speed, Analytic Complexity, Accuracy & Precision)가 필요

## (1) Data Size(데이터 양)

- 데이터의 양을 고려한 관리방안 수립

## (2) Data Complexity(데이터 복잡도)

- 비정형 데이터 및 다양한 시스템에 산재 되어 있는 원천 데이터들을 통합해서 분석할 때는 초기 데이터 확보와 통합, 분석 모델 선정에 대한 고려가 필요함

## (3) Speed(속도)

- 분석 결과를 활용하는 시나리오 측면에서의 속도를 고려해야 함 (실시간 vs 배치)

  예 실시간으로 사기 탐지, 실시간으로 고객에게 개인화된 상품 추천

## (4) Analytic Complexity(분석 복잡도)

- 정확도와 복잡도는 트레이드 오프(Trade off) 관계가 존재
- 분석 모델이 복잡하면 정확도는 올라가지만, 해석이 어려워짐
- 해석이 가능하면서도 정확도를 올릴 수 있는 최적 모델을 찾는 방안을 모색

**🅰 용어설명**

- 트레이드 오프(Trade off) : 하나의 요소를 높이면 다른 요소는 자연스럽게 감소하거나 희생되는 관계로 최적의 균형을 찾는 것이 핵심

## (5) Accuracy & Precision(정확도 & 정밀도)

- Accuracy(정확도) : 모델과 실제값 사이의 차이가 적다는 것을 의미
- Precision(정밀도) : 모델을 지속적으로 반복했을 때 편차의 수준으로써 일관적으로 같은 결과를 제시한다는 것을 의미
- 분석의 활용적인 측면에서는 Accuracy가 중요, 안정성 측면에서는 Precision이 중요함

- Accuracy와 Precision은 트레이드 오프 관계
- 정확도는 Bias를 낮추면 더 높아지고, 정밀도는 Variance를 낮추면 더 향상됨

**● 전문가의 조언**

프로젝트의 5가지 관리 영역 Data Size, Data Complexity, Speed, Analytic Complexity, Accuracy & Precision을 반드시 암기하고 특히 Accuracy와 Precision의 차이를 정확하게 이해해야 합니다.

# 2. 분석 프로젝트의 특성

- 분석가는 데이터 영역과 비즈니스 영역의 중간에서 분석 모델을 통한 조율을 수행하는 조정자의 역할
- 분석가는 분석 프로젝트의 관리자까지 겸임하게 되는 경우가 대부분이므로 프로젝트 관리방안에 대한 이해와 주요 관리 포인트를 사전에 숙지해야 함
- 분석 프로젝트는 도출된 결과의 재해석을 통한 지속적인 반복 및 정교화가 수행됨
- 프로토타이핑 방식의 에자일(Agile) 프로젝트 관리 방식에 대한 고려가 필요
- 분석 과제 정의서를 기반으로 지속적인 개선과 변경을 염두에 두고 기간 내에 가능한 최선의 결과를 도출할 수 있도록 프로젝트 구성원들과 협업하는 것이 분석 프로젝트의 특징

**잠깐만요**

**프로토타이핑 방식의 에자일(Agile) 프로젝트 관리 방식**

변화에 유연하게 대응하기 위해 작은 규모의 프로토타입을 개발하고 사용자 피드백을 통해 요구사항을 수정하는 반복적인 개발 방법론으로 이를 통해 빠른 시장 변화에 대응하고 고객의 요구를 신속하게 반영할 수 있음

# 3. 분석 프로젝트 관리방안

- 분석 프로젝트는 프로젝트 관리 지침(KSA ISO 21500)을 기본 가이드로 활용
- 프로젝트 관리체계는 통합, 이해관계자, 범위, 자원, 시간, 원가, 리스크, 품질, 조달, 의사소통의 10개 주제 그룹으로 구성

| 관리 영역 | 특성 |
|---|---|
| 통합<br>(Integration) | 프로젝트의 계획, 실행, 통제, 종료 등을 조율하고 통합하는 관리 활동 |

| 이해관계자<br>(Stakeholder) | 데이터 전문가, 비즈니스 전문가, 분석 전문가,<br>시스템 전문가 등 프로젝트와 관련된 이해관계자<br>를 식별하고 관리 |
|---|---|
| 범위<br>(Scope) | • 프로젝트의 목표와 범위를 정의하고, 변경관리<br>를 통해 범위의 변동을 관리<br>• 최종 결과물이 분석 보고서인지 시스템인지에<br>따라 투입되는 자원 및 범위가 변경되므로 사<br>전에 고려가 필요함 |
| 자원<br>(Resource) | 프로젝트 수행에 필요한 인력, 장비, 시설 등의<br>자원을 관리하고 할당하는 활동 |
| 시간<br>(Time) | • 프로젝트 일정을 계획하고 추적하여 프로젝트<br>의 진행 상황을 관리하는 활동<br>• Time Boxing 기법으로 일정 관리를 진행하는<br>것이 필요함 |
| 원가<br>(Cost) | • 프로젝트의 예산을 계획하고 추적하여 비용 효<br>율성을 관리하는 활동<br>• 오픈 소스 도구 외에 상용 버전의 도구가 필요<br>할 수 있음 |
| 리스크<br>(Risk) | • 프로젝트 수행 중 발생할 수 있는 리스크를 식<br>별하고, 평가하며, 대응 전략을 수립하고 추적<br>하는 활동<br>• 데이터 미확보, 데이터 및 분석 알고리즘의 한<br>계 등의 리스크로 분석 프로젝트 진행이 어려<br>울 수 있음 |
| 품질<br>(Quality) | • 프로젝트의 목표에 맞는 품질기준을 정의하고,<br>품질 요구사항을 충족시키기 위한 활동<br>• 품질은 품질통제와 품질보증으로 나누어 수행<br>되어야 함 |
| 조달<br>(Procurement) | 외부 자원을 구매하거나 계약을 체결하는 활동을<br>관리하고, 조달 계획을 수립하며, 제품이나 서비<br>스를 효과적으로 확보하는 것 |
| 의사소통<br>(Communication) | 프로젝트 참여자 간의 효과적인 의사소통을 위한 전략<br>과 계획을 수립하고, 의사소통 흐름을 관리하는 활동 |

잠깐만요

**Time Boxing 기법**
작업에 미리 정해진 시간제한을 설정하여 작업의 집중력과 생산성을 높이는
일정 관리 기법

1. 다음 중 분석 프로젝트 관리에 대한 설명으로 가장
적절하지 않은 것은?

① 분석 프로젝트는 일반 프로젝트와 같이 범
위, 일정, 품질, 리스크, 의사소통 등 영역별
관리가 수행되어야 한다.

② 분석 프로젝트는 도출된 결과의 재해석을 통
한 지속적인 반복 및 정교화가 수행된다.

③ 분석 프로젝트는 프로젝트 관리 지침인 KS A
ISO 21500;2013을 기본 가이드로 활용한다.

④ 분석 프로젝트는 지속적인 변경으로 인해 일
정을 제한하는 계획은 적절하지 못하다.

**정답** ④ | **해설** 분석 프로젝트에서는 변경이 빈번하게 발생할 수 있지
만, 이는 일정을 제한하는 계획을 수립하는 것이 적절하지 않다는 의미
는 아니다. 오히려 분석 프로젝트에서도 명확한 범위 설정, 일정 계획,
리스크 관리 등을 통해 프로젝트를 효과적으로 관리할 필요가 있다.

---

2. 다음 중 Accuracy와 Precision에 대한 설명으로
가장 적절하지 않은 것은?

① Accuracy는 모델과 실제 값과의 차이를 평
가하는 정확도를 의미한다.

② Precision은 모델을 지속적으로 반복했을 때
의 편차의 수준으로써, 일관적으로 동일한
결과를 제시한다는 것을 의미한다.

③ Accuracy와 Precision은 트레이드 오프 관
계가 존재하지 않는다.

④ 분석의 활용적인 측면에서는 Accuracy가 중
요하며, 안정적인 측면에서는 Precision이
중요하다.

**정답** ③ | **해설** Accuracy와 Precision은 트레이드 오프 관계가 존
재한다. 모델이나 측정 방법을 변경하여 Precision을 높이려고 하면,
Accuracy가 떨어질 수 있고, 반대로, Accuracy를 최적화하려고 할
때, 그 과정에서 결과의 Precision이 저하될 수 있다.

핵심 **10**  **분석 마스터 플랜 수립**

## (1) 분석 마스터 플랜 수립 프레임워크

• 분석 마스터 플랜 : 지속적인 분석의 가치를 체계적으로
관리하고 분석 역량을 내재화하기 위해 필요한 중장기
적인 관점에서의 계획을 수립

• 분석 마스터 플랜은 분석 대상이 되는 과제를 도출하고

우선순위를 평가하여 단기적인 세부 이행계획과 중장기적인 로드맵을 작성해야 함

- 분석 과제의 우선순위 고려요소 : 전략적 중요도, 비즈니스 성과 및 ROI, 분석 과제의 실행 용이성
- 분석 적용 범위/방식의 고려요소 : 업무 내재화 적용 수준, 분석 데이터 적용 수준, 분석 기술 적용 수준

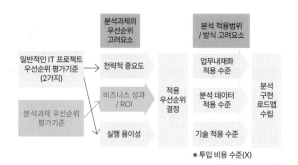

\* 투입 비용 수준(X)

POINT

## (2) ISP(Information Strategy Planning)

공공기관에서 정보 기술이나 시스템을 전략적으로 활용하기 위한 중장기 로드맵을 수립하는 절차로 조직의 내외부 환경분석을 통해 기회와 문제점을 파악하고, 사용자 요구사항 분석을 통해 시스템 구축의 우선순위를 결정함

● 전문가의 조언

분석 과제 우선순위 고려요소와 분석 적용 범위/방식의 고려요소는 자주 출제가 되는 부분이니 두 가지를 구분해서 암기하시기 바랍니다.

---

★ 28회

### 1. 다음 중 분석 마스터 플랜과 ISP의 관계로 가장 적절하지 않은 것은?

① 기업 및 공공기관에서는 시스템의 중장기 로드맵을 정의하기 위한 정보전략계획인 ISP를 수행한다.

② ISP는 조직 내·외부 환경을 분석하여 문제점을 도출하고 사용자의 요구사항을 분석하여 시스템 구축 우선순위를 결정한다.

③ 분석 마스터 플랜은 데이터 분석 기획의 특성을 고려하여 수행한다.

④ 분석 마스터 플랜은 ISP와는 다르게 인프라와 모델링에 집중하는 방법이다.

**정답** ④ | **해설** ISP와 분석 마스터 플랜 모두 조직의 전략적 목표 달성을 위해 필요한 계획으로 인프라와 모델링에 집중한다.

---

★ 16회 26회 30회 31회 37회 39회

### 2. 분석 마스터 플랜 수립 시 분석 과제 우선순위 고려요소로 가장 적절하지 않은 것은?

① 전략적 중요도

② 비즈니스 성과 및 ROI

③ 실행 용이성

④ 분석 데이터 적용 수준

**정답** ④

---

핵심 11 **수행 과제 도출 및 우선순위 평가**

## 1. 일반적인 IT 프로젝트 우선순위 평가 기준

일반적인 IT 프로젝트는 전략적 중요도, 실행 용이성 등 기업에서 고려하는 중요 가치 기준에 따라 다양한 관점에서의 우선순위 기준을 수립하여 평가함

POINT

## 2. 분석 과제 우선순위 평가 기준(ROI 요소 반영)

- 빅데이터의 4V에서 크기(Volume), 다양성(Variety), 속도(Velocity) 등 3V는 투자 비용(Investment) 측면의 요소이고, 가치(Value)는 비즈니스 효과(Return) 측면의 요소
- 분석 과제를 추진할 때 시급성과 난이도가 우선순위를 선정하는 중요한 기준이 됨

| | |
|---|---|
| 시급성 | • 시급성 판단 기준은 전략적 중요도가 핵심<br>• 전략적 가치를 현재의 관점에 둘 것인지 또는 미래의 중·장기적 관점에 둘 것인지 고려 |
| 난이도 | 현시점에서 과제를 추진하는 것이 비용 측면과 범위 측면에서 바로 적용하기 쉬운 것인지 또는 어려운 것인지에 대한 판단 기준 |

● **전문가의 조언**

Volume(용량), Velocity(속도), Variety(다양성)가 높을수록 기술적 요구사항과 비용이 증가하므로 투자비용 요소입니다. 그러나 이러한 투자를 통해 얻는 Value(가치)는 비즈니스에 있어 중요한 인사이트 제공, 새로운 기회 발견, 경쟁 우위 확보 등의 중요한 효과를 가져오므로 비즈니스 효과라고 볼 수 있습니다.

## 3. 포트폴리오 사분면 분석을 통한 과제 우선순위

과제분석 우선순위 선정기준인 시급성(현재, 미래)과 난이도(Easy, Difficult)를 고려하여 4가지 유형으로 구분

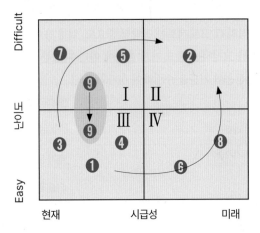

- 가장 우선적인 분석 과제 적용이 필요한 영역 : 3사분면
- 우선순위가 가장 낮은 영역 : 2사분면
- 적용 우선순위 기준이 시급성 : III → IV → II
- 적용 우선순위 기준이 난이도 : III → I → II
- 적용 우선순위 조정 가능 : 경영진/실무 담당자 의사결정에 따라 난이도 조절, 기술적 요소에 따라 우선순위 조정, 분석 범위에 따라 우선순위를 조정

## 4. 이행계획 수립

### (1) 로드맵 수립

- 최종적인 실행 우선순위를 결정한 후 단계적 구현 로드맵을 수립
- 단계별로 추진하고자 하는 목표를 명확히 정의하고 추진 과제별 선·후행 관계를 고려하여 단계별 추진 내용을 정렬

### (2) 세부 이행계획 수립

- 데이터 분석체계는 고전적인 폭포수 방식도 있으나 반복적인 정련과정을 통하여 프로젝트의 완성도를 높이는 방식을 주로 사용
- 데이터 수집 및 확보와 분석 데이터를 준비하는 단계를 순차적으로 진행하고, 모델링 단계는 반복적으로 수행하는 혼합형을 많이 적용 → 세부적인 일정계획도 수립

---

★ 18회 21회 22회 25회 33회 35회 36회

**1. 다음 중 빅데이터의 특징을 고려한 분석 ROI 요소와 분석 우선순위 평가 기준에 대한 설명으로 가장 적절하지 않은 것은?**

① 데이터 분석 과제를 추진할 때 우선 고려해야 하는 요소는 전략적 중요도에 따른 시급성이 가장 중요한 기준이다.

② 시급성의 판단 기준은 전략적 중요도와 데이터 수집 비용이고, 난이도의 판단 기준은 분석 수준과 복잡도이다.

③ 시급성이 높고 난이도가 높은 분석 과제는 경영진 또는 실무 담당자의 의사결정에 따라 적용 우선순위를 조정할 수 있다.

④ 난이도는 해당 기업의 현 상황에 따라 조율할 수 있다.

**정답 ②** | **해설** 시급성의 판단 기준은 전략적 중요도, 목표가치이고, 난이도의 판단 기준은 데이터 획득/저장/가공 비용, 분석 적용 비용, 분석 수준이다.

**2.** 다음의 분석 과제 우선순위 선정 매트릭스에서 분석 과제의 적용 우선순위를 시급성에 두었을 때 결정해야 할 우선순위로 가장 적절한 것은?

① Ⅲ － Ⅱ － Ⅰ

② Ⅲ － Ⅳ － Ⅱ

③ Ⅲ － Ⅱ － Ⅳ

④ Ⅲ － Ⅰ － Ⅱ

**정답** ②

---

**3.** 다음 중 분석 마스터 플랜을 수립할 때 적용 범위 및 방식에 대한 고려요소로 가장 적절하지 않은 것은?

① 업무 내재화 적용 수준

② 분석 데이터 적용 수준

③ 투입 비용 수준

④ 기술 적용 수준

**정답** ③ | **해설** 분석 적용 범위/방식의 고려요소는 업무 내재화 적용 수준, 분석 데이터 적용 수준, 분석 기술 적용 수준이다.

---

## 핵심 12 분석 거버넌스 체계 수립

### (1) 분석 거버넌스 체계

- 거버넌스(governance) : 조직이나 시스템이 원활하게 운영되도록 관리하는 데 필요한 규칙, 절차, 권한 등을 정의하고 이를 통제하는 구조
- 분석 거버넌스 : 데이터 분석과 활용을 위한 체계적인 관리 프로세스
- 분석 거버넌스 체계 구성 요소
  ① 조직(Organization) : 분석 기획 및 관리를 수행하는 조직
  ② 프로세스(Process) : 과제 기획 및 운영 프로세스
  ③ 시스템(System) : 분석 관련 IT 시스템과 프로그램
  ④ 데이터(Data) : 데이터 거버넌스
  ⑤ Human Resource : 분석 관련 교육 및 마인드 육성 체계

**1** 다음 중 분석 거버넌스 체계 구성 요소로 가장 적절하지 않은 것은?

① 과제 기획 및 운영 프로세스

② 분석 기획 및 관리를 수행하는 조직

③ 분석 관련 교육 및 마인드 육성 체계

④ 과제 예산 및 비용 집행

**정답** ④ | **해설** 과제 예산 및 비용 집행은 분석 거버넌스 체계의 직접적인 구성 요소보다는 조직의 전반적인 프로젝트 관리나 재무 관리에 더 가까운 영역이다.

---

## 핵심 13 분석 성숙도 모델 및 수준 진단

데이터 분석 수준 진단은 분석 준비도와 분석 성숙도를 평가하는 것을 의미

**POINT**

### (1) 분석 준비도(readiness)−6가지 영역

기업의 데이터 분석 도입의 수준을 파악하기 위한 진단 방법

| 분석 업무 | 인력 및 조직 |
|---|---|
| • 발생한 사실 분석 업무<br>• 예측 분석 업무<br>• 시뮬레이션 분석 업무<br>• 최적화 분석 업무<br>• 분석 업무 정기적 개선 | • 분석 전문가 직무 존재<br>• 분석 전문가 교육 훈련 프로그램<br>• 관리자들의 기본적 분석 능력<br>• 전사 분석 업무 총괄 조직 존재<br>• 경영진의 분석 업무 이해 능력 |
| **분석 기법** | **분석 데이터** |
| • 업무별 적합한 분석 기법 사용<br>• 분석 업무 도입 방법론<br>• 분석 기법 라이브러리<br>• 분석 기법 효과성 평가<br>• 분석 기법 정기적 개선 | • 분석 업무를 위한 데이터 충분성<br>• 분석 업무를 위한 데이터 신뢰성<br>• 분석 업무를 위한 데이터 적시성<br>• 비구조적 데이터 관리<br>• 외부 데이터 활용 체계<br>• 기준 데이터 관리(MDM) |
| **분석 문화** | **IT 인프라** |
| • 사실에 근거한 의사결정<br>• 관리자의 데이터 중시<br>• 회의 등에서 데이터 활용<br>• 경영진의 직관보다 데이터 기반의 의사결정<br>• 데이터 공유 및 협업 문화 | • 운영시스템 데이터 통합<br>• EAI, ETL 등 데이터 유통체계<br>• 분석 전용 서버 및 스토리지<br>• 빅데이터 분석 환경<br>• 비주얼 분석 환경 |

## (2) 분석 성숙도(maturity)

- 조직의 성숙도를 파악하기 위해 CMMI(능력 성숙도 통합 모델 Capability Maturity Model Integration) 모델을 기반으로 평가
- 분석 성숙도 진단(3개 부문) : 비즈니스 부문, 조직 역량 부문, IT 부문
- 분석 성숙도 수준(4단계) : 도입 단계, 활용 단계, 확산 단계, 최적화 단계
- 분석 성숙도 모델

| 단계 | 도입 단계 | 활용 단계 | 확산 단계 | 최적화 단계 |
|---|---|---|---|---|
| 설명 | 분석을 시작해 환경과 시스템을 구축 | 분석 결과를 실제 업무에 적용 | 전사 차원에서 분석을 관리하고 공유 | 분석을 진화시켜서 혁신 및 성과 향상에 기여 |
| 비즈니스 부문 | • 실적분석 및 통계<br>• 정기보고 수행<br>• 운영 데이터 기반 | • 미래 결과 예측<br>• 시뮬레이션<br>• 운영 데이터 기반 | • 전사 성과 실시간 분석<br>• 프로세스 혁신 3.0<br>• 분석규칙 관리<br>• 이벤트 관리 | • 외부 환경분석 활용<br>• 최적화 업무 적용<br>• 실시간 분석<br>• 비즈니스 모델 진화 |
| 조직·역량 부문 | • 일부 부서에서 수행<br>• 담당자 역량에 의존 | • 전문 담당부서에서 수행<br>• 분석기법 도입<br>• 관리자가 분석 수행 | • 전사 모든 부서 수행<br>• 분석 COE 조직 운영<br>• 데이터 사이언티스트 확보 | • 데이터 사이언스그룹<br>• 경영진분석 활용<br>• 전략 연계 |
| IT 부문 | • 데이터 웨어하우스<br>• 데이터 마트<br>• ETL / EAI<br>• OLAP | • 실시간 대시보드<br>• 통계분석 환경 | • 빅데이터 관리 환경<br>• 시뮬레이션·최적화<br>• 비주얼 분석<br>• 분석 전용 서버 | • 분석 협업환경<br>• 분석 Sandbox<br>• 프로세스 내재화<br>• 빅데이터 분석 |

● **전문가의 조언**

분석 준비도와 분석 성숙도는 시험에 자주 출제되는 부분입니다. 분석 준비도의 6가지 영역, 분석 성숙도의 3개 부문과 4단계를 정확하게 암기하셔야 합니다.

## (3) 분산 수준 진단 결과

- 분석 관점에서 준비형, 정착형, 도입형, 확산형의 4가지 유형으로 분석 수준 진단 결과를 구분
- 진단 결과에 따라 향후 고려해야 하는 데이터 분석 수준에 대한 목표 방향을 정의하고, 유형별 특성에 따라 개선 방안을 수립해야 함

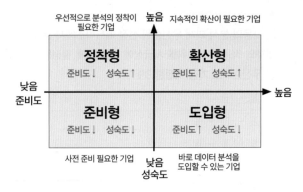

| 단계 | 설명 |
|---|---|
| 준비형 | • 분석을 위한 데이터, 조직 및 인력, 분석 업무 등이 적용되지 않는 기업<br>• 사전준비가 필요한 유형 |
| 정착형 | • 조직, 인력, 분석 업무 등을 기업 내부에서 제한적으로 사용하고 있는 기업<br>• 우선적으로 정착이 필요한 기업 |
| 도입형 | • 조직 및 인력 등 준비도가 높은 유형<br>• 바로 데이터 분석을 도입할 수 있는 기업 |
| 확산형 | • 기업에 필요한 6가지 분석 구성 요소를 모두 갖춘 유형<br>• 현재 부분적으로 도입해 지속적인 확산이 가능한 기업 |

## (4) 분석 지원 인프라 방안 수립

- 분석 마스터 플랜을 기획하는 단계에서부터 장기적이고 안정적으로 활용할 수 있는 플랫폼 구조를 도입하는 것이 적절함
- 플랫폼 : 분석 서비스를 위한 응용 프로그램이 실행될 수 있는 기초를 이루는 컴퓨터 시스템을 의미하며, 하드웨어에 탑재되어 데이터 분석에 필요한 프로그래밍 환경과 실행 및 서비스 환경을 제공하는 역할을 수행 → 서비스를 추가적으로 제공하는 방식으로 확장성을 높임

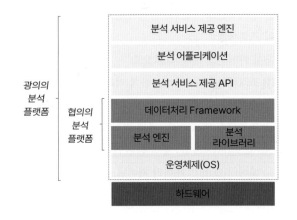

---

## 핵심 **14** 데이터 거버넌스

## 1. 데이터 거버넌스 개요

- 전사 차원의 모든 데이터에 대하여 정책 및 지침, 표준화, 운영조직 및 책임 등의 표준화된 관리체계를 수립하고 운영을 위한 프레임워크 및 저장소를 구축하는 것

- 마스터 데이터, 메타 데이터, 데이터 사전은 데이터 거버넌스의 중요한 관리 대상

**A 용어설명**

- 마스터 데이터(Master Data) : 조직 내에서 공통으로 사용되는 핵심 참조 데이터로 일관성과 정확성이 요구됨
- 메타 데이터(Meta Data) : 데이터에 대한 데이터로, 다른 데이터의 내용, 구조, 위치, 관계 등의 정보를 기술
- 데이터 사전(Data Dictionary) : 데이터베이스 내의 데이터 요소들에 대한 정의와 특성, 관계 등을 기록한 목록

- 데이터 가용성, 유용성, 통합성, 보안성, 안전성을 확보할 수 있음
- 독자적으로 수행될 수도 있지만, 전사 차원의 IT 거버넌스나 EA(Enterprise Architecture)의 구성 요소로써 구축될 수도 있음
- 데이터 거버넌스 구성 요소

| 원칙<br>(Principle) | • 데이터를 유지 관리하기 위한 지침과 가이드<br>• 보안, 품질기준, 변경관리 |
|---|---|
| 조직<br>(Organization) | • 데이터를 관리할 조직의 역할과 책임<br>• 데이터 관리자, 데이터베이스 관리자, 데이터 아키텍트 |
| 프로세스<br>(Process) | • 데이터 관리를 위한 활동과 체계<br>• 작업 절차, 모니터링 활동, 측정 활동 |

**● 전문가의 조언**

데이터 거버넌스는 데이터를 효과적으로 관리하고 사용하여 조직의 의사결정 과정을 지원하는 정책, 절차, 표준 및 기술을 포함하므로 매우 중요합니다. 데이터 거버넌스의 구성 요소와 체계 수립의 각 단계를 반드시 기억해야 합니다.

**POINT**

## 2. 데이터 거버넌스 체계 수립

### (1) 데이터 표준화

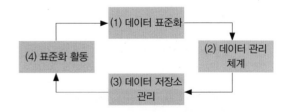

- 데이터 표준 용어 설정, 명명 규칙 수립, 메타 데이터 구축, 데이터 사전 구축 등의 업무로 구성
- 데이터 표준 용어 : 표준 단어 사전, 표준 도메인 사전, 표준 코드 등으로 구성

- 명명 규칙 : 필요시 언어별로 작성되어 매핑 상태를 유지
- 메타 데이터, 데이터 사전 : 데이터 구조 체계나 메타 엔 터티 관계 다이어그램을 제공

### (2) 데이터 관리 체계
- 표준 데이터를 포함한 메타 데이터와 데이터 사전의 관 리 원칙 수립
- 데이터의 생명 주기 관리방안 수립

### (3) 데이터 저장소 관리
- 메타 데이터 및 표준 데이터를 관리하기 위한 전사 차원 의 저장소를 구성
- 워크플로우 및 관리용 응용 소프트웨어를 지원
- 데이터 구조 변경에 따른 사전 영향 평가도 수행되어야 효율적인 활용이 가능

### (4) 표준화 활동
- 표준 준수 여부를 주기적으로 점검하고 모니터링 실시
- 거버넌스의 조직 내 안정적 정착을 위한 계속적인 변화 관리와 주기적 교육 진행
- 지속적인 데이터 표준화 개선 활동

---

★ 18회 25회 26회 27회 30회 32회 37회

**1 다음에서 설명하는 데이터 거버넌스 체계 항목으로 가장 적절한 것은?**

데이터 표준 용어 설정, 명명 규칙 수립, 메타 데이터 구축, 데이터 사전 구축 등의 업무로 구성

① 데이터 표준화
② 데이터 관리 체계
③ 데이터 저장서 관리
④ 표준화 활동

**정답** ① | **해설** 데이터 표준 용어 설정, 명명 규칙 수립, 메타 데이터 구축, 데이터 사전 구축 등은 모두 데이터를 일관된 방식으로 정의하고 사용하기 위한 활동에 해당하며, 이는 데이터 표준화의 주요 목표 중 하나이다. 데이터 표준화는 데이터의 정확성, 일관성, 효율성을 높이기 위해 필수적인 과정이다.

---

# 데이터 분석을 위한 조직구조

**POINT**

## 1. 데이터 분석을 위한 조직구조

**집중 조직구조**

CxO
- 부서 1
- 부서 2
- DS CoE

**기능 조직구조**

CxO
- 부서 1 — 분석
- 부서 2 — 분석
- 부서 3 — 분석

**분산 조직구조**

CxO
- 부서 1 — DSCoE
- 부서 2 — DSCoE
- 부서 3 — DSCoE
- DS CoE

※ DSCoE : Data Science Center of Excellence

| 집중 조직구조 | 기능 조직구조 | 분산 조직구조 |
|---|---|---|
| • 전사 분석 업무를 별도의 분석 조직에서 담당<br>• 전략적 중요도에 따라 분석 조직이 우선순위를 정해 진행<br>• 현업 업무부서와 이원화·이중화 가능성 큼 | • 일반적 분석 수행 구조<br>• 별도 분석 조직 없고 해당 업무부서에서 분석 수행<br>• 전사적 핵심 분석 어려움<br>• 과거 실적에 국한된 분석 수행 가능성 큼 | • 분석 조직 인력을 현업부서로 직접 배치해 분석 업무 수행<br>• 전사 차원의 우선 순위 수행<br>• 분석 결과에 따른 신속한 Action 가능<br>• 베스트 프랙티스 공유 가능<br>• 부서 분석 업무와 역할분담 명확화 필요 |

**🔵 전문가의 조언**

데이터 분석을 위한 조직구조는 문제에 자주 출제되는 부분입니다. 각각의 별도의 분석 조직 유무와 장단점을 꼭 기억하세요.

## 2. 분석 과제 관리 프로세스

데이터 분석 과제가 성공적으로 이루어지면, 이를 체계적 으로 관리하기 위한 프로세스를 마련해야 하는데 분석 과 제 관리 프로세스는 과제 발굴과 과제 수행 및 모니터링으 로 나뉨

### (1) 과제 발굴

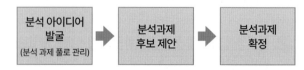

분석 아이디어 발굴 (분석 과제 풀로 관리) → 분석과제 후보 제안 → 분석과제 확정

## (2) 과제 수행 및 모니터링

※ 해당 과제 진행 시 만들어진 시사점을 포함한 결과물을 풀(Pool)에 축적하고 관리하여 향후 과제 수행 시 시행착오를 최소화하고 프로젝트를 효율적으로 진행한다.

## 3. 분석 교육 및 변화관리

- 분석의 가치를 최대한 활용하고 안정적으로 추진하려면, 분석 관련 교육과 마인드 형성을 위한 적극적인 변화관리가 필수적임
- 기업에 적합한 분석 업무를 도출하고 그 가치를 향상시키기 위해, 분석 조직과 인력에 대한 지속적인 교육과 훈련이 필요함
- 경영진이 데이터 기반으로 의사결정을 할 수 있는 기업 문화를 정착하는 것이 중요함
- 단순히 도구에 대한 교육을 넘어 분석 능력을 강화하고 확보하는 것에 초점을 맞추어 진행해야 함

---

★ 19회 21회 35회 40회

**1 다음에서 설명하는 데이터 분석을 위한 조직구조로 가장 적절한 것은?**

- 전사 분석 업무를 별도의 분석 전담 조직에서 담당
- 전략적 중요도에 따라 분석 조직이 우선순위를 정해서 진행 가능
- 현업 업무부서의 분석 업무와 이중화 · 이원화 가능성 높음

① 집중 조직구조
② 기능 조직구조
③ 분산 조직구조
④ 복합 조직구조

**정답 ①** | **해설** 집중 조직구조는 분석 업무의 중앙 집중화를 통해 효율성을 높이고 전략적으로 중요한 분석에 집중할 수 있는 장점이 있다. 그러나 현업 업무 부서와의 업무 이중화나 이원화 가능성이 높아질 수 있는 단점도 존재한다.

# 2과목 정리문제

★ 29회 33회

**01** 다음 중 분석 주제의 유형은 무엇에 따라 4가지로 구분되는가?

① What, How
② What, Why
③ Why, How
④ Where, What

**정답** ① | **해설** 분석 주제는 분석 대상(What)과 분석 방법(How)에 따라서 4가지로 나뉜다.

| 분석 방법 (How) | 분석 대상 (What) | |
|---|---|---|
| | Known | Un-known |
| Known | Optimization | Insight |
| Un-known | Solution | Discovery |

★ 18회

**02** 다음 중 (가)와 (나)에 순서대로 들어갈 내용으로 가장 적절한 것은?

> 분석 대상이 명확하게 무엇인지 모르는 경우 기존 분석 방식을 활용하여 ( 가 )을(를) 도출해냄으로써 문제의 도출 및 해결에 기여하거나 ( 나 ) 접근법으로 분석 대상 자체를 새롭게 도출할 수 있다.

① 통찰 - 발견
② 최적화 - 솔루션
③ 발견 - 통찰
④ 솔루션 - 최적화

**정답** ① | **해설** 분석 대상이 명확하게 무엇인지 모르는 경우 기존 분석 방식을 활용하여 통찰을 도출해냄으로써 문제의 도출 및 해결에 기여하거나 발견 접근법으로 분석 대상 자체를 새롭게 도출할 수 있다.

★ 21회

**03** 다음 중 BI와 빅데이터 분석의 차이점으로 가장 적절한 것은?

① BI는 기업 내부 데이터를 분석하며, 빅데이터 분석은 외부의 대용량 데이터를 처리하고 분석한다.
② BI는 주로 비정형 데이터를 대상으로 분석을 수행하고, 빅데이터 분석은 정형, 반정형, 비정형 데이터 모두를 포괄한다.
③ BI는 실시간 데이터 분석에 초점을 맞추며, 빅데이터 분석은 주로 과거 데이터에 대한 분석을 수행한다.
④ BI는 다차원 분석을 수행하고 보고서를 생성하며, 빅데이터 분석은 다양한 출처에서 오는 대용량의 데이터를 분석한다.

**정답** ④ | **해설** BI는 다차원 분석을 수행하고, 주로 내부 데이터를 기반으로 한 보고서를 생성한다. 반면, 빅데이터 분석은 다양한 출처에서 오는 대용량의 데이터를 분석하며, 이는 정형, 반정형, 비정형 데이터 모두를 포함한다.
**오답해설**
① BI는 주로 기업 내부 데이터를 분석하며, 빅데이터 분석은 내부 및 외부의 다양한 출처에서 오는 대용량 데이터를 처리하고 분석한다.
② BI는 주로 정형 데이터를 대상으로 분석을 수행하며, 빅데이터 분석은 정형, 반정형, 비정형 데이터 모두를 포괄한다.
③ BI는 과거 및 현재 데이터 분석에 초점을 맞추며, 빅데이터 분석은 과거, 현재, 그리고 미래 데이터에 대한 예측 분석을 포함한다.

★ 27회 29회

**04** 다음 중 분석 과제 기획 시 고려사항으로 가장 적절하지 못한 것은?

① 데이터 분석을 위해서는 데이터의 정형화가 필수사항이므로 정형 데이터의 확보 여부 판단
② 분석 과제를 수행하기 위한 가용 데이터의 존재 여부를 파악
③ 기존에 잘 구현된 유사 분석 시나리오 및 솔루션을 최대한 활용

④ 데이터 유형에 따라 분석 방법이 다르므로
데이터 유형에 대한 분석 선행

**정답** ① | **해설** 분석 과제의 목적과 요구사항에 따라 비정형 데이터나 반정형 데이터를 활용하는 경우도 많으며, 데이터의 정형화 여부를 필수사항으로 간주하는 것은 적절하지 않다.

★ 18회 25회

**05** 다음 중 프로토타이핑 기법에 대한 설명으로 가장 적절한 것은?

① 신속하게 해결책 모형을 제시하고, 상향식 접근 방법에 활용된다.
② 최종 분석 결과를 한 번에 완벽하게 도출하기 위한 방법으로, 반복적인 수정이나 개선 과정이 필요 없다.
③ 문제가 정형화되어 있고 문제 해결을 위한 데이터가 완벽하게 조직에 존재하는 경우 효과적이다.
④ 대규모 데이터셋에는 적합하지 않으며, 오직 소규모 데이터에만 사용되는 기법이다.

**정답** ① | **해설** 프로토타이핑 기법은 신속하게 해결책 모형을 제시하고, 상향식 접근 방법에 활용된다.
**오답해설**
② 프로토타이핑은 초기 모델을 빠르게 개발하고 이를 반복적으로 개선해 나가는 과정을 포함하기 때문에, 최종 분석 결과를 한 번에 완벽하게 도출하기 위한 방법이 아니다.
③ 프로토타이핑은 문제가 아직 완전히 정형화되지 않았거나 해결책에 대한 가설을 테스트해보기 원할 때 특히 유용하다.
④ 프로토타이핑은 데이터의 규모에 관계없이, 초기 아이디어나 가설을 빠르게 테스트하고 검증하기 위한 방법으로 사용된다.

★ 20회

**06** 다음 중 데이터 분석 방법론의 구성 요소로 가장 적절하지 않은 것은?

① 목적(Purpose)
② 방법(Methods)
③ 상세한 절차(Procedure)
④ 도구와 기법(Tools & Techniques)

**정답** ① | **해설** 방법론은 절차(Procedure), 방법(Methods), 도구와 기법(Tools & Techniques), 템플릿과 산출물(Templates & Outputs)로 구성된다.

★ 29회 33회

**07** KDD 분석 방법론의 절차 중 분석 목적에 맞는 변수를 선택하거나 데이터의 차원을 축소하여 데이터셋을 변경하는 단계는?

① 데이터셋 선택(Selection)
② 데이터 변환(Transformation)
③ 데이터 전처리(Preprocessing)
④ 데이터마이닝(Mata Mining)

**정답** ② | **해설** 데이터 변환 단계에서는 분석에 적합하도록 데이터를 변형하거나 차원을 축소하는 작업을 수행하며, 이는 분석의 효율성을 높이기 위해 필수적인 과정이다.

★ 21회

**08** 다음 중 CRISP-DM 방법론의 업무 이해(Business Understanding) 단계로 가장 적절한 것은?

① 초기 데이터 수집 – 데이터 기술 분석 – 데이터 탐색 – 데이터 품질 확인
② 업무 목적 파악 – 상황 파악 – 데이터 마이닝 목표 설정 –프로젝트 계획 수립
③ 모델링 기법 선택 – 모델 테스트 계획 설계 – 모델 작성 – 모델 평가
④ 분석 결과 평가 – 모델링 과정 평가 – 모델 적용성 평가

**정답** ② | **오답해설** ①은 데이터 이해(Data Understanding), ③은 모델링(Modeling), ④는 평가(Evaluation)의 단계이다.

**09** 다음 중 빅데이터 분석 방법론에서 단계 간 피드백이 반복적으로 많이 발생할 수 있는 단계는?

① 분석 기획 → 데이터 준비

② 데이터 준비 → 데이터 분석

③ 데이터 분석 → 시스템 구현

④ 시스템 구현 → 평가 및 전개

> **정답** ② | **해설** 실제 분석 과정에서 데이터의 누락, 오류 등이 발견될 수 있으므로, 데이터 준비 단계로 다시 피드백을 주어 데이터를 재정비하고, 필요한 경우 추가적인 데이터의 수집이나 가공이 이루어져야 한다.

**10** 다음 중 빅데이터 분석 방법론의 분석 기획 단계 순서로 가장 적절한 것은?

① 비즈니스 이해 및 범위 설정 → 프로젝트 정의 및 계획 수립 → 프로젝트 위험계획 수립

② 프로젝트 위험계획 수립 → 비즈니스 이해 및 범위 설정 → 프로젝트 정의 및 계획 수립

③ 프로젝트 정의 및 계획 수립 → 비즈니스 이해 및 범위 설정 → 프로젝트 위험계획 수립

④ 비즈니스 이해 및 범위 설정 → 프로젝트 위험계획 수립 → 프로젝트 정의 및 계획 수립

> **정답** ①

**11** 다음 중 빅데이터 분석 방법론 분석 기획 단계에서 발생하는 산출물로 프로젝트에 참여하는 관계자들 이해를 일치시키기 위한 결과물은 무엇인가?

① 프로젝트 정의서

② SOW(Statement of Work)

③ 위험관리 계획서

④ WBS(Work Breakdown Structure)

> **정답** ② | **해설** SOW(Statement of Work)를 통해 프로젝트 참여자 간의 공통된 이해와 기대를 명확히 하고, 프로젝트 실행에 있어서의 기준점을 제공한다.

**12** 다음 분석 과제 발굴 방식 중 하향식 접근법의 과제 도출 단계로 가장 적절한 것은?

① Problem Definition – Solution Search – Problem Discovery – Feasibility Study

② Problem Discovery – Problem Definition – Feasibility Study – Solution Search

③ Problem Discovery – Problem Definition – Solution Search – Feasibility Study

④ Solution Search – Problem Definition – Problem Discovery – Feasibility Study

> **정답** ③ | **해설** Problem Discovery(문제 탐색) – Problem Definition(문제 정의) – Solution Search(해결 방안 탐색) – Feasibility Study(타당성 검토)

**13** 다음 중 문제 탐색(Problem Discovery) 단계의 도구로 가장 적절하지 않은 것은?

① 비즈니스 모델 기반 문제 탐색

② 탐색적 문제 발견

③ 외부 참조 모델 기반 문제 탐색

④ 분석 유즈 케이스

> **정답** ② | **해설** 문제 탐색 단계는 전제적인 관점의 기준 모델을 활용하여 빠짐없이 문제를 도출하고 식별하는 단계로 비즈니스 모델 기반 문제 탐색, 외부 참조 모델 기반 문제 탐색, 분석 유즈 케이스를 활용한다.

**14** 다음 중 분석 기회 발굴의 범위 확장 방법에 대한 설명으로 가장 적절하지 않은 것은?

① 메가트렌드 관점에서는 사회 · 기술 · 경제 · 환경 · 정치로 나누어 기회 탐색을 수행한다.

② 경쟁자 관점에서는 직접 경쟁사 및 제품, 서비스를 중심으로 분석 기회를 넓혀 탐색한다.

③ 시장 니즈 탐색에서는 직접 고객 뿐만 아니라 구매 결정에 영향을 미치는 모든 요소를 기반으로 기회를 탐색한다.

④ 역량 재해석에서는 조직과 파트너 네트워크의 역량을 바탕으로 분석 기회를 탐색한다.

**정답** ② | **해설** 경쟁자 관점에서는 기존의 경쟁자 뿐만 아니라 대체재 제공업체, 신규 진입자 등을 포함한 넓은 범위의 경쟁 환경을 분석한다.

**15** 다음 중 비즈니스 모델 캔버스 블록을 5개의 영역으로 단순화한 요소로 가장 적절하지 않은 것은?

① 규제 & 감사

② 환경

③ 제품

④ 지원 인프라

**정답** ② | **해설** 비즈니스 모델 캔버스 9가지 블록을 단순화하여 5개의 영역(업무, 제품, 고객, 규제 & 감사, 지원 인프라) 단위로 문제를 발굴한다.

**16** 다음 중 분석 기회 발굴의 범위 확장에서 경쟁자 확대 관점에 포함되는 것으로 가장 적절하지 않은 것은?

① 대체재

② 경쟁자

③ 신규 진입자

④ 경쟁 채널

**정답** ④ | **해설** 기존의 경쟁자뿐만 아니라 대체재 제공업체, 신규 진입자 등을 포함한 넓은 범위의 경쟁 환경을 분석한다.

**17** 다음 괄호 안에 들어갈 용어로 가장 적절한 것은?

> 현재 비즈니스 모델과 유사·동종 사례 조사를 통해 발견한 분석 아이디어들을 구체적인 과제로 전환하기 이전에, ( )를 사용하여 명시하는 것이 중요하다. 문제를 해결했을 때의 기대 효과와 함께 해결해야 할 문제의 상세한 설명을 기술함으로써, 이후 데이터 분석 과제로의 이행과 적합성 평가에 ( )가 활용될 수 있도록 한다.

① 분석 과제 정의서

② 분석 유즈 케이스

③ 분석 주제 풀(POOL)

④ 프로젝트 계획서

**정답** ② | **해설** 분석 유즈 케이스란 풀어야 할 문제에 대한 상세한 설명 및 해당 문제를 해결했을 때 발생하는 효과를 명시함으로써 향후 데이터 분석 문제로의 전환 및 적합성 평가에 활용하도록 하는 것을 말한다.

**18** 분석 프로젝트에서 추가적인 관리가 필요한 5가지 주요 속성으로 가장 적절하지 않은 것은?

① 데이터 양

② 데이터 복잡성

③ 속도

④ 데이터 분석 방법

**정답** ④ | **해설** 추가적인 관리가 필요한 5가지 주요 속성은 데이터 양, 데이터 복잡성, 속도, 분석 복잡도, 정확도 & 정밀도이다.

**19** 다음 중 Accuracy와 Precision에 대한 설명으로 가장 적절하지 않은 것은?

① Accuracy와 Precision은 Trade-Off 관계가 있다.

② 분석의 활용적인 측면에서는 Precision이 중요하며, 안정성 측면에서는 Accuracy가 중요하다.

③ Accuracy는 모델과 실제 값과의 차이를 평가하는 정확도를 의미한다.

④ Precision은 모델을 지속적으로 반복했을 때의 편차의 수준으로써, 일관적으로 동일한 결과를 제시한다는 것을 의미한다.

**정답** ② | **해설** 분석의 활용적인 측면에서는 Accuracy가 중요하며, 안정적인 측면에서는 Precision이 중요하다.

**20** 다음 중 분석 프로젝트 특징에 대한 설명으로 가장 적절하지 않은 것은?

① 분석가는 프로젝트 관리방안에 대한 이해와 주요 관리 포인트를 사전에 숙지해야 한다.

② 분석 프로젝트는 데이터 준비와 분석이 목적이므로 일반적인 프로젝트 관리와는 다르다.

③ 분석 프로젝트는 반복, 점진적으로 프로세스가 진행될 수 있기 때문에 프로토타이핑 방식의 에자일(Agile) 프로젝트 관리 방식에 대한 고려가 필요하다.

④ 데이터 분석은 지속적인 반복을 통하여 의도했던 결과에 더욱 가까워지는 형태로 프로젝트를 진행한다.

**정답** ② | **해설** 분석 프로젝트는 기존 프로젝트의 영역별 관리(범위, 일정, 품질, 리스크, 의사소통 등)가 필요하며, 추가적 관리 영역(Data Size, Data Complexity, Speed, Analytic Complexity, Accuracy & Precision)도 필요하다.

**21** 다음 중 분석 과제 우선순위 선정에 대한 설명으로 가장 적절하지 않은 것은?

① Value는 투자비용 요소이다.

② ROI 관점에서의 분석 과제 우선순위 평가 기준은 시급성과 난이도가 있다.

③ 시급성 판단 기준은 전략적 중요도가 핵심이다.

④ 난이도는 현시점에서 과제를 추진하는 것이 비용 측면과 범위 측면에서 바로 적용하기 쉬운 것인지 또는 어려운 것인지에 대한 판단 기준이다.

**정답** ① | **해설** Value는 비즈니스 효과이고, Volume, Variety는 투자비용 요소에 해당한다.

**22** 다음 중 난이도와 시급성을 고려하였을 때 우선적으로 추진해야 하는 분석 과제로 가장 적절한 것은?

① 난이도 : 어려움(Difficult), 시급성 : 현재

② 난이도 : 어려움(Diffcult), 시급성 : 미래

③ 난이도 : 쉬움(Easy), 시급성 : 미래

④ 난이도 : 쉬움(Easy), 시급성 : 현재

**정답** ④ | **해설** 난이도가 '쉬움'이라면 빠르게 결과를 도출하고 효과를 볼 수 있으며, 시급성이 '현재'인 과제는 즉각적인 해결이 필요한 문제에 대응하기 위해 우선순위를 둘 필요가 있다.

**23** 다음 중 제품과 서비스의 결합을 나타내는 용어로 가장 적절한 것은?

① Digital Transformation

② Mass Customization

③ Service Oriented Approach

④ Servitization

**정답** ④ | **해설** Servitization은 서비스화라는 의미로, 기업이 물리적 제품과 함께 제공하는 서비스를 통해 추가 가치를 창출하는 전략이다. 고객에게 통합된 솔루션을 제공하며, 제품과 서비스의 결합을 나타내는 대표적인 용어이다.

오답해설 ① Digital Transformation(디지털 변환) : 모든 비즈니스 영역에 디지털 기술을 통합하여 기업의 운영 방식과 고객에게 제공하는 가치를 근본적으로 변화시키는 과정
② Mass Customization(대량 맞춤화) : 제품이나 서비스를 대량 생산하는 동시에, 개별 고객의 요구에 맞춰서 맞춤화할 수 있는 전략 ③ Service Oriented Approach(서비스 지향 접근법) : 제품보다 서비스 제공을 우선시하는 비즈니스 모델

★ 30회

**24** 다음의 보기가 설명하는 분석 준비도(Readiness) 진단영역으로 적합한 것은?

<보기>

업무별 적합한 분석 기법 사용, 분석 업무 도입 방법론, 분석 기법 라이브러리, 분석 기법 효과성 평가, 분석 기법 정기적 개선

① 분석 업무
② 분석 기법
③ 인력 및 조직
④ 분석 데이터

정답 ②
오답해설
① 분석 업무 : 발생한 사실 분석 업무, 예측 분석 업무, 시뮬레이션 분석 업무, 최적화 분석 업무, 분석 업무 정기적 개선
③ 인력 및 조직 : 분석 전문가 직무 존재, 분석 전문가 교육 훈련 프로그램, 관리자들의 기본적 분석 능력, 전사 분석 업무 총괄 조직 존재, 경영진의 분석 업무 이해 능력
④ 분석 데이터 : 분석 업무를 위한 데이터 충분성, 분석 업무를 위한 데이터 신뢰성, 분석 업무를 위한 데이터 적시성, 비구조적 데이터 관리, 외부 데이터 활용 체계, 기준 데이터 관리(MDM)

★ 29회

**25** 분석 성숙도 모델에 대한 설명 중 단계가 다른 하나는?

① 빅데이터 분석
② 분석 CoE 조직 운영
③ 데이터 사이언스 그룹
④ 분석 샌드박스

정답 ② | 해설 분석 CoE 조직 운영은 확산 단계이고, 빅데이터 분석, 데이터 사이언스 그룹, 분석 샌드박스는 최적화 단계에 대한 설명이다.

★ 30회

**26** 다음 중 데이터 거버넌스의 구성 요소로 가장 적절하지 않은 것은?

① 분석 방법(Method)
② 원칙(Principle)
③ 조직(Organization)
④ 절차(Process)

정답 ① | 해설
• 데이터 거버넌스의 구성요소.

| 원칙 (Principle) | • 데이터를 유지 관리하기 위한 지침과 가이드<br>• 보안, 품질기준, 변경관리 |
|---|---|
| 조직 (Organization) | • 데이터를 관리할 조직의 역할과 책임<br>• 데이터 관리자, 데이터베이스 관리자, 데이터 아키텍트 |
| 절차 (Process) | • 데이터 관리를 위한 활동과 체계<br>• 작업 절차, 모니터링 활동, 측정 활동 |

★ 19회 26회

**27** 다음 중 데이터 표준화에 대한 설명으로 가장 적절한 것은?

① 표준 데이터를 포함한 메타 데이터와 데이터 사전의 관리 원칙 수립하는 것이다.
② 데이터 표준 용어 설정, 명명 규칙 수립, 메타 데이터 구축, 데이터 사전 구축 등의 업무로 구성된다.
③ 메타 데이터 및 표준 데이터를 관리하기 위한 전사 차원의 저장소를 구축하는 것이다.
④ 데이터 거버넌스 체계를 구축한 후 표준 준수 여부를 주기적으로 점검하고 모니터링 하는 것이다.

정답 ② | 오답해설 ①은 데이터 관리 체계에 대한 설명, ③은 데이터 저장소 관리, ④는 표준화 활동에 대한 설명이다.

**28** 다음에서 설명하는 데이터 거버넌스 체계 항목으로 가장 적절한 것은?

> 메타 데이터 관리, 데이터 사전 관리, 데이터 생명주기 관리

① 데이터 표준화
② 데이터 관리 체계
③ 데이터 저장 관리
④ 표준화 활동

**정답** ② | **해설** 메타 데이터 관리, 데이터 사전 관리, 데이터 생명주기 관리는 모두 데이터 관리 체계와 관련된 요소이다. 이러한 요소들은 데이터의 정의, 사용, 유지 보수 및 폐기에 이르기까지 전체적인 관리 체계를 구축하는 데 필요한 구성 요소이다.

**29** 다음 중 데이터 분석 조직구조에 대한 설명으로 가장 적절하지 않은 것은?

① 집중형 조직구조는 전사 분석 업무를 별도의 분석 조직에서 담당하므로, 전략적 중요도에 따라 분석 조직이 우선순위를 정해 진행한다.
② 기능 중심의 조직구조는 일반적 분석 수행구조로, 별도의 분석 조직이 없고 해당 업무부서에서 분석을 수행한다.
③ 분산 조직구조는 분석 조직 인력들을 현업부서로 배치하여 분석 업무를 수행함으로써 분석이 집중되지 못해 신속한 실무적용이 어렵다.
④ 분산 조직구조는 부서 분석 업무와 역할분담을 명확화할 필요가 있다.

**정답** ③ | **해설** 분산 조직구조는 분석 인력을 각 사업부에 배치하여, 해당 부서의 구체적인 요구와 문제점에 대해 더 깊이 이해하고, 분석 결과를 신속하게 실무에 적용할 수 있도록 설계되었다.

**30** 다음 중 분석 과제 관리 프로세스에 대한 설명으로 가장 적절하지 않은 것은?

① 과제 발굴 단계는 분석 아이디어 발굴, 분석 과제 후보제안, 분석 과제 확정 프로세스로 구성된다.
② 과제 수행 단계에서는 팀 구성, 분석 과제 실행, 분석 과제 진행관리, 결과 공유 프로세스로 구성된다.
③ 분석 과제로 확정된 분석 과제를 풀(Pool)로 관리한다.
④ 분석 과제 중에 발생된 시사점을 포함한 결과물은 풀(Pool)로 관리하고 공유된다.

**정답** ③ | **해설** 분석 과제로 확정된 분석 과제가 아닌 개별 조직이나 개인이 도출한 분석 아이디어를 발굴하고 이를 과제화하여 분석 과제 풀(Pool)로 관리한다.

# 3과목

## 핵심 01   R 기초

R은 통계 계산과 시각화 등을 위해 개발된 오픈 소스 프로그램으로 1993년 뉴질랜드 오클랜드 대학의 로스 이하카와 로버트 젠틀맨에 의해 개발되었다.

• R의 특징

| 최적화된 통계 분석 도구 | R은 다양한 통계 분석에 특화된 프로그래밍 언어 |
|---|---|
| 강력한 데이터 시각화 | 다양한 시각화 패키지를 제공하며, 이를 통해 데이터를 직관적으로 이해할 수 있게 도와줌 |
| 방대한 패키지 제공 | CRAN(Comprehensive R Archive Network)을 통해 통계, 시각화, 데이터 마이닝, 금융 등의 다양한 분야에 사용할 수 있는 패키지를 제공 |
| 여러 운영체제 호환 | Windows, MacOS, Linux 등 다양한 운영체제에서 R을 사용할 수 있음 |
| 객체지향 및 함수형 프로그래밍 지원 | R은 객체지향 언어이며, 동시에 함수형 프로그래밍 패러다임을 지원 |

---

★ 23회

**1. 다음 중 R의 특징에 대한 설명으로 가장 적절하지 않은 것은?**

① R은 S 언어 기반의 프로그래밍 언어이다.

② R은 리눅스, Mac OS에서는 사용할 수 없다.

③ 다양한 형태의 데이터 구조를 지원한다.

④ 무료 소프트웨어이면서 복잡한 통계분석 기법이 가능하다.

**정답** ② | **해설** R은 윈도우 뿐만 아니라 리눅스, MacOS 등 다양한 운영체제에서 사용할 수 있다.

---

## 핵심 02   R 패키지

• 특정 기능 또는 작업을 수행하기 위해 미리 작성된 코드의 집합으로 함수, 객체, 데이터, 도움말 등이 포함되며 R에서는 CRAN이라는 서버에 패키지를 저장하고 사용자에게 제공한다.

• 패키지를 설치하려면 install.packages("패키지명") 명령문을 사용한다.

• 패키지를 활성화하려면 library(패키지명) 명령문을 사용한다.

**R Studio에서 명령어 실행하는 방법**
- 한 줄만 실행 : ⌈Ctrl⌉ + ⌈Enter⌉ 또는 ⌈→ Run⌉ 클릭
- 여러 줄을 실행 : 블록 지정 후 ⌈Ctrl⌉ + ⌈Enter⌉
- 주석문은 #을 이용(# 이후의 내용은 주석으로 간주하여 실행하지 않음)
- 도움말 : ? 명령어 또는 help(명령어)

---

★ 19회

**1. 다음 중 R 패키지를 설치하고 사용하는 방법으로 가장 적절한 것은?**

① install.package("패키지명") → library("패키지명")

② install.packages("패키지명") → library(패키지명)

③ install.package(패키지명) → library("패키지명")

④ install.packages(패키지명) → library(패키지명)

**정답** ② | **해설** install.packages("패키지명") 명령문으로 패키지를 설치하고, library(패키지명) 명령문을 사용하여 패키지를 활성화한다.

---

---

핵심 **03**  **R의 데이터 구조**

## 1. R의 데이터 구조 개요

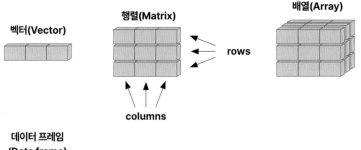

벡터(Vector)

행렬(Matrix)

배열(Array)

rows

columns

데이터 프레임
(Data frame)

리스트(List)

## 2. 벡터(vector)

- R의 가장 기본이 되는 자료 객체로 1차원 데이터 구조이다.
- 하나 이상의 스칼라 원소들을 갖는 단순한 형태의 집합이다.
- 하나의 벡터에는 같은 데이터 형태의 값이 저장되어야 한다.

- 논리 벡터의 값은 TRUE, FALSE로 표현되지만, 내부적으로는 1(TRUE), 0(FALSE)이 할당된다.
- 문자와 숫자를 섞어서 벡터에 저장하면 숫자가 모두 문자로 바뀌게 된다.

### 예제

```
x <- c(10, 20, 30)              # 숫자 벡터
y <- c("서울", "부산", "광주")    # 문자 벡터
z <- c(TRUE, FALSE)             # 논리 벡터
```

### 결과

```
>x
[1] 10 20 30
>y
[1] "서울" "부산" "광주"
>z
[1] TRUE FALSE
```

### 잠깐만요

**<- 연산자**

R에서 <- 기호는 할당 연산자로, 오른쪽에 있는 값을 왼쪽에 있는 객체에 할당하는 데 사용되며, = 기호를 사용해도 된다.
R Studio에서는 Alt + − 를 누르면 쉽게 입력이 가능하다.
예 x <- 10 : 숫자 10이 변수 x에 할당되어 x의 값으로 저장된다.

- 벡터(Vector)의 생성방법

| 콜론(:) | 연속된 정수로 이루어진 벡터 작성 |
|---|---|
| c( ) 함수 | 하나의 벡터에 여러 개의 값이 저장 |
| seq(시작값, 종료값, 간격) | 일정한 간격의 숫자로 이루어진 벡터를 작성 |
| rep(반복값, times=반복횟수) | 반복된 숫자로 이루어진 벡터를 작성 |

● 전문가의 조언

소괄호 ( )는 함수를 호출하거나 실행하는 데 사용하고, 대괄호 [ ]는 데이터의 요소를 선택할 때 사용합니다.

### 예제

```
v1 <- 50:90                    # 50에서 90까지 1씩 증가되는 정수 벡터
v2 <- c(1, 2, 3, 4, 5)         # 1, 2, 3, 4, 5로 구성된 벡터
v3 <- c(1:5)                   # 1, 2, 3, 4, 5로 구성된 벡터
v4 <- seq(1, 10, by=2)         # 1에서 10까지 2씩 증가되는 벡터
v5 <- rep(c(1,2), times=2)     # 1과 2로 구성된 벡터를 2회 반복하는 벡터
v6 <- rep(c(2,4), length=6)    # 2, 4로 구성된 벡터를 반복하되 크기는 6으로 지정
v2[2]                          # v2 벡터의 2번째 원소 출력
```

```
> v1
 [1]  50 51 52 53 54 55 56 57 58 59 60 61 62 63 64 65 66 67 68 69
[21]  70 71 72 73 74 75 76 77 78 79 80 81 82 83 84 85 86 87 88 89
[41]  90
> v2
[1] 1 2 3 4 5
> v3
[1] 1 2 3 4 5
> v4
[1] 1 3 5 7 9
> v5
[1] 1 2 1 2
> v6
[1] 2 4 2 4 2 4
> v2[2]
[1] 2
```

**● 전문가의 조언**

R은 1 기반 인덱스를 사용하므로 첫 번째 요소를 호출하려면 인덱스를 1로 지정해야 하며, 0 기반 인덱스에 익숙한 다른 언어 사용자들은 이를 주의해야 합니다.

# 3. 행렬(matrix)

- 같은 데이터 형태로 구성된 2차원 데이터 구조이다.
- 행(row)과 열(column)로 구성된다.
- 행렬(matrix)의 생성 방법

| matrix<br>(data, nrow, ncol, byrow) | • data : 행렬에 넣을 데이터<br>• nrow : 행렬의 행 수를 지정<br>• ncol : 행렬의 열 수를 지정<br>• byrow : TRUE이면 데이터를 행 우선 채움(기본값은 FALSE로 열 우선) |
|---|---|
| cbind( ) 함수 | 입력된 데이터를 열 방향으로 결합 |
| rbind( ) 함수 | 입력된 데이터를 행 방향으로 결합 |

### 예제

```
m1 <- matrix(1:20, nrow=4, ncol=5)            # 1에서 20까지 4행 5열에 저장
m2 <- matrix(1:20, nrow=4, ncol=5, byrow=T)   # 행 방향으로 채우기
x <- 1:4                                      # 벡터 x 생성
y <- 5:8                                      # 벡터 y 생성
m3 <- cbind(x,y)                              # x와 y를 열 방향으로 결합하여 매트릭스 생성
m4 <- rbind(x,y)                              # x와 y를 행 방향으로 결합하여 매트릭스 생성
```

### 결과

```
> m1
     [,1] [,2] [,3] [,4] [,5]
[1,]    1    5    9   13   17
[2,]    2    6   10   14   18
[3,]    3    7   11   15   19
[4,]    4    8   12   16   20
```

**● 전문가의 조언**

R에서 행렬은 기본적으로 열 우선(column-major) 방식으로 데이터를 저장하고 처리합니다. 이는 행렬을 생성할 때 데이터를 열 단위로 채우는 것을 의미합니다. m1과 m2의 형태가 어떻게 다른지 꼼꼼하게 확인해보세요.

```
> m2
     [,1] [,2] [,3] [,4] [,5]
[,1]   1    2    3    4    5
[,2]   6    7    8    9   10
[,3]  11   12   13   14   15
[,4]   4    8   12   16   20
> m3
     x  y
[1,] 1  5
[2,] 2  6
[3,] 3  7
[4,] 4  8
> m4
  [,1] [,2] [,3] [,4]
x   1    2    3    4
y   5    6    7    8
```

## 4. 데이터 프레임(dataframe)

- 데이터베이스에서 테이블과 유사한 데이터 객체를 의미한다.
- 행렬과 유사한 2차원 목록 구조이지만, 각 열이 서로 다른 형태의 객체를 가질 수 있다
- 데이터 프레임의 생성 : data.frame( )

### 예제

```
name <- c("LEE","KIM","PARK")      # 문자 벡터
age <- c(20, 35, 40)               # 숫자 벡터
score<- c(95, 100, 80)             # 숫자 벡터
data.frame(name, age, score)       # 데이터 프레임 생성
```

### 결과

```
> data.frame(name, age, score)
   name age score
1   LEE  20    95
2   KIM  35   100
3  PARK  40    80
```

## 5. 리스트(list)

- 서로 다른 유형의 데이터 구조를 결합한 것이다.
- 리스트의 생성 : list( )

### 예제

```
v <- c(1:6)                        # 벡터 생성
m <- matrix(c(1:12), nrow=3)       # 행렬 생성
l <- list(v,m)                     # 리스트 생성
l                                  # 리스트 출력
l[[2]]                             # 리스트의 두 번째 요소인 행렬 출력
```

```
> v <- c(1:6) # 벡터 생성
> m <- matrix(c(1:12), nrow=3) # 행렬 생성
> l <- list(v,m) # 리스트 생성
> l
[[1]]
[1] 1 2 3 4 5 6

[[2]]
     [,1] [,2] [,3] [,4]
[1,]    1    4    7   10
[2,]    2    5    8   11
[3,]    3    6    9   12

> l[[2]]
     [,1] [,2] [,3] [,4]
[1,]    1    4    7   10
[2,]    2    5    8   11
[3,]    3    6    9   12
```

★ 22회 31회

**1. 다음 R 프로그램에서 matrix 명령어를 사용한 결과로 적절한 것은?**

matrix(c(1,2,3,4,5,6), ncol=2, byrow=T)

① 

|      | [,1] | [,2] |
|------|------|------|
| [1,] | 1    | 2    |
| [2,] | 3    | 4    |
| [3,] | 5    | 6    |

② 

|      | [,1] | [,2] |
|------|------|------|
| [1,] | 1    | 4    |
| [2,] | 2    | 5    |
| [3,] | 3    | 6    |

③ 

|      | [,1] | [,2] | [,3] |
|------|------|------|------|
| [1,] | 1    | 3    | 5    |
| [2,] | 2    | 4    | 6    |

④ 

|      | [,1] | [,2] | [,3] |
|------|------|------|------|
| [1,] | 1    | 2    | 3    |
| [2,] | 4    | 5    | 6    |

**정답** ① | **해설** byrow=T는 데이터를 행 방향으로 채우라는 의미이다. 따라서, 벡터의 데이터가 행렬에 행 단위로 순차적으로 입력된다. byrow=T가 생략되면 R은 기본적으로 데이터를 열 방향으로 된다는 행렬의 특징을 정리하고 넘어가자.

★16회

**2. 다음 R의 데이터 구조 중 벡터에 대한 설명으로 적절한 것은?**

① 벡터는 다양한 유형의 데이터를 동시에 저장할 수 있는 구조이다.

② 벡터는 하나 이상의 스칼라 원소들을 갖는 단순한 형태의 집합이다.

③ 벡터는 숫자로만 구성되어야 한다.

④ 벡터는 행과 열을 갖는 2차원 데이터 구조이다.

**정답** ② | **해설** R의 벡터는 동일한 유형의 데이터만을 저장할 수 있는 1차원 배열이다. 다양한 유형의 데이터를 동시에 저장하려면 리스트나 데이터 프레임 등을 활용해야 한다.

**오답해설**
① 하나의 벡터에는 같은 데이터 형태의 값이 저장되어야 한다.
③ 벡터는 데이터 유형에 따라 숫자 벡터, 문자 벡터, 논리 벡터 등으로 구분된다.
④ 행과 열을 갖는 2차원 데이터 구조는 행렬 또는 데이터 프레임이다.

핵심 **04**　　데이터 마트

## 1. 데이터 마트(Data Mart)

• 조직 내 특정 부서나 사용자 그룹의 요구에 맞춰 설계된 작은 규모의 데이터 웨어하우스이다.

• 데이터 웨어하우스와 사용자 사이의 중간층에 위치한 것으로, 하나의 주제 또는 하나의 부서 중심의 데이터 웨어하우스라고 할 수 있다.

• 데이터 마트 내 데이터 대부분은 데이터 웨어하우스로부터 복제되지만, 자체적으로 수집될 수도 있으며, 관계형 데이터베이스나 다차원 데이터베이스를 이용하여 구축된다.

## 2. 요약 변수와 파생 변수

### (1) 요약 변수(Summary Variable)

• 데이터 집합 내의 다른 변수들로부터 계산되거나 요약된 통계적 값을 가진 변수이다.
  예 총구매금액, 금액, 횟수, 구매 여부 등 데이터 분석을 위해 만들어지는 변수

• 많은 모델에서 공통으로 사용될 수 있어 재활용성이 높다.

### (2) 파생 변수(Derived Variable)

• 사용자가 특정 조건을 만족하거나 특정 함수에 의해 값을 만들어 의미를 부여한 변수이다.

• 매우 주관적일 수 있으므로 논리적 타당성을 갖추어 개발해야 한다.

• 세분화, 고객 행동 예측, 캠페인 반응 예측에 매우 잘 활용된다.

**● 전문가의 조언**

요약 변수는 데이터의 기술적 요약을 제공하는 데 사용되고, 파생 변수는 분석을 위해 추가적인 정보를 추출하거나 기존 데이터에 새로운 관점을 제공하기 위해 생성됩니다.

★ 10회 32회

**1. 다음 중 파생 변수에 대한 설명으로 가장 적절하지 않은 것은?**

① 파생 변수는 기존 변수에 특정 조건이나 함수 등을 사용하여 새롭게 재정의한 변수를 의미한다.

② 파생 변수는 재활용성이 높고 다른 많은 모델을 공통으로 사용할 수 있는 장점이 있다.

③ 파생 변수는 논리성과 대표성을 나타나게 할 필요가 있다.

④ 일반적으로 1차 데이터 마트의 개별 변수에 대한 이해 및 탐색을 통해 각 특성을 고려하여 파생 변수를 생성한다.

**정답** ② | **해설** 파생 변수는 특정 분석 문제에 대한 해결을 위해 만들어진 것이므로, 재활용성이 높다고 할 수 없으며, 파생 변수가 다른 많은 모델에 공통으로 사용되기 어렵다. ②는 요약 변수의 특징이다.

---

**핵심 05** 결측값 처리

## 1. 결측값(missing value)

- 결측값이란 데이터에 값이 없는 항목을 의미한다.
  - 예 통계조사 응답자가 문항에 응답하지 않은 경우
- 데이터셋에 결측값이 섞여 있으면, 데이터 분석 시 여러 가지 문제를 일으킬 수 있다.
- 가능하면 결측값은 제외하고 처리하는 게 적합하지만, 결측값 자체가 의미가 있는 경우도 있다.
  - 예 특정 자료가 존재하지 않는 경우, 자신의 정보를 잘 넣지 않는 경우
- R에서는 결측값을 NA(Not Available)로 표시한다.

---

```
> summary(airquality)
    Ozone           Solar.R          Wind
Min.   :  1.00   Min.   :  7.0   Min.   : 1.700
1st Qu.: 18.00   1st Qu.:115.8   1st Qu.: 7.400
Median : 31.50   Median :205.0   Median : 9.700
Mean   : 42.13   Mean   :185.9   Mean   : 9.958
3rd Qu.: 63.25   3rd Qu.:258.8   3rd Qu.:11.500
Max.   :168.00   Max.   :334.0   Max.   :20.700
NA's   :37       NA's   :7
```

---

### (1) R에서 결측값 처리

① 결측값 확인

- is.na( ) : 결측값이 있으면 TRUE, 없으면 FALSE로 반환한다.

---

**예제**

```
x <- c(1, 2, 3, NA, 5, NA, 7)      # 결측값이 포함된 벡터
sum(x)                             # 정상 계산이 안 됨
is.na(x)                           # 결측값 확인
sum(is.na(x))                      # NA의 개수 확인
```

---

> **전문가의 조언**
>
> 결측값과 이상값을 적절히 처리하지 않으면 분석 결과가 왜곡될 수 있으며, 모델의 예측 성능을 저하시킬 수 있습니다. 따라서, 결측값과 이상값을 처리하는 것은 데이터 분석의 정확도와 신뢰도를 향상시키기 위해 필수적입니다.

> **A 용어설명**
>
> 데이터 전처리
> (Data Preprocessing)
> - 데이터 분석 및 모델링을 수행하기 전에 데이터를 정제하고 준비하는 과정이다.
> - 데이터 전처리는 전체 데이터 분석 시간의 60~80% 정도가 소요된다.
> - 수집한 데이터에서 오류, 결측값, 이상값 등의 문제를 해결하여 데이터의 품질을 향상시키는 과정을 데이터 정제(Data Cleaning)라고 한다.

sum 함수에서는 TRUE는 1
로, FALSE는 0으로 간주하
여 이들의 합을 계산합니다.
결과적으로, is.na(x)로 생성
된 논리형 벡터에서 TRUE
의 개수, 즉 NA의 개수가
sum( ) 함수에 의해 합산되
어 반환되므로, 데이터 내
결측값의 개수를 쉽게 파악
할 수 있습니다.

```
결과
```

```
> sum(x)
[1] NA
> is.na(x)
[1] FALSE FALSE FALSE  TRUE FALSE  TRUE FALSE
> sum(is.na(x))
[1] 2
```

② 결측값 처리

• na.rm=T : NA를 제외한다.

• na.omit( ) : NA가 포함된 행을 삭제한다.

• complete.cases( ) : 결측값이 없는 완전한 경우(complete case)를 찾아서 반환한다.

```
예제
```

```
sum(x, na.rm=TRUE)           # NA를 제외하고 합계를 계산
y <- as.vector(na.omit(x))   # NA를 제거하고 새로운 벡터 생성
z <- x[complete.cases(x)]    # NA가 포함된 행들 제거
```

```
결과
```

```
> sum(x, na.rm=TRUE)
[1] 18
> y
[1] 1 2 3 5 7
> z
[1] 1 2 3 5 7
```

POINT

## (2) 결측값 처리 방법

① 완전 분석법(Completes analysis)

• 결측값이 존재하는 레코드를 삭제하는 방법이다.

• 결측값이 많은 레코드에 존재하면 너무 많은 자료가 삭제되어 통계적 추론의 타당성 문제가
  발생한다.

② 평균 대치법(Mean Imputation)

관측 또는 실험을 통해 얻은 데이터의 평균으로 대치하는 방법이다.

| 비조건부 평균 대치법 | 관측 데이터의 평균으로 대치하는 방식 |
| --- | --- |
| 조건부 평균 대치법 | 회귀분석을 활용하여 값을 대치하는 방식 |

③ 단순 확률 대치법(Single Stochastic Imputation)

• 평균 대치법에서 추정량 표준오차의 과소 추정문제를 보완하고자 고안된 방법이다.

- 결측값이 있는 변수의 분포를 고려하여 랜덤하게 값을 추출한 후 결측값을 대체하는 방식이다.

| Hot-deck 방법 | 결측값을 가진 데이터와 유사한 특성을 가진 다른 데이터의 값을 복사하여 결측값을 대체하는 방식 |
|---|---|
| Nearest neighbor 방법 | 결측값을 가진 데이터와 가장 가까운 데이터(최근접 이웃)의 값으로 결측값을 대체하는 방식 |

④ 다중 대치법(Multiple Imputation)

- 결측값을 여러 차례 대체하여 여러 개의 완전한 데이터셋을 생성한다.
- 대치 → 분석 → 결합의 3단계로 결측값을 처리한다.
- 결측 데이터를 처리하는 과정에서 발생할 수 있는 편향을 최소화하고, 분석의 정확도를 높이는 방법이다.
- 여러 번 대치하는 과정을 거치므로 계산 복잡성이 증가하는 경향이 있다.

## 핵심 **06**  이상값 처리

### (1) 이상값(Outlier)

- 정상적이라고 생각되는 데이터의 분포 범위 밖에 위치하는 값을 의미한다.
- 의도하지 않게 잘못 입력되어 제거해야 하는 경우, 의도하지 않게 입력되었으나 분석에 포함해야 하는 경우, 의도된 이상값 등이 있다.

● **전문가의 조언**

평균 대치법은 모든 결측값을 하나의 값인 평균으로 대체하기 때문에 원래의 데이터 분포가 단순화되어, 데이터의 변동성이 줄어들게 됩니다. 이렇게 되면, 추정량의 표준오차가 과소추정되는 문제가 발생합니다.
반면, 단순 확률 대치법은 결측값을 해당 변수의 임의의 관찰값으로 대체하기 때문에, 데이터의 변동성을 더 잘 유지하여 추정량의 표준오차가 과소추정되는 문제를 완화합니다.

● **전문가의 조언**

결측값과 이상값 처리에 대한 문제가 자주 출제되고 있습니다. 특히 이상값 인식 방법 중 사분위수를 이용하는 것은 계산 문제나 summary 함수를 이용하는 등 다양한 문제가 출제되므로 반드시 식을 암기해야 합니다.

- 불량 제품 선별이나 부정 사용방지 시스템에서 활용한다.
- 데이터 분석에서는 이상값을 포함한 채 평균 등을 계산하면 전체 데이터의 양상을 파악하는 데 왜곡을 가져올 수 있으나 제거 여부는 실무자를 통해서 결정하는 것이 바람직하다.

## (2) 이상값의 인식 방법

① 사분위수와 상자그림(boxplot) 이용
- Q1-1.5IQR < data < Q3+1.5IQR를 벗어나는 데이터를 이상값으로 정의한다. (IQR : Q3-Q1)
- 이상값은 상자그림에서 점으로 표시된다.

**예제**

```
x <- c(c(1:10),30)        # 벡터 생성
boxplot(x)                # 상자그림 출력
```

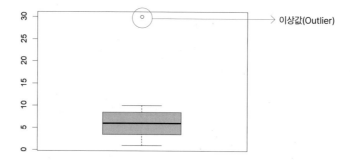

**잠깐만요**

**상자그림(Boxplot)**
- 상자그림의 상자는 1사분위수(Q1)에서 3사분위수(Q3)의 범위인 IQR, 상자 안의 선은 중앙값, 점은 이상값을 나타냄으로써 데이터의 분포를 한 눈에 파악하는 데 도움이 된다.
- 상자그림에는 평균, 분산, 표준편차 등의 정보는 포함되지 않는다.

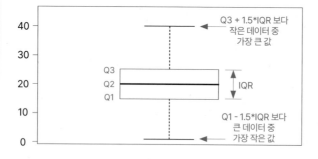

② ESD(Extreme Studentized Deviation) 이용
- 가장 극단적인 값의 이상값 여부를 반복적으로 검증하는 방법으로 단일 변수에서 다수의 이상값을 동시에 식별하는 방법이다.

### 용어설명

- Q1(1사분위수) : 데이터의 하위 25% 지점
- Q3(3사분위수) : 데이터의 상위 25% 지점
- IQR(사분위수 범위) : Q3 - Q1

### 전문가의 조언

ESD 방법을 평균으로부터 K 표준편차 떨어진 값을 이상값으로 정의하는 방법이라고 설명하기도 합니다.

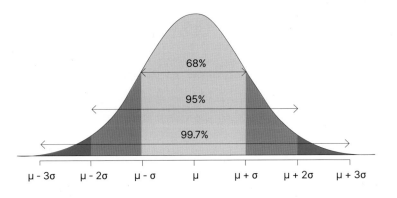

68-95-99.7 규칙: 정규분 포에서 평균으로부터 ±1 표준편차 범위에 약 68%의 데이터, ±2 표준편차 범위에 약 95%의 데이터, ±3 표준편차 범위에 약 99.7%의 데이터가 있을 확률이 있다.

③ 기하평균 이용

- 기하평균은 값을 모두 곱한 후 n 제곱근을 구한다.
- 기하평균-2.5*표준편차 < data < 기하평균+2.5*표준편차를 벗어나는 데이터를 이상값으로 정의한다.

## (3) 이상값의 처리 방법

| | |
|---|---|
| 제거(Deleting) | • 이상값을 데이터셋에서 제거하는 방법<br>• 이상값이 제거되면서 데이터 손실이 발생 |
| 대치(Imputation) | • 평균, 중앙값, 최빈값과 같은 대표적인 대치 방법을 사용<br>• 상단과 하단의 극단치를 조절 |
| 변환(Transformation) | • 오른쪽 꼬리가 긴 경우 :<br>  로그 변환과 제곱근 변환을 사용하여 큰 값을 작게 조정<br>• 왼쪽 꼬리가 긴 경우 :<br>  지수 변환과 제곱 변환을 사용하여 작은 값을 크게 조정 |

★ 27회 42회

**1. 다음 중 이상값 검정을 활용한 응용시스템으로 적절한 것은?**

① 교차판매 시스템

② 고객 세분화 시스템

③ 장바구니 분석 시스템

④ 부정 사용방지 시스템

**정답** ④ | **해설** 이상값 검정은 데이터의 일반적인 패턴에서 벗어나는 값을 찾는 데 사용되는 기법으로 부정 행위나 이상 거래를 감지하는 데 유용하게 활용된다. | **오답해설** ① 교차판매 시스템, ③ 장바구니 분석 시스템은 연관 규칙 학습이고, ② 고객 세분화 시스템은 군집 분석이다.

★ 16회 20회 31회

**2. 다음 중 상자그림에 대한 설명으로 가장 적절하지 않은 것은?**

① 중앙값은 상자 안의 굵은 선으로 관측치의 50%는 중앙값보다 크거나 같다.

② 상자그림은 그룹 간 분포 차이를 비교할 수 있다.

③ 순서 통계량을 사용하므로 이상치 판단에 적합하지 않다.

④ 상자그림으로 평균과 분산은 확인할 수 없다.

**정답** ③ | **해설** 상자그림은 순서 통계량(최소값, 1사분위수, 중앙값, 3사분위수, 최대값)을 사용하여 시각적으로 표현하며, 이상치를 판단하는 데 매우 적합한 도구이다.

## 1. 통계학(Statistics)

• 데이터를 수집, 분석, 해석하여 결과를 전달하는 학문이다.

• 데이터에 대한 통찰을 얻고, 불확실성 하에서 의사결정을 하는 데 필수적인 방법론과 이론을 제공한다.

## 2. 모집단과 표본

• 모집단(population) : 관심의 대상이 되는 모든 개체의 집합

• 표본(sample) : 모집단에서 실제로 뽑은 개체의 집합

　예 우리나라 가구당 월평균 소득을 알기 위해 100가구를 뽑아 조사하는 경우

　　　모집단 - 우리나라 모든 가구, 표본 - 100가구

• 통계 자료의 획득 방법

| 총조사(전수 조사) | 모집단의 개체 모두를 조사하는 방법으로 많은 비용과 시간이 소모됨<br>예 인구주택총조사 |
|---|---|
| 표본 조사 | 표본을 통해 모집단에 대해 추론하는 방법 |

• 모수(parameter) : 모집단에 대한 정보

　예 모평균($\mu$), 모분산($\sigma^2$), 모표준편차($\sigma$)

• 통계량(statistic) : 표본을 분석한 값

　예 표본평균($\bar{x}$), 표본분산($s^2$), 표본 표준편차($s$)

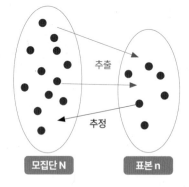

추출

추정

모집단 N         표본 n

**● 전문가의 조언**

통계학은 많은 수험생들에게 가장 부담스러운 부분으로 여겨지는데, 그 주요 이유는 용어의 복잡성과 생소함 때문입니다. 따라서 통계학을 효과적으로 학습하기 위해서는 용어를 반복적으로 이해하고 암기하는 것이 중요합니다.

**● 전문가의 조언**

모평균($\mu$), 모분산($\sigma^2$), 모표준편차($\sigma$) 등의 모수는 일반적으로 그리스 문자로 표현됩니다. 반면, 표본평균($\bar{x}$), 표본분산($s^2$), 표본 표준편차($s$) 등의 통계량은 주로 로마 문자로 표현됩니다. 이러한 구분은 통계학의 기본적인 틀을 이해하고, 통계적 추론을 수행하는 데 필요하므로 해당 기호를 기억해두셔야 합니다.

# 3. 표본 오차와 비표본 오차

| 표본 오차<br>(sampling error) | • 모집단 중 일부 표본만을 선정함에 따라 생기는 오차<br>• 전수조사를 하지 않는 이상 반드시 생기는 오차<br>• 전수조사에서는 0 |
|---|---|
| 비표본 오차<br>(non-sampling error) | • 표본 오차를 제외한 조사의 전체과정에서 발생할 수 있는 모든 오차<br>• 측정 오류, 데이터 처리 오류, 자료수집 방법의 부적절함, 응답자의 비협조나 오해, 조사 설계의 결함 등 조사의 전체과정에서 발생<br>• 전수조사에서 커짐 |
| 표본 편의<br>(sampling bias) | • 표본 추출 방법에서 기인하는 오차<br>• **확률화에 의해 최소화** |

★ 19회 25회 32회 33회

**1. 다음 중 표본 조사에 대한 설명으로 가장 적절하지 않은 것은?**

① 조사과정에서 발생하는 오차는 표본 오차와 비표본 오차로 분류할 수 있다.

② 표본 오차와 비표본 오차 모두 표본 크기가 증가함에 따라 감소한다.

③ 표본 편의(Sampling Bias)는 표본 추출 방법에서 기인하는 오차로 확률화에 의해 최소화할 수 있다.

④ 비표본 오차는 표본 오차를 제외한 조사의 전체과정에서 발생할 수 있다.

**정답** ② | **해설** 표본 오차는 일부 표본을 조사함으로써 발생하는 오차이므로 표본 크기가 증가함에 따라 감소하는 것이 맞다. 그러나 비표본 오차는 조사 설계의 오류, 데이터 수집 과정에서의 오류, 응답자의 오류 등 다양한 원인에 의해 발생하므로 표본 크기가 증가하면 더 많이 발생할 수 있다.

---

**핵심 08** 확률 표본추출 방법

## 1. 단순 랜덤 추출법(simple random sampling)

• N개의 원소로 구성된 모집단에서 n개의 표본을 추출할 때 각 원소에 1, 2, 3, ..., N까지의 번호를 부여한다.

• n개의 번호를 임의로 선택해 그 번호에 해당하는 원소를 표본 추출(복원/비복원 방법)한다.

예 행운권 추첨

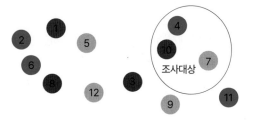

A 용어설명

• 비확률 표본추출(Non-probability Sampling)
– 모든 개체가 표본에 포함될 확률을 알 수 없는 경우에 사용되는 방법이다.
– 표본이 모집단을 얼마나 잘 대표하는지를 알 수 없으며, 표본 오차를 계산할 수 없다.

• 확률 표본추출(Probability Sampling)
– 표본이 모집단을 잘 대표하도록 보장하며, 표본 오차를 계산할 수 있다.
– 단순 랜덤 추출법, 계통 추출법, 집락 추출법, 층화 추출법 등이 있다.

**잠깐만요**

**복원 방법과 비복원 방법**

| 복원 방법 | • 한 번 선택된 개체를 다시 모집단에 돌려놓고, 다음 표본을 추출하는 방법<br>• 같은 개체가 여러 번 선택될 수 있음 |
|---|---|
| 비복원 방법 | • 한 번 선택된 개체는 다시 모집단에 돌려놓지 않고, 다음 표본을 추출하는 방법<br>• 한 번 선택된 개체는 다시 선택될 수 없음 |

## 2. 계통 추출법(systematic sampling)

- 모집단의 모든 원소에 1, 2, 3, …, N의 일련번호를 부여하고 이를 순서대로 나열한 후에 K개 (K=N/n)씩 n개의 구간으로 나눈다.
- 첫 구간(1, 2, 3, …, K)에서 하나의 임의로 선택한 후 K개씩 띄어서 표본을 추출한다.

  예) 100명 중 첫 번째 사람을 임의로 선택하고 3번 째 마다 선택

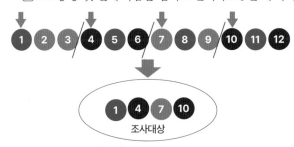

조사대상

## 3. 집락 추출법(cluster random sampling)

- 모집단이 몇 개의 집락(cluster)이 결합된 형태로 구성되어 있고, 각 집단에서 원소에 일련번호를 부여할 수 있는 경우에 이용한다.
- 일부 집락을 랜덤으로 선택하고 선택된 각 집락에서 표본을 임의로 선택한다.
- 집락 내-이질적, 집락 간-동질적

  예) 학년과 상관없이 모든 반을 고려하여 집락을 나눈 후 몇 개의 집락을 랜덤하게 선택

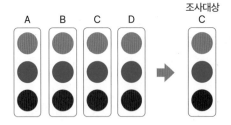

## 4. 층화 추출법(stratified sampling)

- 모집단을 몇 개의 서로 다른 '층'(strata)으로 나누고, 각 층에서 무작위로 표본을 추출하는 방법
- 층 내-동질적, 층 간-이질적

  예) 학생들을 학년별로 나눈 후(층), 각 학년에서 랜덤으로 몇 명의 학생을 선택

● **전문가의 조언**

계통추출법의 K와 같이, K는 보통 분석가가 직접 설정해야 하는 값으로, 하이퍼파라미터라고 합니다. 앞으로 K가 등장하면, 알고리즘의 동작을 조정하기 위해 분석가가 선택하거나 정의해야하는 값이라는 점을 기억해 두시면 좋습니다.

● **전문가의 조언**

집락 추출법은 이질적인 집단으로 나누어 일부 집락만 조사해 효율성을 높이고, 층화 추출법은 동질적인 집단으로 나누어 각 집단에서 표본을 뽑아 모집단의 특성을 반영합니다. 동질과 이질의 차이를 이해하는 것이 중요합니다.

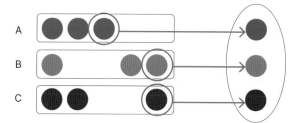

조사대상

A

B

C

★ 17회 20회 28회 31회 40회

1. 모집단을 특정한 기준에 따라 서로 다른 그룹으로 나누고 각각의 그룹으로부터 일정한 표본을 무작위로 추출하는 표본 추출 방법으로 적절한 것은?

① 단순 랜덤 추출법

② 계층추출법

③ 집락 추출법

④ 층화 추출법

**정답** ④ | **해설** 층화 추출법은 모집단을 서로 겹치지 않는 부분집합인 '층'으로 나눈 후 각 층에서 무작위로 표본을 추출하는 방법이다. 이 방법은 모집단 내에서 중요한 차이를 나타내는 변수를 기준으로 층을 형성하며, 각 층에서 독립적으로 표본을 추출한다.

**오답해설**

③ 집락 추출법은 모집단을 비슷한 특성을 가진 여러 그룹(집락)으로 나눈 후, 그 중 일부 그룹을 선택하는 방법이다.

## 핵심 09 자료의 측정 방법

● **전문가의 조언**

자료의 측정 방법인 명목 척도, 순서 척도, 구간 척도, 비율 척도는 데이터 분석의 기초이자 출제 빈도가 높은 중요한 부분입니다. 이를 쉽게 기억하기 위해 '명순구비'로 외우세요.

| 질적 자료 (범주형 또는 이산형) | 명목 척도 | 측정대상이 어느 집단에 속하는지 분류할 때 사용되는 척도<br>예 성별(남, 여), 출생지(서울, 부산, 경기도 등), 혈액형 등 |
|---|---|---|
| | 순서 척도 | • 측정대상 특성이 가지는 서열 관계를 관측하는 척도<br>• 선택사항이 일정한 순서로 되어 있음<br>예 직급, 계급, 순위, 등급, 선호도 등 |
| 양적 자료 (수치형 또는 연속형) | 구간 척도 | • 측정대상이 가진 속성의 양을 측정하는 것<br>• 절대적인 원점이 없음<br>• 관측값 사이가 비율을 의미하지 않음<br>예 섭씨 온도, 지능 지수 |
| | 비율 척도 | • 절대적 기준값 0이 존재하고 사칙연산 가능<br>• 가장 많은 정보를 갖는 척도<br>예 무게, 나이, 연간 소득, 제품 가격, 절대 온도 등 |

잠깐만요

**척도의 구분**

| 기준 | 구분 | 순서 | 구간 (간격 ) | 비율 |
|---|---|---|---|---|
| 명목 척도 | O | X | X | X |
| 순서 척도 | O | O | X | X |
| 구간 척도 | O | O | O | X |
| 비율 척도 | O | O | O | O |

※ 순서 척도는 등간성이 존재하지 않고 단조 증가되거나 단조 감소되는 특성이 있음

---

★ 20회 25회

**1. 다음 중 자료의 종류에 대한 설명으로 가장 적절하지 않은 것은?**

① 명목 척도 – 단순히 분류를 제공하는 척도로 성별 구분이 해당된다.

② 순서 척도 – 측정 대상이 순서나 등급을 가지는 척도로 특정 서비스의 선호도가 해당된다.

③ 비율 척도 – 절대적 기준인 원점이 존재하지 않으며, 모든 사칙연산이 가능하고 가장 많은 정보를 제공하는 척도로 나이, 무게가 해당된다.

④ 구간 척도 – 측정 대상이 갖는 속성의 양을 측정하는 것으로 섭씨 온도가 해당된다.

**정답** ③ | **해설** 비율 척도는 구간 척도의 특성을 가지면서, 절대적인 원점인 0이 있는 척도이다.

---

★ 20회 28회 42회

**2. 아래와 같은 만족도에 대한 5점 척도를 조사하고자 할 때 사용되는 척도는?**

> 〈아래〉
> 1. 매우 불만족  2. 불만족  3. 보통  4. 만족  5. 매우 만족

① 명목 척도

② 구간 척도

③ 비율 척도

④ 순서 척도

**정답** ④ | **해설** 순서 척도는 명목 척도의 특성을 가지면서, 카테고리 간에 순서나 등급이 있는 척도이다.

## 1. 확률의 정의

- 표본 공간(sample space, Ω) : 실험을 시행할 때 나타날 수 있는 모든 결과의 집합

  예 두 개의 주사위를 던졌을 때 표본 공간 Ω= {(1,1), (1,2),···, (6,6)}

- 원소(element) : 나타날 수 있는 개개의 결과
- 사건(event) : 표본 공간의 부분집합
- 확률(probability) : 특정 사건이 일어날 가능성의 척도

`잠 깐 만 요`

**확률 공식**

$$P(E) = \frac{n(E)}{n(\Omega)}$$

- 모든 사건 E가 발생할 확률은 0~1의 값을 가진다.
- 모든 사건에 대한 확률의 합은 1이다.
- 사건 E가 발생하지 않을 확률은 1에서 사건 E가 발생할 확률을 뺀 것이다.($P(E^c) = 1 - P(E)$)

- 수학적 확률과 통계적 확률

| 수학적 확률 | 각 근원사건이 일어날 가능성이 모두 같다고 가정 |
|---|---|
| 통계적 확률 | 일어날 가능성이 모두 같다고 볼 수 없음<br>시행횟수 n이 충분히 커지면 일정한 확률 P에 가까워짐<br>예 내일 비가 올 확률, 야구선수가 안타를 칠 확률 |

`POINT`

## 2. 조건부 확률과 독립사건

- 조건부 확률 : 사건 A가 일어났다는 가정 하의 사건 B의 확률
- 사건 A가 주어졌을 때 조건부 확률, $P(B|A) = P(A \cap B)/P(A)$, $P(A) > 0$
- 두 사건 A, B가 서로 독립이면, $P(B|A) = P(B)$

`잠 깐 만 요`

**독립사건과 배반사건**
- 독립사건 : 어느 한 사건의 발생 여부가 다른 사건이 일어날 확률에 영향을 주지 않는 두 사건, $P(A \cap B) = P(A) \cdot P(B)$
- 배반사건 : 두 사건 A와 B가 동시에 발생하지 않는 경우
  　　　　$P(A \cup B) = P(A) + P(B)$(배반 사건)
  　　　　$P(A \cup B) = P(A) + P(B) - P(A \cap B)$(배반 사건이 아닌 경우)

● **전문가의 조언**

동전을 10번 던졌을 때 앞면이 7번 나오면, 앞면의 확률은 0.7이지만 1000번 던지면 앞면이 나온 비율은 점점 0.5에 가까워집니다.

즉, 더 많은 데이터가 있을수록 더 정확한 확률을 추정할 수 있습니다.

● **전문가의 조언**

조건부 확률과 독립사건은 자주 출제되는 중요한 부분으로, 관련 수식을 반드시 암기해야 합니다.

**1. 다음 중 확률 및 확률분포에 관한 설명으로 가장 적절하지 않은 것은?**

① 표본 공간에서 임의의 사건 A가 일어날 확률 P(A)는 항상 0과 1 사이에 있다.

② 수학적 확률은 가능한 모든 경우의 수를 기반으로 계산되는 확률로, 모든 사건이 동일한 확률로 발생한다는 가정 하에 계산된다.

③ 통계적 확률은 과거의 데이터나 경험을 기반으로 계산되는 확률로 시행횟수 n이 충분히 커지면 일정한 확률 P에 가까워진다.

④ 두 사건 A, B가 독립일 때, 사건 A가 일어났다는 가정 하에서의 B의 조건부 확률은 사건 B의 확률과 다르다.

**정답** ④ | **해설** 두 사건 A, B가 독립일 때, 사건 A가 일어났다는 가정 하에서의 B의 조건부 확률은 사건 B의 확률과 같다. 사건 A가 발생했다는 사실이 사건 B가 발생할 확률에 영향을 주지 않는다.

---

**핵심 11** **확률 변수와 확률 분포**

## 1. 확률 변수(random variable)

- 특정 값이 나타날 가능성이 확률적으로 주어지는 변수를 의미한다.
- 정의역이 표본 공간, 치역이 실수값($0 < y < 1$)인 변수이다.

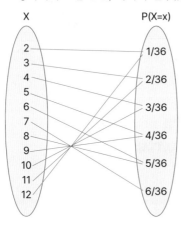

- x : 주사위 두 개를 던졌을 때 나올 수 있는 눈의 합(확률 변수)
- P(X=x) : 각 눈의 합에 대한 확률

● **전문가의 조언**

X=2: (1, 1) 1가지 경우이므로 확률 1/36

X=7: (1, 6), (2, 5), (3, 4), (4, 3), (5, 2), (6, 1) 6가지 경우이므로 확률 6/36이 됩니다.

- **확률 변수의 종류**

| | |
|---|---|
| 이산형 확률 변수(discrete r.v.) | • 0이 아닌 확률값을 갖는 셀 수 있는 실수 값<br>• 확률의 크기를 확률 질량함수로 표현<br>[예] 베르누이, 이항분포, 포아송 분포, 기하분포, 초기하분포, 다항분포 등 |
| 연속형 확률 변수(continuous r.v.) | • 특정 실수 구간에서 0이 아닌 확률을 갖는 확률 변수<br>• 사건의 확률을 확률 밀도함수의 면적으로 표현<br>[예] 균일분포, 정규분포, 지수분포, t-분포, $\chi^2$-분포, F-분포 등 |

# 2. 확률 분포

## (1) 이산형 확률 분포

| 베르누이 분포 | 1회 시행할 때 오직 두 가지의 가능한 결과만 일어나며, 그 값이 각각 0과 1로 결정되는 확률변수 x가 따르는 확률 분포<br>예 동전 던지기, 합격/불합격 |
|---|---|
| 이항분포 | • 연속된 n번의 독립적 시행에서 각 시행이 확률 p를 가질 때의 확률 분포<br>• n=1일 때 이항분포는 베르누이 분포 |
| 포아송 분포 | • 특정한 사건이 발생할 가능성이 매우 드문 경우 단위시간 안에 어떤 사건이 몇 번 일어나는지 표시하는 확률 분포<br>• 단위시간, 단위지역, 단위구간, 단위면적 등에 발생하는 매우 낮은 확률<br>예 새벽 1~3시의 범죄 건수는 시간당 평균 0.2건일 때 오늘 새벽 1~2시 사이에 범죄 발생이 전혀 없을 확률 |
| 기하분포 | 성공 확률이 p인 베르누이 시행을 반복했을 때, 처음 성공할 때까지의 실패 횟수를 기하분포를 따르는 확률 변수로 표현 |
| 초기하분포 | 유한 개체 집합에서 뽑는 비복원 추출에서 성공의 개수를 나타내는 이산 확률 분포 |

## (2) 연속형 확률 분포

① 균일분포

- 모든 사건이 동일한 확률로 발생하는 확률 분포이다.
- 확률변수 x의 기댓값은 (a + b)/2이다.

  예 주사위를 한 번 던지는 경우

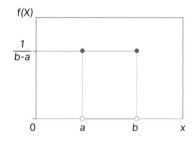

② 정규분포

- 가우스 분포라고 하며, 평균을 중심으로 좌우대칭의 종 모양을 가지는 분포이다.
- 분포의 모양은 평균과 분산으로 결정된다. → $N(\mu, \sigma^2)$
- 표준 정규분포 : 평균은 0이고 표준편차는 1을 기준으로 만든 정규분포, $Z \sim N(0,1)$로 표현

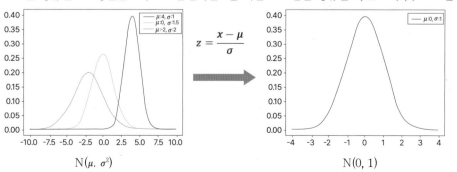

$$z = \frac{x - \mu}{\sigma}$$

$N(\mu, \sigma^2)$  　　　　　$N(0, 1)$

● 전문가의 조언

이산형 확률분포와 연속형 확률분포를 구분하는 문제가 자주 출제되며, 이산형 확률분포에서는 특히 포아송 분포에 대한 문제가 출제된 바가 있습니다. 반면, 연속형 확률분포는 보다 깊이 있는 이해가 요구되는 문제가 출제되었습니다.

● 전문가의 조언

주사위의 모든 값(1, 2, 3, 4, 5, 6)은 동일한 확률로 나타나므로, 기댓값은 (1+6)/2=3.5가 됩니다.

● 전문가의 조언

표준 정규분포는 데이터를 표준화해 비교와 해석을 단순화하고, 통계적 검정과 확률 계산을 쉽게 수행하기 위해 사용됩니다. Z를 구하는 표준화 공식을 응용하는 문제가 출제된바 있으므로 공식을 암기해야 합니다.

**정규분포의 특징**
- 대칭성: 평균을 중심으로 대칭(평균 = 중앙값 = 최빈값)
- 왜도=0, 첨도=3
- 평균은 분포의 중심을 나타내고, 표준편차는 분포의 폭을 나타낸다.
- 정규분포 곡선 아래의 전체 영역의 넓이(확률의 총합)는 1이다.

③ t-분포
- 표준 정규분포와 같이 평균이 0을 중심으로 좌우가 같은 분포이다.
- 정규분포와 유사하지만, 꼬리 부분이 더 두껍고 중앙 부분이 정규분포에 비해 더 낮다.
- 표본이 커져서(30개 이상) 자유도가 증가하면 표준 정규분포와 거의 같은 분포가 된다.
- 두 집단의 평균이 같은지 알고자 할 때 검정 통계량으로 사용된다.
  예 남녀성별에 따라 영어 성적의 평균은 차이가 있는가?

- t 통계량

$$t = \frac{\bar{x} - \mu_0}{s/\sqrt{n}}$$

- $\bar{x}$ : 표본 평균
- $\mu_0$ : 모집단 평균
- $s$ : 표본 표준편차
- $n$ : 표본 크기
- $s/\sqrt{n}$ : 표준 오차

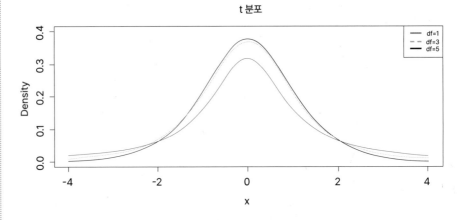

④ $\chi^2$-분포(카이제곱 분포)
- z-분포의 제곱에 대한 분포로 항상 0보다 큰 값을 가진다.
- 자유도가 증가함에 따라 분포의 모양은 점점 더 대칭적이고 정규분포에 가까워진다.
- 모분산 추정, 적합도 검정, 독립성 검정 등에 활용한다.

| | |
|---|---|
| 적합도 검정<br>(Goodness of fit test) | 관측된 데이터가 특정 분포를 따르는지 여부를 검정<br>예 주사위 던지기 결과가 모두 동일한 확률로 나타나는 균등 분포를 따르는지 확인 |
| 독립성 검정<br>(Test of independence) | 두 변수 간의 독립성을 검정<br>예 성별(남성, 여성)과 흡연 여부(흡연자, 비흡연자)가 서로 독립적인지 여부를 검정 |

• $\chi^2$ 통계량

$$\chi^2 = \frac{(n-1)s^2}{\sigma_0^2} \ , \quad \chi^2 = \Sigma \frac{(O_i - E_i)^2}{E_i}$$

(모분산 검정에 사용)　(적합도 검정 또는 독립성 검정에서 사용)

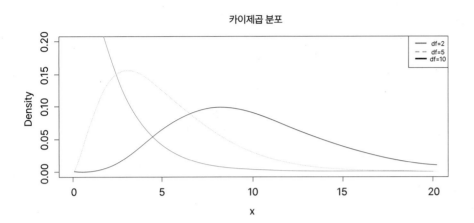

카이제곱 분포

⑤ F-분포

• 두 개의 서로 독립적인 카이제곱 분포의 확률변수 비율로 정의된다.

• F-분포는 자유도에 따라 달라지며, 일반적으로 비대칭적인 형태를 가지고 오른쪽으로 긴 꼬리이다.

• 분산분석과 회귀분석에 활용된다.

| 분산분석(ANOVA) | 집단 내 분산과 집단 간 분산을 비교하여, 집단 간에 유의미한 차이가 있는지를 판단 |
|---|---|
| 회귀분석 | 회귀모델이 통계적으로 유의미한지 판단 |

• F 통계량

$$F = \frac{s_1^2}{s_2^2}$$

• $S_1^2$: 집단 간 분산(또는 모델 설명에 의한 분산)
• $S_2^2$: 집단 내 분산(또는 오차 분산)
• F: 통계량은 두 분산의비율로 계산되며, 값이 클수록 집단 간 차이가 크다는 것을 의미

**F 분포**

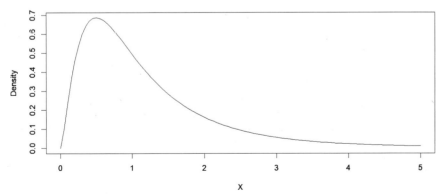

F 분포

1. 이산형 확률 분포 중 하나로 매 시행마다 오직 두 가지의 가능한 결과만 일어나며, 이것을 1회만 시행할 때 일어나는 확률 변수의 분포를 나타내는 것은?

① 다항 분포

② 포아송 분포

③ 지수 분포

④ 베르누이 분포

**정답** ④ | **해설** 베르누이 분포는 한 번의 실험에서 '성공' 또는 '실패'의 결과만 일어날 때의 확률 분포이다. 베르누이 시행을 여러 번 반복하는 경우에는 이항 분포를 사용한다.

## 핵심 **12**    확률 변수의 기댓값과 분산

**POINT**
### 1. 확률 변수의 기댓값과 분산

• 확률 변수의 기댓값이란 각 확률 변수가 특정 값을 가질 확률들을 가중치로 확률 변수의 결과 값을 평균 낸 값이다.

| 이산형 확률 변수의 기댓값 | $E(X) = \sum x f(x)$ |
|---|---|
| 연속형 확률 변수의 기댓값 | $E(X) = \int x f(x) dx$ |

• 확률 변수의 분산 : $Var(X) = E(X - \mu)^2$
• 확률 변수의 표준편차 : $\sqrt{Var(X)}$

**잠 깐 만 요**

상수 a, b에 대하여 기댓값은 $E(a + bX) = a + bE(X)$, 분산은 $Var(a + bX) = b^2 Var(X)$이다.

**예제1**

E(X)=10, Var(X)=4인 확률 변수에서 상수 a=5, b=2일 때,

기댓값 : E(5+2X)=5+2E(X)=5+20=25

분산 : Var(5+2X)=4Var(X)=16

---

**전문가의 조언**

기댓값을 구하는 공식은 자주 출제되므로 이산형과 연속형 확률 변수의 기댓값을 잘 구분해서 기억해야 합니다. 특히 이산형 확률 변수의 기댓값은 계산하는 문제도 출제된 바가 있습니다.

확률 변수 x의 기댓값 E(X)는?

| x | 1 | 2 | 3 | 4 |
|---|---|---|---|---|
| f(x) | 0.2 | 0.3 | 0.2 | 0.075 |

$$E(X) = \sum xf(x) = 1 \times 0.2 + 2 \times 0.3 + 3 \times 0.2 + 4 \times 0.075 = 1.7$$

## 2. 표본 분포(Sampling Distribution)

- 특정 표본 크기를 가진 표본들로부터 얻어진 통계량(표본평균, 표본분산)의 확률 분포를 의미한다.
- 표본평균이란 특정 모집단으로부터 동일한 크기의 표본을 반복해서 추출할 때, 그 표본들의 평균이 이루는 분포이다.
- 표본평균의 분포 : 중심극한정리에 따라 표본 크기가 충분히 크면(일반적으로 30 이상) 표본평균의 분포는 정규분포에 가까워진다.
- 표본평균의 분포는 평균은 μ, 분산은 $\frac{\sigma^2}{n}$인 정규분포를 따른다.
- 표준 오차(Standard Error) : 표본평균의 표준편차로, 같은 모집단으로부터 동일한 크기의 표본을 여러 번 추출했을 때, 그 표본들의 평균들이 얼마나 흩어져 있는지를 나타내는 측정치이다.

$$\sigma_{\overline{X}} = \frac{\sigma}{\sqrt{n}}$$

● 전문가의 조언

표준 오차는 여러 번 표본을 뽑았을 때 평균값이 얼마나 안정적일지를 판단하는 기준입니다. 표본 크기가 커질수록 더 작은 값이 되며, 평균값이 모집단 평균에 더 가까워집니다.

Ⓐ 용어설명

중심극한정리(Central Limit Theorem): 표본의 크기가 충분히 크다면(일반적으로 30 이상), 모집단 분포와 상관없이 독립적이고 동일하게 분포된 변수들의 평균은 정규분포에 근사한다.

---

★ 15회 19회 33회 39회

**1. 다음 중 확률 변수 x가 확률질량함수 f(x)를 갖는 이산형 확률변수의 기댓값은?**

① $E(X) = \sum xf(x)$

② $E(X) = \int xf(x)dx$

③ $E(X) = \sum x^2 f(x)$

④ $E(X) = \int x^2 f(x)dx$

**정답** ① | **해설** 이산형 확률 변수의 기댓값(Expected Value)은 확률 변수가 가질 수 있는 각 값과 그 값을 가질 확률의 곱을 모두 더한 것이다.

**병행학습**
- 이산형 확률 변수의 기댓값 : $E(X) = \sum xf(x)$
- 연속형 확률 변수의 기댓값 : $E(X) = \int xf(x)dx$

---

★ 27회

**2. 다음 중 중심극한정리에 대한 설명으로 가장 적절하지 않은 것은?**

① 크기가 충분히 큰 표본에 대한 표본평균의 분포는 근사적으로 정규분포를 따른다.

● 전문가의 조언

중심극한정리는 통계학에서 중요한 개념이므로 반드시 정리하고 넘어가세요.

② 모집단의 분포가 정규분포에 가까워져야 표본평균의 분포가 정규분포로 근사하게 된다.

③ 여러 통계적 방법론을 적용하려면 정규 데이터가 필요하지만, 중심극한정리를 사용하면 비정규적인 모집단에도 표본평균을 사용하는 통계적 절차를 적용할 수 있다.

④ 30은 절대적인 크기는 아니며 모집단 분포가 정규분포에 근접하거나 대칭적인 경우, 표본 크기가 30 미만이어도 표본평균의 분포는 정규분포에 상당히 근접할 수 있다.

**정답** ② | **해설** 중심극한정리는 원래 변수들의 분포가 어떠한 모양이든 관계없이 성립한다. 즉, 모집단의 분포가 정규분포가 아니어도 정규분포로 근사하게 된다.

**오답해설**

③ 여러 통계적 방법론은 데이터가 정규분포를 따른다는 가정하에 개발되었는데 중심극한정리를 이용하면, 정규적인 모집단에서도 표본평균을 사용하는 통계적 절차를 적용할 수 있다.

④ 모집단 분포가 정규분포에 근접하거나 대칭적인 경우, 표본 크기가 30 미만이어도 표본평균의 분포는 정규분포에 상당히 근접할 수 있다. 모집단 분포가 심하게 치우쳤거나 꼬리가 두꺼운 경우에는 표본 크기가 30 이상이어도 표본평균의 분포가 정규분포에 완전히 근사하지 않을 수 있으므로 30은 절대적인 크기는 아니다.

---

### 핵심 **13**    기술 통계와 추론 통계

## 1. 기술 통계와 추론 통계

- 통계학은 크게 기술 통계(Descriptive Statistics)와 추론 통계(Inferential Statistics)의 두 가지 주요 분야로 나눌 수 있다.
- 기술 통계(Descriptive Statistics) : 수집한 데이터를 정리하고 요약하여 데이터의 특성을 설명하는 통계
  - 예 평균, 중앙값, 표준편차, 분산 등의 통계적 수치 계산, 그래프나 표를 이용하여 데이터의 분포, 경향, 분산 등을 시각적으로 표현
- 추론 통계(Inferential Statistics): 표본을 기반으로 전체 모집단에 대한 추론을 수행하는 통계
  - 예 추정, 가설검정, 회귀분석, 상관분석 등

## 2. 기술 통계

- 자료의 특성을 표, 그림, 통계량 등을 사용하여 쉽게 파악할 수 있도록 정리/요약하는 것이다.
- 데이터에 대한 깊은 이해와 분석의 통찰력을 높이기 위해, 데이터 분석에 앞서 기술 통계를 이용하여 대략적인 통계적 수치를 산출하는 것이 유리하다.
- 데이터 마이닝에 앞서 데이터의 기술 통계를 확인해보는 것이 좋다.

## 3. R을 이용한 기술 통계

- head : 데이터의 처음 6행을 표시

- tail : 데이터의 마지막 6행을 표시
- summary : 데이터의 열에 대한 6개 기초 통계량 제공

  최소값(min), 최대값(max), 25%백분위수(Q1), 중앙값(median), 75%백분위수(Q3), 평균
  (mean)

> head(iris)  # iris 데이터셋의 처음 6행을 표시

```
> head(iris)  # iris 데이터셋의 처음 6행을 표시
  Sepal.Length Sepal.Width Petal.Length Petal.Width Species
1          5.1         3.5          1.4         0.2  setosa
2          4.9         3.0          1.4         0.2  setosa
3          4.7         3.2          1.3         0.2  setosa
4          4.6         3.1          1.5         0.2  setosa
5          5.0         3.6          1.4         0.2  setosa
6          5.4         3.9          1.7         0.4  setosa
> tail(iris)  # iris 데이터셋의 마지막 6행을 표시
    Sepal.Length Sepal.Width Petal.Length Petal.Width   Species
145          6.7         3.3          5.7         2.5 virginica
146          6.7         3.0          5.2         2.3 virginica
147          6.3         2.5          5.0         1.9 virginica
148          6.5         3.0          5.2         2.0 virginica
149          6.2         3.4          5.4         2.3 virginica
150          5.9         3.0          5.1         1.8 virginica

> summary(iris)
  Sepal.Length    Sepal.Width    Petal.Length    Petal.Width          Species
 Min.   :4.300   Min.   :2.000   Min.   :1.000   Min.   :0.100   setosa    :50
 1st Qu.:5.100   1st Qu.:2.800   1st Qu.:1.600   1st Qu.:0.300   versicolor:50
 Median :5.800   Median :3.000   Median :4.350   Median :1.300   virginica :50
 Mean   :5.843   Mean   :3.057   Mean   :3.758   Mean   :1.199
 3rd Qu.:6.400   3rd Qu.:3.300   3rd Qu.:5.100   3rd Qu.:1.800
 Max.   :7.900   Max.   :4.400   Max.   :6.900   Max.   :2.500
```

**잠 깐 만 요**

### R의 기초 통계량 함수

| 평균 | mean | 백분위수 | quantile |
|---|---|---|---|
| 중앙값 | median | 최대값 | max |
| 표준편차 | sd | 최소값 | min |
| 분산 | var | | |

★ 17회 19회 30회 37회 41회

**1. 다음은 닭의 먹이 종류와 무게를 기록한 데이터이다. summary 함수 결과에 대한 설명으로 가장 적절하지 않은 것은?**

```
> summary(chickwts)
     weight            feed
 Min.   :108.0   casein   :12
 1st Qu.:204.5   horsebean:10
 Median :258.0   linseed  :12
 Mean   :261.3   Meatmeal :11
 3rd Qu.:323.5   soybean  :14
 Max.   :423.0   unflower :12
```

① weight의 중간값은 258.0이다.

② 닭의 weight 중 25%는 204.5보다 작다.

③ feed는 수치형 변수이다.

④ feed 중 soybean의 개수가 가장 많다.

**정답** ③ | **해설** feed는 범주형 변수로 각 레벨(casein, horseben, linseed, meatmeal, soybean, sunflower)에 해당하는 값을 가진 관측치의 수를 나타낸다.

## 핵심 14 · 통계량을 이용한 자료 정리

### 1. 중심 위치 측도

- 데이터의 대표값이나 중심에 위치한 값으로, 데이터의 중심 경향을 나타내는 측도이다.
- 대표적인 중심 위치 측도로는 평균, 중앙값, 최빈값이 있다.

| 평균(Mean) | • 데이터의 총합을 데이터의 개수로 나누어 구함<br>• 이상값이 있는 경우 크게 영향을 받음 | 표본평균 $\bar{x} = \dfrac{1}{n}\sum\limits_{i=1}^{n} x_i$ |
|---|---|---|
| 중앙값(Median) | • 데이터를 크기순으로 나열할 때 중앙에 위치하는 값<br>• 이상값의 영향을 거의 받지 않음 | • n이 홀수 : $\dfrac{n+1}{2}$ 번째 값<br>• n이 짝수 : $\dfrac{n}{2}$ 번째 값과 $\dfrac{n+1}{2}$ 번째 값의 평균 |
| 최빈값(Mode) | • 데이터에서 가장 자주 나타나는 값 | |

**잠 깐 만 요**

몸무게 데이터를 예로 들어 평균과 중앙값을 생각해보겠습니다. 다음은 5명의 몸무게 데이터입니다.
몸무게(kg): 60, 62, 65, 68, 70 → 평균 : 65, 중앙값 : 65
한 사람의 몸무게가 잘못 기록되어 다음과 같이 수정되었습니다.
수정된 몸무게(kg): 60, 62, 65, 68, 170 → 평균 : 85, 중앙값 : 65
이상 값 때문에 평균 몸무게가 크게 증가되었습니다.
→ 평균은 이상값에 매우 민감한 반면 중앙값은 이상값의 영향을 받지 않는 것을 볼 수 있습니다.

### 2. 산포 측도

- 데이터가 얼마나 퍼져 있는지를 나타내는 지표이다.
- 대표적인 산포 측도로는 분산, 표준편차, 범위, 사분위수 범위(IQR), 변동계수가 있다.

● **전문가의 조언**

모분산을 계산할 때는 N으로 나누지만 표본분산을 계산할 때 자유도인 (n-1)로 나누어줍니다. n-1로 나누는 것은 표본분산이 모분산을 추정하는 데 있어서 불편추정량이 되도록 만들기 위함입니다. 즉, 표본분산이 모분산의 참값을 정확하게 반영하도록 보정하는 역할을 합니다.

| 분산<br>(Variance) | • 각 데이터가 평균에서 얼마나 떨어져 있는지를 나타내는 값의 평균<br>• 분산이 클수록 데이터가 퍼져 있음을 나타냄 | 표본분산 $S^2 = \dfrac{1}{n-1}\sum\limits_{i=1}^{n}(X_i - \bar{X})^2$ |
|---|---|---|
| 표준편차<br>(Standard Deviation) | • 분산의 양의 제곱근 | 표본 표준편차 $s = \sqrt{s^2}$ |
| 범위<br>(Range) | • 데이터의 최대값과 최소값의 차이 | Max − Min |

| 사분위수 범위<br>(IQR; Interquartile Range) | • Q3와 Q1 사이의 범위 | Q3−Q1 |
|---|---|---|
| 변동계수<br>(CV; Coefficient of Variation) | • 표준편차를 평균으로 나눈 것으로 측정 단위가<br>다른 자료를 비교할 때 사용 | $V = \dfrac{s}{x}$ |

잠 깐 만 요

변동계수를 알아볼까요?
• A집단 : 평균 200만원, 표준편차 : 50만원
• B집단 : 평균 400만원, 표준편차 : 40만원
• A집단의 변동계수 : 50/200 = 0.25
• B집단의 변동계수 : 40/400 = 0.1
A집단의 변동계수가 약간 더 높기 때문에, A집단이 B집단에 비해 상대적으로 조금 더 넓게 분포되어 있다고 해석할 수 있다.

# 3. 분포 형태에 대한 측도

• 분포의 형태를 파악하기 위해 사용되는 주요한 측도로는 왜도, 첨도가 있다.

• 왜도(Skewness) : 분포의 비대칭 정도를 나타내는 측도

• 첨도(Kurtosis) : 분포의 중심에서 뾰족한 정도를 나타내는 측도

| 왜도 = 0 | 대칭적인 형태(평균＝중앙값＝최빈값) |
|---|---|
| 왜도 〈 0 | 왼쪽으로 긴 꼬리(평균〈중앙값〈최빈값) |
| 왜도 〉 0 | 오른쪽으로 긴 꼬리(평균〉중앙값〉최빈값) |

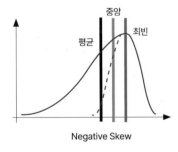

Negative Skew

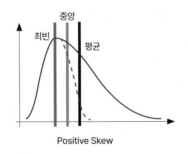

Positive Skew

첨도가 높을수록 데이터는 중심에 몰려 있으며, 첨도가 낮을수록 데이터는 꼬리 부분에 퍼져 있다.

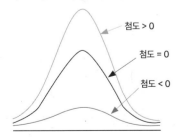

**1. 자료의 위치와 산포에 대한 설명으로 가장 적절하지 않은 것은?**

① 평균은 전체 측정값의 합을 측정값의 개수로 나눈 것으로, 자료의 중심을 대표하는 값이다.

② 중앙값은 자료를 크기 순으로 나열했을 때 가장 가운데에 위치하는 값으로 이상값의 영향을 많이 받는 경향이 있다.

③ 표본분산은 각 측정값과 평균 간의 차이를 제곱한 값들의 평균으로 자료가 평균 주변에 얼마나 퍼져 있는지를 나타내는 척도이다.

④ 평균절대편차는 개별 측정값과 평균 간의 절대적인 차이를 사용하므로, 이상값에 대한 영향을 상대적으로 덜 받는 편이다.

**정답** ② | **해설** 중앙값 이상값의 영향을 상대적으로 덜 받는 통계량이다. 중앙값은 데이터의 순서만을 고려하기 때문이다. 따라서 이상값 있을 때 데이터의 중심 경향을 나타내는 데에는 중앙값이 더 적합할 수 있다.

**병행학습**

평균절대편차(MAD; Mean Absolute Deviation)는 데이터 집합의 각 값과 전체 데이터의 평균 값과의 차이(절대값)들의 평균으로 공식은 아래와 같다.

$$\frac{\sum_{i=1}^{n}|x_i - \bar{x}|}{n}$$

---

**핵심 15** **그래프를 이용한 자료 정리**

## 1. 히스토그램(Histogram)

● **전문가의 조언**

시각화를 학습할 때 데이터의 유형(연속형 또는 범주형)과 표현하려는 내용(분포, 비교, 관계, 비율 등)을 중점적으로 파악하는 것이 좋습니다.

- 도수분포표를 그림으로 나타낸 것으로 데이터의 분포를 표시한다.
- 연속형으로 표시된 데이터에 사용한다.
  예 몸무게, 성적, 연봉 등
- 가로 축은 구간, 세로 축은 빈도를 표시한다.
- 임의로 순서를 바꿀 수 없고 막대의 간격이 없다.

---

```
hist(iris$Petal.Length)
```

---

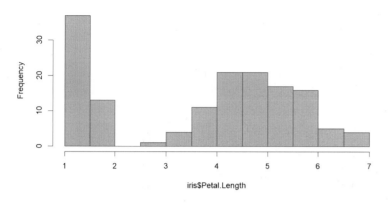

**Histogram of iris$Petal.Length**

● **전문가의 조언**

이 히스토그램은 Petal.Length가 작은 값(1~2)에서 빈도가 높으며, 두 그룹으로 나뉘는 분포를 보여줍니다. 이는 iris 데이터셋의 품종 차이에 따른 결과로 보입니다.

## 2. 막대 그래프(Bar Chart)

- 범주형으로 구분된 데이터에 사용한다.

  예 직업, 종교, 음식 등

- 범주의 순서를 의도에 따라 바꿀 수 있다.

```
data <- c(23, 45, 10, 30)
names(data) <- c("피자", "냉면", "비빔밥", "스파게티")
barplot(data)
```

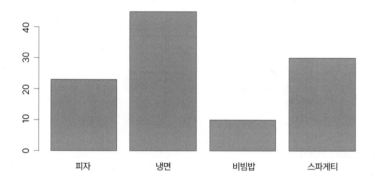

## 3. 줄기-잎 그림(Stem-and-Leaf Plot)

- 데이터를 줄기와 잎의 모양으로 그린 그림이다.

- 데이터의 분포를 알 수 있다.

- 원래 데이터의 값을 그대로 표시하므로 계산량이 적은 편이다.

```
stem(iris$Petal.Length)
```

```
The decimal point is at the |

1 | 012233333334444444444444
1 | 555555555555556666666777799
2 |
2 |
3 | 033
3 | 55678999
4 | 000001112222334444
4 | 5555555566677777888899999
5 | 0000111111111223344
5 | 55566666677788899
6 | 0011134
6 | 6779
```

## 4. 산점도(Scatter Plot)

• 두 변수 간의 관계를 시각적으로 표현한다.
• 상관관계, 이상값, 데이터의 선형성 등을 파악하는 데 사용한다.

```
plot(women$height,women$weight)
```

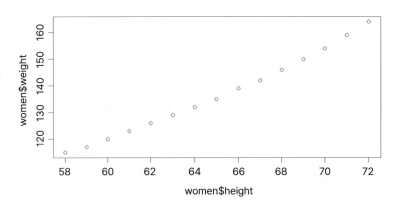

## 5. 모자이크 그림(Mosaic Plot)

• 범주형 데이터의 분포와 관계를 직관적으로 표현한다.
• 범주형 변수 간의 독립성 여부를 판단한다.

```
library(ISLR)
# Default 데이터셋에서 default와 student 열만 선택
data <- Default[,c("default", "student")]
# 테이블 생성
data_table <- table(data)

# 모자이크 플롯 그리기
mosaicplot(data_table, main="Mosaic Plot", xlab="Student", ylab="Default")
```

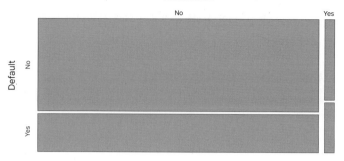

**Mosaic Plot**

**모자이크 플롯의 해석 방법**
• 사각형의 너비 : Student 상태의 비율을 나타냄
→ Student Yes 고객이 Student No 고객보다 적음
• 사각형의 높이 : Default 상태의 비율을 나타냄
→ Default Yes 고객이 Default No 고객보다 적음
• 사각형의 면적 : 해당 범주의 빈도수를 나타냄
→ Default No 고객 중 Student Yes의 수가 Default Yes 고객 중 Student Yes의 수보다 많음

★ 17회 29회

**1. 다음 중 히스토그램에 대한 설명으로 가장 적절하지 않은 것은?**

① 히스토그램은 데이터의 중심 위치, 퍼짐 정도, 대칭성, 이상치 등 데이터의 분포를 파악할 수 있다.

② 히스토그램은 표본의 크기가 작아도 데이터의 분포를 파악하기 쉽다.

③ 히스토그램을 통해 데이터의 왜도값을 예상할 수 있다.

④ 히스토그램은 수치형 데이터에 대한 빈도나 비율을 나타낸다.

**정답 ②** | **해설** 표본의 크기가 작은 경우 히스토그램은 실제 데이터 분포를 정확하게 반영하기 어렵다. 표본의 크기가 작다는 것은 데이터의 양이 적다는 것으로 우연에 의한 변동이나 오차의 영향이 커져서 실제 데이터 분포를 왜곡시킬 가능성이 커진다.

## 핵심 16 추정

• 추론 통계(Inferential Statistics)는 표본을 기반으로 전체 모집단에 대한 추론을 수행하는 통계를 의미하며, 추론 목적에 따라 추정과 가설검정으로 분류할 수 있다.
• 추정(Estimation)은 모집단으로부터 표본을 추출하여 뽑은 표본을 가지고 모집단의 특성이나 모수를 추론하는 것이다.

## (1) 추정량의 선정 기준

추정량(estimator): 모집단의 모수(평균, 분산, 비율 등)를 추정하기 위해 사용되는 통계량으로 표본평균, 표본분산, 표본비율 등이 있다.

| 불편성(unbiasedness) | 추정량의 기댓값이 모집단의 모수와 차이가 없음 |
|---|---|
| 효율성(efficiency) | 추정량의 분산이 작을수록 좋음 |
| 일치성(consistency) | 표본의 크기가 모집단의 규모에 근접할수록 추정량이 모수와 거의 같아짐 |
| 충분성(sufficiency) | 표본이 모집단의 대표성을 가져야 함 |

● 전문가의 조언

평균, 분산, 표준편차, 비율 등의 모수와 이를 추정하기 위한 추정량의 기호를 명확히 구분해두면 통계 공식을 이해하고 문제를 풀 때 도움이 됩니다. 따라서, 이를 확실히 외워두는 것이 좋습니다.

### 잠 깐 만 요

**모수와 추정량 기호**

| 모수 | | 추정량 | |
|---|---|---|---|
| 평균 | $\mu$ | 표본평균 | $\bar{x}$ |
| 분산 | $\sigma^2$ | 표본분산 | $s^2$ |
| 표준편차 | $\sigma$ | 표본 표준편차 | $s$ |
| 비율 | $p$ | 표본비율 | $\hat{p}$ |

## (2) 점 추정(point estimation)

• 모수를 하나의 값으로 추정하는 것이다.

  예 20대 남성의 평균 키는 175cm이다.

• 모집단의 실제 모수와 차이가 있을 수도 있다.

## (3) 구간 추정(interval estimation)

• 모수가 존재할 가능성이 큰 구간을 추정하는 방법이다.

• 일정한 크기의 신뢰수준으로 모수가 특정한 구간에 있을 것이라고 선언하는 것이다.

  예 20대 남성의 평균 키는 170cm ~ 180cm 사이이다.

• 신뢰수준(Confidence Level): 신뢰구간을 계산할 때 사용하는 확률값으로, 일반적으로 90%, 95%, 99% 확률 이용한다. → $(1-\alpha) \times 100\%$

  예 95% 신뢰수준이란 100번 표본을 추출하여 신뢰구간을 구하는 경우 100개의 구간 중에 95개 구간이 모수를 포함한다는 뜻이다.

• 신뢰구간(CI; Confidence Interval): 모수가 특정 확률로 포함될 것으로 예상되는 값의 범위를 제공한다.

  예 모평균의 95% 신뢰구간은 모평균이 이 구간 안에 있을 것이라고 95% 확신할 수 있는 값의 범위를 의미한다.

● 전문가의 조언

신뢰수준이 95%라는 것은 모든 신뢰구간이 반드시 모수를 포함한다는 의미는 아니며, 약 5%의 경우 신뢰구간이 모수를 포함하지 않을 수 있다는 점을 뜻합니다. 이 개념은 신뢰구간의 한계를 이해하는 데 매우 중요하며, 시험에서도 여러 번 출제된 바 있으니 꼼꼼히 학습하시기 바랍니다.

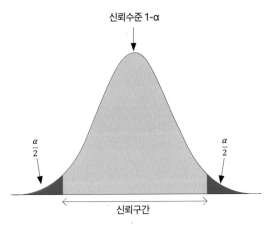

신뢰수준 1-α

$\frac{\alpha}{2}$    $\frac{\alpha}{2}$

신뢰구간

- 평균의 신뢰구간

| 구분 | 신뢰구간 |
|------|---------|
| 모분산을 알거나 큰 표본(n ≥ 30)인 경우<br>→ 표준정규분포 이용 | $\overline{X} - z_{\alpha/2} \cdot \dfrac{\sigma}{\sqrt{n}} \leq \mu \leq \overline{X} + z_{\alpha/2} \cdot \dfrac{\sigma}{\sqrt{n}}$ |
| 모분산을 모르고 작은 표본(n < 30)인 경우<br>→ t-분포 이용 | $\overline{X} - t_{\alpha/2} \cdot \dfrac{s}{\sqrt{n}} \leq \mu \leq \overline{X} + t_{\alpha/2} \cdot \dfrac{s}{\sqrt{n}}$ |

**잠 깐 만 요**

- 90%의 $z_{\alpha/2}$ = 1.645
- 95%의 $z_{\alpha/2}$ = 1.96
- 99%의 $z_{\alpha/2}$ = 2.576

---

★ 17회 22회 25회

**1. 다음 중 추정에 대한 설명으로 가장 적절하지 않은 것은?**

① 신뢰수준 95%의 의미는 추정값이 신뢰구간 내에 존재할 확률이 95%라는 것이다.

② 점 추정이란 모집단의 모수가 특정한 값을 가질 것이라 예측하는 방법이다.

③ 모집단을 알 수 없는 경우 표본 조사를 통해 모수를 추정한다.

④ 표본의 크기가 충분히 클 때, 표본평균의 분포가 정규분포에 가까워진다.

**정답** ① | **해설** 구간 추정은 모집단의 모수를 포함할 것으로 예상되는 값의 범위를 제공한다. 예를 들어, 모집단의 평균에 대한 95% 신뢰구간은 해당 구간 안에 모평균이 존재할 확률이 95%임을 의미한다.

● **전문가의 조언** ▬▬▬▬▬

**신뢰수준이 높을수록 추정이 더 정확할까요?**

신뢰수준이 높다는 것은 추정의 정확도가 높다는 의미가 아니라, 우리가 선택한 신뢰구간이 모수를 포함할 확률이 높다는 것을 의미합니다. 신뢰수준을 높이면 신뢰구간이 넓어져 모수를 포함할 가능성은 높아지지만, 이는 동시에 구간의 정밀도가 낮아지는 것을 의미합니다. 따라서 신뢰수준이 높다고 해서 추정이 더 정확하다고 볼 수는 없습니다.

가설검정이란 모집단에 대한 예상, 주장 또는 추측 등의 옳고 그름을 표본을 뽑아 통계적으로 판정하는 과정이다.

## (1) 가설검정 절차

모집단에 대한 가설 설정 → 유의수준 결정 → 기각역 설정 → 통계량 계산 → 가설의 채택 여부 결정

POINT
## (2) 가설의 종류

| 귀무가설($H_0$) | 지금까지 참이라고 생각되는 가설 |
|---|---|
| 대립가설($H_1$) | 귀무가설과 대립되는 가설. 표본을 통하여 입증하고자 하는 가설 |

## (3) 검정통계량

귀무가설의 기각 여부를 결정하는데 사용되는 통계량(표본평균과 표본분산 등)이다.

## (4) 가설검정의 종류

| 양측검정<br>(Two-tailed test) | 연구 가설이 특정 값과 같지 않은지를 검정<br>예 귀무가설($H_0$): 우리나라 40대 여성의 평균 몸무게는 58kg이다. ($\mu = 58$)<br>대립가설($H_1$): 우리나라 40대 여성의 평균 몸무게는 58kg이 아니다. ($\mu \neq 58$) | |
|---|---|---|
| 단측검정<br>(One-tailed test) | 연구 가설이 특정 값보다 크거나 작은지의 한 가지 방향만을 검정<br>예 대립가설($H_1$): 우리나라 40대 여성의 평균 몸무게는 59kg보다 가볍다. ($\mu < 59$) 또는<br>대립가설($H_1$): 우리나라 40대 여성의 평균 몸무게는 59kg보다 무겁다. ($\mu > 59$) | |

● **전문가의 조언** ▬▬▬▬▬
이해가 쉽게 법정 판결을 예로 들어 보겠습니다. 판사가 법정에서 내리는 판결을 가설검정의 관점으로 볼 때, 귀무가설은 "피고는 무죄이다"로 설정됩니다. 이 경우, 제1종 오류는 실제로는 무죄인 피고를 잘못하여 유죄로 판결하는 상황을 말합니다. 반면, 제2종 오류는 실제로 유죄인 피고를 무죄로 판결하는 잘못을 가리킵니다.

POINT
## (5) 가설검정의 오류

- 가설검정의 오류에는 제1종 오류와 제2종 오류가 있으며, 두 가지 오류는 서로 상충관계이다.
- 일반적으로 제1종 오류($\alpha$)의 크기를 0.01, 0.05, 0.1 등으로 고정하고, 제2종 오류($\beta$)가 최소가 되도록 기각역을 설정한다.

| 제1종 오류(Type I error: α) | 귀무가설이 옳은데도 귀무가설을 기각하게 되는 오류 |
|---|---|
| 제2종 오류(Type II error: β) | 귀무가설이 옳지 않은데도 귀무가설을 채택하게 되는 오류 |

|  | $H_0$이 사실이라고 판정 | $H_0$이 사실이 아니라고 판정 |
|---|---|---|
| $H_0$이 사실임 | 옳은 결정 | 제1종 오류(α) |
| $H_0$이 사실이 아님 | 제2종 오류(β) | 옳은 결정 |

**POINT**
## (6) 가설검정의 용어

| 유의수준(α) | • 귀무가설을 기각하게 되는 확률로 '귀무가설이 옳은데도 이를 기각하는 확률의 크기'<br>• 0.01, 0.05, 0.1 중 한 개의 값으로 보통 0.05를 사용 |
|---|---|
| 기각역 | • 귀무가설이 기각되는 영역 ↔ 채택역 |
| 검정력(1−β) | • 제2종 오류를 범하지 않을 확률<br>• 귀무가설($H_0$)이 거짓일 때, 올바르게 대립가설($H_1$)을 채택할 확률 |
| 유의확률(p−value) | • 귀무가설($H_0$)이 참이라고 가정했을 때, 관측된 검정통계량의 값이나 더 극단적인 값을 얻을 확률<br>• p값이 미리 정해진 유의수준(0.05)보다 작으면 귀무가설을 기각 |

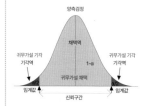

★ 21회 38회

**1. 다음 중 관심 있는 특성이나 변화가 실제로 존재한다는 가설을 제시하는 것으로, 뚜렷한 증거가 있어야 채택할 수 있는 가설은?**

① 대립가설
② 영가설
③ 귀무가설
④ 기각가설

**정답** ① | **해설** 귀무가설은 통계적 검정에서 기본적으로 참이라고 가정하는 가설로 영가설과 같은 의미이다. 반면 대립가설은 관심 있는 특성이나 변화가 실제로 존재한다는 가설을 제시하는 것으로, 뚜렷한 증거가 있어야 채택할 수 있다.

---

★ 30회 33회

**2. 다음 중 제1종 오류에 대한 설명으로 적절한 것은?**

① $H_0$가 사실일 때, $H_0$가 사실이라고 판정
② $H_0$가 사실일 때, $H_0$가 사실이 아니라고 판정
③ $H_0$가 사실이 아닐 때, $H_0$가 사실이라고 판정
④ $H_0$가 사실이 아닐 때, $H_0$가 사실이 아니라고 판정

**정답** ② | **해설** 제1종 오류는 귀무가설이 옳은데도 귀무가설을 기각하게 되는 오류이다. 반면 제2종 오류는 귀무가설이 옳지 않은데도 귀무가설을 채택하게 되는 오류이다.

카이제곱 검정은 분석 목적에 따라 모수 검정 또는 비모수 검정으로 활용될 수 있습니다. 예를 들어, 적합성 검정은 모집단 분포를 가정하므로 모수 검정으로 분류되며, 독립성 검정이나 동질성 검정은 모집단 분포에 대한 가정 없이 수행되므로 비모수 검정에 해당합니다.

• 설명변수(독립변수): 결과에 영향을 미칠 것으로 생각되는 변수
• 반응변수(종속변수): 설명변수의 영향을 받아 변화하는 변수

---

**핵심 18**     **모수 검정과 비모수 검정**

## 1. 모수 검정

• 모집단의 분포에 대해 가정을 하고, 그 가정에 따라 검정통계량과 검정통계량의 분포를 유도해 검정을 시행하는 방법이다.
• 정규분포를 비롯한 특정한 분포를 가정하고, 평균, 분산 등의 모수를 추정하고 검정한다.
• 가정된 분포의 모수에 대해 가설을 설정한다.
• t-검정, 분산분석(ANOVA), F-검정, Z-검정 등이 있다.

> **잠깐만요**

**설명변수와 반응변수에 따른 통계분석 방법**

| 설명변수 | 반응변수 | 통계분석 방법 |
|---|---|---|
| 범주형 | 범주형 | 카이제곱 검정 |
| | 연속형 | z-검정, t-검정, 분산분석 (ANOVA) |
| 연속형 또는 범주형 | 범주형 | 로지스틱 회귀분석 |
| | 연속형 | 상관분석, 회귀분석 |

## 2. 비모수 검정

• 모집단의 분포에 대해 가정을 하지 않거나, 가정을 최소화한 상태에서 통계적 가설을 검정하는 방법이다.
• 관측된 수치가 특정 분포를 따른다고 가정할 수 없는 경우에 사용한다.
• 관측값들의 순위나 두 관측값 차이의 부호를 이용해 검정한다.
• 부호 검정(sign test), 윌콕슨의 순위합검정(rank sum test), 윌콕슨의 부호순위합검정(signed rank test), 만-위트니의 U 검정, 런 검정(run test), 스피어만 순위상관계수 등이 있다.

---

★ 18회 23회

**1. 다음 중 비모수적 검정의 특징으로 가장 적절하지 않은 것은?**

① 모집단의 분포에 대한 가정이 필요 없이 사용할 수 있는 통계적 검정 방법이다.
② 모집단이 정규분포를 따르지 않는 경우에 사용한다.
③ 측정 수준이 순서척도인 경우 유용하게 사용된다.
④ 절대적인 크기가 중요하기 때문에 평균, 분산 등을 이용해서 검정한다.

**정답** ④ | **해설** 비모수적 검정은 모집단의 분포에 대한 가정이 필요 없이 사용할 수 있는 통계적 검정 방법이다. 모집단이 정규분포를 따르지 않거나, 측정 수준이 순서 척도인 경우 유용하게 사용되며, 관측값들의 순위나 두 관측값 차이의 부호를 이용해 검정한다.

## 1. 평균 검정의 종류

평균에 대한 가설검정으로 t-test를 통해 수행한다.

| | |
|---|---|
| 단일 표본 t-test<br>(One-Sample t-test) | 한 집단의 평균이 어떤 값과 같은지를 검정하는 방법<br>[예] 학생들의 키의 평균은 170cm라는 주장을 검정 |
| 독립 표본 t-test<br>(Two-Sample t-test) | 두 집단 간의 평균을 서로 비교해서 그 차이를 검정하는 방법<br>[예] 남성과 여성 그룹 간의 평균 점수가 같은지를 검정 |
| 대응 표본(쌍체) t-test<br>(Paired t-test) | 한 집단에서 대응되는 두 변수 간의 평균 비교를 검정하는 방법<br>[예] 특정 수면제의 효과를 알아보기 위해 같은 그룹에게 수면제를 투여하기 전과<br>후의 수면 시간을 측정 |

전문가의 조언

t-test를 해석하는 문제가 여러 번 출제된 바 있으므로 t-test의 개념과 해석 방법을 철저히 이해하고 숙지하는 것이 필요합니다.

## 2. t-test 함수

t.test(x,y=null, mu=0, alternative=c("two.sided","less","greater"), conf.level=0.99)

| | |
|---|---|
| x,y | 하나의 모집단인 경우 y는 생략 |
| mu | 귀무가설로 모평균을 의미(생략하면 0) |
| alternative | • two.sided의 $H_1$ : 평균은 mu와 같지 않음<br>• less의 $H_1$ : 평균은 mu보다 작음<br>• greater의 $H_1$ : 평균은 mu보다 큼<br>• alternative를 생략하면 two.sided |
| conf.level | 신뢰수준으로 생략하면 95% 신뢰수준 |

전문가의 조언

독립 표본 t-test는 서로 독립적인 두 집단의 평균을 비교하는 데 사용되며, 대응 표본(쌍체) t-test는 같은 집단의 두 조건 간 평균을 비교하는 데 사용된다는 차이를 이해해야 합니다.

## (1) 단일 표본 t-test

chickwts 데이터셋의 weight 변수에 대한 단일 표본 t-test를 수행해보자.

```
> t.test(chickwts$weight)

        One Sample t-test

data:  chickwts$weight
t = 28.202, df = 70, p-value < 2.2e-16
alternative hypothesis: true mean is not equal to 0
95 percent confidence interval:
 242.8301 279.7896
sample estimates:
mean of x
 261.3099
```

• 전체 관측치 수 : 71개 (df=n-1=70)
• 귀무가설($H_0$) : mu=0
• 대립가설($H_1$) : mu≠0
• p-value는 2.2e-16으로 0.05보다 작으므로 귀무가설이 기각됨(즉, 모평균은 0과 같지 않음)

전문가의 조언

해당 t-test를 통해 weight 변수의 평균이 기본 설정된 모평균과 다른지를 검정할 수 있습니다.
모평균 mu가 생략되었으므로 모평균은 0이고, alternative가 생략되었으므로 양측검정을 수행합니다.

전문가의 조언

2.2e-16은 $2.2*10^{-16}$을 의미하며 아주 작은 값을 지수 형태로 표현한 것입니다. 즉, 귀무가설을 강하게 기각할 수 있는 매우 유의미한 결과라는 의미입니다.

- 95% 신뢰구간 : 242.8301 ~ 279.7896
- 표본평균 : 261.3099

## (2) 독립 표본 t-test

cats 데이터셋의 Bwt 변수에 대한 독립 표본 t-test를 수행해보자.

● 전문가의 조언

반응변수 ~ 설명변수의 의미로 Bwt(몸무게)는 반응변수, Sex(성별)는 설명변수를 의미합니다.

```
> t.test(Bwt ~ Sex, data = cats)
Welch Two Sample t-test

data:  Bwt by Sex

t = -8.7095, df = 136.84, p-value = 8.831e-15

alternative hypothesis: true difference in means between group F and group M is not equal to 0

95 percent confidence interval:
-0.6631268 -0.4177242

sample estimates:
mean in group F mean in group M
2.359574        2.900000
```

- 귀무가설($H_0$) : 암컷 고양이와 수컷 고양이 몸무게는 차이가 없음
- 대립가설($H_1$) : 암컷 고양이와 수컷 고양이 몸무게는 차이가 있음
- p-value= 8.831e-15로 0.05보다 작으므로 귀무가설이 기각됨(즉, 암컷 고양이와 수컷 고양이 몸무게는 차이가 있음)
- 95% 신뢰구간 : 두 그룹의 평균 차이는 −0.6631268 ~ −0.4177242
- 암컷 고양이의 몸무게 평균은 2.3595740|고, 수컷 고양이의 몸무게 평균은 2.9로 추정

## (3) 대응 표본 t-test

sleep 데이터셋을 사용하여 extra 변수(추가 수면 시간)에 대한 두 그룹(수면제1과 수면제2) 간의 차이를 검정해보자.

● 전문가의 조언

쌍체 t-test를 사용하는 이유는 동일한 실험 대상(ID)이 수면제 1과 수면제 2를 각각 복용한 후의 효과(extra)를 비교하기 때문입니다. 즉, 같은 대상이 두 조건(수면제 1과 2)에 대해 측정되었으므로, 두 조건 간의 차이를 비교하기 위해 쌍체 t-test가 적합합니다.

```
> sleep
    extra group ID
1    0.7     1  1
2   -1.6     1  2
3   -0.2     1  3
4   -1.2     1  4
5   -0.1     1  5
6    3.4     1  6
7    3.7     1  7
8    0.8     1  8
9    0.0     1  9
10   2.0     1 10
11   1.9     2  1
12   0.8     2  2
13   1.1     2  3
14   0.1     2  4
15  -0.1     2  5
16   4.4     2  6
17   5.5     2  7
18   1.6     2  8
19   4.6     2  9
20   3.4     2 10
```

- sleep : 데이터셋의 변수
- extra : 수면 시간의 변화량
- group : 수면제1과 수면제 2
- ID : 각 실험 참가자를 식별하는 고유 ID

```
> t.test(extra~group, data=sleep, paired=TRUE)

        Paired t-test
data:  extra by group
t = -4.0621, df = 9, p-value = 0.002833
alternative hypothesis: true mean difference is not equal to 0
95 percent confidence interval:
     -2.4598858  -0.7001142
sample estimates:
mean difference
          -1.58
```

- 귀무가설($H_0$) : 수면제에 따라 수면 시간의 차이가 없음
- 대립가설($H_1$) : 수면제에 따라 수면 시간의 차이가 있음
- p-value는 0.002833으로 0.05보다 작으므로 귀무가설이 기각됨(즉, 수면제에 따라 수면 시간의 차이가 있음)
- 95% 신뢰구간 : 두 수면제의 수면 시간 차이는 −2.4598858 ∼ −0.7001142
- 두 수면제의 수면 시간 차이는 −1.58

---

★ 30회

**1. 다음은 College 데이터셋의 Books 변수에 대한 t-test의 결과이다. 이에 대한 설명으로 가장 적절하지 않은 것은?**

```
> t.test(College$Books, mu=570)
        one Sample t-test
data: College$Books
t=-3.4811, df=776, p-value=0.0005272
alternative hypothesis: true mean is not equal to 570
95 percent confidence interval:
  537.7537 561.0082
sample estimates:
mean of
  549.381
```

① 전체 관측치는 777개 대학이다.

② 대학의 평균 교재비용에 대한 점 추정량은 549.381이다.

③ 대학의 평균 교재비용이 570이라는 귀무가설은 기각되지 않는다.

④ 95% 신뢰구간은 537.7537부터 561.0082까지이며, 이 구간에는 570이 포함되지 않는다.

**정답** ③ | **해설** p-value는 0.0005272로 0.05보다 작으므로 귀무가설이 기각되고, 대립가설이 채택된다.

**오답해설**
- 전체 관측치 수 : 777 (n-1=776)
- 귀무가설($H_0$) : mu=570
- 대립가설($H_1$) : mu≠570
- 95% 신뢰구간 : 537.7537 ∼ 561.0082
- 표본평균 : 549.381

## 핵심 **20** 상관분석

**전문가의 조언**

상관분석은 두 변수 간의 선형적인 관계를 측정하는 통계적 방법으로, 두 변수 간 상관관계의 강도와 방향을 파악하는 데 사용되지만, 이 관계가 인과적인지는 알 수 없습니다.
반면 회귀분석은 하나 이상의 독립변수가 종속변수에 미치는 영향을 모델링하는 통계적 방법으로, 변수 간의 인과관계를 탐색합니다.

### 1. 상관관계

- 한 변수가 변화함에 따라 다른 변수가 어떻게 변화하는지와 같은 변화의 방향과 강도를 의미한다.
- 상관관계를 확인하는 방법으로는 산점도, 공분산, 상관계수 등이 있다.

#### (1) 공분산(covariance)

- 두 확률변수 X, Y의 방향의 조합(선형성)을 의미한다.

$$cov(x,y) = \frac{1}{N}\sum_{i=1}^{N}(x_i - \mu_x)(y_i - \mu_y)$$

- 공분산의 부호가 +이면 두 변수는 양의 방향성, 공분산의 부호가 -이면 두 변수는 음의 방향성을 가진다.
- x, y가 독립이면 Cov(x,y)=0이다. (반대는 성립하지 않음)

**전문가의 조언**

두 변수가 독립이면 공분산은 0이지만, 공분산이 0이라고 해서 두 변수가 반드시 독립인 것은 아닙니다. 이는 공분산이 0일 때 선형적인 관계는 없더라도 비선형 관계는 존재할 수 있기 때문입니다.

#### (2) 상관계수(Correlation coefficient)

- 공분산을 각 변수의 표준편차로 나누어 표준화한 값으로 변수 단위의 영향을 받지 않는다.

$$r = \frac{cov(x,y)}{\sigma_x \sigma_y}$$

- 상관계수의 절대값이 클수록 강한 상관관계를 가진다.
- $-1 \leq r \leq 1$

| r=-1 | -1<r<0 | r=0 | 0<r<1 | r=+1 |
|---|---|---|---|---|
| 음의 상관관계가 강하다. | 음의 상관관계가 있기는 하다. | 선형의 상관관계가 없다. | 양의 상관관계가 있기는 하다. | 양의 상관관계가 강하다. |

**POINT**
#### (3) 피어슨 상관계수와 스피어만 상관계수

**전문가의 조언**

특히 시험에서 피어슨 상관계수와 스피어만 상관계수를 비교하거나, 스피어만 상관계수의 개념을 묻는 문제가 자주 출제되므로, 스피어만 상관계수가 순서형 데이터와 비선형 관계에 적합하다는 특징을 잘 이해해두는 것이 중요합니다.

| 구분 | 피어슨 상관계수 | 스피어만 상관계수 |
|---|---|---|
| 데이터 | • 구간 척도, 비율 척도로 측정된 두 변수의 상관관계<br>• 연속형 변수 | • 순서 척도인 두 변수의 상관관계<br>• 순서형 변수 또는 연속형 변수 |
| 관계 유형 | 선형 관계 | 비선형 관계 |
| 방법 | 모수적 방법(정규 분포 가정) | 비모수적 방법(정규 분포 가정 없음) |
| 범위 | $-1 \leq r \leq 1$ | $-1 \leq \rho \leq 1$ |

※ 명목척도로 측정된 두 변수들의 상관관계를 측정하기 위해서는 카이제곱 검정을 사용

# (4) 상관분석

예제

R에 내장된 mtcars 데이터셋의 mpg(연비)와 hp(마력)의 상관관계를 알아보자.

```
plot(mtcars$mpg, mtcars$hp)          # 산점도
```

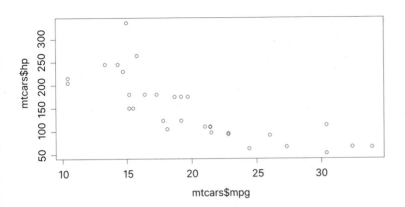

```
cov(mtcars$mpg, mtcars$hp)           # 공분산
cor(mtcars$mpg, mtcars$hp)           # 상관계수
```

```
> cov(mtcars$mpg, mtcars$hp)
[1] -320.7321
> cov(mtcars$mpg, mtcars$hp)
[1] -0.7761684
```

- 산점도 : mpg(연비)와 hp(마력) 사이에 음의 상관관계가 있어 보인다.
- 공분산 : mpg(연비)와 hp(마력) 사이의 공분산은 -320.7321로 음의 상관관계가 있다.
- 상관계수 : mpg(연비)와 hp(마력) 사이의 상관계수는 -0.7761684로서 강한 음의 상관관계가 있다.

```
cor.test(mtcars$mpg, mtcars$hp,method="pearson")     # 상관계수 검정
```

```
> cor.test(mtcars$mpg, mtcars$hp,method=" pearson " )
        pearson's product-moment correlation
data: mtcars$mpg and mtcars$hp
t = -6.7424, df = 30, p-value = 1.788e-07
alternative hypothesis : true correlation is not equal to 0
95 percent confidence interval:
 -0.8852686 - 0.5860994
sample estimates:
        cor
-0.7761684
```

- 귀무가설(H0) : 실제 상관계수는 0이다.
- 대립가설(H1) : 실제 상관계수는 0이 아니다.
- p-value는 1.788e-07으로 0.05보다 작으므로 귀무가설이 기각된다.(즉, 실제 상관계수는 0이 아니므로 상관관계가 있음)
- 95% 신뢰구간 : -0.8852686 ~ -0.5860994
- 상관계수 : -0.7761684

● 전문가의 조언

상관분석 결과를 해석하는 문제는 시험에서 자주 출제되므로, 이를 정확히 이해하는 것이 중요합니다. 특히, 상관계수의 크기와 방향(양수/음수), p-값을 기반으로 유의미한 관계 여부를 판단하는 능력을 요구합니다.

● 전문가의 조언

상관계수 검정은 두 변수 간의 상관관계가 통계적으로 유의미한지를 확인하는 분석 방법입니다. 이를 통해 관찰된 상관계수가 우연에 의한 것인지, 아니면 실제로 의미 있는 관계를 나타내는지 판단합니다.

attitude 데이터셋에 대한 상관분석을 해보자.

```
plot(attitude)                    # 산점도 행렬
```

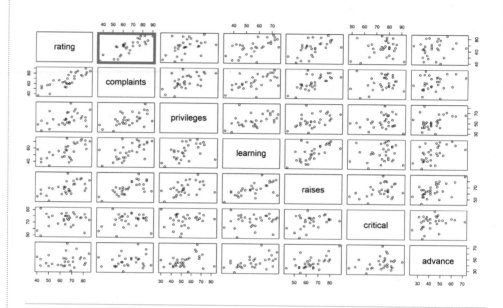

```
cor(attitude)                     # 상관계수 행렬
```

**전문가의 조언**

상관행렬의 대각선 값은 각 변수에서 자기 자신 간의 상관계수를 나타내므로 항상 1로 고정되어 있습니다. 그러므로 변수 간의 관계를 분석할 때는 대각선 값을 제외하고 비대각선 값을 중심으로 해석해야 합니다.

```
> cor(attitude)
               rating complaints privileges  learning    raises  critical   advance
rating     1.0000000  0.8254176  0.4261169 0.6236782 0.5901390 0.1564392 0.1550863
complaints 0.8254176  1.0000000  0.5582882 0.5967358 0.6691975 0.1877143 0.2245796
privileges 0.4261169  0.5582882  1.0000000 0.4933310 0.4454779 0.1472331 0.3432934
learning   0.6236782  0.5967358  0.4933310 1.0000000 0.6403144 0.1159652 0.5316198
raises     0.5901390  0.6691975  0.4454779 0.6403144 1.0000000 0.3768830 0.5741862
critical   0.1564392  0.1877143  0.1472331 0.1159652 0.3768830 1.0000000 0.2833432
advance    0.1550863  0.2245796  0.3432934 0.5316198 0.5741862 0.2833432 1.0000000
```

• rating 변수와 complaints 변수 사이의 상관계수는 0.8254176으로서 강한 양의 상관관계가 있다.
• learning 변수와 critical 변수 사이의 상관계수는 0.1159652로서 약한 양의 상관관계가 있다.

---

★ 18회 34회

**1. 다음 중 상관분석에 대한 설명으로 적절한 것은?**

① 피어슨 상관계수는 변수들 사이의 비선형 관계도 잘 측정한다.

② 스피어만 상관계수는 데이터의 정규분포를 가정한다.

③ 스피어만 상관계수를 계산할 때는 변수들의 표준편차를 사용한다.

④ 피어슨의 상관계수가 0일 때 두 변수는 서로 선형 관계가 없다.

**정답 ④ | 해설** 피어슨의 상관계수가 0이면 두 변수 간에 선형 관계가 없다는 것을 의미하며, 이는 비선형 관계가 없다는 것을 보장하지는 않는다.

**오답해설**
① 피어슨 상관계수는 변수들 사이의 비선형 관계도 잘 측정한다. → 스피어만 상관계수
② 스피어만 상관계수는 데이터의 정규분포를 가정한다. → 피어슨 상관계수
③ 스피어만 상관계수를 계산할 때는 변수들의 표준편차를 사용한다. → 스피어만 상관계수를 계산할 때는 순위에 기반한다.

★ 18회

**2. 다음은 TV, 라디오, 신문 광고 예산과 관련된 판매액을 나타내는 데이터 셋을 이용하여 피어슨 상관계수 행렬을 구한 것이다. 이에 대한 설명으로 가장 적절하지 않은 것은?**

```
                 TV         Radio      Newspaper    Sales
TV         1.00000000  0.05480866  0.05664787  0.7822244
Radio      0.05480866  1.00000000  0.35410375  0.5762226
Newspaper  0.05664787  0.35410375  1.00000000  0.2282990
Sales      0.78222442  0.57622257  0.22829903  1.0000000
```

① TV 광고 예산을 늘리면 Sales가 증가하는 인과관계가 있다.
② Radio와 Sales 간의 상관관계는 Newspaper와 Sales 간의 상관관계보다 높다.
③ Newspaper와 Radio 간에는 양의 상관관계가 있다.
④ TV, Radio, Newspaper 모두 Sales와 어느 정도 양의 상관관계를 가진다.

**정답 ①** | **해설** 상관관계는 두 변수 간의 관계를 나타내지만, 인과관계는 한 변수의 변화가 다른 변수의 변화를 초래한다는 것을 의미하므로 상관분석에서는 알 수 없다.

---

## 핵심 21 회귀분석(regression analysis)

회귀분석이란 하나 이상의 독립변수가 종속변수에 미치는 영향을 추정하는 통계기법이다.
• 종속변수(반응변수, 결과변수, y): 영향을 받는 변수
• 독립변수(설명변수, 예측변수, x, $x_1$, $x_2$): 영향을 주는 변수
독립변수와 종속변수 사이의 인과관계를 수학적 모형으로 나타내고, 이를 통해 미래의 결과를 예측하거나 추론하는 방법이다.
예 광고 지출(독립변수)이 판매량(종속변수)에 어떤 영향을 미치는가?
독립변수가 하나이면 단순선형 회귀분석, 독립변수가 두 개 이상이면 다중선형 회귀분석이라고 한다.
• 단순선형 회귀분석: $y = \beta_0 + \beta_1 x + \epsilon$
• 다중선형 회귀분석: $y = \beta_0 + \beta_1 x_1 + \beta_2 x_2 + ... + \beta_k x_k + \epsilon$
회귀모형을 신뢰하기 위해서는 다음의 가정을 만족해야 한다.

| 선형성 | 독립변수(x)와 종속변수(y)가 선형적 관계에 있음 |
|---|---|
| 독립성 | • 오차(잔차)와 독립변수(x)의 값이 관련되어 있지 않음<br>• Durbin-Watson 검정으로 독립성 확인 |
| 등분산성 | • 독립변수(x) 값과 관계없이 잔차의 분산이 일정한 형태를 보임<br>• Bartlett 검정, Levene 검정으로 등분산성 확인 |

● 전문가의 조언

회귀분석은 ADsP 시험에서도 출제비율이 높은 주제 중 하나일 뿐만 아니라, 머신러닝과 인공지능 분야의 근간을 이루는 기본적인 개념과 원리를 제공합니다. 따라서 통계학과 인공지능을 학습하는 데 있어 회귀분석의 이해는 필수적이라고 할 수 있습니다.

| 비상관성 | 관측치들의 잔차끼리 상관이 없어야 함 |
|---|---|
| 정상성(정규성) | • 잔차의 분포가 정규분포를 이루어야 함<br>• 히스토그램, Q–Q plot, Kolmogolov–Smirnov 검정, Shapiro–Wilk 검정으로 정규성 확인 |

잠깐만요

### 등분산성과 이분산성

• 등분산성을 보이는 경우

무작위 패턴을 보임

• 이분산성을 보이는 경우

2차항 설명변수 필요함     등분산 가정이 무너짐     새로운 설명변수 필요함

### Q–Q plot

잔차가 대각방향의 직선 형태를 보이면 정규분포를 따른다고 할 수 있다.

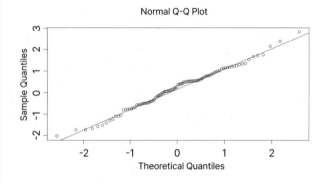

Normal Q-Q Plot

★ 17회 30회

**1. 회귀분석의 결과 중 잔차분석에서 만족해야 하는 가정으로 맞는 것은?**

① 정규성, 다중공선성, 이분산성

② 독립성, 정규성, 등분산성

③ 비선형성, 정규성, 비상관성

④ 비상관성, 독립성, 이분산성

**정답** ② | **해설** 회귀분석 잔차분석의 가정은 독립성, 정규성, 등분산성, 비상관성이다.

　　**회귀계수의 추정과 검정**

## 1. 회귀계수의 추정–최소제곱법(Least Squares Method)
- 회귀선을 결정하는 가장 기본적이고 널리 사용되는 방법이다.
- 실제값과 예측값의 차이를 제곱하여 합한 값이 최소가 되는 회귀선을 찾는 방법으로 이를 통해 모델의 잔차를 최소화하고, 그 결과로 가장 적합한 회귀선을 얻을 수 있다.

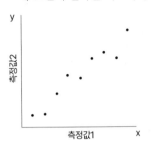 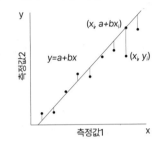

**POINT**
## 2. 회귀모형의 검정

| | |
|---|---|
| 모형이 통계적으로 유의미한가? | F 통계량의 p–값이 0.05보다 작으면 추정된 회귀식은 통계적으로 유의미함 |
| 회귀계수들이 통계적으로 유의미한가? | 해당 계수의 t 통계량과 p–값을 확인 |
| 모형이 얼마나 설명력을 갖는가? | 결정계수는 0에서 1 값을 가지며, 큰 값을 가질수록 추정된 회귀식의 설명력은 높음 |
| 회귀모형의 가정을 만족하는가? | 선형성, 독립성, 등분산성, 비상관성, 정상성 |

**A 용어설명**
- F 통계량: F 통계량의 값이 클수록, p–값은 작아진다. F 통계량=(MSR(회귀제곱평균))/(MSE(오차제곱평균))
- t 통계량: t 통계량의 절대값이 클수록, p–값은 작아진다. t 통계량=Estimate/(Std.Error)

**POINT**
## 3. 결정계수($R^2$)
- 결정계수가 1에 가까울수록 회귀모형이 자료를 잘 설명한다. (설명력)
- 결정계수는 종속변수의 총 변동 중에서 회귀모델이 설명하는 변동의 비율을 나타낸다.
- 결정계수의 값은 0에서 1 사이에 위치한다.
- 다중선형 회귀분석에서는 독립변수의 수가 많아지면 결정계수가 높아지므로 단점을 보완하기 위해 수정된 결정계수(adjusted $R^2$)를 활용한다.

| | |
|---|---|
| SST(total sum of squares) | 전체제곱합 |
| SSR(regression sum of squares) | 회귀제곱합 |
| SSE(error sum of squares) | 오차제곱합 |

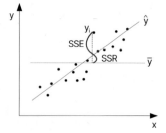

$$R^2 = \frac{\text{설명된 변동}}{\text{총 변동}} = \frac{SSR}{SST} = 1 - \frac{SSE}{SST}$$

★ 19회

**1. 추정된 다중회귀모형이 통계적으로 유의미한지 확인하는 방법으로 적절한 것은?**

① 결정계수를 확인한다.

② 잔차통계량을 확인한다.

③ F 통계량을 확인한다.

④ 회귀계수의 t값을 확인한다.

**정답** ③ | **해설** F 통계량은 다중회귀모형 전체가 통계적으로 유의미한지를 검정하는 데 사용된다. F 통계량이 크고,
p-value가 낮을수록 모델이 통계적으로 유의미하다고 볼 수 있다.

**오답해설**

① 결정계수는 모델의 설명력을 나타내는 지표로, 모델이 데이터의 변동성을 얼마나 잘 설명하는지를 나타낸다.

② 잔차통계량은 모델의 적합도를 평가하는 데 사용되며, 모델의 잔차(실제 값과 예측 값의 차이)의 분포를 분석한다.

④ 회귀계수의 t값은 개별 독립변수가 종속변수에 미치는 영향이 통계적으로 유의미한지를 확인하는 데 사용된다.

★ 18회 35회

**2. 다음 중 회귀분석의 결정계수에 대한 설명으로 가장 적절하지 않은 것은?**

① 결정계수는 총 변동 중에서 설명이 되지 않는 오차에 의한 변동이 차지하는 비
율이다.

② 결정계수가 커질수록 모델이 데이터를 더 잘 설명하고 있다고 볼 수 있다.

③ 결정계수는 0과 1 사이의 값을 가지며, 1에 가까울수록 모델의 설명력이 높다고
할 수 있다.

④ 수정된 결정계수는 독립변수의 수가 많을 때 과대평가될 수 있는 결정계수의 단
점을 보정하기 위해 사용된다.

**정답** ① | **해설** 결정계수는 총 변동 중에서 모델에 의해 설명되는 변동의 비율을 의미한다.

## 1. 단순선형 회귀분석(Simple Linear Regression Analysis)

하나의 독립변수가 연속형 종속변수에 미치는 영향을 추정하는 방법이다.

$$y = \beta_0 + \beta_1 x + \epsilon$$

| 분석변수 | x : 독립변수<br>y : 종속변수(연속형 변수) |
|---|---|
| 회귀계수 | $\beta_0$ : 절편(x가 0일 때 y값)<br>$\beta_1$ : 기울기(x가 1단위 증가할 때 y가 변하는 정도) |
| 오차항($\epsilon$) | 모델이 설명하지 못하는 y의 변동 |

**예제**

R에 내장된 women 데이터셋의 height(키)가 weight(몸무게)에 미치는 영향을 알아보자.

```
head(women)                            # women 데이터셋 앞부분 확인
plot(women$height,women$weight)        # height(키)와 weight(몸무게)의 산점도
model <- lm(weight~height,data=women)   # 단순선형 회귀분석 모델을 생성하여 model 변수에 저장
summary(model)                         # model의 요약된 결과 출력
```

```
> head(women)
  height weight
1     58    115
2     59    117
3     60    120
4     61    123
5     62    126
6     63    129
> plot(women$height, women$weight)
```

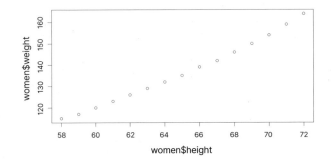

> 용어설명

lm 함수: R에서 선형 회귀 분석을 수행하는 함수로 Linear Model을 의미한다. lm(종속변수~독립변수, data=데이터셋)

```
> mode1 <- lm(weight~height, data=women)
> summary(model)

call:
lm(formula = weight ~ height, data=women)

Residuals:
    Min      1Q   Median      3Q     Max
-1.7333  -1.1333  -0.3833  0.7417  3.1167

Coefficients:
            Estimate std.   Error t value  pr(>|t| )
(Intercept) -87.51667  5.93694 -14.74  1.71e-09 ***
height        3.45000  0.09114  37.85  1.09e-14 ***

Signif. codes: 0 '***' 0.001 '**' 0.01 '*' 0.05 '.' 0.1 ' ' 1

Residuals standard error: 1.525 on 13 degrees of freedom
Multiple R-squared: 0.991,  Adjusted R-squared: 0.9903
F-statistic: 1433 on 1 and 13 DF, P-Value: 1.091e-14
```

● 전문가의 조언

ADsP 시험에서는 회귀분석을 통해 도출된 결과를 해석하는 문제도 출제되므로 결과를 해석하는 연습이 반드시 필요합니다.

- 독립변수 : height
- 종속변수 : weight
- 회귀식 : weight=-87.52+3.45*height
- 귀무가설($H_0$) : $\beta_1$=0(종속변수는 독립변수와 선형관계가 없음)
- 대립가설($H_1$) : $\beta_1 \neq$0(종속변수는 독립변수와 선형관계가 있음)
- 회귀계수 $\beta_1$의 p-값은 1.09e-14로서 0.05보다 매우 작으므로 회귀계수가 유의미하다.(즉, 종속변수와 독립변수는 선형관계가 있음).
- 결정계수와 수정된 결정계수 모두 0.991, 0.9903으로서 데이터 설명력이 높다.
- 이 모델은 height가 weight에 미치는 영향을 잘 설명하고 있으며, 키가 1단위 증가할 때마다 몸무게가 평균적으로 약 3.45 단위 증가한다고 해석할 수 있다.

## 2. 다중선형 회귀분석(Multiple Linear Regression Analysis)

두 개 이상의 독립변수가 종속변수에 미치는 영향을 추정하는 방법이다.

$$y = \beta_0 + \beta_1 x_1 + \beta_2 x_2 + ... + \beta_k x_k + \epsilon$$

| 분석변수 | $x_1, x_2, ..., x_k$ : 독립변수<br>y : 종속변수(연속형 변수) |
|---|---|
| 회귀계수 | $\beta_0$ : 절편(x가 0일 때 y값)<br>$\beta_1, \beta_2, ..., \beta_k$ : 기울기(x가 1단위 증가할 때 y가 변하는 정도) |
| 오차항($\epsilon$) | 모델이 설명하지 못하는 y의 변동 |

MASS 패키지의 Cars93 데이터셋을 이용하여 EngineSize, RPM, Weight가 Price에 미치는 영향을 알아보자.

```
library(MASS)                                               # MASS 패키지 로드
model2 <- lm(Price~EngineSize+RPM+Weight, data=Cars93)      # 다중선형 회귀분석 모델을 생성하여
                                                              model2 변수에 저장
summary(model2)                                             # model2의 요약된 결과 출력
```

```
> library(MASS)
> model2 <- lm(Price~EngineSize+RPM+Weight, data=Cars93)
> summary(model2)

Call:
lm(formula = Price ~ EngineSize + RPM + Weight, data = Cars93)

Residuals:
    Min      1Q  Median      3Q     Max
-10.511  -3.806  -0.300   1.447  35.255

Coefficients:
              Estimate Std. Error t value  Pr(>|t|)
(Intercept) -51.793292   9.106309  -5.688  1.62e-07 ***
EngineSize    4.305387   1.324961   3.249   0.00163 **
RPM           0.007096   0.001363   5.208  1.22e-06 ***
Weight        0.007271   0.002157   3.372   0.00111 **
---
Signif. codes:  0 '***' 0.001 '**' 0.01 '*' 0.05 '.' 0.1 ' ' 1

Residual standard error: 6.504 on 89 degrees of freedom
Multiple R-squared:  0.5614,    Adjusted R-squared:  0.5467
F-statistic: 37.98 on 3 and 89 DF,  p-value: 6.746e-16
```

- 독립변수 : EngineSize+RPM+Weight
- 종속변수 : Price
- 회귀식 : Price=−51.8+4.31*EngineSize+0.01*RPM+0.01*Weight
- 귀무가설($H_0$) : 종속변수는 독립변수와 선형관계가 없다.
- 대립가설($H_1$) : 종속변수는 독립변수와 선형관계가 있다.
- 회귀계수의 p값들이 0.05보다 작으므로 회귀계수의 추정치들이 통계적으로 유의하다.
- F-통계량은 37.98이며 유의확률 p값이 6.74e-16로 0.05보다 매우 작으므로 회귀모형이 통계적으로 유의하다.
- 결정계수는 0.5614, 수정된 결정계수는 0.5467이다.
- 이 모델은 EngineSize, RPM, Weight가 자동차의 Price에 미치는 영향을 잘 설명하고 있으며, 각 독립변수가 1단위 증가할 때마다 가격이 각각 약 4.31, 0.0071, 0.0073 단위 증가한다고 해석할 수 있다.

● 전문가의 조언

독립변수를 추가하면 결정계수는 항상 증가하지만, 이는 모델이 무조건 좋아졌다는 의미는 아닙니다. 수정된 결정계수는 독립변수의 개수를 고려해 모형의 설명력을 조정하므로, 다중선형 회귀분석에서는 이를 참고하는 것이 더 적합합니다.

# 3. 회귀분석의 분산분석(ANOVA; Analysis of Variance)

- 회귀모형의 적합도를 평가하는 데 사용되는 통계적 방법이다.
- 분산분석표의 구성 요소

| 분석변수 | 자유도(Df) | 제곱합(Sum sq) | 평균제곱(Mean sq) | F 값(F value) |
|---|---|---|---|---|
| 회귀 | k | SSR | MSR=SSR/k | MSR/MSE |
| 잔차 | n−k−1 | SSE | MSE=SSE/(n−k−1) | |
| 계 | n−1 | SST | | |

n : 관측값의 개수, k : 독립변수의 개수(단순선형 회귀분석 k=1)

```
anova(lm(weight~height,data=women))        # 모델에 대한 분산분석(ANOVA)을 수행
```

```
> anova(lm(weight~height,data=women))
Analysis of Variance Table

Response: weight
          Df  Sum Sq  Mean Sq  F value  Pr(>F)
height     1  3332.7  3332.7   1433     1.091e-14 ***
Residuals 13  30.2    2.3
---
signif. codes: 0 '***' 0.001 '**' 0.01 '*' 0.05 '.' 0.1 ' ' 1
```

| 요인 | 자유도 | 제곱합<br>(Sum sq) | 평균제곱<br>(Mean sq) | F 값<br>(F value) | p−값(Pr(>F)) |
|---|---|---|---|---|---|
| height | k=1 | SSR=3332.7 | MSR=SSR/k=3332.7 | MSR/MSE=1433 | 1.091e−14 *** |
| Residuals | n−k−1=13 | SSE=30.2 | MSE=SSE/(n−k−1)=2.3 | | |
| 계 | n−1=14 | SST=3362.9 | | | |

※ height는 매우 유의미한 F 값(1433)과 매우 낮은 p−값(1.091e−14)을 가지고 있어, 키가 몸무게에 매우 강한 영향을 미치고 있음을 나타낸다.

---

★ 28회

### 1. 다음은 단순선형 회귀분석의 결과이다. 이에 대한 설명으로 가장 적절하지 않은 것은?

```
> summary(lm(dist~speed, data=cars))
Call:
lm(formula = dist ~ speed, data = cars)

Rediduals:
    Min     1Q  Median     3Q    Max
-29.069  -9.525  -2.272  9.215  43.201

Coefficients:
          Estimate Std. Error t value Pr(>|t|)
```

```
(Intercept) -17.5791    6.7584  -2.601   0.0123 *
speed         3.9324    0.4155   9.464 1.49e-12 ***
---
Signif. codes:  0 '***' 0.001 '**' 0.01 '*' 0.05 '.' 0.1 ' ' 1

Residual standard error: 15.38 on 48 degrees of freedom
Multiple R-squared:  0.6511,    Adjusted R-squared:  0.6438
F-statistic: 89.57 on 1 and 48 DF,  p-value: 1.49e-12
```

① speed가 한 단위 증가할 때, dist는 약 3.93만큼 증가한다.

② speed와 dist의 상관계수는 0보다 크다고 볼 수 있다.

③ 모델이 데이터의 약 65%를 설명한다고 할 수 있다.

④ 5% 유의수준에서 이 모델은 통계적으로 유의미하지 않다.

**정답** ④ | **해설** p-value는 1.49e-12로 매우 낮아 5% 유의수준에서 이 모델은 통계적으로 매우 유의미하다.

**오답해설**

① speed의 회귀계수는 3.9324로 speed가 한 단위 증가할 때, dist는 약 3.93만큼 증가한다.

② speed의 계수가 양수이고, 모델이 통계적으로 유의미하다는 점에서 speed와 dist 사이에는 양의 상관관계가 있음을 알 수 있다.

③ 결정계수가 0.6511로, 모델이 데이터 변동성의 약 65%를 설명한다고 할 수 있다.

---

## 핵심 24  최적 회귀방정식의 선택

**POINT**

## 1. 다중공선성(Multicollinearity)

- 다중선형 회귀분석에서 설명변수들 사이에 선형 관계가 존재하면 회귀계수의 정확한 추정이 곤란하다.
- 다중공선성의 문제가 발생하면, 문제가 있는 변수를 제거하거나 주성분회귀, 능형회귀 모형을 적용하여 문제를 해결한다.
- 다중공선성 검사 방법

| | |
|---|---|
| 분산팽창요인(VIF) | 4보다 크면 다중공선성이 존재, 10보다 크면 심각한 문제<br><br>$VIF_i = \dfrac{1}{1-R_i^2}$ |
| 상태지수 | 10 이상이면 문제, 30보다 크면 심각한 문제 |

## 2. 최적 회귀방정식의 선택

**(1) 설명변수 선택** : 가능한 범위 내에서 적은 수의 설명변수를 포함해야 한다.

**(2) 모형 선택**

- AIC(Akaike information criterion)나 BIC(Bayesian information criterion) 기준으로 가장 적합한 회귀모형을 선택한다.

**A** 용어설명

$R^2$: 회귀분석에서 특정 독립변수를 종속변수로 삼고 나머지 독립변수들로 예측했을 때의 결정계수로 값이 클수록 해당 변수는 다른 독립변수들과 높은 상관성을 가진다.

데이터 분석(1) | **119**

• AIC와 BIC가 가장 작은 값을 갖는 모형을 최적의 모형으로 선택한다.

POINT
## (3) 변수 선택 방법의 종류

| 전진선택법 (forward selection) | • 절편만 있는 상수 모델에서 시작하여 가장 유의미한 변수부터 하나씩 모델에 추가하는 방법<br>• 한번 선택된 변수는 제거되지 않음 |
|---|---|
| 후진제거법 (backward elimination) | • 모든 독립변수를 모델에 포함한 상태에서 시작하여 가장 유의미하지 않은 변수부터 하나씩 모델에서 제거하는 방법<br>• 한번 제거된 변수는 추가되지 않음 |
| 단계별 방법 (stepwise method) | • 전진선택법 + 후진제거법<br>• 변수를 추가하고 제거하는 과정을 반복하면서 최적의 모델을 선택하는 방법 |

예제

MASS 패키지의 Cars93 데이터셋에서 Price를 종속변수로 하고, EngineSize, RPM, Weight, Length, Wheelbase를 독립변수로 하는 선형회귀모형을 고려하고, 후진제거법을 이용하여 변수를 선택해보자.

```
> step(model, direction = "backward")
Start: AIC=355.69
Price ~ EngineSize + RPM + Weight + Length + Wheelbase

             Df Sum of Sq    RSS    AIC
- Length      1      4.39 3749.6 353.80   ①
- Wheelbase   1      6.51 3751.7 353.86
<none>                    3745.2 355.69
- Weight      1    332.71 4077.9 361.61
- Enginesize  1    402.50 4147.7 363.19
- RPM         1   1025.86 4771.1 376.21


Step: AIC=353.8
Price ~ EngineSize + RPM + Weight + Wheelbase

             Df Sum of Sq    RSS    AIC
- Wheelbase   1     15.02 3764.6 352.18   ②
<none>                    3749.6 353.80
- Weight      1    330.34 4080.0 359.66
- EngineSize  1    423.54 4173.2 361.76
- RPM         1   1021.94 4771.6 374.22


Step: AIC=352.18
Price ~ EngineSize + RPM + Weight

             Df Sum of Sq    RSS    AIC
<none>                    3764.6 352.18   ③
- EngineSize  1    446.63 4211.3 360.60
- Weight      1    480.84 4245.5 361.35
- RPM         1   1147.43 4912.1 374.92


Call:
lm(formula = Price ~ EngineSize + RPM + Weight, data = Cars93)
```

```
Coefficients:                                         ④
(Intercept)    EngineSize       RPM      Weight
 -51.793292      4.305387    0.007096    0.007271
```

① 가장 먼저 제거되는 변수는 Length로 AIC는 353.800이다.

② 두 번째로 제거되는 변수는 Wheelbase로 AIC는 352.180이다.

③ 더 이상 AIC를 낮출 수 없으므로 변수 선택을 종료한다.

④ 최종 선택된 회귀식은
  Price=-51.793292+4.305387*EngineSize+0.007096*RPM+0.007271*Weight

---

## 3. 패널티 회귀분석(Pedalized Regression Analysis)

- 일반적인 회귀분석에 패널티 항을 추가하여 모델의 복잡성을 제어하는 방법이다.

- 모델의 과적합을 방지하고 일반화 성능을 향상시키는데 도움을 준다.

● 전문가의 조언

문제에서 라쏘 회귀와 릿지 회귀의 차이는 규제 방식(L1 vs L2)과 변수 선택 여부(라쏘는 일부 계수를 0으로 만들어 변수 선택 가능)에 중점을 두고 출제됩니다. 이를 간단히 기억해두세요.

| | |
|---|---|
| 라쏘 회귀분석<br>(lasso regression analysis) | • 모델의 설명력에 기여하지 못하는 독립변수의 회귀계수 크기를 0으로 축소 → 변수 선택 효과<br>• 가중치 절대값의 합을 최소화하는 것을 제약조건으로 추가<br>• L1-norm이라는 패널티항을 통해 회귀계수를 축소 |
| 릿지 회귀분석<br>(ridge regression analysis) | • 모델의 설명력에 기여하지 못하는 독립변수의 회귀계수 크기를 0에 근접하도록 축소<br>• 가중치의 제곱합을 최소화하는 것을 제약조건으로 추가<br>• L2-norm이라는 패널티항을 통해 회귀계수가 과다 추정되는 것을 방지 |
| 엘라스틱넷(elastic net) | 라쏘와 릿지를 결합한 모델 |

---

★ 19회 30회 35회

**1. 다음은 Hitters 데이터셋을 이용하여 회귀모형에서 변수 선택을 한 결과이다. 이에 대한 설명으로 가장 적절하지 않은 것은?**

```
> model<-lm(Salary~.,, data=Hitters)
> step(model,direction=" backward ")
Start:   AIC=3046.02
Salary ~ AtBat + Hits + HmRun + Runs + RBI + Walks + Years +
    CAtBat + CHits + CHmRun + CRuns + CRBI + CWalks + League +
    Division + PutOuts + Assists + Errors + NewLeague

            Df Sum of Sq      RSS    AIC
- CHmRun     1      1138 24201837 3044.0
- CHits      1      3930 24204629 3044.1
- Years      1      7869 24208569 3044.1
- NewLeague  1      9784 24210484 3044.1
- RBI        1     16076 24216776 3044.2
- HmRun      1     48572 24249272 3044.6
- Errors     1     58324 24259023 3044.7
- League     1     62121 24262821 3044.7
- Runs       1     63291 24263990 3044.7
- CRBI       1    135439 24336138 3045.5
- CAtBat     1    159864 24360564 3045.8
```

```
<none>                      24200700 3046.0
- Assists      1    280263  24480963 3047.1
- CRuns        1    374007  24574707 3048.1
- CWalks       1    609408  24810108 3050.6
- Division     1    834491  25035190 3052.9
- AtBat        1    971288  25171987 3054.4
- Hits         1    991242  25191941 3054.6
- Walks        1   1156606  25357305 3056.3
- PutOuts      1   1319628  25520328 3058.0

Step: AIC=3044.03
Salary ~ AtBat + Hits + HmRun + Runs + RBI + Walks + Years +
    CAtBat + CHits + CRuns + CRBI + CWalks + League + Division +
    PutOuts + Assists + Errors + NewLeague
```

① 후진 제거 방식으로 변수 선택을 수행한다.

② 모든 변수를 포함한 모델에서 시작하여, 가장 적은 기여를 하는 변수부터 차례대로 제거해 나간다.

③ AIC가 가장 큰 값을 갖는 모델을 최적의 모델로 선택한다.

④ 한번 제거된 변수는 다시 모델에 추가될 수 없다.

**정답** ③ | **해설** 변수 선택 방법에서는 AIC가 가장 낮은 값을 갖는 모델을 최적의 모델로 선택한다. AIC(Akaike Information Criterion)는 모델의 적합도를 평가하는 지표 중 하나로, 값이 낮을수록 데이터에 대한 모델의 적합도가 높다고 평가된다.

---

★ 29회 35회

**2. 다음 중 라쏘(Lasso) 회귀분석에 관한 설명으로 가장 적절하지 않은 것은?**

① 라쏘 회귀는 회귀계수의 절대값에 대한 패널티를 적용하여 일부 계수를 정확히 0으로 만들 수 있다.

② 라쏘 회귀는 L2 정규화를 사용하여 모델의 복잡성을 줄인다.

③ 라쏘 회귀는 변수 선택과 정규화를 동시에 수행할 수 있어 과적합을 방지하는 데 도움이 된다.

④ 람다값이 지나치게 높으면, 과도한 패널티로 모델이 데이터를 제대로 설명하지 못해 과소적합이 발생할 수 있다.

**정답** ② | **해설** 라쏘 회귀는 L1 정규화를 사용하여 모델의 복잡성을 줄인다. L2 정규화를 사용하는 것은 릿지(Ridge) 회귀의 특징이다.

**오답해설**
① 라쏘 회귀는 회귀 계수의 절대값에 대한 패널티(L1 정규화)를 적용하여, 계수 중 일부를 0으로 만들 수 있다.
③ 라쏘 회귀는 L1 정규화를 통해 변수 선택과 모델의 복잡성을 동시에 관리함으로써 과적합을 방지하는 데 도움을 준다.
④ 람다값이 너무 높으면, 너무 많은 패널티가 적용되어 모델이 데이터의 중요한 패턴이나 구조를 충분히 학습하지 못하게 되어, 결과적으로 과소적합(Underfitting) 문제가 발생할 수 있다.

## 1. 차원축소의 이해

- 변수의 수를 줄이면서 데이터의 중요한 정보를 최대한 보존하는 방법이다.

### (1) 차원축소 방법

- 주성분 분석(PCA; Principal Component Analysis)
- 다차원척도법(MDS; Multidimensional Scaling)
- 요인 분석(FA; Factor Analysis)
- 선형 판별 분석(LDA; Linear Discriminant Analysis)
- 특이값 분해(Singular Value Decomposition)

### (2) 다차원척도법(MDS; Multidimensional Scaling)

- 여러 대상 간의 거리나 유사성을 보존하면서 고차원의 데이터를 저차원(주로 2차원 혹은 3차원)으로 축소하는 차원축소 방법이다.
- 주어진 거리는 추상적인 대상들 간의 거리가 될 수도 있고, 실수 공간에서의 거리가 될 수도 있다.
- 주로 자료들의 상대적 관계를 이해하는 시각화 방법의 근간으로 사용된다.
- 개체들의 거리 계산에는 유클리드 거리 행렬을 활용한다.
- 관측대상들의 상대적 거리의 정확도를 높이기 위해 적합 정도를 스트레스 값(Stress Value)으로 나타낸다.
- 스트레스 값은 0에서 1 사이의 값을 가지며, 값이 작을수록 차원축소가 잘 이루어졌음을 의미한다.
- 다차원척도법 종류

| 계량적 MDS | 데이터가 구간 척도나 비율 척도인 경우 활용 |
| --- | --- |
| 비계량적 MDS | 데이터가 순서 척도인 경우 활용 |

---

★ 21회 35회 36회 37회

1. 다음 중 다차원척도법(MDS; Multidimensional Scaling)에 대한 설명으로 가장 적절하지 않은 것은?

① 다양한 개체 간의 거리를 이용하여 공간상의 좌표를 계산한다.
② 결과를 시각화하면 개체 간의 구조나 패턴을 파악할 수 있다.
③ 변수 간의 상관관계를 이용하여 차원을 축소한다.
④ 제품 선호도를 파악하는 마케팅 분야나 문서의 유사도를 분석하는 자연어 처리 분야 등에 활용된다.

---

● 전문가의 조언

차원은 데이터에서 측정된 변수의 개수를 의미합니다. 차원축소는 많은 변수가 분석을 복잡하게 만들고 과적합을 초래할 수 있어, 중요한 정보를 보존하면서 변수를 줄이기 위해 필요합니다.

A 용어설명

- 요인분석(FA; Factor Analysis): 관찰된 여러 변수들 사이의 상관관계를 고려해 그 뒤의 잠재적 요인을 추출하는 방법
- 특이값 분해(SVD; Singular Value Decomposition): 행렬을 세 개의 다른 행렬의 곱으로 분해하여 원본 행렬의 정보를 최대한 보존하면서 차원을 축소하는 방법
- 선형 판별 분석(LDA; Linear Discriminant Analysis): 클래스 분리를 최대화하는 축을 찾아 데이터를 투영함으로써 차원을 축소합니다. 주로 분류 문제에서 사용

● 전문가의 조언

다차원척도법은 개체 간 거리를 유지하며 저차원으로 변환해 시각화에 사용되는데, 시각화를 위해서는 데이터의 차원을 2차원 또는 3차원으로 줄여야 합니다. 시험에서는 다차원척도의 원리가 출제되므로, 거리 개념을 활용한다는 것을 꼭 기억해야 합니다.

● **전문가의 조언**

ADsP 시험에는 주성분 분석의 출제비율이 높은 편입니다. 주성분 분석을 활용하여 주성분을 선택하는 방법과 그 결과를 어떻게 해석하는지에 대한 문제가 자주 출제됩니다.

핵심 **26**    주성분 분석(PCA; Principal Component Analysis)

## 1. 주성분 분석의 이해

• 상관관계가 있는 고차원 자료를 자료의 변동을 최대한 보존하는 저차원 자료로 변환시키는 방법이다.

• 공분산 행렬이나 상관계수 행렬을 사용해 모든 변수를 가장 잘 설명하는 주성분을 찾는 방법이다.

• p차원 변수에서 분산이 가장 큰 선형변환을 첫 번째 주성분이라고 하고, 그 다음 큰 선형변환이 두 번째 주성분이라고 한다.

• 주성분은 변수들의 선형 결합으로 이루어진다.

• 주성분들은 서로 직교하며, 주성분들이 서로 수직을 이루는 관계에 있다는 것을 의미한다.

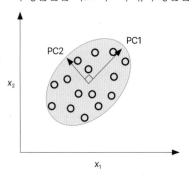

## 2. 주성분 분석의 목적

• 소수의 주성분으로 차원을 축소한다.

• 다중공선성이 존재하는 경우, 상관성이 없는 주성분으로 변수들을 축소한다.

• 군집분석, 회귀분석 등 다양한 분석에서 차원을 축소하여 결과를 개선하고 연산 속도를 높인다.

## 3. 공분산 행렬과 상관계수 행렬

```
prcomp(data,scale=TRUE)      # 표준화를 수행한 후 주성분 분석
princomp(data,cor=TRUE)      # cor=TRUE는 상관계수 행렬을 사용하여 주성분 분석
```

| 공분산 행렬 | • 변수의 측정 단위를 그대로 반영한 것<br>• 모든 변수가 같은 수준으로 점수화된 경우는 공분산 행렬 사용함<br>• scale, cor을 FALSE로 지정하거나 생략하면 공분산 행렬 사용 |
|---|---|
| 상관계수 행렬 | • 모든 변수의 측정 단위를 표준화한 것<br>• 변수들의 측정 단위가 서로 많이 다른 경우에는 상관계수 행렬 사용함 |

`POINT`

## 4. 주성분 선택 방법

• 주성분 분석의 결과에서 누적기여율(cumulative proportion)이 70~90%이면 주성분의 수로 결정한다.

• 고유값이 1 이상인 주성분을 선택한다.

• scree plot을 활용하여 고유값이 수평을 유지하기 전 단계로 주성분의 수를 선택한다.

`예제`

USArrests 자료는 미국 50개 주에서 1973년에 발생한 폭행, 살인, 강간 범죄를 주민 100,000명 당 체포된 사람의 비율로 나타낸 통계 자료이다.

```
fit <- princomp(USArrests, cor=TRUE)          # 상관계수 행렬을 사용하여 주성분 분석
summary(fit)                                  # 주성분 분석 결과 요약
loadings(fit)                                 # 주성분의 로딩 벡터 확인
screeplot(fit, type = "lines")                # scree plot
```

```
> fit <- princomp(USArrests, cor= TRUE)
> summary(fit)

Importance of components:
                          Comp.1    Comp.2    Comp.3     Comp.4
Standard deviation     1.5748783 0.9948694 0.5971291 0.41644938
Proportion of Variance 0.6200604 0.2474413 0.0891408 0.04335752
Cumulative Proportion  0.6200604 0.8675017 0.9566425 1.00000000
```

• 주성분 분석은 princomp 함수를 이용하여 수행되었고, cor=TRUE 옵션에 의해 상관계수 행렬을 사용하여 수행한다.
• 첫 번째 주성분인 Comp.1은 전체 분산의 약 62%를 설명한다.
• 두 번째 주성분인 Comp.2는 전체 분산의 약 25%를 설명한다.
• 첫 번째와 두 번째 주성분은 전체 분산의 약 87%를 설명한다.(2개의 주성분 선택 시 정보 손실률은 약 13%가 됨)

**A 용어설명**

• 고유값(Eigen Value) : 해당 주성분이 설명하는 분산의 크기
• scree plot : 각 주성분의 고유값을 크기순으로 나열한 그래프

**A 용어설명**

• Standard deviation(표준편차): 각 주성분의 표준편차를 나타내는 것으로, 표준편차가 큰 주성분일수록 더 많은 정보를 포함하고 있다.
• Proportion of Variance (분산의 비율): 각 주성분이 설명하는 분산의 비율을 나타내는 것으로, 분산의 비율이 높을수록 해당 주성분은 데이터의 구조를 더 잘 설명한다.
• Cumulative Proportion (누적 분산의 비율): 첫 번째 주성분부터 해당 주성분까지의 분산의 비율을 누적한 것이다.

```
> loadings(fit)
```

```
Loadings:
           Comp.1  Comp.2  Comp.3  Comp.4
Murder     0.536   0.418   0.341   0.649
Assault    0.583   0.188   0.268  -0.743
UrbanPop   0.278  -0.873   0.378   0.134
Rape       0.543  -0.167  -0.818

                   Comp.1  Comp.2  Comp.3  Comp.4
SS loadings         1.00    1.00    1.00    1.00
Proportion Var      0.25    0.25    0.25    0.25
Cumulative Var      0.25    0.50    0.75    1.00
```

[주성분의 가중합]
- Comp.1 = 0.536*Murder+0.583*Assault+0.278*UrbanPop+0.543*Rape
- Comp.2 = 0.418*Murder+0.188*Assault−0.873*UrbanPop−0.167*Rape

```
> screeplot(fit, type="lines")
```

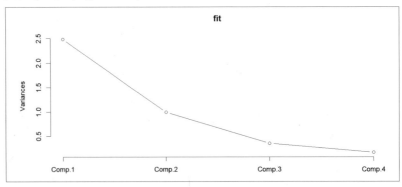

주성분의 분산 감소가 수평을 유지하기 전 단계인 Comp.2까지 2개의 주성분을 선택한다.

## 1. 다음 중 주성분 분석에 대한 설명으로 가장 적절하지 않은 것은?

① 고차원 데이터의 차원을 축소하기 위해 사용된다.

② 비지도 학습(unsupervised learning)에 해당한다.

③ 주성분 분석을 통해 얻은 주성분들은 서로 직교한다.

④ 원변수의 선형결합 중 분산이 가장 작은 것이 제1주성분(PC1)이다.

**정답** ④ | **해설** 원변수의 선형결합 중 분산이 가장 큰 것이 제1주성분(PC1)으로 선택된다. 제1주성분은 데이터의 분산을 가장 많이 설명하는 방향을 나타내며, 이후의 주성분들은 첫 번째 주성분에 직교하는 방향 중에서 가장 많은 분산을 설명하는 방향으로 선택된다.

**오답해설**
① 고차원 데이터의 차원을 축소하기 위해 사용되는 것은 주성분 분석의 목적이다.
② 주성분 분석은 레이블이 지정되지 않은 데이터를 사용하여 데이터의 패턴을 찾아낼 수 있는 비지도 학습 방법이다.
③ 주성분들이 데이터의 분산을 나타내는 방향으로 정렬되며, 각 축이 서로 독립적임을 의미한다.

★ 23회 29회

**2. 다음 주성분 분석에서 변수들이 전체 변동의 80% 이상을 설명하는 데 필요한 최소 주성분의 숫자는 몇 개인가?**

```
> summary(pca_result)
Inportance of components:
                        PC1     PC2     PC3      PC4
Standard deviation    1.5749  0.9949  0.59713  0.41645
Proportion of Variance 0.6201 0.2474  0.08914  0.04336
Cumulative Proportion 0.6201  0.8675  0.95664  1.00000
```

① 1개    ② 2개    ③ 3개    ④ 4개

**정답** ② | **해설** PC1만으로 전체 변동의 62%를 설명하며, PC1과 PC2를 합쳐서 전체 변동의 86.75%를 설명한다.

---

## 핵심 27   시계열 분석의 개요

### 1. 시계열 자료(Time-series Data)

시계열 자료는 시간의 흐름에 따라 순차적으로 관측된 데이터를 의미한다.

시계열 데이터의 분석을 통해 미래의 값을 예측하고 경향, 주기, 계절성 등을 파악하여 활용한다.

예 주식 가격, 기온, 웹사이트 방문자 수 등

POINT

### 2. 정상성(Stationary)

• 시점에 상관없이 시계열의 통계적 특성이 일정하다는 것을 의미한다.

• 정상성 조건

① 평균이 일정하다.

② 분산이 시점에 의존하지 않고 일정하다.

③ 공분산은 단지 시차에만 의존, 시점 의존하지 않는다.

• 시계열 자료의 종류

| 비정상 시계열 자료 | 정상성 조건을 하나라도 만족하지 못한 시계열 자료 |
|---|---|
| 정상 시계열 자료 | 비정상 시계열을 정상 시계열 자료로 변환한 자료 |

• 정상 시계열로 변환

| 평균이 일정하지 않은 경우 | 원계열에 차분(Difference) 사용 |
|---|---|
| 분산이 일정하지 않은 경우 | 원계열에 자연로그(변환) 사용 |

● **전문가의 조언**

분석의 용이성과 모델 적합성을 위해 비정상 시계열은 정상성 변환이 필요합니다. 시험에서는 정상성의 조건이 자주 출제되므로 꼭 기억해야 합니다.

A **용어설명**

차분(Difference): 현 시점의 자료값에서 전 시점의 자료값을 빼는 것

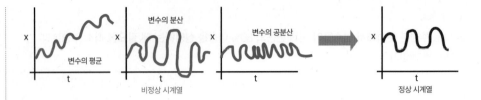

변수의 분산

변수의 공분산

변수의 평균

t

비정상 시계열

t

t

정상 시계열

t

---

★ 23회 26회 33회

**1. 다음 중 정상 시계열에 대한 설명으로 가장 적절하지 않은 것은?**

① 대부분의 시계열은 비정상 자료이므로 정상성 조건에 만족하도록 정상 시계열로 만든 후 시계열 분석을 한다.

② 데이터에 로그 변환을 적용해 분산을 안정화하고 비선형성을 줄이는 것이 변환이다.

③ 연속된 관측치 간의 차이를 계산하여 시간에 따른 평균 변화를 제거하는 것이 차분이다.

④ 일반적으로 평균이 일정하지 않은 비정상 시계열은 변환을 통해, 분산이 일정하지 않은 비정상 시계열은 차분을 통해 정상 시계열로 바꾼다.

**정답** ④ | **해설** 평균이 시간에 따라 변하는 경우 차분(difference)을 통해, 분산이 시간에 따라 변하는 경우 변환(transformation)을 통해 정상 시계열로 바꿀 수 있다.

---

**핵심 28** | **시계열 모형**

**A 용어설명**

백색잡음(White Noise): 대표적 정상 시계열로 평균이 0이고 분산이 $\sigma^2$인 확률변수

## 1. 자기회귀 모형(AR ; Autoregressive model)

• 현시점 자료가 p 시점 전의 유한개의 과거 자료로 설명될 수 있다는 의미이다. → AR(p) 모형

$$y_t = c + \phi_1 y_{t-1} + \phi_2 y_{t-2} + \ldots + \phi_p y_{t-p} + \varepsilon_t$$

$y_t$ : t시점의 자료
c : 상수
$\phi_p$ : p 시점이 현시점에 어느 정도 영향을 주는지 나타내는 모수
$\varepsilon_t$ : 오차항(백색잡음 과정)

| AR(1) 모형 | 현시점의 시계열 자료에 과거 1 시점 전의 자료만 영향을 주는 모형(1차 자기회귀 모형) |
|---|---|
| AR(2) 모형 | 현시점의 시계열 자료에 과거 2 시점 전 자료까지 영향을 주는 모형(2차 자기회귀 모형) |

• AR 모형의 자기상관함수(ACF)와 부분자기상관함수(PACF)

| 자기상관함수 | 시차가 증가함에 따라 점차적으로 감소 |
|---|---|
| 부분자기상관함수 | p+1 시차 이후 급격히 감소하여 절단된 형태 → AR(p) 모형 |

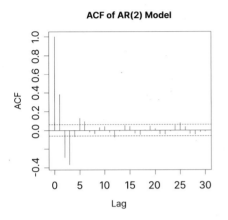

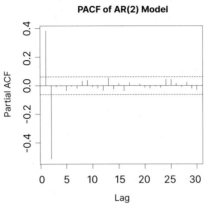

잠깐만요

**자기상관함수(ACF)와 부분자기상관함수(PACF)**
• 시계열 자료의 모형 식별을 위해 사용되는 방법

## 2. 이동평균 모형(MA ; Moving Average model)

• 이동평균 모형은 현시점의 자료를 유한개의 백색잡음의 선형 결합으로 표현한다.
• 언제나 정상성을 만족한다.

$$y_t = c + \epsilon_t + \theta_1 \epsilon_{t-1} + \theta_2 \epsilon_{t-2} + \cdots + \theta_q \epsilon_{t-q}, \ \epsilon_t \sim N(0, \sigma^2)$$

$y_t$ : t시점의 자료
$c$ : 상수
$\theta_p$ : 과거 시점의 오차
$\epsilon_t$ : 오차항(백색잡음 과정)

| MA(1) 모형 | 가장 간단한 이동평균 모형으로 같은 시점의 백색잡음과 바로 전 시점의 백색잡음 결합으로 이루어진 모형(1차 이동평균 모형) |
|---|---|
| MA(2) 모형 | 바로 전 시점의 백색잡음과 시차가 2인 백색잡음의 결합으로 이루어진 모형(2차 이동평균모형) |

• MA 모형의 자기상관함수(ACF)와 부분자기상관함수(PACF)

| 자기상관함수 | p+1 시차 이후 급격히 감소하여 절단된 형태 → MA(p) 모형 |
|---|---|
| 부분자기상관함수 | 시차가 증가함에 따라 점차적으로 감소 |

**A 용어설명**

• 자기상관함수(ACF) : 특정 시점의 값과 그 이전의 값 사이의 자기상관을 나타냄
• 부분자기상관함수(PACF) : 특정 시점의 값과 이전 시점의 값 사이의 자기상관을 측정하는데, 이때 그 사이의 모든 시점의 값의 영향을 제거한 상관관계

● **전문가의 조언**

AR 모형과 MA 모형에서는 ACF와 PACF의 패턴이 서로 반대인 점이 중요합니다. 시험에서는 이를 통해 두 모형을 구분하는 문제가 자주 출제되므로 꼭 기억해야 합니다.

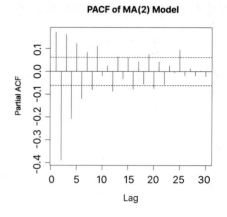

ACF of MA(2) Model

PACF of MA(2) Model

## 3. 자기회귀이동평균 모형(ARMA) 모형

- 자기회귀(AR) 모형과 이동평균(MA) 모형을 결합한 것이다.
- ARMA(p,q) 모형은 현재의 시계열 값이 과거 p개의 시계열 값과 과거 q개의 예측 오차값에 선형적으로 의존하는 것을 가정한다.

## 4. 자기회귀누적이동평균 모형(ARIMA 모형)

- 대부분의 많은 시계열 자료가 ARIMA 모형을 따른다.
- ARIMA 모형은 기본적으로 비정상 시계열 모형이다.

→ 차분이나 변환을 통해 AR 모형이나 MA 모형, ARMA 모형으로 정상화할 수 있다.

- ARIMA(p,d,q) 모형
  - p, d, q의 값에 따라 모형의 이름이 다르게 됨
  - 차수 p : AR 모형과 관련 있다.
  - 차수 q : MA 모형과 관련 있다.
  - 차수 d : ARIMA에서 ARMA로 정상화할 때 몇 번 차분 했는지를 의미한다.

| d=0 | ARMA(p,q) 모형이라 부르고, 정상성을 만족 |
| p=0 | IMA(d,q) 모형이라고 부르고, d번 차분 → MA(q) |
| q=0 | ARI(p,d) 모형이며, d번 차분한 시계열 모형 → AR(p) 모형 |

● **전문가의 조언**

최근 시험에서는 ARIMA(p, d, q) 모형에서 각 차수(p, d, q)의 의미와, 이를 통해 정상성을 만족하는 모델의 형태를 묻는 문제가 출제되고 있습니다. 특히, AR, MA, ARIMA 모형 간의 관계 및 d값에 따른 차분 과정을 이해하는 것이 필요합니다.

A **용어설명**

지수평활법: 과거 데이터에 점차적으로 감소하는 가중치를 부여하는 시간 시계열 모형으로, 최신 데이터에 더 높은 가중치를 두고, 과거 데이터에는 낮은 가중치를 할당하는 방법

★ 22회 23회

1. 다음의 자기회귀누적이동평균 모형(ARIMA 모형)은 ARMA로 정상화할 때 몇 번 차분을 하였는가?

> ARIMA(1, 2, 3)

① 1번

② 2번

③ 3번

④ 4번

**정답** ② | **해설** ARIMA(1, 2, 3) 모형은 과거 1 시점의 데이터에 의존하는 자기회귀 부분(AR=1), 데이터를 2번 차분하여 정상 시계열로 만드는 차분 부분(I=2), 과거 3 시점의 예측 오차가 현재 값을 설명하는 이동평균 부분(MA=3)으로 구성됩니다.

---

핵심 **29**  **분해 시계열**

- 시계열에 영향을 주는 일반적인 요인을 시계열에서 분리해 분석하는 방법이다.

- 시계열 구성 요소

| | |
|---|---|
| 추세 요인(trend factor) | 시계열 데이터에서 장기적으로 나타나는 패턴이나 방향(선형적, 이차식, 지수형태) |
| 계절 요인(seasonal factor) | 시계열 데이터에서 주기적으로 반복되는 변동(요일, 월, 사분기 자료에서 변동) |
| 순환 요인(cyclical factor) | 명백한 경제적이나 자연적인 이유가 없이 알려지지 않은 주기를 가지고 변화하는 자료 |
| 불규칙 요인(irregular factor) | 위의 3가지 요인으로 설명할 수 없는 회귀분석에서 오차에 해당하는 요인 |

---

★ 16회 23회 28회

**1. 다음 중 분해 시계열 요인에 해당하지 않은 것은?**

① 추세 요인

② 계절 요인

③ 불규칙 요인

④ 정상 요인

**정답** ④ | **해설** 분해 시계열 요인으로는 추세 요인, 계절 요인, 순환 요인, 불규칙 요인이 있다.

---

● **전문가의 조언** ▬▬▬▬▬

분해 시계열은 시계열 데이터를 추세, 계절, 순환, 불규칙 요인으로 나누어 패턴을 명확히 파악하고 분석과 예측의 정확성을 높이는 데 활용됩니다. 분해 시계열의 요인과 의미를 묻는 문제가 자주 출제되므로 꼭 이해해야 합니다.

**정답** ② | **해설** ②는 2행가 3행을 제외한 1행의 요소를 반환하고, ①, ③, ④는 1열의 요소를 반환한다.

**오답해설**

```
> m
    c1 c2 c3
r1   1  4  7
r2   2  5  8
r3   3  6  9
> m[,"c1"]
    r1 r2 r3
     1  2  3
> m[-c(2,3),]
    c1 c2 c3
     1  4  7
> m[,1]
    r1 r2 r3
     1  2  3
> m[,-(2:3)]
    r1 r2 r3
     1  2  3
```

★ 18회

**01** 다음 중 R의 데이터 구조에 대한 설명으로 가장 적절하지 않은 것은?

① 숫자로 구성된 행렬에 하나의 원소를 문자로 바꾸게 되면, 그 행렬의 모든 원소들이 문자형으로 변경된다.

② 행렬에 as.vector 함수를 사용할 경우 행렬은 행 순서대로 1차원 벡터로 변환한다.

③ 행렬은 모든 성분이 같은 데이터 타입을 가져야 한다.

④ as.numeric 함수에 논리형 벡터를 입력하면 TRUE는 1, FALSE는 0으로 대응되는 숫자형 벡터로 변형된다.

**정답** ② | **해설** R에서 as.vector 함수를 행렬에 사용하면, 행렬은 열 순서대로 1차원 벡터로 변환된다.

**병행학습**
- as.vector(x) : 벡터 형식으로 변환
- as.matrix(x) : 행렬 형식으로 변환
- as.data.frame(x) : 데이터 프레임 형식으로 변환
- as.list(x) : 리스트 형식으로 변환
- as.factor(x) : 팩터 형식으로 변환
- as.integer(x) : 정수형으로 변환
- as.numeric(x) : 숫자형으로 변환
- as.character(x) : 문자형으로 변환
- as.logical(x) : 논리형으로 변환

★ 21회 25회

**03** 다음과 같은 데이터에 대한 요약 결과가 있을 때 상자그림(boxplot)을 이용하여 이상값을 판별하려고 한다. 다음 중 이상값을 판단하는 하한선, 상한선으로 옳은 것은?

| Min | 1st Qu | Median | Mean | 3rd Qu | Max |
|-----|--------|--------|------|--------|-----|
| 0 | 4 | 7 | 9.615 | 12 | 39 |

① 0, 39

② −8, 24

③ −4, 30

④ −12, 39

**정답** ② | **해설** IQR = Q3 − Q1 = 12 − 4 = 8
하한선 : Q1 − 1.5 * IQR = 4 − 1.5 * 8 = 4 − 12 = −8
상한선 : Q3 + 1.5 * IQR = 12 + 1.5 * 8 = 12 + 12 = 24
이 데이터셋에서는 Max 값인 39가 상한선인 24를 넘어서므로 이상값으로 판별된다.

★ 20회

**02** 다음 중 R 프로그램의 연산 결과가 다른 것 하나는?

```
m <- cbind(c(1,2,3),c(4,5,6),c(7,8,9))
colnames(m) <- c("c1","c2","c3")
rownames(m) <- c("r1","r2","r3")
```

① m[,"c1"]

② m[−c(2,3),]

③ m[,1]

④ m[,−(2:3)]

**★26회**

## 04 다음 중 아래 보기에서 설명하는 확률적 표본 추출 방법은 무엇인가?

> 모집단의 모든 원소들에 1, 2, 3···, N의 일련번호를 부여하고 이를 순서대로 나열한 후에 K개씩 n개의 구간으로 나눈다. 첫 구간에서 하나를 임의로 선택한 후에 K개씩 띄어서 표본을 추출한다.

① 계통 추출법
② 집락 추출법
③ 단순 랜덤 추출법
④ 층화 추출법

**정답** ① | **해설** 계통 추출법은 모집단에서 일정한 간격으로 표본을 선택하는 방법이다.

**★19회**

## 05 다음 중 자료의 척도에 대한 설명으로 가장 적절하지 않은 것은?

① 명목 척도는 분류를 위해 사용되며, 수치 간에는 어떠한 순서나 차이도 의미가 없다.
② 서열 척도는 순서나 등급에 의미가 있지만, 간격이나 비율은 의미가 없다.
③ 구간 척도는 순서와 간격에 의미가 있고 0이 절대적 의미가 있다.
④ 비율 척도는 순서, 간격, 절대적인 0(영점)의 의미를 모두 가진다.

**정답** ③ | **해설** 구간 척도는 순서와 간격에는 의미가 있지만, 0이 절대적인 의미가 있지는 않다. 절대적인 0의 의미가 있는 척도는 비율 척도이다.

**★21회 25회**

## 06 연속형 확률 분포 중 표준 정규분포와 비슷하며 표본평균을 특정 값과 비교하거나 두 개의 독립적인 그룹의 평균을 비교할 때 사용되는 분포는?

① 균일분포(uniform distribution)
② 지수분포(exponential distribution)
③ t-분포(t-distribution)
④ F-분포(F-distribution)

**정답** ③ | **해설** t-분포는 정규분포와 비슷한 형태를 가지지만, 꼬리 부분이 약간 더 두껍고 길어서 극단적인 값에 대한 확률이 더 큰 분포이다. 이러한 특성 때문에, 표본 크기가 작은 경우에 표본 통계량의 분포를 묘사하는 데 유용하게 활용된다.

**★27회 29회**

## 07 다음 확률변수 x와 확률 f(x)가 다음과 같을 때 확률변수 x의 기댓값은?

| x | 1 | 2 | 3 |
|---|---|---|---|
| f(x) | 1/6 | 3/6 | 2/6 |

① 13/6
② 9/6
③ 15/6
④ 1

**정답** ① | **해설** 이산형 확률 변수의 기댓값 $E(X) = \sum x f(x)$이므로 다음과 같이 계산한다.
$$E(X) = \sum x f(x) = 1 \times \frac{1}{6} + 2 \times \frac{3}{6} + 3 \times \frac{2}{6} = 13/6$$

**★19회**

## 08 다음 summary 함수의 결과에 대한 설명으로 가장 적절하지 않은 것은?

```
> summary(cars)
     speed              dist
 Min.   : 4.0     Min    :  2.00
 1st Qu.:12.0     1st Qu.: 26.00
 Median :15.0     Median : 36.0
 Mean   :15.4     Mean   : 42.98
 3rd Qu.:19.0     3rd Qu.: 56.00
 Max.   :25.0     Max.   :120.00
```

① cars 자료는 두 개의 연속형 변수로 구성되어 있다.
② speed 변수의 최솟값은 4이며, 최댓값은 25로 관찰된다.
③ dist 변수의 평균은 중앙값보다 크므로 왼쪽으로 긴 꼬리의 분포를 가진다.
④ speed 변수의 75% 데이터가 19 이하이다.

**정답** ③ | **해설** dist 변수의 평균은 중앙값보다 크므로 오른쪽으로 긴 꼬리의 분포를 가진다.

★21회 28회 36회
**09** 오른쪽으로 긴 꼬리 분포에서 최빈값, 중앙값, 평균값의 크기 순서는?

① 최빈값 〈 중앙값 〈 평균값
② 중앙값 〈 최빈값 〈 평균값
③ 평균값 〈 최빈값 〈 중앙값
④ 최빈값 〈 평균값 〈 중앙값

**정답** ① | **해설** 꼬리가 긴 쪽으로 평균값이 꼬리로 끌려가기 때문에 평균값이 중앙값보다 크게 되며, 중앙값은 모든 데이터를 고려하여 중앙에 위치하므로 최빈값보다 커지게 된다.
**병행학습**

| 왜도 = 0 | 대칭적인 형태(평균=중앙값=최빈값) |
|---|---|
| 왜도 〈 0 | 왼쪽으로 긴 꼬리(평균〈중앙값〈최빈값) |
| 왜도 〉 0 | 오른쪽으로 긴 꼬리(평균〉중앙값〉최빈값) |

★25회
**10** 다음 상자그림에 대한 설명으로 가장 적절하지 않은 것은?

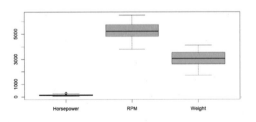

① Horsepower 변수의 사분위수 범위가 가장 작다.
② Weight 변수는 이상치가 존재하지 않는다.
③ RPM의 중앙값은 다른 변수에 비해 크다.
④ RPM의 데이터 수가 가장 많다.

**정답** ④ | **해설** 상자그림은 데이터의 개수를 직접적으로 표시하지 않으므로 RPM의 데이터 수를 알 수 없다.

★18회 25회
**11** 다음 중 추정과 가설검정에 대한 설명으로 가장 적절하지 않은 것은?

① 모수를 특정 값으로 추정하는 것을 점 추정이라 한다.
② 신뢰구간을 사용하여 모수가 그 구간 안에 있을 것으로 선언하는 것을 구간 추정이라고 한다.
③ 귀무가설이 기각되는 영역을 기각역이라 한다.
④ 귀무가설이 거짓일 때, 올바르게 대립가설을 채택할 확률을 p값이라고 한다.

**정답** ④ | **해설** ④는 검정력에 대한 설명으로, 검정력은 제2종 오류를 범하지 않을 확률을 의미한다. p값은 귀무가설이 참이라고 가정했을 때, 관측된 검정통계량의 값이나 더 극단적인 값을 얻을 확률이다.

★17회 21회 32회 36회
**12** 비모수 검정 방법 중 하나로 관측값의 부호의 차이만을 고려하여 진행하는 방법은?

① 부호 검정(sign test)
② 만–위트니의 U검정
③ 런 검정(run test)
④ 스피어만 순위상관계수

**정답** ① | **해설** 부호검정은 두 표본 사이의 차이를 분석할 때, 차이의 크기는 무시하고 오직 차이의 방향(즉, 부호)만을 고려하는 방법이다.
**오답해설**
② 만–위트니의 U검정: 두 독립적인 표본의 위치(중앙값)가 다른지를 검정하는 비모수 방법

③ 런 검정(run test): 관측값 내에서 연속적으로 나타나는 순서 패턴을 분석하여, 무작위성을 검정하는 방법
④ 스피어만 순위상관계수: 두 변수 간의 순위에 기반한 상관관계를 측정하는 비모수 상관계수

★ 26회

**13** 다음은 chickwts 데이터셋의 weight 변수에 대한 t-test의 결과이다. 이에 대한 설명으로 가장 적절하지 않은 것은?

```
> t.test(chickwts$weight,mu=260)

        One Sample t-test
data: chickwts$weight
t = 0.14137, df = 70, p-value = 0.888
alternative hypothesis: true mean is not equal to 260
95 percent confidence interval:
 242.8301 279.7896
sample estimates:
mean of X
 261.3099
```

① 전체 관측치는 260개이다.
② weight의 평균에 대한 95% 신뢰구간은 242.8301 ~ 279.7896이다.
③ weight의 평균이 260이 아니라는 대립가설은 채택되지 않는다.
④ weight의 평균에 대한 점 추정량은 261.3이다.

> **정답** ① | **해설** 전체 관측치 수는 n-1인 df가 70이므로, 71개이다.
> **오답해설**
> • 귀무가설($H_0$) : mu=260
> • 대립가설($H_1$) : mu≠260
> • 95% 신뢰구간 : 242.8301 ~ 279.7896
> • 표본평균 : 261.3099

★ 29회 34회

**14** 공분산과 상관계수에 대한 설명 중 가장 적절하지 않은 것은?

① 공분산이 양수라면 두 변수가 같은 방향으로 움직인다는 것을 의미한다.
② 공분산은 측정 단위에 영향을 받지 않는다.
③ 상관분석은 두 변수의 인과관계 성립 여부를 확인할 수 없다.
④ 상관계수는 두 변수 간의 선형적 관계의 강도와 방향을 나타내는 지표이다.

> **정답** ② | **해설** 공분산의 단위는 원본 데이터의 단위의 곱으로 표현되므로 측정 단위에 영향을 받게 된다.

★ 17회 34회

**15** 다음 중 상관계수에 대한 설명으로 가장 적절하지 않은 것은?

① 피어슨 상관계수는 두 변수 간의 선형관계 크기를 측정한다.
② 피어슨 상관계수는 두 변수를 순위로 변환시킨 후 두 순위 사이의 상관계수로 정의된다.
③ 스피어만 상관계수는 두 변수 간의 비선형적인 관계도 측정할 수 있다.
④ 스피어만 상관계수는 -1에서 1 사이의 값을 가진다.

> **정답** ② | **해설** 피어슨 상관계수는 두 변수 간의 선형관계의 강도와 방향을 측정하기 위해 사용되며, 변수의 실제 값에 기초하여 계산된다. 두 변수의 순위에 기반하여 상관계수를 측정하는 것은 스피어만 상관계수이다.

★ 22회

**16** 다음 중 응답자1의 표준편차는 2, 응답자2의 표준편차는 2, 그리고 두 응답자의 공분산의 값이 4일 때 피어슨 상관계수로 가장 적절한 것은?

① 0
② 0.5
③ -1
④ 1

**정답 ④ | 해설**

$$r = \frac{cov(X, Y)}{\sigma_X \sigma_Y}$$

cov(X, Y) : X와 Y의 공분산

$\sigma_x$, $\sigma_x$ : X와 Y의 표준편차

$$r = \frac{4}{2 \times 2} = \frac{4}{4} = 1$$

★ 23회

**17** 다음은 Credit 데이터셋에 대한 summary 함수와 상관계수 행렬이다. 결과에 대한 설명으로 가장 적절하지 않은 것은?

```
> summary(data)
     Income          Limit           Age          Education
 Min.   : 10.35  Min.   :  855  Min.   :23.00  Min.   : 5.00
 1st Qu.: 21.01  1st Qu.: 3088  1st Qu.:41.75  1st Qu.:11.00
 Median : 33.12  Median : 4622  Median :56.00  Median :14.00
 Mean   : 45.22  Mean   : 4736  Mean   :55.67  Mean   :13.45
 3rd Qu.: 57.47  3rd Qu.: 5873  3rd Qu.:70.00  3rd Qu.:16.00
 Max.   :186.63  Max.   :13913  Max.   :98.00  Max.   :20.00
> cor(data)
              Income        Limit         Age    Education
Income    1.00000000   0.79208834  0.175338403 -0.027691982
Limit     0.79208834   1.00000000  0.100887922 -0.023548534
Age       0.17533840   0.10088792  1.000000000  0.003619285
Education -0.02769198  -0.02354853  0.003619285  1.000000000
```

① Limit와 Income 간에 상관관계가 가장 높다.

② Income의 분포는 오른쪽 꼬리가 긴 분포를 가진다.

③ IQR 방식으로 계산했을 때 Education은 이상값이 존재하지 않는다.

④ Education과 Income의 상관관계가 가장 낮다.

**정답 ④ | 해설** Age와 Education의 상관계수는 0.003619285로 가장 0에 가까운 값이다. 그러므로 두 변수의 상관관계가 가장 낮다고 할 수 있다.

**오답해설**

① Limit와 Income의 상관계수는 0.79208834로 가장 상관관계가 높다.

② Income의 중앙값은 33.12이고, 평균은 45.22이며, 중앙값보다 평균이 큰 경우 오른쪽 꼬리가 긴 분포를 가진다.

③ 이상값의 하한: Q1 - 1.5 * IQR = 11.00 - 1.5 * 5.00 = 11.00 - 7.5 = 3.5

이상값의 상한: Q3 + 1.5 * IQR = 16.00 + 1.5 * 5.00 = 16.00 + 7.5 = 23.5

Education의 최솟값은 5.00이고 최댓값은 20.00이므로, 이상값이 없는 것으로 판단한다.

★ 17회

**18** 다음 중 교차분석에 대한 설명으로 가장 적절하지 않은 것은?

① 교차분석을 사용하여 성별과 제품 선호도 간에 연관성이 있는지 분석할 수 있다.

② 데이터가 연속형 자료인 경우에도 활용할 수 있다.

③ 실제 관측빈도와 기대빈도 사이의 차이가 클 경우 두 데이터는 독립이 아니라고 할 수 있다.

④ 카이제곱 통계량 값이 클수록 두 변수 간 독립이 아닐 가능성이 높다.

**정답 ② | 해설** 교차분석은 주로 범주형 데이터(명목형 또는 서열척도)에 대해 두 변수 간의 연관성이나 독립성을 분석하는 데 사용된다.

★ 17회 26회 27회 29회

**19** 다음 잔차도는 회귀분석의 가정 중 무엇에 위배되었다고 할 수 있는가?

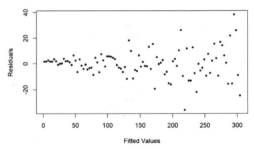

**Residuals vs Fitted Values**

① 선형성

② 독립성

③ 등분산성

④ 비상관성

**정답 ③ | 해설** 잔차가 독립변수의 값에 따라 점점 증가하는 패턴은 등분산성 가정이 위배된 경우에 나타난다.

| 선형성 | 독립변수(x)와 종속변수(y)가 선형적 관계에 있음 |
|---|---|
| 독립성 | • 오차(잔차)와 독립변수(x)의 값이 관련되어 있지 않음<br>• Durbin-Watson 검정으로 독립성 확인 |
| 등분산성 | • 독립변수(x) 값과 관계없이 잔차의 분산이 일정한 형태를 보임<br>• Bartlett 검정, Levene 검정으로 등분산성 확인 |
| 비상관성 | • 관측치들의 잔차끼리 상관이 없어야 함 |
| 정상성(정규성) | • 잔차의 분포가 정규분포를 이루어야 함<br>• 히스토그램, Q-Q plot, Kolmogolov-Smirnov 검정, Shapiro-Wilk 검정으로 정규성 확인 |

★ 23회

**20** 다음은 선형 회귀분석의 결과이다. 이에 대한 설명으로 가장 적절하지 않은 것은?

```
> summary(lm(wage~education, data=wage))

Call:
lm(formula = wage ~ education, data = Wage)

Residuals:
    Min      1Q  Median      3Q     Max
-112.31  -19.94   -3.09   15.33  222.56

Coefficients:
                          Estimate Std. Error t value Pr(>|t|)
(Intercept)                 84.104      2.231  37.695  < 2e-16
education2. HS Grad          11.679      2.520   4.634 3.74e-06
education3. Some College     23.651      2.652   8.920  < 2e-16
education4. College Grad     40.323      2.632  15.322  < 2e-16
education5. Advanced Degree  66.813      2.848  23.462  <2e-16

(Intercept)                ***
education2. HS Grad         ***
education3. Some College    ***
education4. College Grad    ***
education5. Advanced Degree ***
---
Signif. codes: 0 '***' 0.001 '**' 0.01 '*' 0.05 '.' 0.1 ' ' 1
Residual standard error: 36.53 on 2995 degrees of freedom
Multiple R-squared: 0.2345,    Adjusted R-squared: 0.2338
F-statistic: 229.8 on 4 and 2995 DF, p-value: < 2.2e-16
```

① 잔차의 IQR은 35.27이다.
② education의 더미 변수는 4개이다.
③ 기준 범주인 '〈 HS Grad' 그룹의 평균 임금이 가장 높다.
④ 임금 변동성의 약 23.48%가 교육 수준에 의해 설명될 수 있다.

**정답 ③ | 해설** 기준 범주인 '〈 HS Grad'의 평균 임금은 Intercept, 즉 84.104로 설정된다. 예를 들어 'Advanced Degree'를 가진 이들은 기준 범주 대비 평균적으로 66.813달러 더 많은 임금을 받는다. 따라서 기준 범주의 평균 임금이 가장 높다고 말할 수 없다.

**오답해설**
① 1사분위수는 -19.94, 3사분위수는 15.33이므로, IQR = 15.33 - (-19.94) = 35.27이다.
② 회귀분석에서 범주형 변수를 포함할 때, 한 범주는 기준 범주로 설정되고 나머지 범주들은 더미 변수로 변환된다. education 변수는 5개의 수준을 가지고 있으므로, 이 중 하나가 기준 범주로 설정되고, 나머지 4개 범주에 대한 더미 변수가 생성된다.
④ Multiple R-squared 값이 0.2348이므로, 교육 수준이 임금의 약 23.48%를 설명한다는 의미이다.

**병행학습**
더미 변수(dummy variable)는 범주형 데이터를 수치화하여 회귀분석이나 기타 통계적 모델링에서 사용할 수 있게 하는 변수로, 만약 범주형 변수가 (n)개의 범주를 가진다면, (n-1)개의 더미 변수가 필요하다. 이는 기준 범주(reference category)를 제외한 각 범주를 각각의 더미변수로 표현하기 때문이다. 기준 범주는 모든 더미 변수가 0일 때를 나타내며, 이를 통해 모델의 상수항(intercept)은 기준 범주의 평균적인 효과를 나타낸다.

★ 18회

**21** 다음 중 다중 회귀분석에 대한 설명으로 가장 적절하지 않은 것은?

① p값이 0.05보다 작으면 해당 독립변수가 종속변수에 미치는 영향이 통계적으로 유의미하다고 볼 수 있다.
② 회귀분석의 가정인 선형성, 등분산성, 독립성, 오차의 정규성은 모델의 유효성을 판단하는 중요한 기준이다.
③ 독립변수의 수가 많아지면 다중공선성의 위험이 있다.
④ 귀무가설은 모든 회귀계수가 0이 아니라는 것이고, 대립가설은 모든 회귀계수가 0이라는 것이다.

**정답 ④ | 해설** 귀무가설은 모든 회귀계수가 0이라는 것이고, 대립가설은 적어도 하나의 회귀계수가 0이 아니라는 것이다. 다시 말해, 귀무가설은 독립변수들이 종속변수에 영향을 주지 않는다는 것을 가정하고, 대립가설은 최소한 하나 이상의 독립변수가 종속변수에 유의미한 영향을 준다는 것을 주장한다.

**22** 아래는 스위스의 47개 프랑스어 사용지역의 출산율(Fertility)과 교육수준(Education)과의 관계를 회귀모형으로 추정한 것이다. 아래의 결과를 사용하여 결정계수($R^2$)를 계산한 것으로 가장 적절한 것은?

```
> anova(lm(Fertility~Education,data=swiss))
Analysis of Variance Table

Response: Fertility
          Df Sum Sq Mean Sq F value    Pr(>F)
Education  1 3162.7  3162.7  35.446 3.659e-07 ***
Residuals 45 4015.2    89.2
---
Signif. codes: 0 '***' 0.001 '**' 0.01 '*' 0.05 '.' 0.1 ' ' 1
```

① 0.258

② 0.441

③ 0.625

④ 0.372

**정답 ② | 해설**

$SST = 3162.7 + 4015.2 = 7177.9$

$R^2 = \dfrac{SSR}{SST} = \dfrac{3162.7}{7177.9} \approx 0.441$

**23** 다음 중 Chickwts 데이터셋에 대해 사료 그룹 간 평균 무게에 차이가 있는지 검정하기 위해 분산분석을 실행한 결과에 대한 설명으로 가장 적절하지 않은 것은?

```
> summary(aov(weight~feed, chickwts))

          Df Sum Sq Mean Sq F value  Pr(>F)
feed       5 231129  46226   15.37 5.94e-10 ***
Residuals 65 195556   3009
---
Signif. codes: 0 '***' 0.001 '**' 0.01 '*' 0.05 '.' 0.1 ' ' 1
```

① 귀무가설은 모든 사료 그룹 간의 평균 무게에 차이가 없다는 것이다.

② 사료 그룹의 개수는 5개다.

③ F-값은 15.37이며, 이는 사료 그룹 간 평균 무게에 통계적으로 유의미한 차이가 있음을 나타낸다.

④ 유의수준 0.05하에서 p-값이 5.94e-10으로 매우 작기 때문에 귀무가설을 기각한다.

**정답 ② | 해설**
Df(자유도)는 그룹 수-1이므로, feed의 Df가 5라는 것은 사료 그룹이 6개라는 것을 의미한다.

**24** 다음 중 다중공선성에 대한 설명으로 가장 적절하지 않은 것은?

① 회귀분석에서 독립변수 간에 강한 상관관계가 존재할 때 발생한다.

② 다중공선성은 회귀계수의 분산을 증가시켜 불확실성을 감소시킨다.

③ 다중공선성의 문제가 있는 경우 변수 선택, 주성분 분석(PCA), 릿지 회귀 또는 라쏘 회귀와 같은 정규화 방법을 사용할 수 있다.

④ 다중공선성을 확인하는 방법으로 VIF가 있으며, 보통 VIF 값이 10 이상이면 다중공선성을 의심한다.

**정답 ② | 해설** 회귀분석에서 독립변수 간의 강한 상관관계가 회귀계수의 분산을 증가시킨다. 이는 회귀계수의 추정이 불안정해지게 하고, 회귀모델의 신뢰성이 낮아지는 원인이 된다.

**25** 다음 중 회귀모형의 변수 선택 방법으로 사용할 수 있는 것으로 가장 적절하지 않은 것은?

① 주성분 분석

② 모든 조합의 회귀분석

③ Lasso 회귀분석

④ 전진선택법

**정답 ① | 해설** 주성분 분석은 다차원 데이터의 차원축소를 위해 사용되며, 변수 간의 상관관계를 기반으로 주요한 정보를 추출해 새로운 주성분을 생성하는 기법이다.

② 모든 조합의 회귀분석 : 가능한 모든 변수의 조합을 통해 여러 회귀모델을 생성하고, 이 중 최적의 모델을 선택하는 방법

③ Lasso 회귀분석 : 회귀계수의 절대값에 대한 페널티를 부여하여 일부 계수를 정확히 0으로 만들어 변수 선택과 정규화를 동시에 수행하는 방법

④ 전진선택법 : 변수가 없는 모델에서 시작하여 가장 유의미한 변수를 하나씩 추가해 나가면서 모델을 구축하는 방법

★ 29회

**26** Default 데이터셋은 신용카드 대금 연체 여부(default)와 학생 여부(student)를 포함한다. 다음의 독립성 검정 결과에 대한 설명으로 가장 적절하지 않은 것은?

```
> table(Default$default,Default$student)

      No  Yes
No  6850 2817
Yes  206  127
> chisq.test(Default$default,Default$student)

 Pearson's Chi-squared test with Yates' continuity correction

data:  Default$default and Default$student
X-squared = 12.117, df = 1, p-value = 0.0004997
```

① 카이제곱 검정은 두 범주형 변수 간의 독립성을 검정하는 방법이다.

② 귀무가설은 두 변수가 서로 독립적이라는 가정을 세우는 것이다.

③ p-value는 0.0004997로, 이 값은 0.05보다 작으므로 귀무가설을 기각한다.

④ 학생과 비학생 간의 연체는 서로 연관 관계가 없다.

**정답** ④ | **해설** p-value가 0.05보다 작으므로 두 변수가 서로 독립적이라는 귀무가설을 기각한다. 즉, 학생과 비학생 간의 연체 여부는 서로 독립적이지 않으며, 어떤 연관성이 있다고 볼 수 있다.

**병행학습**

```
> table(Default$default,Default$student)

      No  Yes
No  6850 2817
Yes  206  127
```

- 학생이 아닌 집단(No)에서 연체를 하지 않은 경우(No)가 6850건, 연체한 경우(Yes)가 206건
- 학생 집단(Yes)에서는 연체를 하지 않은 경우가 2817건, 연체한 경우가 127건
- 학생 집단에서 연체 비율이 비학생 집단에 비해 상대적으로 높은 것을 확인할 수 있다.

```
> chisq.test(Default$default,Default$student)
 Pearson's Chi-squared test with Yates' continuity correction
data:  Default$default and Default$student
X-squared = 12.117, df = 1, p-value = 0.0004997
```

- 귀무가설 : 학생 여부와 연체 여부가 서로 독립적이다.
- 대립가설 : 학생 여부와 연체 여부가 서로 독립이 아니다.
- p-value 0.0004997은 0.05보다 작으므로 귀무가설을 기각하고, 대립가설을 채택한다.

★ 25회

**27** 다음 주성분 분석의 결과에 대한 설명으로 가장 적절하지 않은 것은?

```
> fit <- princomp(USArrests, cor=TRUE)
> summary(fit)
Importance of components:
                        Comp.1    Comp.2    Comp.3     Comp.4
Standard deviation     1.5748783 0.9948694 0.5971291 0.41644938
Proportion of Variance 0.6200604 0.2474413 0.0891408 0.04335752
Cumulative Proportion  0.6200604 0.8679017 0.9566425 1.00000000
> loadings(fit)

Loadings:
         Comp.1 Comp.2 Comp.3 Comp.4
Murder    0.536  0.418  0.341  0.649
Assault   0.583  0.188  0.268 -0.743
UrbanPop  0.278 -0.873  0.378  0.134
Rape      0.543 -0.167 -0.818

               Comp.1 Comp.2 Comp.3 Comp.4
SS loadings      1.00   1.00   1.00   1.00
Proportion Var   0.25   0.25   0.25   0.25
Cumulative Var   0.25   0.50   0.75   1.00
```

① PCA는 여러 변수 간의 상관관계를 이용하여 새로운 변수인 주성분을 생성하며, 이 주성분들은 원래 변수들의 선형 조합으로 이루어져 있다.

② 첫 번째와 두 번째 주성분을 사용하면 데이터의 약 87%의 분산을 설명할 수 있다.

③ 위 주성분 분석에서는 공분산 행렬이 아닌 상관행렬을 사용하였다.

④ 2번째 주성분의 로딩 벡터를 통해서 4개의 변수 모두 2번째 주성분과 양의 관계가 있음을 알 수 있다.

**30** 다음 중 분해 시계열에 대한 설명으로 가장 적절하지 않은 것은?

① 추세 요인은 장기적인 데이터의 증가나 감소 경향을 나타내는 것을 말한다.

② 계절 요인은 고정된 주기에 따라 반복적으로 나타나는 패턴을 말한다.

③ 불규칙 요인은 예측할 수 없는 외부 충격이나 랜덤한 변동을 나타내는 것을 말한다.

④ 순환 요인은 경제 전반이나 특정 산업의 부침을 나타내 주는 것을 말한다.

> **정답** ④ | **해설** 순환 요인은 명백한 경제적이나 자연적인 이유가 없이 알려지지 않은 주기를 가지고 변화하는 자료를 의미한다.
> **오답해설** ① 추세 요인 : 시계열 데이터에서 장기적으로 나타나는 패턴이나 방향(선형적, 이차식, 지수형태)
> ② 계절 요인 : 시계열 데이터에서 주기적으로 반복되는 변동(요일, 월, 사분기 자료에서 변동)
> ③ 불규칙 요인 : 추세 요인, 계절 요인, 순환 요인으로 설명할 수 없는 회귀분석에서 오차에 해당하는 요인

> **정답** ④ | **해설** UrbanPop과 Rape의 로딩값이 음수라는 것은 이 변수들이 2번째 주성분과 반대 방향의 관계를 가진다는 것을 의미한다. 반면, Murder와 Assault는 2번째 주성분과 양의 관계를 가진다.

**28** 다음 중 시간의 흐름에 따라 관측된 데이터로 가장 적절한 것은?

① 정적 자료

② 시계열 자료

③ 양적 자료

④ 교차 분석 자료

> **정답** ② | **해설** 시계열 자료(Time-series Data)는 시간의 흐름에 따라 순차적으로 관측된 데이터를 의미한다.

**29** 다음 내용이 설명하고 있는 시계열 모형은 무엇인가?

> • 기본 가정은 시계열 데이터의 현재 값이 과거의 여러 값에 선형적으로 의존한다는 것이다.
> • 백색 잡음의 현재값과 자기 자신의 과거값의 선형 가중합으로 이루어진 정상확률 모형이다.
> • 모형에 사용하는 시계열 자료의 시점에 따라 1차, 2차, …, p차 등이 있으나 정상 시계열 모형에서는 주로 1, 2차를 사용한다.

① AR 모형

② MA 모형

③ ARMA 모형

④ ARIMA 모형

> **정답** ① | **해설** 자기회귀 모형(AR; Autoregressive model)은 자료가 p 시점 전의 유한개의 과거 자료로 설명될 수 있다는 의미이다.

## 핵심 30 데이터 마이닝

데이터 마이닝(Data Mining)이란 '광산에서 광물을 캐내는 일'을 의미하는 'mining'에서 유래했으며, 대규모의 데이터에서 유용한 인사이트(Insight)를 발견하고 분석하여 가치(Value)를 창출하며, 그 결과를 의사결정에 반영하는 과정이다.

### (1) 데이터 마이닝의 기능

| | |
|---|---|
| 분류(Classification) | 데이터를 미리 정의된 여러 그룹 또는 클래스로 할당하는 것(주로 범주형)<br>예 개와 고양이의 분류 |
| 예측(Prediction) 또는<br>회귀(Regression) | 미래의 양상을 예측하거나 미래의 값을 추정하는 것(주로 연속형)<br>예 주식 가격의 예측 |
| 연관분석(Association Analysis) | 같이 팔리는 물건과 같이 아이템의 연관성을 파악하는 분석 |
| 군집분석(Clustering Analysis) | 이질적인 모집단을 동질성을 지닌 그룹별로 세분화하는 것을 의미 |
| 기술(Description) | 데이터의 특징 및 의미를 표현하거나 설명하는 것 |

### (2) 데이터 마이닝의 단계

목적 정의 → 데이터 준비 → 데이터 가공 → 데이터마이닝 기법 적용 → 검증

| | |
|---|---|
| 목적 정의 | • 데이터마이닝 도입의 목적을 분명히 정의하는 단계<br>• 가능하면 전문가가 참여하여 사용할 데이터마이닝 모델과 데이터 정의하는 것이 바람직함 |
| 데이터 준비 | • 고객정보와 거래정보, 상품 마스터 정보 등 데이터마이닝 수행에 필요한 데이터를 수집하는 단계<br>• 데이터는 대부분 용량이 크므로 IT부서와 협의하고 도움을 요청함<br>• 데이터 정제를 통해 데이터의 품질을 보장하고, 필요하다면 보강 작업을 거쳐 데이터 양을 충분히 확보 |
| 데이터 가공 | • 데이터마이닝 기법 적용이 가능하도록 수집된 데이터를 가공<br>• 모델링의 목적에 따라 목적 변수를 정의, 필요한 마이닝 소프트웨어를 적용할 수 있도록 적합한 형식 가공 |
| 데이터마이닝 기법 적용 | • 데이터마이닝 기법을 적용하여 목적하는 정보 추출<br>• 데이터마이닝 적용 목적, 데이터, 산출되는 정보에 따라 적절한 소프트웨어와 기법 선정 |
| 검증 | • 데이터마이닝으로 추출한 정보를 검증하는 단계<br>• 최적의 모델을 선정하고 데이터마이닝 결과를 업무에 적용 |

● 전문가의 조언

데이터 마이닝은 대규모 데이터에서 유용한 패턴을 발견하는 데 초점을 둔 기술로, 통계와 데이터베이스에서 출발했습니다. 머신러닝은 데이터를 통해 학습하고 예측하는 능력을 개발하는 인공지능의 한 분야입니다. 두 분야는 출발점은 다르지만 공통점이 많아 상호 보완적으로 작용하므로 엄격히 구분할 필요는 없습니다.

1. 다음 데이터 마이닝 단계 중 목적 변수를 정의하고 데이터 마이닝에 적합한 형태로 변환하는 단계는?

① 목적 정의

② 데이터 준비

③ 데이터 가공

④ 데이터 마이닝 기법 적용

**정답** ③ | **해설** 데이터 가공 단계는 데이터마이닝 기법 적용이 가능하도록 수집된 데이터를 가공하는 단계로, 모델링의 목적에 따라 목적 변수를 정의하고, 필요한 마이닝 소프트웨어를 적용할 수 있도록 적합한 형식으로 가공한다.

★ 18회 20회 25회 28회 31회 32회 34회

2. 다음 중 매장에서 물건을 배열하거나 카탈로그 및 교차판매 등에 적용하기 적합한 데이터마이닝 기법은 무엇인가?

① 분류(classification)

② 예측(prediction)

③ 연관분석(association analysis)

④ 군집분석(clustering analysis)

**정답** ③ | **해설** 매장에서 물건을 배열하거나 카탈로그 및 교차판매 등에 적용하기 적합한 데이터마이닝 기법은 연관분석(association analysis)이다. 이 기법은 대규모 데이터셋 내에서 항목 간의 흥미로운 관계나 자주 발생하는 패턴을 찾아내는 데 사용된다.

---

## 핵심 31 ┃ 지도 학습과 비지도 학습

### 1. 지도 학습(Supervised Learning)

• 레이블 또는 정답이 주어진 데이터를 사용하여 모델을 학습시키는 방법이다.

• 주어진 입력 데이터(X)에 대한 적절한 출력 데이터(Y)를 찾는 모델을 찾는 것이 목표이다.

• 분류(Classification), 회귀(Regression) 등을 수행한다.

### 2. 비지도 학습(Unsupervised Learning)

• 레이블 또는 정답이 주어지지 않은 데이터를 사용하여 모델을 학습시키는 방법이다.

• 데이터의 구조나 패턴을 찾아내는 것이 목표이다.

• 연관분석(Association Analysis), 군집분석(Clustering Analysis) 등을 수행한다.

잠 깐 만 요

**지도 학습과 비지도 학습 알고리즘**

| 지도 학습 | 분류 | • 로지스틱 회귀분석(Logistic Regression)<br>• 나이브 베이즈(Naive Bayes) |
| | 회귀 | • 선형 회귀분석(Linear Regression)<br>• 릿지 회귀분석(Ridge Regression)<br>• 라쏘 회귀분석(Lasso Regression)<br>• 엘라스틱넷(ElasticNet) |
| | 분류 + 회귀 | • 의사결정나무(Decision Tree)<br>• 서포트 벡터 머신(SVM)<br>• K-최근접 이웃(KNN; K-Nearest Neighbors)<br>• 앙상블 기법 : 배깅, 부스팅, 랜덤 포레스트<br>• 인공 신경망(Neural Networks) |
| 비지도 학습 | 군집 | • 계층적 군집분석(Hierarchical Clustering)<br>• K-평균 군집분석(K-Means Clustering)<br>• K-중앙값 군집분석(K-Medoids Clustering)<br>• 혼합 분포 군집분석(Gaussian Mixture Models)<br>• 밀도 기반 군집분석(Density-Based Clustering)<br>• 자기 조직화 맵(SOM; Self-Organizing Maps) |
| | 연관 | • Apriori<br>• FP-Growth |

★ 22회

1. 머신러닝 알고리즘은 크게 지도 학습(Supervised learning)과 비지도 학습 (Unsupervised learning)으로 나눌 수 있다. 다음 중 나머지와 성격이 다른 것은?

① 군집분석

② 분류 분석

③ 회귀 분석

④ 의사결정나무

**정답** ① | **해설** 군집분석은 비지도 학습에 속하지만, 분류 분석, 회귀 분석, 의사결정나무는 모두 지도 학습에 속한다.

---

| 핵심 **32** | **로지스틱 회귀분석(Logistic Regression)** |

• 종속변수가 범주형인 경우 적용되는 회귀분석 모형이다.

• 이항 로지스틱 회귀분석 : y가 0 또는 1을 갖는 경우(사망/생존, 성공/실패)

• 새로운 독립변수가 주어질 때 종속변수의 각 범주에 속할 확률이 얼마인지를 추정하고, 추정 확률을 기준치에 따라 분류한다.

● 전문가의 조언

아마 로지스틱 회귀분석은 선형 회귀분석보다 좀 더 어렵게 느껴지실 것 같습니다. 로지스틱 회귀분석을 제대로 이해하려면 분류의 기본 개념을 확실히 하고, 선형 회귀분석과의 차이점을 명확하게 구분해야 합니다. 또한, 모델의 결과를 해석할 수 있는 능력을 갖추는 것도 필요합니다.

잠 깐 만 요

**분류 분석에 선형 회귀분석을 사용할 수 없는 이유**

1. 범위 제한 : 분류는 각 범주에 속할 확률로 0에서 1 사이의 값으로 나와야 하는데 선형회귀분석을 통하면 y의 예측값이 0보다 작아질 수도 있고 1보다 커질 수도 있음($-\infty \sim \infty$)

2. 비선형 관계 : 분류 문제에서 종속변수와 독립변수 간의 관계는 대부분 비선형적으로 선형 회귀분석은 비선형 관계를 적절히 모델링하지 못함

## (1) 오즈(Odds)

- 승산(odds)은 성공할 확률이 실패할 확률의 몇 배인지를 나타낸다.

  odds=$p/(1-p)$ (p : 성공할 확률) 예 경기에서 이길 확률이 0.8이라면 odds는 4.0
- 성공 확률이 높으면 1보다 큰 값
- 실패 확률이 높으면 1보다 작은 값
- 오즈비(OR; odds ratio) : 오즈의 비율

## (2) 로짓(Logit) 변환

- 로짓(Logit)은 오즈에 로그를 취한 로짓 함수로, 종속변수와 독립변수 간의 선형분석이 가능하도록 한다.
- 로짓은 음의 무한대에서 양의 무한대 값이 된다.

$$\text{logit}=\log\left(\frac{p(x)}{1-p(x)}\right)=\beta_0+\beta_1 x_1+...+\beta_k x_k \ (-\infty \leq \text{로짓} \leq \infty)$$

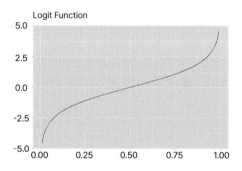

**POINT**

**A 용어설명**

**시그모이드 함수(Sigmoid Function)**
- logit 값을 연속형 0~1 사이의 값으로 바꾸는 함수
- 비선형적 값을 얻기 위해 사용
- 인공신경망의 활성화 함수로도 사용

## (3) 로지스틱 함수(Logistic Function)

- 로짓 함수의 역함수로, S자 형태를 가진 함수이다.
- 음의 무한대에서 양의 무한대 값을 0에서 1 사이의 값으로 변환하는 데 사용한다.
- p(x) 식을 정리하면 다음과 같으며, 아래 식을 로지스틱 함수(Logistic Function) 또는 시그모이드 함수(Sigmoid Function)라고 한다.

$$p(x)=\frac{1}{1+\exp^{-(\beta_0+\beta_1 x_1+...+\beta_k x_k)}} \ (0 \leq p(x) \leq 1)$$

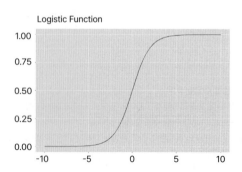

## (4) 선형 회귀분석과 로지스틱 회귀분석의 비교

|  | 선형 회귀분석 | 로지스틱 회귀분석 |
|---|---|---|
| 학습 방법 | 지도 학습 | |
| 독립변수 | 범주형 변수, 연속형 변수 | |
| 종속변수 | 연속형 변수 | 범주형 변수 |
| 계수 추정법 | 최소제곱법 | 최대가능도 추정법 |
| 모형 검정 | t-검정, F-검정 | 카이제곱 검정 |

**POINT**

## (5) 로지스틱 회귀분석의 해석

**예제**

iris 데이터셋에서 Sepal.Length(꽃받침 길이)에 따른 Species(품종)을 분류하는 로지스틱 회귀모델을 작성해보자.

```
> summary(model)
Call:
glm(formula = Species ~ Sepal.Length, family = binomial, data = iris.data)

Deviance Residuals:
     Min        1Q     Median        3Q       Max
-2.05501   -0.47395   -0.02829    0.39788   2.32915

Coefficients:
             Estimate Std. Error z value  Pr(>|z|)
(Intercept)   -27.831      5.434   -5.122  3.02e-07 ***
Sepal.Length    5.140      1.007    5.107  3.28e-07 ***
---
signif. codes: 0 '***' 0.001 '**' 0.01 '*' 0.05 '.' 0.1 ' ' 1

(Dispersion parameter for binomial family taken to be 1)

    Null deviance: 138.629 on 99 degrees of freedom
Residual deviance:  64.211 on 98 degrees of freedom
AIC: 68.211

Number of Fisher Scoring iterations: 6

> exp(coef(model)["Sepal.Length"])
Sepal.Length
    170.7732
```

- 종속변수 : Species
- 독립변수 : Sepal.Length
- log(odds)=−27.831+5.140*Sepal.Length
- 회귀계수의 p−값은 3.28e−07로 매우 유의미
- Null deviance(영 이탈도)는 아무 변수 없이 상수항만 있을 때의 이탈도
- Residual deviance(잔차 이탈도)는 설명변수를 포함한 모델의 이탈도로 작을수록 좋음
- Sepal.Length가 1단위 증가함에 따라 setosa가 아닐 오즈가 약 exp(5.14)=170배 증가함

★ 20회 30회

**1.** 다음 중 종속 변수가 범주형 데이터일 때 사용되는 것으로, 하나 이상의 독립 변수와 종속 변수 간의 관계를 모델링하는 기법은?

① 로지스틱 회귀분석

② 선형회귀분석

③ k-평균 군집분석

④ 앙상블 모형

**정답** ① | **해설** 로지스틱 회귀분석은 범주형 종속 변수를 가질 때 사용되며, 특히 이진 분류 문제에 널리 적용된다.

---

★ 16회 17회 25회 30회

**2.** Default 데이터셋은 신용 카드 지불을 연체했는지 여부를 나타내는 default 변수, 학생 여부를 나타내는 student 변수, 신용카드 평균 잔액을 나타내는 balance 변수, 연간 소득을 나타내는 income 변수를 포함한다. 다음의 로지스틱 회귀분석 결과에 대한 설명으로 가장 적절하지 않은 것은?

```
> model <- glm(default~.,data=Default, family ="binomial")
> summary(model)

Call:
glm(formula = default ~ ., family = "binomial", data = Default)

Deviance Residuals:
    Min       1Q    Median       3Q      Max
-2.4691  -0.1418  - 0.0557  -0.0203   3.7383

Coefficients:
              Ectimate Std. Error z value  Pr(>|z|)
(Intercept) -1.087e+01  4.923e-01 - 22.080  < 2e-16 ***
studentYes  - 6.468e-01  2.363e-01  -2.738  0.00619 **
balance      5.737e-03  2.319e-04  24.738  < 2e-16 ***
income       3.033e-06  8.203e-06   0.370  0.71152
---
Signif. codes: 0 '***' 0.001 '**' 0.01 '*' 0.05 '.' 0.1 ' ' 1

(Dispersion parameter for binomial family taken to be 1)

    Null deviance: 2920.6 on 9999 degrees of freedom
Residual deviance: 1571.5 on 9996 degrees of freedom
AIC: 1579.5

Number of Fisher Scoring iterations: 8
```

① balance는 default에 통계적으로 유의미한 영향을 주는 변수이다.

② income은 default에 통계적으로 유의미한 영향을 주는 변수가 아니다.

③ 모든 다른 조건이 동일할 때, 학생이 비학생에 비해 연체될 확률이 높다.

④ balance가 한 단위 증가할 때 default 확률의 로그 오즈가 0.005737만큼 증가한다.

## 핵심 33 의사결정 나무(Decision Tree)

- 의사결정 규칙을 나무(tree) 구조로 나타내어 전체 자료를 몇 개의 소집단으로 분류 (Classification)하거나 예측(prediction)을 수행하는 분석 방법이다.
- 상위노드로부터 하위노드로 나무 구조를 형성하는 단계마다 분류변수와 분류기준값의 선택이 중요하다.
- 노드(집단) 내에서는 동질성이, 노드(집단) 간에는 이질성이 가장 커지도록 분기한다.
- 나무 모형의 크기는 과대적합(또는 과소적합) 되지 않도록 합리적 기준에 의해 적당히 조절되어야 한다.

### 1. 의사결정 나무 종류

| 분류나무(classification tree) | 목표변수가 범주형인 경우 |
|---|---|
| 회귀나무(regression tree) | 목표변수가 연속형인 경우 |

### 2. 의사결정 나무의 구조

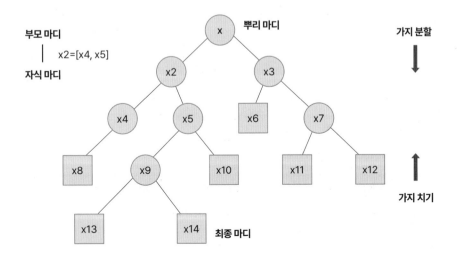

**A 용어설명**

- **과대적합(Overfitting)** : 학습 데이터셋에 지나치게 최적화하여 학습 데이터셋에 대해서는 성능이 높게 나타나지만 새로운 데이터셋이 주어지면 정확한 분류나 예측을 하지 못하는 것

- **과소적합(Underfitting)** : 최적화가 제대로 수행되지 않아 학습 데이터의 구조나 패턴을 정확히 반영하지 못하는 문제

**● 전문가의 조언**

의사결정 나무는 직관적이고 이해하기 쉬운 모델입니다. 그러나 학습해야 할 내용도 좀 많은 편입니다. 특히 분류나무와 회귀나무의 분류 기준을 명확히 이해하고, 모델의 장단점을 꼼꼼히 학습하는 것이 중요합니다.

| | |
|---|---|
| 뿌리 마디(root node) | 맨 위의 마디 |
| 부모 마디(parent node) | 상위의 마디가 하위 마디로 분기될 때, 상위 마디 |
| 자식 마디(child node) | 하위 마디 |
| 최종 마디(terminal node) | 더 이상 분기되지 않는 마디 |
| 가지 분할(split) | 나뭇가지를 생성하는 과정 |
| 가지치기(pruning) | 과대적합되어 현실 문제에 적응할 수 있는 적절한 규칙이 나오지 않는 현상을 방지하기 위해 가지를 제거 → 모형을 단순화 |

**POINT**
## 3. 의사결정 나무의 분류 기준
### (1) 분류나무의 분류 기준
상위노드에서 가지분할을 수행할 때, 분류(기준) 변수와 분류 기준값의 선택 방법으로 카이제곱 통계량(chi-square)의 p-값, 지니 지수(Gini index), 엔트로피 지수(entropy index) 등을 사용한다.

① 카이제곱 통계량 p-값
- 관측도수와 기대도수의 차이가 커질수록 카이제곱 통계량은 커지고 p-값은 작아진다.
- p-값이 작아지는 방향으로 분류한다.

$$\chi^2 = \sum \frac{(O-E)^2}{E} \quad \text{(O: 관측도수, E: 기대도수)}$$

② 지니 지수
- 데이터 집합의 불순도(impurity) 혹은 불확실성(uncertainty)를 측정하는 방법이다.
- 값이 클수록 이질적이며 순수도가 낮다.
- 가장 순수한 경우 지니지수 값은 0이다.

$$G = 1 - \sum p^2$$

③ 엔트로피 지수
- 정보 이론에서 정보의 불확실성이나 무질서도를 측정하는 지표이다.
- 이진 분류 문제의 경우, 엔트로피 지수의 범위는 0부터 1까지로 엔트로피가 높을수록 정보의 불확실성이 크다.

$$E = -\sum_{i=1}^{n} p_i \log_2(p_i)$$

### (2) 회귀나무의 분류 기준
F-통계량과 분산의 감소량 등을 사용한다.

| | |
|---|---|
| F-통계량 | p-값이 작아지는 방향으로 가지 분할을 수행 |
| 분산의 감소량(variance reduction) | 최대화되는 방향으로 가지 분할을 수행 |

● **전문가의 조언**
의사결정 나무에서 분류 기준은 매우 중요하며, 특히 지니지수의 의미와 계산은 시험에 자주 출제되므로 반드시 숙지해야 합니다.

## (3) 의사결정 나무 알고리즘과 분류 기준

|  | 분류나무 | 회귀나무 |
|---|---|---|
| CHAID(다지분할) | 카이제곱 p-value | F 통계량 p-value |
| CART(이지분할) | 지니지수 | 분산 감소량 |
| C5.0 | 엔트로피 지수 | - |

● **전문가의 조언**

의사결정 나무 알고리즘과 분류 기준은 여러번 출제된 바가 있으므로 시험 직전 반드시 암기하시기 바랍니다.

## (4) 의사결정 나무의 분석

**예제**

iris 데이터셋에서 Petal.Length(꽃잎 길이), Petal.Width(꽃잎 너비), Sepal.Length(꽃받침 길이), Sepal.Width(꽃받침 너비)에 따른 Species(품종)을 분류하는 의사결정 나무를 작성해 보자.

```
>library(rpart)
>c <- rpart(Species~. ,data=iris) #iris로 의사결정나무 분석
>c
n=150

node), split, n, loss, yval, (yprob)
      * denotes terminal node

1) root 150 100 setosa (0.33333333 0.33333333 0.33333333)
  2) petal.Length< 2.45 50   0 setosa (1.00000000 0.00000000 0.00000000) *
  3) petal.Length>=2.45 100 50 versicolor (0.00000000 0.500000000 0.500000000)
    6) petal.Width<1.75 54   5 versicolor (0.00000000 0.90740741 0.09259259) *
    7) petal.Width=1.75 46   1 virginica (0.00000000 0.02173913 0.97826087) *
```

- Petal.Length < 2.45 : 꽃잎 길이가 2.45 미만인 경우 모두 setosa
- Petal.Length >= 2.45이고 Petal.Width < 1.75 : 꽃잎 길이가 2.45 이상이고 꽃잎 너비가 1.75 미만인 경우 모두 versicolor
- Petal.Length >= 2.45이고 Petal.Width >= 1.75 : 꽃잎 길이가 2.45 이상이고 꽃잎 너비가 1.75 이상인 경우 모두 virginica

## (5) 의사결정 나무의 특징

① 의사결정 나무의 장점

- 구조가 단순하여 해석이 용이하다.
- 모형을 만드는 방법이 계산적으로 복잡하지 않고 대용량 데이터도 빠르게 만들 수 있다.
- 선형성, 정규성, 등분산성 등의 수학적 가정이 불필요한 비모수적 모형이다.

② 의사결정 나무의 단점

- 분류기준값의 경계선 근방의 자료값에 대해서는 오차가 클 수 있다.

- 설명변수 간의 중요도를 판단하기 쉽지 않다.
- 새로운 자료에 대한 예측이 불안정할 수 있다.

---

★ 21회

1. 어떤 노드에 10개의 데이터가 있으며, 그 중 6개가 클래스 A에 속하고 4개가 클래스 B에 속한다고 할 때 지니 지수를 계산한 것으로 가장 적절한 것은?

① 0.5

② 0.48

③ 0.38

④ 0.32

정답 ② | 해설 $G = 1 - \sum p^2 = 1 - (\frac{6}{10})^2 - (\frac{4}{10})^2 = 0.48$

---

## 핵심 34 앙상블 모형

- 여러 개의 분류 모형에 의한 결과를 종합하여 정확도를 높이는 방법이다.
- 단일 모델에 비해 일반적으로 더 좋은 성능을 보이며, 특히 복잡하고 노이즈가 많은 데이터에서 과대적합의 위험을 줄이는 데 효과적이다.
- 앙상블 기법의 종류 : 배깅(bagging), 부스팅(boosting), 랜덤 포레스트(random forest), 스태킹(Stacking) 등

### (1) 배깅(Bagging)

- bootstrap aggregating의 약어로, 원 데이터 집합으로부터 크기가 같은 표본(bootstrap)을 여러 번 단순 임의 복원 추출하고 각 부트스트랩 자료에 분류 모형을 생성한 후 그 결과를 종합하는 방법이다.
- 부트스트랩(Bootstrap)은 원래의 데이터 집합에서 임의로 반복 복원 추출하는 방식으로 새로운 데이터 집합을 만드는 통계적 방법이다.
- 반복 추출 방법을 사용하기 때문에 같은 데이터가 한 표본에 여러 번 추출될 수 있고, 어떤 데이터는 추출되지 않을 수 있다.
- 보팅(boting)은 여러 개의 모형으로부터 산출된 결과를 다수결에 의해서 최종 결과를 선정하는 과정이다.
- 배깅에서는 가지치기를 하지 않고 최대로 성장한 의사결정 나무들을 활용한다.

## (2) 부스팅(Boosting)

- 여러 개의 약한 학습기(Weak Learner)를 순차적으로 학습시켜 강한 학습기(Strong Learner)를 만드는 방법이다.
- 분류가 잘못된 데이터(오분류 데이터)에 더 큰 가중치를 주어 표본을 추출하는 기법이다.
- 부트스트랩 표본을 추출하여 분류기를 만든 후, 분류 결과를 이용하여 각 데이터가 추출될 확률을 조정한 후, 다음 부트스트랩 표본을 추출하는 과정을 반복한다.
- 배깅에 비해 많은 경우 예측 오차가 향상되어 성능이 배깅보다 뛰어난 경우가 많다.
- 부스팅 종류 : AdaBoost, Gradient Boosting, XGBoost, LightGBM(leaf-wise-node 방법) 등

## (3) 랜덤 포레스트(Random forest)

- 배깅의 개념과 변수의 임의 선택을 결합한 앙상블 기법이다.
- 배깅과 부스팅보다 더 많은 무작위성을 주어 약한 학습기들을 생성한 후 이를 선형결합하여 최종 학습기를 만드는 방법이다.
- 각 노드에서 최적의 분할을 결정할 때, 전체 변수 중 일부만 랜덤하게 선택하여 사용하여 모델의 다양성을 증가시키고, 과적합을 방지한다.

## (4) 스태킹(Stacking)

- 여러 모델의 예측 결과를 새로운 메타 데이터셋(Meta-dataset)으로 만들고, 이를 입력으로 사용하는 메타 모델(Meta-model)을 학습시키는 방법이다.
- 배깅이나 부스팅과는 달리 서로 다른 타입의 모델을 사용한 예측 결과를 결합하여 최종 예측을 수행한다.

---

★ 21회, 25회, 34회

**1. 다음 중 앙상블 기법에 대한 설명으로 가장 적절한 것은?**

① 배깅, 부스팅과 같은 앙상블 기법은 여러 모델의 예측을 결합한다.

② 앙상블 기법을 사용하게 되면 각 모델의 상호연관성이 높을수록 정확도가 향상된다.

③ 전체적인 예측값의 분산을 유지하여 정확도를 높일 수 있다.

④ 앙상블 기법은 단일 모델의 복잡도를 증가시켜 예측 정확도를 높이는 방법이다.

**정답** ① | **해설** 부스팅, 배깅, 스태킹과 같은 앙상블 기법은 여러 모델의 예측을 결합하여 더 안정적이고 정확한 예측을 생산함으로써 과적합을 최소화하는 것을 목표로 한다.

**오답해설**
② 상호연관성이 높은 모델보다는 서로 다른 특성을 가진 모델들을 결합함으로써 정확도가 향상된다.
③ 개별 모델이 가지는 예측값의 분산을 줄이고, 전체적으로 더 안정적이고 정확한 예측을 가능하게 한다.
④ 여러 모델의 예측을 결합하여 전체적인 성능을 향상시키는 방법이다.

● **전문가의 조언**

배깅은 여러 모델을 병렬적으로 학습시켜 각 모델의 예측을 집계하는 방식이며, 부스팅은 모델을 순차적으로 학습시켜 이전 모델의 오류를 보완하는 방식이라는 차이점이 있습니다.

Ａ **용어설명**

leaf-wise-node 방법 : 모든 리프를 균등하게 한 레벨씩 확장하며 노드를 추가하는 방식인 level-wise와 달리 현재까지 생성된 리프(leaf) 중에서 손실 감소량이 가장 큰 리프를 골라 새로운 노드를 추가하는 방식

● **전문가의 조언**

배깅은 부트스트랩 샘플링, 부스팅은 오분류 데이터에 가중치, 랜덤포레스트는 변수를 무작위로 선택하는 특징을 반드시 암기하세요.

인공신경망(ANN; Artificial Neural Network) 모형

● **전문가의 조언**

인공신경망은 선형 회귀분석이 확장된 형태로 보면 좀 더 이해하기가 쉽습니다. 선형 회귀분석은 입력 변수와 출력 변수 간의 선형 관계를 모델링하는 반면, 인공신경망은 여러 층과 비선형 활성화 함수를 통해 더 복잡하고 비선형적인 관계를 학습할 수 있습니다.

- 인공신경망은 사람의 뇌를 구성하는 신경 세포인 뉴런의 동작 원리를 모방하여 만든 모델이다.
- 입력(input) 정보를 받아 개별신호의 강도에 따라 가중치를 적용하며, 활성화 함수(activation function)를 통해 인공신경망의 출력(output)을 계산한다.
- 인공신경망을 이용하면 분류 및 예측을 할 수 있다.

## (1) 퍼셉트론(perceptron)

- Frank Rosenblatt이 1957년 고안한 인공신경망의 기원 알고리즘이다.
- 입력층이 은닉층을 거치지 않고 직접 출력층에 연결되는 신경망이다.
- 입력값, 가중치, 활성화 함수, 출력값으로 구성한다.
- 선형 분류기로서, 선형적으로 분리할 수 없는 XOR 문제를 해결할 수 없다는 한계를 가진다.

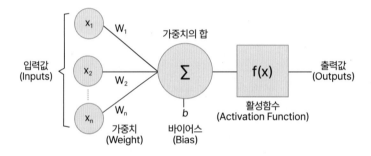

- 각 입력값에 가중치를 곱한다. → 가중치가 곱해진 입력값들을 더하여 가중합을 계산한다. → 가중합에 바이어스(상수항)를 더한다. → 활성화 함수를 적용하여 최종 출력값을 계산한다.

## (2) 다층(multi-layer) 신경망 또는 다중 퍼셉트론(perceptron)

- 다층 신경망은 입력층, 은닉층, 가중치, 활성화 함수, 출력층으로 구성된다.
- 은닉층(hidden layer)은 이전 층(previous layer)으로부터 출력을 받아 가중치를 취한 후 비선형의 활성화 함수로 넘긴다.
- 출력층은 최종 은닉층으로부터 결과를 받아 비선형적으로 결과를 넘겨 목표값을 제공한다.

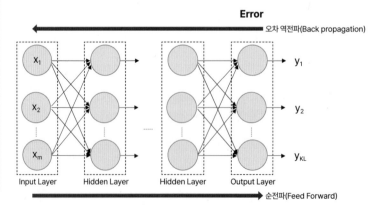

- 다층 신경망의 가중치는 학습과정에서 오차의 역전파(Backpropagation) 알고리즘을 통해 갱신한다.
- 은닉층의 수와 은닉노드의 수는 분석가가 분석 경험에 의해 설정한다. (하이퍼파라미터)
- 은닉층과 은닉노드가 많으면 가중치가 많아져서 과대 적합 문제가 발생한다.
- 은닉층과 은닉노드가 적으면 과소 적합 문제가 발생한다.
- 드롭아웃(Dropout)이란 인공신경망을 학습시킬 때, 일부 노드를 임의로 비활성화시켜 과대 적합을 방지하는 방법이다.

잠깐만요

- **순전파(Feed Forward)**
  입력 데이터가 신경망의 입력층에서부터 출력층까지 순서대로 전달되는 과정이다.
- **오차 역전파(Backpropagation)**
  예측값과 실제값 간의 오차를 계산한 뒤, 이를 출력층에서 입력층 방향으로 역전파하여 가중치를 업데이트하는 과정이다.

POINT
## (3) 활성화 함수(Activation Function)

- 인공신경망에서 입력받은 데이터를 다음 층으로 어떻게 출력할지를 결정하는 함수이다.
- 풀고자 하는 문제(출력값)의 종류에 따라 활성화 함수의 종류가 달라진다.
- 활성화 함수는 신경망이 비선형 문제를 풀 수 있게 해준다.
- 신경망의 각 층마다 다른 활성화 함수를 사용할 수 있다.
- 활성화 함수 종류

| 활성화 함수 | 설명 | 그래프 |
|---|---|---|
| 계단 함수<br>(Step Function) | 입력값이 0보다 클 때 1을, 그렇지 않을 때 0을 출력하는 함수 | Step Function |
| 부호 함수<br>(Sign Function) | 입력값이 양수일 경우 1, 음수일 경우 −1, 0일 경우 0을 출력하는 함수 | Sign Function |
| 시그모이드 함수<br>(Sigmoid Function) | • 로지스틱 회귀분석과 유사하며 0~1의 확률값을 가짐<br>• 기울기 소실의 원인이 되는 함수 | Sigmoid Function |
| softmax 함수 | 표준화지수 함수로도 불리며, 출력값이 여러 개로 주어지고 목표치가 다범주인 경우 각 범주에 속할 사후 확률을 제공 | $\text{Softmax}(z_i) = \dfrac{e^{z_i}}{\sum_j e^{z_j}}$ |

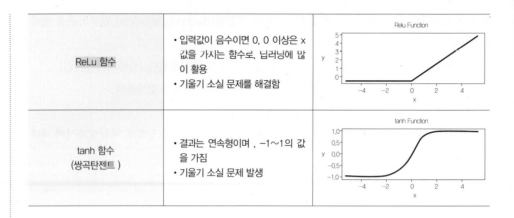

| ReLu 함수 | • 입력값이 음수이면 0, 0 이상은 x 값을 가지는 함수로, 딥러닝에 많이 활용<br>• 기울기 소실 문제를 해결함 | |
|---|---|---|
| tanh 함수<br>(쌍곡탄젠트) | • 결과는 연속형이며, −1~1의 값을 가짐<br>• 기울기 소실 문제 발생 | |

 **용어설명**

Leaky ReLU 함수:
• ReLU 함수가 가진 '죽은 뉴런' 문제를 해결하기 위해 사용됨
• 입력값이 0보다 크면 그 값을 그대로 출력하고, 0보다 작으면 입력값에 아주 작은 기울기를 곱한 값을 출력

**용어설명**

비용함수(cost function):
손실함수(loss function)라고도 하며, 모델이 예측한 값과 실제 정도 차이를 비교하기 위한 함수

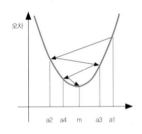

## (4) 경사하강법(Gradient descent)
• 함수 기울기를 낮은 쪽으로 계속 이동시켜 극값에 이를 때까지 반복하는 것이다.
• 제시된 함수의 기울기의 최소값을 찾아내는 알고리즘이다.
• 비용함수(cost function)을 최소화하기 위해 파라미터를 반복적으로 조정하는 과정이다.
• Learning rate(학습률)은 한 번의 학습에서 얼마나 이동할지 지정한다.
• 가중치를 임의의 값으로 초기화 → 손실 계산 → 기울기(미분값) 계산 → 가중치 업데이트 → 반복

**잠깐만요**

**Learning rate(학습률) 설정**
• 학습률이 너무 낮은 경우
  학습 속도가 매우 느려져 최적의 솔루션에 도달하는 데 오랜 시간이 걸림
  지역 최소값(local minima)에 갇힐 위험이 더 커짐
• 학습률이 너무 높은 경우
  학습 과정이 불안정해지고, 모델이 최소 손실값을 넘어서거나 발산할 수 있음

## (5) 기울기 소실(Vanishing Gradient) 문제
• 다층 신경망 모형에서 은닉층의 개수를 너무 많이 설정하게 되면 역전파 과정에서 앞쪽 은닉층의 가중치 조정이 이루어지지 않아 신경망의 학습이 제대로 이루어지지 않을 때 일어나는 현상이다.
• 시그모이드와 tanh 함수를 ReLU 함수로 대체하여 기울기 소실 문제를 해결한다.

## (6) 인공신경망의 특징
① 인공신경망의 장점
• 입력변수, 출력변수가 범주형이나 연속형인 경우 모두 처리 가능하다.
• 분류 및 예측력이 우수하다.
• 비선형 형태에 적합하다.
• 이상치나 잡음에 대해서 민감하게 반응하지 않는다.

② 인공신경망의 단점

- 과정이 투명하지 않고 복잡하다. (블랙박스 모형)
- 모형이 복잡하면 훈련 과정에 시간과 컴퓨팅 자원이 많이 소요된다.

---

★ 28회

**1. 다음 중 인공신경망에 대한 설명으로 가장 적절하지 않은 것은?**

① 다층 퍼셉트론은 입력층과 하나 이상의 은닉층, 그리고 출력층으로 구성된 인공 신경망의 한 종류이다.

② 은닉층의 뉴런 수와 개수는 신경망 모형에서 자동으로 설정된다.

③ 피드포워드 신경망은 데이터가 입력층부터 출력층까지 한 방향으로만 전달되는 구조를 가진 신경망이다.

④ 역전파 알고리즘은 신경망의 출력값과 실제값의 오차를 계산하여, 이 오차를 각 층의 가중치에 역으로 전파시키면서 가중치를 조정하는 학습 방법이다.

**정답** ② | **해설** 은닉층의 뉴런 수와 개수는 신경망 모형에서 자동으로 설정되지 않으며, 분석자가 실험을 통해 결정하거나, 최적화 과정을 통해 찾아야 하는 초매개변수이다.

---

★ 17회 27회 33회

**2. 다음 중 다중 클래스 분류 문제에서 출력층의 활성화 함수로 널리 사용되는 것으로, 벡터를 입력으로 받아 각 클래스에 속할 확률을 나타내는 값으로 변환하는 함수는 무엇인가?**

① 시그모이드 함수

② 소프트맥스 함수

③ ReLu 함수

④ tanh 함수

**정답** ② | **해설** softmax 함수는 표준화지수 함수로도 불리며, 출력값이 여러 개로 주어지고 목표치가 다범주인 경우 각 범주에 속할 사후 확률을 제공한다.

**오답해설**
① 시그모이드 함수: 로지스틱 회귀분석과 유사하며 0~1의 확률값을 출력하는 함수
③ ReLu 함수: 입력값이 음수이면 0, 0 이상은 x값을 가지는 함수로, 딥러닝에 많이 활용
④ tanh 함수: -1~1의 연속형 값을 출력하는 함수

---

## 핵심 36　딥러닝(DNN; Deep Neural Network)

- 머신러닝의 한 분야로 인공신경망(ANN)을 기반으로 한다.
- 심층신경망(DNN)은 여러 개의 은닉층을 포함하는 인공신경망의 한 형태이다.
- 딥러닝 기술의 핵심으로, 대량의 데이터에서 복잡한 패턴과 관계를 인식하고 학습하는 데 사용된다.

## (1) 딥러닝의 특징

① 다층 구조: 입력층, 여러 개의 은닉층, 출력층으로 구성되어 복잡한 데이터 표현을 학습한다.

② 자동 특징 학습: 데이터로부터 자동으로 필요한 특징을 추출하고 학습한다.

③ 범용성: 이미지, 음성, 텍스트 등 다양한 유형의 데이터 처리가 가능하다.

④ 복잡한 문제 해결 능력: 고도의 패턴 인식 및 예측 능력으로 다양한 분야에서 활용한다.

## (2) 딥러닝의 종류

| 신경망 유형 (DNN) | 주요 특징 | 주로 사용되는 분야 |
|---|---|---|
| 합성곱 신경망(CNN) | 이미지의 특징을 효율적으로 추출할 수 있는 합성곱층(convolutional layer)을 사용하여 이미지 처리를 하는데 사용 | 이미지 인식, 분류 및 객체 감지 |
| 순환 신경망 (RNN) | 시간에 따른 데이터의 순서나 시퀀스를 처리하는 데 특화되는 신경망 | 자연어 처리, 시계열 분석 |
| 오토인코더 (AE) | 입력을 저차원의 표현으로 압축한 후, 이를 다시 복원하려고 학습함. 입력 데이터의 효율적인 표현 (인코딩)을 학습함 | 차원 축소, 노이즈 제거 |
| 생성적 적대 신경망 (GAN) | 두 신경망(생성자와 판별자)이 서로 경쟁하며 학습함. 생성자는 진짜와 같은 데이터를 생성하려고 하고, 판별자는 진짜 데이터와 가짜 데이터를 구분하려고 함 | 이미지 생성, 스타일 변환 |

**A 용어설명**

• 장단기 메모리(LSTM): RNN의 한 종류로, 장기 의존성 문제를 해결하기 위해 고안됨. 입력, 출력, 삭제 게이트를 통해 정보를 장기간 유지하거나 삭제할 수 있음

• 게이트 순환 유닛(GRU): LSTM의 간소화 버전으로, 게이트의 개수를 줄여 계산을 효율적으로 함. 업데이트 게이트와 리셋 게이트를 사용

• 전이학습 (Transfer Learning): 한 작업에서 학습한 지식을 다른 작업에 적용하는 것으로, 모델의 학습 시간 단축과 성능 개선에 도움을 줌

★ 25회 32회

**1. 다음 중 딥러닝과 가장 관련 없는 분석 기법은?**

① CNN

② LSTM

③ SVM

④ Autoencorder

**정답** ③ | **해설** SVM(Support Vector Machine)은 딥러닝 기술이 아닌, 기계 학습의 한 분야에서 사용되는 지도 학습 모델이다.

---

**핵심 37** **자기 조직화 지도**

• 코호넨(Kohonen)에 의해 개발된 비지도 인공신경망이다.

• 고차원의 데이터를 저차원으로 시각화하는 데 사용한다.

• 입력변수의 위치 관계를 그대로 보존하여 패턴 발견과 군집화 등에 활용한다.

• 입력층과 2차원 격자 형태의 경쟁층으로 이루어져 있다. (2개의 층으로 구성)

**● 전문가의 조언**

자기 조직화 지도에서 '지도'는 시각화를 의미하죠? 시각화를 하기 위해서는 데이터를 2차원이나 3차원으로 변환할 필요가 있습니다. 즉, 자기 조직화 지도는 고차원 데이터를 저차원으로 축소하여 쉽게 시각화하고, 데이터의 구조와 패턴을 이해하는 데 도움을 줍니다.

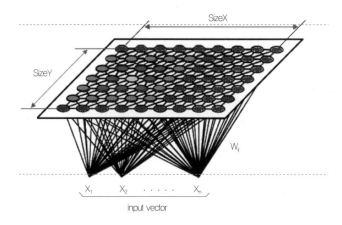

input vector

## (1) 자기 조직화 지도의 학습

- 경쟁학습으로 각각의 뉴런이 입력 벡터와 얼마나 가까운가를 계산하여 연결 강도(weight)를 반복적으로 재조정하여 학습 → 승자 독점 구조로 경쟁층에서 승자 뉴런만 나타난다.
- BMU(Best Matching Unit) : 각각의 입력 벡터에 대해 가장 가까운 가중치를 가진 뉴런
- 역전파 알고리즘을 사용하는 다른 인공신경망과는 다르게, 단방향 전방 패스(feed-forward flow)만을 사용한다.
- 학습 과정이 간단하며, 큰 데이터셋에 대해 빠른 학습 속도 가능하다.

## (2) SOM과 인공신경망의 차이점

| 구분 | 인공신경망 | SOM |
|------|-----------|-----|
| 구성 | 입력층, 은닉층, 출력층 | 입력층, 경쟁층 |
| 학습 방법 | 오차 역전파 | 경쟁학습 |
| 분류 | 지도 학습 | 비지도 학습 |

---

★ 21회

**1. 다음 중 자기 조직화 지도(SOM)에 대한 설명으로 가장 적절한 것은?**

① 지도 학습 방법에 속한다.

② 지도(map) 형태로 형상화가 이루어지지만, 입력 변수의 위치 관계를 보존하지는 않는다.

③ 학습 과정에서 각 뉴런의 가중치는 입력 데이터와의 거리가 멀수록 더 많이 조정된다.

④ 승자 독점의 학습 규칙에 따라 입력 패턴과 가장 유사한 경쟁층 뉴런이 승자가 된다.

**정답** ④ | **해설** 입력 데이터와 가장 유사한 가중치 벡터를 가진 뉴런(BMU)이 승자로 선정되며, 이 과정을 통해 데이터의 구조와 패턴을 학습하고 지도에 반영합니다.

## 핵심 38    K-최근접 이웃 알고리즘(KNN; K-Nearest Neighbor)

● **전문가의 조언**

KNN은 새로운 데이터가 들어오기 전까지는 아무 작업도 하지 않고, 데이터가 들어온 후에야 가까운 이웃을 찾고, 개수를 세어 분류나 예측을 수행하는 게으른 학습을 합니다.

- 분류 및 회귀에 이용되는 지도 학습 기법이다.
- 모형을 미리 만들지 않고, 새로운 데이터가 들어오면 그때부터 계산을 시작하는 lazy learning(게으른 학습) 사용한다.
- K는 하이퍼파라미터로 K값에 따라 소속되는 그룹이 달라질 수 있다.
- 주어진 데이터와 가장 가까운 이웃들을 바탕으로 분류나 예측을 진행하기 때문에, 데이터의 지역적 패턴이나 구조를 잘 반영할 수 있다.
- K가 작으면 더 적은 이웃을 기반으로 해서 개별 데이터에 민감해지므로, 과대적합으로 이어질 수 있다.

### (1) KNN 알고리즘의 절차

① 새로운 데이터 A에 대해 이미 그룹이 알려진 데이터 중 가장 가까이 있는 K개의 데이터를 수집한다.

② K개의 데이터가 가장 많이 속해 있는 그룹을 A의 그룹으로 지정한다.

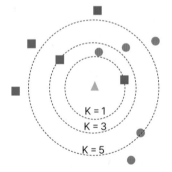

- 네모와 동그라미 : 이미 분류된 데이터
- K=1인 경우 : 세모는 네모 분류로 들어감(100%)
- K=3인 경우 : 세모는 네모 분류로 들어감(66.7%)
- K=5인 경우 : 세모는 동그라미 분류로 들어감(60%)

---

★ 21회 29회

**1.** 다음 중 KNN(K-Nearest Neighbor)에 대한 설명으로 가장 적절하지 않은 것은?

① 최적의 K값을 찾기가 어렵다.

② 이상치의 영향을 많이 받는다.

③ 비수치형 데이터에는 사용하기 어렵다.

④ Lazy learning(게으른 학습)이 사용되는 지도 학습 알고리즘이다.

**정답** ③ | **해설** KNN은 수치형과 비수치형 데이터 모두에 사용할 수 있다.

**핵심 39** **기타 분류 분석 기법**

## 1. 서포트 벡터 머신(SVM ; Support Vector Machine)

### (1) SVM

- 지도 학습 기법으로 고차원 또는 무한 차원의 공간에서 초평면을 찾아 이를 이용하여 분류와 회귀(예측)를 수행한다.
- 선형 분류뿐만 아니라 비선형 분류에도 사용된다.
- 초평면(Hyperplane) : 서로 다른 분류에 속한 데이터 간 거리를 가장 크게 하는 분류 선
- 서포트 벡터(Support vector) : 선과 가장 가까운 포인트
- 마진(Margin) : 구분하는 선과 서포트 벡터와의 거리로 마진을 최대화

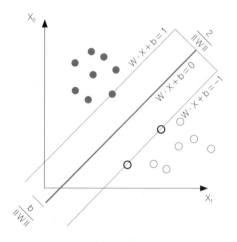

### (2) 커널 기법(Kernel Method)

- 비선형 분류 문제를 해결하기 위한 기법이다.
- SVM은 커널 트릭을 사용하여 입력 데이터를 고차원 특징 공간으로 매핑하여 원래의 비선형 문제를 고차원에서 선형 분리 가능한 문제로 변환할 수 있다.
- 대표적인 커널 함수로는 선형 커널(Linear Kernel), 다항식 커널(Polynomial Kernel), RBF(Radial Basis Function) 커널, 시그모이드(sigmoid kernel) 등이 있다.

## 2. 나이브 베이즈 분류(Naive Bayes Classification)

- 지도 학습 기법으로 베이즈의 정리를 기반으로 한 확률적 분류 기법이다.
- 스팸 메일 필터, 텍스트 분류, 감정 분석, 추천 시스템 등에 광범위하게 활용한다.

**A 용어설명**

- 커널 파라미터 : 커널 함수의 특성을 결정하는 하이퍼 파라미터

예 RBF 커널에서는 gamma가 주요 파라미터로 작용

- 하드 마진(Hard Margin) : 모든 데이터를 완벽히 분류하는 결정 경계를 찾는 방법으로, 마진 안에 데이터가 들어오지 않도록 제한
- 소프트 마진(Soft Margin) : 하드 마진의 제한을 완화해 일부 데이터가 마진을 침범하거나 잘못 분류되는 것을 허용함
- C 파라미터 : 마진 오류에 대한 패널티를 조정하며, C값이 클수록 마진 침범을 줄이고, C값이 작을수록 더 넓은 마진을 허용함

• 나이브 베이즈 분류의 특징

| 장점 | 단점 |
|---|---|
| • 간단하고 계산 속도가 빠름<br>• 텍스트 분류 문제에 효과적임<br>• 노이즈와 결측 데이터에 강함 | • 모든 특징이 서로 독립적이라고 가정하므로 상관관계가 있으면 성능이 저하됨<br>• 연속형 독립변수가 많은 경우 이상적이지 않음<br>• 실제 클래스의 확률을 추정하는데 한계가 있음 |

**POINT**

## (1) 베이즈 정리(Bayes' Theorem)

$$P(A|B) = \frac{P(B|A) \cdot P(A)}{P(B)}$$

• P(A|B): 사후 확률-증거(B)가 주어졌을 때 가설(A)이 참일 확률
• P(B|A) : 가능도-가설(A)이 참일 때 증거(B)를 관측할 확률
• P(A) : 사전 확률-증거(B)를 고려하기 전에 가설(A)이 참일 확률
• P(B) : 증거의 확률-새로운 증거 B가 관찰될 확률

---

★ 16회, 31회

**1.** 베이즈 이론에 바탕을 둔 알고리즘으로 클래스에 대한 사전 정보와 데이터로부터 추출된 정보를 결합하고 베이즈 정리를 이용하여 어떤 데이터가 특정 클래스에 속하는지를 분류하는 것은?

① 결정 트리(Decision Tree)
② 나이브 베이즈 분류기(Naive Bayes Classifier)
③ 로지스틱 회귀(Logistic Regression)
④ k-최근접 이웃(K-Nearest Neighbors)

**정답** ② | **해설** 나이브 베이즈(Naive Bayes)는 베이즈 정리에 기반해 개발된 분류 알고리즘으로, 텍스트 분류 문제에서 뛰어난 성능을 보이며, 스팸 메일 필터링이나 감정 분석 등 다양한 분야에서 활용됩니다.

---

**핵심 40** **군집분석(Cluster Analysis)**

● **전문가의 조언** ▪▪▪▪▪▪▪

군집분석은 마치 '유유상종 (類類相從)'이라는 말처럼, 비슷한 것들은 함께 모이는 경향이 있다는 성질을 이용합니다. 군집분석은 이런 유사성을 바탕으로 데이터를 그룹으로 나누어주는 방법입니다.

• 대표적인 비지도 학습으로 각 개체에 대해 관측된 여러 개의 변수 값들로부터 n개의 개체를 유사한 성격을 가지는 몇 개의 군집으로 집단화하고, 형성된 군집들의 특성을 파악하여 군집들 사이의 관계를 분석한다.
• 다변량 자료는 별도의 반응변수가 요구되지 않으며, 오로지 개체 간의 유사성(similarity)에만 기초하여 군집을 형성한다.
• 이상값 탐지, 심리학, 사회학, 경영학, 생물학 등에 이용한다.

• 군집화의 방법 : 계층적 군집, 분리 군집, 밀도-기반 군집, 모형-기반 군집, 격자-기반 군집, 커널-기반 군집, SOM(Self-Organization Map)

**POINT**
## (1) 거리
### ① 연속형 변수의 거리

| | |
|---|---|
| 유클리디안 거리 | 가장 많이 사용되는 거리, 통계적 개념이 내포되어 있지 않아 변수들의 산포 정도가 감안되지 않음 $$d(x,y) = \sqrt{(x_1 - x_2)^2 + (y_1 - y_2)^2}$$ |
| 맨해튼 거리 | 유클리디안 거리와 함께 가장 많이 사용되는 거리 $$d(x,y) = |x_1 - y_1| + |x_2 - y_2|$$ |
| 표준화 거리 | 해당 변수의 표준편차로 척도 변환한 후 유클리디안 거리를 계산하는 방법(표준화) |
| 마할라노비스 거리 | 두 벡터 사이의 거리를 산포를 의미하는 표본 공분산으로 나눠줌(표준화와 상관성) |
| 민코우스키 거리 | 맨해튼 거리와 유클리디안 거리를 한 번에 표현한 것으로, L1 거리(맨해튼 거리), L2 거리(유클리디안 거리)로 불림 $$d(x,y) = \left( \sum_{j=1}^{m} |x_j - y_j|^r \right)^{\frac{1}{r}}$$ |

**예제**

유클리디안 거리와 맨해튼 거리 구해보기

| | A | B |
|---|---|---|
| 키 | 185 | 180 |
| 앉은키 | 70 | 75 |

• 유클리디안 거리 : $\sqrt{(185-180)^2 + (70-75)^2} = \sqrt{50}$
• 맨해튼 거리 : $|185 - 180| + |70 - 75| = 10$

### ② 범주형 변수의 거리

| | |
|---|---|
| 자카드 계수 | 두 집합의 교집합 크기를 두 집합의 합집합 크기로 나눈 값으로 정의 → \|A ∩ B\| / \|A ∪ B\| |
| 자카드 거리 | 1에서 자카드 계수를 뺀 값으로 계산 |

| | |
|---|---|
| 코사인 유사도 | • 두 개체의 벡터 내적의 코사인 값을 이용하여 측정된 벡터간의 유사한 정도<br>• −1에서 1 사이의 값을 가지며, 1에 가까울수록 두 벡터의 방향이 유사<br><br>$$similarity = \cos(\theta) = \frac{A \cdot B}{\|A\| \|B\|} = \frac{\sum_{i=1}^{n} A_i \times B_i}{\sqrt{\sum_{i=1}^{n}(A_i)^2} \times \sqrt{\sum_{i=1}^{n}(B_i)^2}}$$ |
| 코사인 거리 | 1−코사인 유사도로 계산하여 두 벡터가 얼마나 멀리 떨어져 있는지를 나타냄 |

★ 21회, 26회

1. 두 개체 간의 거리 측도 중, 두 벡터 사이의 각도를 이용하여 벡터간의 유사 정도를 측정하는 측도로 가장 적절한 것은?

① 자카드 유사도

② 피어슨 유사도

③ 코사인 유사도

④ 캔버라 거리

**정답** ③ | **해설** 코사인 유사도는 두 벡터 간의 내적(dot product)과 벡터의 크기(norm)를 이용하여 계산되며, 두 벡터가 이루는 각도의 코사인을 구하는 방식으로 유사도를 측정한다. 코사인 유사도는 −1에서 1 사이의 값을 가지며, 1에 가까울수록 두 벡터가 유사하고, 0에 가까울수록 서로 독립적이며, −1에 가까울수록 반대 방향을 가리킨다.

★ 18회, 32회

2. 다음 중 군집분석에서 사용하는 유사도 측도에 대한 설명으로 가장 적절하지 않은 것은?

① 유클리드 거리는 두 점 사이의 직선 거리를 측정한다.

② 맨해튼 거리는 격자 형태의 도시에서 한 지점에서 다른 지점까지 도달하는 데 필요한 최소 거리를 측정한다.

③ 표준화 거리는 변수의 스케일 차이를 보정하기 위해 각 변수를 표준화한 후 유클리드 거리를 측정한다.

④ 마할라노비스 거리는 변수의 표준편차를 고려한 거리 측도이지만, 변수 간에 상관성이 있는 경우에는 표준화 거리를 사용해야 한다.

**정답** ④ | **해설** 마할라노비스 거리는 두 벡터 사이의 거리를 산포를 의미하는 표본 공분산으로 나눠준 것으로 표준화와 상관성을 모두 고려합니다.

● **전문가의 조언**

계층적 군집분석에서는 특징, 군집 간 거리 측정 방법, 덴드로그램 해석 방법 등이 골고루 출제되므로 꼼꼼히 학습해야 합니다.

**핵심 41** 　계층적 군집분석(Hierarchical Clustering)

• 데이터를 계층적으로 그룹화하며, 군집 간의 유사도에 따라 군집을 형성하는 방법이다.

- 덴드로그램(dendrogram) 형태로 결과가 만들어진다.
- 각 개체는 하나의 군집에만 속하게 된다.
- 군집의 수를 미리 지정할 필요가 없다.
- 개체 간의 유사성(또는 거리)에 대한 다양한 정의가 가능하다.
- 작은 군집으로부터 출발하여 군집을 병합해 나가는 병합적 방법과 큰 군집으로부터 출발하여 군집을 분리해 나가는 분할적 방법이 있다.

**POINT**

## (1) 군집간 거리 측정

| 최단연결법, 단일연결법<br>(single linkage method) | • 거리의 최소값으로 측정<br>• 사슬효과(chain effect)의 발생 : 두 군집 사이에 멀리 있는 대상은 전혀 고려되지 않기 때문에 군집의 형태가 가늘고 길게 만들어짐 | |
|---|---|---|
| 최장연결법, 완전연결법<br>(complete linkage method) | 거리의 최대값으로 측정 | |
| 중심연결법(centroid linkage) | 두 군집의 중심 간의 거리를 측정 | |
| 평균연결법(average linkage) | 모든 항목에 대한 거리 평균을 구함 | |
| 와드 연결법(ward linkage) | 군집 내의 오차제곱합에 기초하여 군집을 수행 | |

**잠 깐 만 요**

**덴드로그램의 해석**

덴드로그램에서 특정 높이를 선택하여 가로선을 그어 노드를 자르면, 그 아래 있는 가지의 수가 최종 군집의 수가 된다.

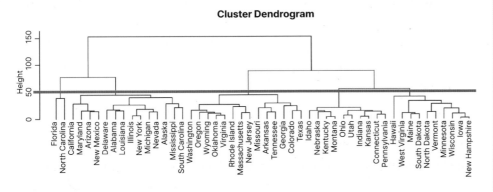

**Cluster Dendrogram**

*Height가 50인 경우 최종 군집은 5개가 됨

1. 각 단계에서 군집 내의 오차제곱합(SSE; Sum of Squared Errors)을 최소화하여 군집을 형성하는 방법으로 가장 적절한 것은?

① 단일 연결법

② 중심 연결법

③ 와드 연결법

④ 완전 연결법

**정답** ③ | **해설** 와드 연결법은 두 군집을 병합할 때 발생하는 오차제곱합의 증가가 최소화되는 방향으로 군집을 병합하는 방법이다. 즉, 군집 내 분산의 증가를 최소화하면서 군집을 형성한다.

---

2. 다음 중 군집의 개수를 미리 지정하지 않아도 되는 장점으로 탐색적 분석에 사용하는 모형으로 가장 적절한 것은?

① K-means 군집 모형

② K-medoids 군집 모형

③ 계층적 군집 모형

④ 혼합분포 군집 모형

**정답** ③ | **해설** 계층적 군집 모형은 미리 군집의 개수를 지정할 필요는 없으며, 군집화 과정을 완료한 후에 덴드로그램에서 특정 높이를 고려하여 자르는 방식으로 군집의 개수를 선택한다.

**오답해설**
K-means 군집분석, K-medoids 군집분석, 혼합분포 군집분석은 특정 파라미터 설정이나 모델 구조로 인해 군집의 개수를 미리 결정해야 한다.

---

## 핵심 42    비계층적 군집분석(Non-hierarchical Clustering)

- 계층을 두지 않고 데이터를 미리 정해진 수의 군집(cluster)으로 분류하는 분석 방법이다.
- K-평균 군집분석, K-중앙값(K-Medoids) 군집분석, 밀도 기반 군집분석, 모형 기반 군집분석 등이 있다.

**POINT**

### (1) K-평균 군집분석(K-means clustering)

- 주어진 데이터를 K개의 클러스터로 묶는 알고리즘이다.
- 각 클러스터와 거리 차이의 분산을 최소화하는 방식으로 동작한다.
- 거리 계산을 통해 군집화가 이루어지므로 연속형 변수에 활용 가능하다.
- 군집의 수(K)는 미리 정해주어야 하며(하이퍼파라미터) 집단내 제곱합 그래프를 활용한다.

● **전문가의 조언**
K-평균 군집분석은 계층적 군집분석과의 차이, 군집 생성 절차, 단점 등이 자주 출제되므로, 이 내용을 위주로 철저하게 학습해야 합니다.

- K개의 초기 중심값은 임의로 선택하며, 초기 중심점들은 서로 멀리 떨어져 있는 것이 바람직하다.
- 초기값에 따라 군집 결과가 크게 달라질 수 있다.
- 단계마다 군집 중심으로부터 오차 제곱합을 최소화하는 방향으로 군집을 형성해나가는 '탐욕적(greedy) 알고리즘'으로, 안정된 군집은 보장하나 전체적으로 최적이라는 것은 보장하지 못한다.
- K-평균 군집분석의 절차(알고리즘)

① 군집의 수만큼(k개) 초기값을 지정한다.

② 각 개체를 가까운 초기값에 할당하여 군집을 형성한다.

③ 각 군집의 평균을 재계산하여 초기값을 갱신한다.

④ 갱신된 값에 대해 위의 할당 과정을 반복하여 k개의 최종 군집을 형성한다.

- K-평균 군집분석의 특징

| 장점 | 단점 |
| --- | --- |
| • 알고리즘이 단순<br>• 빠르게 수행<br>• 계층적 군집보다 많은 양의 자료를 다룰 수 있음 | • 잡음이나 이상값에 영향을 많이 받음 (군집 중심 계산 과정 )<br>• 볼록한 형태가 아닌 (non-convex) 군집 (U-형태 군집)이 존재할 경우에는 성능이 떨어짐 → 밀도기반 군집 |

**잠깐만요**

**집단 내 제곱합 그래프**
- Elbow Method를 통해 최적의 군집 수를 결정하는 데 사용한다.
- 집단 내 제곱합이 급격히 감소하다가 서서히 감소하는 지점, 즉 그래프가 팔꿈치처럼 보이는 지점을 최적의 군집 수로 선택하는 방법이다.

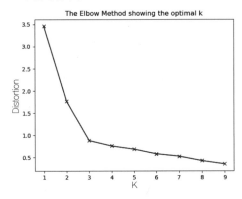

*K=3에서 서서히 감소하므로 군집은 3개로 선택하는 것이 적당하다.

**POINT**

## (2) K-medoids 군집분석(K-medoids Clustering)

- 이상값 자료에 민감한 K-평균 군집분석의 단점을 보완하는 방법이다.
- 군집의 중심을 개체의 평균으로 정하는 대신 군집에 속한 중심 개체인 medoid를 이용하여 군집을 정하는 방법이다.
- 대표적인 알고리즘으로는 PAM(Partitioning Around Medoids)이 있다.

● **전문가의 조언**

Medoid는 군집 내에서 다른 데이터들과의 거리 합이 가장 작은, 실제 데이터 포인트를 중심으로 사용하는 군집의 대표값입니다.

### (3) 밀도 기반 군집분석(Density-Based Clustering)

- 데이터 공간에서 밀집된 영역을 하나의 군집으로 인식하는 방법이다.
- 데이터의 분포가 균일하지 않고, 군집의 형태가 복잡하거나 노이즈가 있는 경우에 효과적이다.
- 군집 수 (K)를 미리 정하지 않는다.
- 밀도가 낮은 지역에 위치한 개체는 어떤 군집에도 속하지 않게 되며, 이상치로 간주되므로 이상치를 식별하고 분리하는 데 유용하게 활용된다.
- 대표적인 알고리즘으로는 DBSCAN, DENCLUE가 있다.

### (4) 혼합분포 군집분석(Mixture Distribution Clustering)

- 모형기반 군집분석(Model-Based Clustering) 방법으로, 데이터가 여러 개의 혼합된 확률 분포로부터 생성되었다고 가정하고 그 모형을 찾아내는 군집화 방법이다.
- EM(Expectation-Maximization) 알고리즘을 사용하여 모형의 모수와 가중치를 추정한다.
- EM 알고리즘은 최대 우도 추정법(Maximum Likelihood Estimation)을 사용해 모델의 파라미터를 추정하는 방법으로 기대값 단계(E-step)와 최대화 단계(M-step)를 반복하여 수행한다.

| 기대값 단계(E-step) | k개의 모형 군집에 대해 모수를 사용해 각 군집에 속할 사후확률을 구함 |
|---|---|
| 최대화 단계(M-step) | 사후확률을 이용해 최대 우도 추정으로 모수를 다시 추정하고, 이를 반복함 |

- 데이터가 커지면 수렴하는 데 시간이 오래 걸리고, 군집의 크기가 작으면 추정의 정도가 떨어진다.
- 로그-우도 그래프: EM 알고리즘을 반복 수행하면서 로그 우도 값이 어떻게 변화하는지를 보여주는 그래프로, EM 알고리즘을 반복적으로 수행하면서 로그 우도 값이 증가하면 모델 파라미터가 더 정확해지고 있음을 나타낸다.

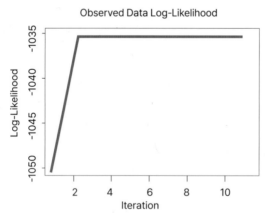

※ 반복횟수 2회만에 로그-가속도 함수가 최대가 됨

1. 다음 중 비계층적 군집분석인 K-means 군집분석의 수행 순서로 가장 적절한 것은?

> (가) 각 자료를 가장 가까운 군집 중심에 할당한다.
> (나) 초기 군집의 중심으로 k개의 객체를 임의로 선택한다.
> (다) 군집 중심의 변화가 거의 없을 때까지 단계 2와 단계 3을 반복한다.
> (라) 각 군집 내의 자료들의 평균을 계산하여 군집의 중심을 갱신한다.

① (가) → (나) → (다) → (라)
② (나) → (가) → (라) → (다)
③ (다) → (나) → (가) → (라)
④ (라) → (가) → (나) → (다)

정답 ②

---

## 핵심 43 　연관분석(association rule)

- 대표적인 비지도 학습으로 장바구니 분석(market based analysis) 또는 서열분석(sequence analysis)이라고 한다.
- 항목 간의 '조건-결과'(if-then) 식으로 표현되는 유용한 패턴 규칙을 발견해내는 분석(if A then B)이다.
- 기업의 활동 중 마케팅 분야에 가장 많이 사용된다.
- 데이터 형태는 장바구니 데이터라고 하며, 장바구니에 하나에 해당하는 정보를 트랜잭션이라고 한다.
- 트랜잭션 사이의 연관성을 살펴보고 빈번히 나타나는 규칙을 찾아내는 것이다.
  예 미국 마트에서 기저귀를 사는 고객은 맥주를 동시에 구매한다는 연관규칙을 찾아냈다.

**POINT**

### (1) 연관규칙의 측도

도출된 연관규칙이 얼마나 유의미한지 평가하는 지표를 의미한다.

① 지지도(support)
- 전체 거래 중에서 품목 A, B가 동시에 포함되는 거래의 비율이다.
- 전체 구매 경향을 파악할 수 있다.

$$지지도 = P(A \cap B) = \frac{A와 \ B가 \ 동시에 \ 포함된 \ 거래 \ 수}{전체 \ 거래 \ 수}$$

● **전문가의 조언**

연관분석에서는 특히 지지도, 신뢰도, 향상도의 개념과 식이 중요하므로 '지신향'으로 암기하고, 계산 문제가 거의 매회 출제되므로 반드시 숙지해야 합니다.

② 신뢰도(confidence)

- 품목 A가 포함된 거래 중에서 품목 A, B를 동시에 포함하는 거래일 확률을 의미한다. (A → B)
- 연관성의 정도를 파악할 수 있다.

$$신뢰도 = P(B|A) = \frac{P(A \cap B)}{P(A)} = \frac{A와\ B가\ 동시에\ 포함된\ 거래\ 수}{A를\ 포함하는\ 거래\ 수}$$

③ 향상도(lift)

- 품목 B를 구매한 고객 대비 품목 A를 구매한 후 품목 B를 구매하는 고객에 대한 확률이다.

$$향상도 = \frac{P(B|A)}{P(B)} = \frac{P(A \cap B)}{P(A)P(B)} = \frac{A와\ B를\ 포함하는\ 확률}{A를\ 포함하는\ 확률 \times B를\ 포함하는\ 확률}$$

| 향상도가 1인 경우 | 두 항목이 서로 독립적으로 발생 |
|---|---|
| 향상도가 1보다 큰 경우 | 양의 상관관계 |
| 향상도가 1보다 작은 경우 | 음의 상관관계 |

● 전문가의 조언 ▥▥▥▥▥▥

FP-Growth(Frequent Pattern Growth) 알고리즘은 Apriori 알고리즘의 약점을 보완한 것으로 FP-Tree를 이용하여 실행 속도를 향상시킵니다.

## (2) 연관분석 절차

- 대표적인 방법으로 Apriori 알고리즘이 있다.
- 최소 지지도보다 큰 집합만을 대상으로 높은 지지도를 갖는 품목 집합을 찾는다.
  ① 최소 지지도를 설정한다.
  ② 개별 품목 중에서 최소 지지도를 넘는 모든 품목을 찾는다.
  ③ ②에서 찾은 개별 품목만을 이용하여 최소 지지도를 넘는 2가지 품목 집합을 찾는다.
  ④ 위의 두 절차에서 찾은 품목 집합을 결합하여 최소 지지도를 넘는 3가지 품목 집합을 찾는다.
  ⑤ 반복적으로 수행해 최소 지지도가 넘는 빈발 품목 집합을 찾는다.

## (3) 순차 패턴(Sequential Pattern)

- 구매 순서가 고려되어 상품 간의 연관성이 측정되고, 유용한 연관규칙을 찾는 기법이다.
- 품목 A를 구매하면 추후에 품목 B도 구매한다.
  예 새 컴퓨터를 구입한 사람 중 25%는 그 다음 달에 레이저 프린터를 구입한다.

**POINT**
## (4) 연관분석의 특징

| 장점 | 단점 |
|---|---|
| • 탐색적 기법 : 조건 반응(if-then) 형식으로 표현되어 이해가 쉬움<br>• 비지도 학습 : 분석 방향이나 목적이 특별하게 없는 경우 목적 변수가 없으므로 유용<br>• 데이터 사용의 편리성: 변환 없이 원래의 거래 데이터를 그대로 사용할 수 있음<br>• 계산의 간결성: 분석에 필요한 계산이 단순 | • 상당한 수의 계산 과정 : 품목 수가 증가하면 분석에 필요한 계산이 기하급수적으로 증가<br>• 적절한 품목의 결정 : 너무 세부적인 품목으로 분석을 수행하면 의미 없는 결과를 얻을 수 있음<br>• 품목의 비율 차이 : 거래량이 적은 품목은 규칙 발견 시 제외될 가능성이 높음 |

★ 25회

**1. 아래 거래 전표에서 연관 규칙 'A→B'의 향상도는 얼마인가?**

| 품목 | 거래건수 |
|---|---|
| {A} | 100 |
| {B, C} | 300 |
| {C} | 100 |
| {A, B, C, D} | 50 |
| {A, B, D} | 250 |
| {A, C} | 200 |

① 30%

② 50%

③ 83%

④ 100%

**정답 ③ | 해설**

P(A)=600/1000=0.6

P(B)=600/1000=0.6

P(A∩B)=300/1000=0.3

향상도 $= \dfrac{P(A \cap B)}{P(A)P(B)} = \dfrac{0.3}{0.6 \times 0.6} = 0.833\ldots$

---

## 핵심 **44** 데이터 분할

분석 모델을 구축하고 평가하기 위해 일반적으로 전체 데이터셋을 학습(Training) 데이터, 검증(Validation) 데이터, 테스트(Test) 데이터로 분할하는 방법이다.

| | |
|---|---|
| 학습(Training) 데이터 | 모델을 학습하는 데 사용되는 데이터 |
| 검증(Validation) 데이터 | 모델의 과대적합 또는 과소적합을 미세 조정하는데 활용 |
| 테스트(Test) 데이터 | 모델의 최종 성능을 평가하는 데 사용되는 데이터<br>모델 학습 및 검증 과정에서는 전혀 사용되지 않음 |

### (1) 홀드아웃(Holdout) 방법

• 가장 간단한 데이터 분할 방법으로, 데이터를 학습 데이터셋과 테스트 데이터셋으로 분할한다.

• 일반적으로 전체 데이터의 70~80%를 학습 데이터로, 나머지를 테스트 데이터로 사용한다.

• 학습 데이터로 사용된 데이터는 절대 테스트 데이터로 사용하지 않는다.

● **전문가의 조언**

시험 공부를 예로 들면, 학습 데이터는 공부하는 문제(문제집), 검증 데이터는 실력을 점검하는 문제(모의고사), 테스트 데이터는 최종 평가를 위한 실제 시험으로 이해할 수 있습니다. 시험 공부와 마찬가지로 데이터 분할은 현실에서 잘 작동할 모델을 만들기 위해 꼭 필요한 과정입니다.

## (2) 교차 검증(Cross Validation) 방법

주어진 데이터를 가지고 반복적으로 성과를 측정하여, 그 결과를 평균한 것으로 분류 분석 모형을 평가하는 방법이다.

① LOOCV(Leave-One-Out Cross-Validation)

단 하나의 데이터를 검증용 자료로 사용하고, 나머지 n-1개 데이터를 훈련용 자료로 사용한다. (k=n으로 설정)

**잠깐만요**

**LPOCV(Leave-P-Out Cross-Validation)**
- 데이터셋에서 P개의 데이터 포인트를 검증 세트로 선택하고, 나머지 데이터를 훈련 세트로 사용하는 방법
- LOOCV는 LPOCV에서 P=1인 특수한 경우임

② k-fold 교차 검증
- 전체 데이터 셋을 k개의 동등한 하부 집합(subset)으로 나누고, k번째의 하부 집합을 검증용 자료로, 나머지 k-1개의 하부 집합을 훈련용 자료로 사용한다. → 이를 k번 반복 측정하고 각각의 반복측정 결과를 평균 낸 값을 최종 평가로 사용한다.
- 일반적으로 10-fold 교차 검증을 사용한다.
- 클래스 불균형 데이터에는 적합하지 않다.

## (3) 부트스트랩(Bootstrap) 방법

- 평가를 반복한다는 측면에서 교차 검증과 유사하나 훈련용 자료를 반복 재선정한다는 점에서 차이가 있다.
- 관측치를 한 번 이상 훈련용 자료로 사용하는 복원 추출법에 기반한다.
- 전체 데이터의 양이 많지 않은 경우의 모형 평가에 가장 적합하다.
- 0.632 부트스트랩 방법 : 원본 데이터셋의 63.2%를 부트스트랩 데이터셋으로 사용하고, 나머지 36.8%는 테스트 데이터셋으로 사용하여 과적합을 방지하는 방법이다.

---

★ 32회

**1. 다음 중 k-fold 교차검증에 대한 설명으로 가장 적절하지 않은 것은?**

① 교차검증은 모델의 일반화 능력을 평가하기 위해 사용되는 기법이다.

② 대표적인 k-fold 교차검증은 일반적으로 10-fold 교차검증이 사용된다.

③ 교차검증을 하는 이유는 데이터의 분할에 따른 성능 변동성을 줄이고, 제한된 데이터를 효율적으로 사용하여 모델의 성능을 보다 정확하게 평가하기 위함이다.

④ 전체 데이터 N개에서 2개의 샘플을 선택하여 그것을 검증 데이터셋으로 모델 검증에 사용하고 나머지는 N-2개는 모델을 학습시키는 교차검증을 LOOCV라 한다.

## 핵심 45 | 분석 모형 평가

- 모형의 성능을 측정하고, 모형이 실제 데이터에 얼마나 잘 적용되는지 평가하기 위한 과정이다.
- 여러 가지 지표와 방법이 사용되며, 각각의 평가지표는 모형의 다른 측면을 측정한다.
- 분석 모형 평가 기준

| 일반화의 가능성 | 모형이 훈련 데이터뿐만 아니라 새로운 데이터에 대해서도 안정적인 성능을 보여주는 능력 |
|---|---|
| 효율성 | 모형이 예측을 수행하는 데 필요한 입력 변수의 양에 대한 평가 |
| 예측과 분류의 정확성 | 모형이 데이터를 얼마나 정확하게 예측하고 분류하는지에 대한 평가 |

**POINT**
### (1) 분류 모형 평가

- 분류를 위해 구축된 모형이 임의의 모형보다 더 우수한 분류 성과를 보이는지와 고려된 서로 다른 모형 중 어느 것이 가장 우수한 분류 성과를 보유하고 있는지 비교 분석하는 과정
- 오분류표(confusion matrix), ROC 그래프, 이익도표(gain chart), 향상도 곡선(lift curve) 등을 사용

① 오분류표(confusion matrix)

목표변수의 실제 범주와 모형에 의해 예측된 분류 범주 사이의 관계를 나타내는 표를 의미한다.

| | | 예측치 | |
|---|---|---|---|
| | | True | False |
| 실제값 | True | TP | FN |
| | False | FP | TN |

- TP(True Positives) : 실제값과 예측값 모두 True인 빈도
- TN(True Negatives) : 실제값과 예측치 모두 False인 빈도
- FP(False Positives) : 실제값은 False이나 True로 예측한 빈도
- FN(False Negative) : 실제값은 True이나 False로 예측한 빈도

- 오분류표의 지표

| 정확도, 정분류율(accuracy) | $\dfrac{TN+TP}{TN+TP+FN+FP}$ | 전체 관측치 중 실제값과 예측치가 일치한 정도 |
|---|---|---|

**전문가의 조언**

오분류표는 혼동행렬이라고도 하며, 특히 분류모형을 평가하는 데 가장 많이 사용됩니다. 오분류표의 지표들은 모두 잘 출제되므로, 각 지표의 의미를 이해하고 계산 문제를 철저히 연습하는 것이 중요합니다.

| 오분류율(error rate) | $\dfrac{FN+FP}{TN+TP+FN+FP}$ | 모형이 제대로 예측하지 못한 관측치를 평가하는 지표 |
|---|---|---|
| 민감도(sensitivity) 또는 재현율(Recall) | $\dfrac{TP}{TP+FN}$ | 실제값이 True인 관측치 중 예측치가 적중한 정도 |
| 특이도(specificity) | $\dfrac{TN}{TN+FP}$ | 실제값이 False인 관측치 중 예측치가 적중한 정도 |
| 정밀도(Precision) | $\dfrac{TP}{TP+FP}$ | True로 예측한 관측치 중 실제값이 True인 정도를 나타내는 지표 |
| F1 지표(F1 score) | $F1 = \dfrac{2 \times Precision \times Recall}{Precision + Recall}$ | 정밀도(Precision)와 재현율(Recall)은 트레이드 오프관계이므로 조화 평균으로 보정 |
| Kappa | $\dfrac{P_0 - P_e}{1 - P_e}$<br>• P0 : 실제값과 예측값이 일치하는 비율 (accuracy)<br>• Pe : 실제값과 예측값이 우연히 일치할 확률 | 두 평가자의 평가가 얼마나 일치하는지 평가하는 값으로 0~1의 값을 가짐(1에 가까울수록 일치도 높음) |

**잠깐만요**

$$F_\beta = (1 + \beta^2) \cdot \frac{\text{precision} \cdot \text{recall}}{(\beta^2 \cdot \text{precision}) + \text{recall}}$$

**$F_\beta$ 지표**
• β 값은 Recall에 대한 중요도를 조정한다.
• β가 1보다 클 경우 Recall이 더 중요하고, β가 1보다 작을 경우 Precision이 더 중요하다.
• β는 0 이상의 값을 가진다.

② ROC(Receiver Operating Characteristic) 그래프
• 레이더 이미지 분석의 성과를 측정하기 위해 개발된 그래프이다.
• x축 : FPR(False Positive Rate)=1-특이도(Specificity)
• y축 : TPR(True Positive Rate)=재현율(Recall) 또는 민감도(Sensitivity)
• ROC 곡선 아래의 면적을 AUC(Area Under the Curve)라고 하며, 이 값이 1에 가까울수록 모델의 성능이 좋다고 평가한다.
• 대각선(대각선 아래의 면적이 0.5인 선)은 무작위 추측(Random Guess)의 성능을 나타낸다.
• Perfect Classifier : 이상적인 분류 모델을 의미하며, 모든 양성 샘플을 정확하게 양성으로, 모든 음성 샘플을 정확하게 음성으로 분류한다. (FPR=0, TPR=1인 경우)

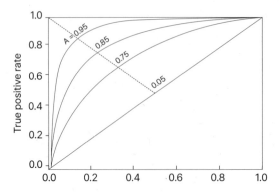

* TPR(True Positive Rate) :
  1인 케이스에 대해 1로 예측한 비율
* FPR(False Positive Rate) :
  0인 케이스에 대해 1로 잘못 예측한 비율

### ③ 이익도표(Gain Chart)와 향상도 곡선(Lift Curve)

| 이익 도표(Gain Chart) | 개체를 등급별로 나누고, 각 등급에서 얻을 수 있는 이익을 누적해서 나타낸 그래프 |
|---|---|
| 향상도 곡선(Lift Curve) | 모델의 성과가 무작위 모델에 비해 얼마나 향상되었는지를 보여주는 그래프 |

## (2) 회귀모형 평가지표

- 회귀모형은 결과가 연속형 값으로 결정되므로 주로 오차의 수치로 성능을 평가한다.
- 회귀모형 주요 평가지표

| 평가지표 | 설명 | 계산 방법 |
|---|---|---|
| MSE<br>(Mean Squared Error) | • 평균 제곱 오차<br>• 실제 값과 예측 값의 차이를 제곱하여 평균낸 값 | $\dfrac{1}{n}\sum_{i=1}^{n}\left(y_i-\hat{y}_i\right)^2$ |
| RMSE<br>(Root Mean Squared Error) | • 평균 제곱근 오차<br>• MSE의 제곱근 | $\sqrt{\dfrac{1}{n}\sum_{i=1}^{n}\left(y_i-\hat{y}_i\right)^2}$ |
| MAE<br>(Mean Absolute Error) | • 평균 절대 오차<br>• 실제 값과 예측 값의 차이의 절대값을 평균낸 값 | $\dfrac{1}{n}\sum_{i=1}^{n}\left|y_i-\hat{y}_i\right|$ |
| MAPE<br>(Mean Absolute Percentage Error) | • 평균 절대 백분율 오차<br>• 실제 값과 예측 값의 차이의 절대값을 실제 값으로 나눈 후, 그 비율들의 평균을 계산 | $\left(\dfrac{1}{n}\sum_{i=1}^{n}\left|\dfrac{y_i-\hat{y}_i}{y_i}\right|\right)\times 100$ |

전문가의 조언

회귀모형의 평가지표는 분류모형에 비해 출제율은 낮지만 점차 출제가 늘고 있습니다. 회귀모형의 모든 평가지표가 오차의 개념을 기반으로 하므로, 숫자가 작을수록 더 우수한 모델임을 기억해야 합니다.

## (4) 군집분석 평가지표

- 군집분석은 데이터에 레이블이 없는 비지도 학습으로 모델의 성능을 직접적으로 평가하기가 매우 어렵다.
- 군집분석의 주요 평가지표

| | |
|---|---|
| 실루엣 계수<br>(Silhouette Coefficient) | • 각 샘플에 대해 동일 군집 내의 다른 샘플들과의 거리(응집도)와 가장 가까운 다른 군집의 샘플들과의 거리(분리도) 사이의 차이를 측정<br>• −1에서 1 사이의 값을 가짐(1에 가까울수록 완벽한 군집, −1에 가까울수록 최악의 군집)<br>• $s=\dfrac{b-a}{max(a,b)}$<br>(a: 응집도, b: 분리도) |
| 던(Dunn) 지수 | • 최소 분리도(가장 가까운 두 군집 간의 거리)를 최대 응집력(가장 멀리 떨어진 두 데이터 포인트 간의 거리)로 나눈 값으로 계산<br>• 던 지수가 클수록 군집화의 품질이 높다고 판단 |

★ 21회 27회 33회

## 1. 다음 중 아래 오분류표를 이용하여 구한 F1 값은 일마인가?

| | | 예측치 | | 합계 |
|---|---|---|---|---|
| | | True | False | |
| 실제값 | True | 40 | 60 | 100 |
| | False | 60 | 40 | 100 |
| 합계 | | 100 | 100 | 200 |

① 0.15

② 0.3

③ 0.4

④ 0.55

**정답 ③ | 해설**

정밀도(Precision)=40/100=0.4

재현율(Recall)=40/100=0.4

$$F1 = \frac{2 \times Precision \times Recall}{Precision + Recall} = \frac{2 \times 0.4 \times 0.4}{0.4 + 0.4} = 0.4$$

★ 29회

## 2. 다음 중 ROC curve에 대한 설명으로 가장 적절하지 않은 것은?

① ROC curve는 모델이 예측한 확률을 기반으로 진짜 양성 비율(True Positive Rate, TPR)과 거짓 양성 비율(False Positive Rate, FPR)을 다양한 임계값에서 나타내는 그래프이다.

② ROC curve의 x축에는 특이도, y축에는 민감도를 나타낸다.

③ ROC curve 아래의 면적은 넓을수록 성능이 좋다.

④ ROC curve의 면적이 0.5 이하이면 랜덤에 가까운 성능이라고 할 수 있다.

**정답 ② | 해설** ROC curve의 x축에는 1-특이도, y축에는 민감도를 나타낸다.

---

**핵심 46** **편향(Bias)과 분산(Variance)**

- 편향과 분산은 트레이드 오프(Bias-Variance Tradeoff) 관계이다.
- 일반적으로 편향을 줄이려고 하면 분산이 증가하고, 분산을 줄이려고 하면 편향이 증가하는 경향이 있다.
- 이상적인 모델은 편향과 분산이 모두 낮아야 하지만, 실제로는 두 요소 사이의 균형을 찾는 것

이 중요하다.

- 높은 편향/낮은 분산: 모델이 너무 단순하여 데이터의 복잡성을 충분히 반영하지 못하는 경우 → 과소적합 문제가 발생된다.
- 낮은 편향/높은 분산: 모델이 너무 복잡하여 훈련 데이터에 과적합되는 경우 → 새로운 데이터에 대해 예측 성능이 저하될 수 있다.

## (1) 편향(Bias)

- 특정 데이터에 대해 모델의 예측치가 실제 값에서 얼마나 떨어져 있는지를 나타낸다.
- 편향이 높은 모델은 실제 데이터의 패턴이나 관계를 잘 반영하지 못하는 경향이 있다.
- 편향이 높으면 모델이 데이터의 주요 구조를 간과하고, 과소적합(Underfitting) 문제가 발생할 가능성이 높아진다.

## (2) 분산(Variance)

- 모델이 훈련 데이터의 작은 변화에 얼마나 민감하게 반응하는지를 나타낸다.
- 분산이 높은 모델은 훈련 데이터의 임의의 변동에 과도하게 반응하여, 새로운 데이터나 테스트 데이터에 대해 일관되지 않은 예측을 할 위험이 있다.
- 분산이 높으면 모델이 훈련 데이터에 과적합(Overfitting)되어 일반화 성능이 저하될 가능성이 높아진다.

★ 18회 31회

1. 다음 중 데이터마이닝을 수행하는 데 있어서 편향(Bias)과 분산(Variance)에 대한 설명으로 가장 적절하지 않은 것은?

① 일반적으로 편향이 커지면 분산이 작아지고, 분산이 작아지면 편향이 커지려는 경향이 있다.

② 편향이 크다는 것은 실제값으로부터 많이 벗어나 있음을 의미한다.

③ 분산이 크다는 것은 반복적으로 예측을 수행할 때 예측값의 차이가 크다는 것을 의미한다.

④ 일반적으로 학습모형의 유연성이 클수록 분산(variance)은 낮고 편향(bias)은 높다.

**정답** ④ | **해설** 모델의 유연성이 클수록 분산은 높아지고 편향은 낮아지는 경향이 있다. 모델이 더 유연할 경우, 데이터의 작은 변화에도 더 잘 적응할 수 있지만, 이로 인해 훈련 데이터에 대해 과도하게 학습되어 새로운 데이터에 대한 일반화 성능이 떨어질 수 있다.

● **전문가의 조언**

분석모형을 만든 후 이를 개선하는 것은 예측 정확도를 높이고, 모델의 신뢰성을 향상시키며, 실제 데이터에 더 잘 맞도록 하기 위해 매우 중요합니다.

분석 모형 개선에 사용되는 개념들도 잘 출제되므로 꼼꼼히 학습하시기 바랍니다.

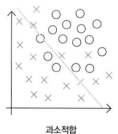

과소적합

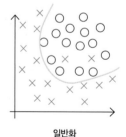

일반화

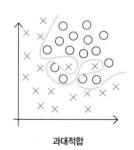

과대적합

- 과대적합(Overfitting): 학습 데이터셋에 지나치게 최적화하여 학습 데이터셋에 대해서는 성능이 높게 나타나지만 새로운 데이터셋이 주어지면 정확한 분류나 예측을 하지 못하는 것을 의미한다.
- 과소적합(Underfitting): 최적화가 제대로 수행되지 않아 학습 데이터의 구조/패턴을 정확히 반영하지 못하는 문제이다.
- 일반화(Generalization): 모델이 새로운, 보지 못한 데이터에 대해서도 잘 작동하는 능력으로, 학습 데이터뿐만 아니라 테스트 데이터나 실제 세계의 데이터에 대해서도 높은 성능을 보이는 것을 목표로 한다.

## (1) 과대적합 발생 원인

| 모델 복잡도 | 너무 많은 수의 파라미터를 가진 복잡한 모델은 작은 변화에도 민감하게 반응하여 과대적합을 일으킬 수 있음 |
|---|---|
| 데이터의 양 | 훈련 데이터가 충분하지 않을 경우, 모델이 데이터의 노이즈까지 학습하게 되어 과대적합이 발생할 수 있음 |
| 데이터의 품질 | 훈련 데이터에 노이즈가 많거나, 중요하지 않은 특성이 포함되어 있을 경우에도 과대적합이 발생할 수 있음 |
| 훈련 시간 | 너무 오래 훈련되어도 모델이 훈련 데이터의 특정 패턴을 지나치게 학습하여 과대적합을 일으킬 수 있음 |

## (2) 과대적합 방지 기법

| 정규화 (Regularization) | • 가중치 매개변수의 크기에 패널티를 부여하여 모델의 복잡도를 제한<br>• L1 규제(Lasso): 모델의 가중치의 절대값의 합에 비례하는 패널티를 추가하여, 일부 가중치를 정확히 0으로 만들어 변수 선택을 가능하게 하는 기법<br>• L2 규제(Ridge): 모델의 가중치 제곱합에 비례하는 비용을 추가하여 모든 가중치를 함께 줄임으로써 과대적합을 방지하는 기법 |
|---|---|
| 드롭아웃 (Dropout) | 학습 과정에서 무작위로 일부 뉴런을 활성화하지 않음으로써, 네트워크가 특정 뉴런에 과도하게 의존하는 것을 방지 |
| 모델 복잡도 줄이기 | 모델의 크기를 줄이거나, 층(layer)의 수를 줄이는 등의 방법으로 모델의 복잡도를 낮춤 |
| 조기 종료 (Early Stopping) | 검증 데이터셋(validation set)의 성능이 더 이상 개선되지 않을 때 학습을 조기에 종료 |
| 학습 데이터 증가 | 더 많은 학습 데이터를 수집하는 것 |

## 1. 파라미터와 하이퍼파라미터

### (1) 파라미터(Parameters)=매개변수

- 모델 내부의 구성 요소로, 학습 과정에서 데이터로부터 자동으로 학습되는 값이다.

- 주어진 데이터에 대해 모델이 스스로 결정하는 모델의 내부 변수를 의미한다.
- 모델의 예측력에 직접적인 영향을 미친다.

## (2) 하이퍼파라미터(Hyperparameters)=초매개변수

- 모델 학습 전에 사용자가 사전에 설정하는 매개변수이다.
- 모델의 학습 과정이나 구조를 조절하는 데 사용한다.
- 학습 알고리즘의 행동을 결정짓는 외부 설정이며, 학습 과정에 영향을 미친다.
  예 학습률(learning rate), 은닉층의 수나 은닉노드의 수, 배치 크기(Batch Size), 에포크 수 (Epochs) 등

## 2. 영향력 진단

- 회귀 분석에서 개별 데이터 포인트가 모델의 파라미터 추정치나 전반적인 모델 적합도에 미치는 영향을 평가하는 과정이다.
- 영향력 진단 방법

| | |
|---|---|
| Cook's Distance | 특정 관측값이 제거될 때 모든 회귀 계수의 추정치가 얼마나 변하는지를 측정하며, 값이 높을수록 해당 관측값은 모델에 더 큰 영향을 미침 |
| DFBETAS | 특정 관측값이 제거될 때 특정 회귀 계수의 추정치가 얼마나 변하는지를 나타내며, 각 회귀 계수에 대해 별도로 계산됨 |
| DFFITS | 특정 관측값이 제거될 때 해당 관측값의 적합값(fitted value)이 얼마나 변하는지를 측정 |
| Leverage (H) | 관측치가 독립 변수 공간에서 얼마나 멀리 떨어져 있는지를 나타내며, 높은 레버리지 값을 가진 관측치는 모델에 큰 영향을 미칠 수 있음 |

**A 용어설명**

- 배치 크기 (Batch Size) : 한 번의 학습(iteration) 동안 모델에 입력되는 데이터 샘플의 개수
- 에포크 수 (Epochs) : 전체 데이터셋을 모델이 한 번 모두 학습하는 횟수
  예 데이터셋이 1000개이고 배치 크기가 100이면, 한 에포크는 10번의 학습 (iteration)으로 구성

---

★21회 26회 33회

### 1. 다음 중 과대적합(Overfitting)에 대한 설명으로 가장 적절하지 않은 것은?

① 모델이 훈련 데이터에 대해서는 높은 정확도를 보이지만, 검증 데이터나 테스트 데이터에 대해서는 낮은 정확도를 보인다.

② 변수가 너무 많아 모형이 복잡할 때 생긴다.

③ 테스트 데이터에서 작은 변화에는 민감하게 반응하지 않는다.

④ 과대적합을 해결하기 위해 교차 검증(cross-validation)이나 정규화(regularization) 같은 기법을 사용할 수 있다.

**정답** ③ | **해설** 과대적합 상태에서 모델은 오히려 테스트 데이터의 작은 변화에도 과민하게 반응할 수 있다. 이는 모델이 훈련 데이터의 특정 특성과 노이즈까지 학습해버려, 새로운 데이터에 대해 일반화하는 능력이 떨어지기 때문이다.

★ 31회

**01** 다음 중 대규모 데이터셋에서 유용한 패턴, 관계, 추세를 발견하는 과정으로 이를 통해 의사결정을 지원하는 것은?

① 데이터마트
② 의사결정지원시스템
③ 데이터웨어하우징
④ 데이터마이닝

**정답** ④ | **해설** 데이터마이닝은 대규모 데이터셋에서 유용한 패턴, 관계, 추세를 발견하는 과정으로, 이를 통해 의사결정을 지원하고, 데이터로부터 새로운 인사이트를 얻을 수 있다.

★ 21회

**02** 다음 중 Logistic 함수라고 불리며, 독립 변수의 선형 조합을 입력으로 받아, 결과를 0과 1 사이의 확률로 출력하는 함수는 무엇인가?

① 시그모이드 함수
② 계단 함수
③ 소프트맥스 함수
④ 부호 함수

**정답** ① | **해설** 로지스틱 회귀분석에서, 시그모이드 함수는 독립변수의 선형 조합을 확률로 변환하는 데 사용되며, 이 확률은 어떤 사건이 발생할 확률을 나타낸다.
**오답해설**
② 계단 함수: 특정 임계값을 기준으로 값이 임계값보다 작으면 0을, 크면 1을 출력하는 간단한 형태의 함수
③ 소프트맥스 함수: 여러 개의 입력을 받아 각 클래스에 속할 확률을 0과 1 사이의 값으로 출력하는 함수
④ 부호 함수: 입력 값이 0보다 크면 1을, 0보다 작으면 −1을, 0일 때는 0을 출력하는 함수

★ 13회 26회

**03** 다음 중 로지스틱 회귀모형에 대한 설명으로 가장 적절하지 않은 것은?

① 로지스틱 회귀모형은 클래스가 알려진 데이터에서 각 클래스내의 관측치를 분류하는데 활용할 수 있다.
② 로지스틱 회귀분석에서 예측된 확률은 0과 1 사이의 값으로 제한되어, 확률적으로 해석될 수 있다.
③ 로짓 변환은 종속 변수의 확률을 제곱하여 로그 변환한 것이다.
④ Odds(오즈)란 클래스 0에 속할 확률(1−p)과 클래스 1에 속할 확률(p)의 비로 나타낸다.

**정답** ③ | **해설** 로짓 변환은 종속 변수의 성공 확률 p에 대하여 로그 오즈($\log(\frac{p(x)}{1-p(x)})$)를 계산하는 것이다.

★ 23회 28회

**04** 다음 중 의사결정나무에서 과적합(overfitting)을 방지하고 모델의 일반화 능력을 향상시키기 위해 사용되는 기법으로 가장 적절한 것은?

① 스테밍(Stemming)
② 가지치기(Pruning)
③ 노드 확장(Node expansion)
④ 부트스트래핑(Bootstrapping)

**정답** ② | **해설** 과적합은 모델이 학습 데이터에 너무 잘 맞춰져서 새로운 데이터에 대한 예측 성능이 떨어지는 현상을 말한다. 가지치기는 이러한 과적합을 줄이기 위해 의사결정나무의 복잡성을 감소시키는 과정이다.
**오답해설**
① 스테밍(Stemming): 텍스트 데이터를 처리할 때 사용되는 기법으로, 단어에서 접미사나 접두사를 제거하여 기본 형태(어간)을 찾는 과정이다.
③ 노드 확장(Node expansion): 이미 생성된 결정노드에서 추가적인 분기를 생성하여 더 세분화된 결정 규칙을 만드는 과정이다.
④ 부트스트래핑(Bootstrapping): 주어진 데이터셋에서 중복을 허용하여 여러 번 무작위로 샘플을 추출하여 여러 데이터셋을 생성하는 방법이다.

**05** 다음 중 의사결정나무의 분류 기준 선택 방법이 잘못된 것을 적절하게 수정한 것은?

|  | 분류나무 | 회귀나무 |
|---|---|---|
| CHAID(다지분할) | (ㄱ) 카이제곱 p-value | (ㄴ) 엔트로피 지수 |
| CART(이지분할) | (ㄷ) 지니지수 | (ㄹ) 분산 감소량 |

① (ㄱ) 지니지수
② (ㄴ) F-통계량 p-value
③ (ㄷ) 엔트로피 지수
④ (ㄹ) 카이제곱 p-value

**정답** ② | **해설** CHAID의 회귀나무는 F-통계량의 p-value를 분류 기준 선택 방법으로 사용한다.
**병행학습**

|  | 분류나무 | 회귀나무 |
|---|---|---|
| CHAID(다지분할) | 카이제곱 p-value | F 통계량 p-value |
| CART(이지분할) | 지니지수 | 분산 감소량 |
| C5.0 | 엔트로피 지수 | – |

**06** 다음 중 의사결정나무 분류규칙을 선택하기 위한 불순도 측도에 대한 설명으로 가장 적절하지 않은 것은?

① 지니 지수의 값이 작을수록 이질적이며, 순수도(purity)가 낮다.
② 엔트로피 지수는 데이터의 불확실성을 측정하며, 값이 낮을수록 데이터의 순수도가 높다는 것을 의미한다.
③ 카이제곱 통계량의 p-value는 그 값이 작을수록 자식노드 내의 이질성이 크다는 것을 의미한다.
④ 분산의 감소량을 최대화하는 방향으로 가지 분할을 수행한다.

**정답** ① | **해설** 지니 지수(Gini Index)는 데이터의 순수도를 측정하는 데 사용되며, 값이 작을수록 데이터의 순수도가 높고, 이질성이 낮다는 것을 의미한다.

**병행학습**
• 분류나무의 분류 기준

| 카이제곱 통계량 p-값 | 관측도수와 기대도수의 차이가 커질수록 카이제곱 통계량은 커지고 p-값은 작아지며, p-값이 작아지는 방향으로 분류 |
|---|---|
| 지니 지수 | 값이 클수록 이질적이며 순수도가 낮음 |
| 엔트로피 지수 | 엔트로피가 높을수록 정보의 불확실성이 큼 |

• 회귀나무의 분류 기준

| F-통계량 | p-값이 작아지는 방향으로 가지 분할을 수행 |
|---|---|
| 분산의 감소량 (variance reduction) | 최대화되는 방향으로 가지 분할을 수행 |

**07** 다음 중 의사결정나무에 대한 설명으로 가장 적절하지 않은 것은?

① 뿌리마디에서 아래로 내려갈수록 불순도는 점차 증가한다.
② 각 마디에서의 최적 분리규칙은 분리변수의 선택과 분리기준에 의해 결정된다.
③ 분류기준값 근처의 값들에 대해서는 오차가 커질 수 있다.
④ 이상값에 민감하지 않다는 장점이 있다.

**정답** ① | **해설** 의사결정나무에서는 뿌리마디에서 아래로 내려갈수록 불순도(impurity)가 감소한다.

**08** 다음 중 앙상블 모형에 대한 설명으로 가장 적절하지 않은 것은?

① 부스팅(Boosting)은 배깅의 과정과 유사하나 부트스트랩 표본을 구성하는 재표본(Resampling) 과정에서 각 자료에 동일한 확률을 부여한다.

② 아다부스팅(AdaBoosting)은 이전 모델이 잘못 분류한 데이터에 더 큰 가중치를 부여함으로써, 연속적인 모델 학습을 통해 성능을 개선한다.

③ 스태킹(Stacking)은 다양한 종류의 모델을 결합하여 새로운 메타 모델을 통해 최종 예측을 수행하는 방법이다.

④ 배깅은 반복 추출 방법을 사용하기 때문에 같은 데이터가 한 표본에 여러 번 추출될 수도 있고, 어떤 데이터는 추출되지 않을 수도 있다.

**정답** ① | **해설** 부스팅은 부트스트랩 표본을 구성하는 재표본(Resampling) 과정에서 각 자료에 동일한 확률을 부여하는 대신, 이전 모델에서 잘못 분류된 데이터에 더 큰 가중치를 부여하여 순차적으로 모델을 학습시키는 방법이다.

★ 29회
**09** 다음 중 부스팅에 대한 설명으로 가장 적절한 것은?

① 원 데이터 집합으로부터 크기가 같은 표본(bootstrap)을 여러 번 단순 임의 복원 추출하고 각 부트스트랩 자료에 분류 모형을 생성한 후 그 결과를 종합하는 방법이다.

② 부스팅은 모든 학습기(learners)가 병렬로 동시에 학습된다.

③ 약한 학습기의 오분류 데이터에 가중치를 부여하면서 최종모형을 만들어가는 방법이다.

④ 부스팅은 주로 분류 문제에만 사용되며, 회귀 문제에는 적합하지 않다.

**정답** ③ | **해설** 부스팅은 약한 학습기들을 순차적으로 학습시키면서, 이전 학습기가 잘못 분류한 데이터에 대해 더 큰 가중치를 부여하여, 다음 학습기가 그 오류를 보정하도록 하는 방식으로 작동한다.
**오답해설**
① 배깅(bagging)에 대한 설명이다.

② 배깅(bagging)에 대한 설명이다. 부스팅은 학습기를 순차적으로 학습시키며, 각 학습기가 이전 학습기의 오류를 보정하는 방식으로 동작한다.
④ 부스팅은 분류 문제뿐만 아니라 회귀 문제에도 효과적으로 사용한다.

★ 19회
**10** 다음 중 인공신경망의 활성화 함수에 대한 설명으로 가장 적절하지 않은 것은?

① 인공신경망 내에서 입력 신호의 총합을 출력 신호로 변환하는 역할을 한다.

② 입력변수의 속성에 따라 활성화 함수의 선택이 달라진다.

③ 신경망의 비선형성을 도입하는 역할을 하며, 이를 통해 모델이 복잡한 문제를 해결할 수 있게 한다.

④ 활성화 함수는 분석가의 주관과 경험에 따라 선택한다.

**정답** ② | **해설** 활성화 함수는 주로 네트워크의 특정 층에서 원하는 비선형성의 종류, 학습의 효율성, 해결하려는 문제의 유형을 기준으로 선택한다.

★ 23회 29회 41회
**11** 다음 중 다층 신경망에서 은닉노드의 개수가 적을 경우에 대한 특징으로 가장 적절한 것은?

① 활성화 함수를 사용할 수 없다.

② 의사결정이 단순해진다.

③ 기울기 소실이 발생한다.

④ 학습 시간이 오래 걸린다.

**정답** ② | **해설** 은닉노드의 개수가 적을 때 의사결정 프로세스가 단순해진다. 이는 네트워크가 단순해져 복잡한 패턴을 모델링하는 능력이 제한되는 것을 의미한다.

★ 26회

**12** 다음 중 시그모이드 활성화 함수 식으로 가장 적절한 것은?

① $f(x) = \dfrac{1}{1+e^{-x}}$

② $f(x) = \dfrac{e^{-x}}{1+e^{-x}}$

③ $f(x) = \dfrac{1}{1-e^{-x}}$

④ $f(x) = 1 - \dfrac{1}{1+e^{-x}}$

**정답** ① | **해설** 시그모이드 함수식은 $f(x) = \dfrac{1}{1+e^{-x}}$ 이며, 나머지 세개는 시그모이드 함수식을 변형한 것으로, 시그모이드 함수식이 아니다.

★ 28회

**13** 다음 중 비지도 신경망으로 고차원의 데이터를 이해하기 쉬운 저차원의 뉴런으로 정렬하여 지도 형태로 형상화하는 방법으로 가장 적절한 것은?

① 의사결정나무
② 서포트 벡터 머신
③ 랜덤 포레스트
④ 자기 조직화 지도

**정답** ④ | **해설** 비지도 신경망으로 고차원 데이터를 저차원의 뉴런으로 정렬하여 지도 형태로 형상화하는 방법은 자기 조직화 지도(SOM; Self-Organizing Map)이다.

★ 17회

**14** 다음 중 SOM(Self-Organizing Map)에서 입력된 데이터 벡터와 가장 유사한 가중치 벡터를 가진 뉴런을 무엇이라 하는가?

① OMU(Optimal Matching Unit)
② MSN(Maximum Similarity Neuron)
③ LRN(Learning Representative Neuron)
④ BMU(Best Matching Unit)

**정답** ④ | **해설** SOM에서 각 입력 데이터에 대해 전체 맵의 뉴런 중에서 해당 데이터와 가장 가까운 뉴런을 찾는데 그 뉴런이 바로 BMU이다.

★ 18회 22회 25회

**15** 다음의 데이터셋에서 A, B 간의 유사성을 맨해튼(Manhattan) 거리를 계산한 것으로 적절한 것은?

| | A | B |
|---|---|---|
| 키 | 160 | 180 |
| 몸무게 | 70 | 65 |

① 25
② 20
③ 15
④ 10

**정답** ① | **해설**
$d(x,y) = |x_1 - y_1| + |x_2 - y_2| = |160-180| + |70-65| = 20+5 = 25$

★ 30회

**16** 다음 중 민코우스키 거리를 나타낸 공식으로 가장 적절한 것은?

① $d(x,y) = \sqrt{(x_1-y_1)^2 + (x_2-y_2)^2}$

② $d(x,y) = |x_1-y_1| + |x_2-y_2|$

③ $d(x,y) = (\sum_{j=1}^{m} |x_j - y_j|^r)^{\frac{1}{r}}$

④ $D(x) = \sqrt{(x-\mu)^T S^{-1}(x-\mu)}$

**정답** ③ | **해설** 맨해튼 거리와 유클리디안 거리를 한 번에 표현한 것으로, r이 1인 경우는 맨해튼 거리, r이 2인 경우는 유클리디안 거리로 사용할 수 있다.
**오답해설**
① 유클리드 거리
② 맨해튼 거리
④ 마할라노비스 거리

**17** 다음 중 변수의 표준화와 변수 간의 상관성을 동시에 고려한 통계적 거리로 가장 적절한 것은?

① 표준화 거리(Standardized distance)
② 민코우스키 거리(Minkowski distance)
③ 마할라노비스 거리(Mahalanobis distance)
④ 자카드 계수(Jaccard coefficient)

> **정답 ③ | 해설** 마할라노비스 거리는 두 벡터 사이의 거리를 산포를 의미하는 표본 공분산으로 나눠준 것으로 표준화와 상관성을 동시에 고려한 통계적 거리다.
> **오답해설**
> ① 표준화 거리(Standardized distance) : 해당 변수의 표준편차로 척도 변환한 후 유클리디안 거리를 계산하는 방법이다.
> ② 민코우스키 거리(Minkowski distanc) : 두 점 사이의 거리를 일반화된 형태로 계산하는 방법으로, p값에 따라 맨해튼 거리($p$=1)와 유클리드 거리($p$=2)를 포함하는 거리 척도이다.
> ④ 자카드 계수(Jaccard coefficient) : 두 집합 간의 유사성을 측정하는 데 사용되는 지표 중 하나로, 자카드 유사도를 기반으로 나타내는 지표이다.

**18** 다음 중 K-평균 군집분석에서 군집수를 정하는데 활용할 수 있는 그래프로 가장 적절한 것은?

① ROC 그래프
② 향상도 곡선
③ 집단 내 제곱합 그래프
④ 상관행렬 그래프

> **정답 ③ | 해설** K-평균 군집분석에서 군집수를 정하는 데 활용할 수 있는 그래프는 '집단 내 제곱합(SSW; Sum of Squares Within)' 그래프로 '엘보우 방법(Elbow Method)'이라고 불리며, 군집 내 제곱합의 감소가 급격히 줄어드는 지점을 찾아 최적의 군집 수를 결정하는 데 사용된다.

**19** 다음 중 K-means 군집분석의 집단 내 제곱합 그래프에서 가장 적절한 군집의 수는 몇 개인가?

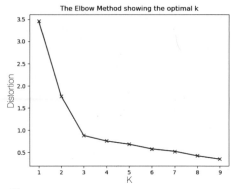

① 1
② 3
③ 4
④ 6

> **정답 ② | 해설** 집단 내 제곱합이 급격히 감소하다가 서서히 감소하는 지점, 즉 그래프가 팔꿈치처럼 보이는 지점을 최적의 군집 수로 선택해야 한다. 즉, K=3에서 서서히 감소하므로 군집은 3개로 선택하는 것이 적당하다.

**20** 다음 중 이상값(outlier)에 민감하여 군집 경계의 설정이 어려운 K-means 군집분석의 단점을 극복하기 위해 사용하는 군집분석 방법으로 가장 적절한 것은?

① K-medoids Clustering
② Density based Clustering
③ Fuzzy Clustering
④ 혼합 분포 군집(mixture distribution clustering)

> **정답 ① | 해설** K-means와 유사하지만, 군집의 중심으로 실제 데이터 포인트인 medoids를 사용한다. 이 접근 방식은 이상값의 영향을 덜 받기 때문에, 이상값에 의해 군집 경계 설정이 어려운 K-means의 단점을 극복하는 데 유용하다.

**21** 다음 중 혼합분포 군집분석의 결과에 대한 설명으로 가장 적절한 것은?

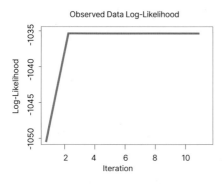

① 로그-가능도 함수의 최대값이 −1050이다.

② 반복횟수 2회 만에 로그-가능도 함수가 최대가 되었다.

③ 혼합분포 군집분석은 밀도기반 군집방법이다.

④ EM 알고리즘은 이상값에 민감하지 않다.

**정답 ②** | **해설** X축은 반복횟수, Y축은 로그-가능도 함수를 나타내며, 반복횟수 2회 만에 로그-가능도 함수가 최대가 된 것을 알 수 있다.

**오답해설**

① 로그-가능도 함수의 최대값은 −1035이다.

③ 혼합분포 군집분석은 밀도기반 군집방법이 아니라 확률 모델 기반 군집 방법이다.

④ EM 알고리즘은 데이터의 분포를 가정하고, 이상값이 그 가정을 깨뜨릴 수 있기 때문에 이상값에 민감한 편이다.

**22** 다음 중 군집 모형의 평가 기준으로 군집 내의 거리와 군집 간의 거리를 기준으로 군집 분할의 성과를 평가하는 방법으로 가장 적절한 것은?

① 피어슨 상관 계수(Pearson Correlation oefficient)

② ARI(Adjusted Rand Index)

③ 던(Dunn) 지수

④ 실루엣 계수(Silhouette Coefficient)

**정답 ④** | **해설** 실루엣 계수는 각 데이터 포인트의 군집화 성능을 측정하며, 값이 1에 가까울수록 잘 군집화되었다고 평가할 수 있다. 이 점수는 군집 내 거리의 평균과 가장 가까운 군집과의 거리의 평균을 기반으로 계산된다.

**오답해설**

① 피어슨 상관 계수(Pearson Correlation Coefficient): 두 변수 간의 선형 상관 관계를 측정하는 통계적 지표

② ARI(Adjusted Rand Index): 두 군집 간의 유사성을 평가하는 지표로, 주어진 레이블과 예측된 군집 간의 일치도를 측정하며, 랜덤 군집화 결과를 보정하여 평가한다.

③ 던(Dunn) 지수: 군집 간 최소 거리와 군집 내 최대 거리의 비율을 계산하여 군집 분석의 품질을 평가하는 지표

**23** 아래 거래 전표에서 연관 규칙 '커피→우유'의 신뢰도는 얼마인가?

| 상품 | 거래건수 |
| --- | --- |
| 커피 | 100 |
| 우유 | 50 |
| 커피, 우유 | 200 |
| 초컬릿, 빵 | 150 |
| 초컬릿, 우유 | 200 |
| 커피, 초컬릿, 빵 | 200 |
| 커피, 초컬릿, 우유, 빵 | 100 |

① 25%

② 30%

③ 40%

④ 50%

**정답 ④** | **해설** 신뢰도=300(커피와 우유가 동시에 포함된 거래 수)/600(커피를 포함하는 거래 수)=0.5=50%

**24** 아래는 피자와 햄버거의 거래 관계를 나타낸 표이다. 다음 중 피자와 햄버거의 구매에 대한 설명으로 가장 적절한 것은?(단, 피자/햄버거는 피자/햄버거를 포함하는 거래 수를 의미하고 (피자)/(햄버거)는 피자/햄버거를 포함하지 않는 거래 수를 의미한다.)

| | 피자 | (피자) | 합계 |
|---|---|---|---|
| 햄버거 | 2,000 | 500 | 2,500 |
| (햄버거) | 1,000 | 1,500 | 2,500 |
| 합계 | 3,000 | 2,000 | 5,000 |

① 지지도가 0.6으로 전체 구매 중 햄버거와 피자가 같이 구매되는 경향이 높다.

② 정확도가 0.7로 햄버거와 피자의 구매 관련성은 높다.

③ 향상도가 1보다 크므로 햄버거와 피자 사이에 연관성이 높다고 할 수 있다.

④ 연관규칙 중 '햄버거→피자' 보다 '피자→햄버거'의 신뢰도가 더 높다.

**정답** ③ | **해설** 이 경우 A를 햄버거, B를 피자라고 하면,
P(햄버거와 피자 모두 구매) = 2000 / 5000 = 0.4
P(햄버거 구매) = (햄버거와 피자 모두 구매 + 햄버거만 구매) / 전체 거래 = (2000 + 500) / 5000 = 2500 / 5000 = 0.5
P(피자 구매) = (피자와 햄버거 모두 구매 + 피자만 구매) / 전체 거래 = (2000 + 1000) / 5000 = 3000 / 5000 = 0.6
∴ 향상도

$$\frac{0.4}{0.5 \times 0.6} = \frac{0.4}{0.3} = \frac{4}{3} \approx 1.33$$

향상도가 1보다 크므로, 햄버거와 피자의 구매 사이에는 긍정적인 연관성이 있다고 할 수 있다.
**오답해설**
① 지지도 = (피자와 햄버거가 함께 구매된 거래수) / (전체 거래수) = 2000 / 5000 = 0.4
② 정확도는 연관분석에서 사용되는 지표가 아니다.
③ '햄버거 → 피자' 보다 '피자 → 햄버거'의 신뢰도가 더 낮다.
'햄버거 → 피자'의 신뢰도 = (피자와 햄버거가 함께 구매된 거래수) / (햄버거가 구매된 전체 거래수) = 2000 / (2000 + 500) = 2000 / 2500 = 0.8
'피자 → 햄버거'의 신뢰도 = (피자와 햄버거가 함께 구매된 거래수) / (피자가 구매된 전체 거래수) = 2000 / (2000 + 1000) = 2000 / 3000 = 0.666...

★ 20회

**25** 다음 중 주어진 원천 데이터를 랜덤하게 두 분류로 분리하여, 하나는 훈련용 자료로 사용하고, 다른 하나는 평가용 자료로 사용하는 방법은 무엇인가?

① 홀드아웃 방법(Holdout Method)

② k-폴드 교차 검증(k-Fold Cross-Validation)

③ LOOCV(Leave-One-Out Cross-Validation)

④ 부트스트래핑(Bootstrapping)

**정답** ① | **해설** 홀드아웃 방법은 주어진 원천 데이터를 랜덤하게 두 분류로 분리하여, 하나는 모형의 학습 및 구축을 위한 훈련용 자료로 사용하고, 다른 하나는 모델의 성능 평가를 위한 테스트용 자료로 사용하는 방법이다.

★ 19회

**26** 다음 오분류표를 활용한 평가지표 중 민감도(Sensitivity)와 같은 지표로 가장 적절한 것은?

① Recall

② Specificity

③ Precision

④ Kappa

**정답** ① | **해설** 민감도(Sensitivity)와 같은 지표는 재현율(Recall)로서, 실제값이 True인 관측치 중 예측치가 적중한 정도를 의미한다.
**오답해설**
② 특이도(specificity) : 실제값이 False인 관측치 중 예측치가 적중한 정도를 나타내는 지표
③ 정밀도(Precision) : True로 예측한 관측치 중 실제값이 True인 정도를 나타내는 지표
④ Kappa : 두 평가자의 평가가 얼마나 일치하는지 평가하는 값

★ 30회

**27** 다음 중 오분류표에서 실제값의 TRUE와 예측값의 TRUE 합계가 모두 1000이다. 민감도(Sensitivity)가 0.8이라고 할 때 정밀도(Precision)의 값으로 가장 적절한 것은?

① 0.2

② 0.5

③ 0.8

④ 0.9

**정답** ③ | **해설** 실제값의 TRUE 합계: TP+FN=100
예측값의 TRUE 합계: TP+FP=100
*민감도=TP/(TP+FN)=TP/100=0.8
∴TP=80, FN=100−80=20, FP=100−80=20
*정밀도(Precision)=TP/(TP+FP)=80/(80+20)=0.8

**28** 다음 중 아래 오분류표를 이용하여 구한 특이도 값은 얼마인가?

| | | 예측치 | | 합계 |
|---|---|---|---|---|
| | | True | False | |
| 실제값 | True | 30 | 70 | 100 |
| | False | 60 | 40 | 100 |
| 합계 | | 90 | 110 | 200 |

① 3/10

② 4/10

③ 13/20

④ 7/11

**정답** ② | **해설** 특이도 : 실제값이 False인 관측치 중 예측치가 적중한 정도
특이도=40/100=4/10

**29** 다음 중 ROC(Receiver Operating Characteristic) 그래프에서 이상적으로 완벽히 분류한 모형의 x축과 y축 값으로 가장 적절한 것은?

① (0, 0)

② (0, 1)

③ (1, 0)

④ (1, 1)

**정답** ② | **해설** ROC 그래프에서 이상적으로 완벽히 분류한 모형은 x축(FPR; False Positive Rate) 값이 0이고 y축(TPR; True Positive Rate) 값이 1인 지점에 위치한다. 이 지점은 ROC 곡선의 왼쪽 상단 모서리에 해당하며, 이상적인 분류기의 성능을 나타낸다.

**30** 다음 중 각 개체의 영향력 진단에 대한 설명으로 가장 적절하지 않은 것은?

① 쿡의 거리(Cook's distance)는 관측 개체 하나가 제외되었을 때, 최소제곱추정치 벡터의 변화를 표준화한 측도이다.

② Leverage는 관측치가 다른 관측치 집단으로부터 떨어진 정도를 의미한다.

③ DFBETAS의 절대값이 작을수록 해당 관측치가 회귀 계수에 큰 영향을 미친다.

④ DFFITS(Difference in fits)의 절대값이 매우 큰 관측치는 y의 예측에 영향력이 크다고 할 수 있다.

**정답** ③ | **해설** DFBETAS의 절대값이 크면 클수록, 해당 관측치가 회귀 계수에 큰 영향을 미친다고 간주된다.
**오답해설**
① 쿡의 거리는 관측치가 모델에 미치는 영향력의 크기를 나타내는 지표로, 모델의 회귀 계수 추정치에 대한 관측치의 영향을 측정한다.
② Leverage 값은 해당 관측치가 독립 변수 공간에서 얼마나 멀리 떨어져 있는지를 나타내며, 높은 leverage 값을 가진 관측치는 회귀 분석 결과에 큰 영향을 미칠 수 있다.
④ 절대값이 큰 DFFITS는 해당 관측치가 예측값에 큰 영향을 미친다는 것을 의미한다.

**MEMO**

# 최신기출문제

## 1과목 | 데이터 이해

**01** 정보 관리 측면에서 빅데이터 활용법에 대한 설명으로 가장 적절한 것은?

① 정보 관리의 목적은 기존 데이터만을 활용하여 새로운 가치를 창출하는 데 있다.

② 정보 체계 관리를 통해 새로운 정보를 지속적으로 축적하고 활용할 수 있는 관리 용이성이 요구된다.

③ 정보 관리는 데이터를 개별적으로 관리하여 독립성을 유지하는 것이 가장 중요하다.

④ 빅데이터는 정보 관리 측면에서 데이터의 양을 줄이는 것이 가장 핵심적인 과제이다.

**02** 다음 중 비정형 데이터로 가장 적절하지 않은 것은?

① 관측소에서 측정한 온도

② SNS 게시글

③ 온라인에 게시한 댓글

④ 카메라로 찍은 사진

**03** 빅데이터 출현 배경으로 맞게 짝지어진 것은?

> ㄱ. 방대한 데이터 확보로 대량의 데이터가 축적되었다.
> ㄴ. 휴대폰 및 클라우드 기술의 발달로 데이터 생성과 저장이 용이해졌다.
> ㄷ. 데이터 분석과 처리 기술이 발전하여 대규모 데이터 활용이 가능해졌다.

① ㄱ, ㄴ

② ㄴ, ㄷ

③ ㄱ, ㄷ

④ ㄱ, ㄴ, ㄷ

**04** 다음 중 빅데이터 가치 패러다임의 변화 순서로 적절한 것은?

① Connection → Digitalization → Agency

② Digitalization → Connection → Agency

③ Agency → Connection → Digitalization

④ Digitalization → Agency → Connection

**05** 기업의 분산된 데이터베이스를 통합하여 중앙 집중적으로 관리하고 분석할 수 있도록 지원하는 시스템은?

① DW(Data Warehouse)

② BI(Business Intelligence)

③ OLTP(OnLine Transaction Processing)

④ OLAP(OnLine Analytical Processing)

**06** 빅데이터의 3V에 해당하지 않는 것은?

① Volume

② Variety

③ Velocity

④ Veracity

**07** 다음 보기 중 빅데이터의 본질적인 변화로 가장 적절하지 않은 것은?

① 데이터 처리가 사전처리에서 사후처리로 전환되었다.

② 표본조사에서 전수조사로 데이터 수집 방식이 변화하였다.

③ 데이터 분석에서 질보다 양이 더 중요한 요소로 강조되고 있다.

④ 데이터 분석의 초점이 상관관계에서 인과관계로 변화하고 있다.

**08** 다음의 비즈니스 문제를 해결하는 방법으로 연결이 가장 적절하지 않은 것은?

① 고객의 서비스 만족도가 재구매율에 어떤 영향을 미치는가 – 회귀분석

② 빵을 사는 사람은 우유도 같이 구매하는 경우가 많다. – 연관 규칙 학습

③ 택배 차량을 어떻게 배치하는 것이 비용 측면에서 가장 효율적인가 – 요인 분석

④ 팀원 간의 협력이 프로젝트 성공에 어떤 영향을 미치는가 – 소셜 네트워크 분석

**09** 개인정보보호에 대한 내용으로 가장 적절하지 않은 것은?

① 수집한 정보에 대한 접근성을 제한적으로 관리해야 한다.

② 개인정보는 정보 제공자가 소유권을 가지며, 이에 대한 보호가 중요하다.

③ 알고리즘은 개인정보를 직접적으로 사용하는 것이 아니라 그 미래를 예측하는 것이기 때문에 문제되지 않는다.

④ 정보 제공자에게 자신의 데이터 수집 및 사용에 대한 선택권을 부여해야 한다.

**10** 데이터 사이언스에 대한 설명으로 가장 적절하지 않은 것은?

① 정보 분석을 중심으로 하는 학문이다.

② 분석의 정확도가 가장 우선시된다.

③ 다양한 데이터 소스로부터 가치 있는 정보를 도출하는 것을 목표로 한다.

④ 데이터 사이언티스트는 다른 사람들과의 커뮤니케이션 능력이 필요하다.

---

**2과목 | 데이터 분석 기획**

**11** 다음 중 분석 기획을 위한 고려사항에 대한 설명으로 가장 적절하지 않은 것은?

① 기존에 잘 구현된 유사 분석 시나리오 및 솔루션을 최대한 활용한다.

② 분석 과제를 수행하기 위한 가용 데이터의 존재 여부를 파악한다.

③ 데이터 유형에 따라 분석 방법이 다르므로 데이터 유형에 대한 분석을 선행한다.

④ 분석 기획에서는 비용과 리스크를 고려할 필요가 없다.

**12** 빅데이터 분석 방법론의 계층적 프로세스에 대한 설명으로 가장 적절한 것은?

① 빅데이터 분석 방법론의 3계층 순서는 단계 → 스텝 → 태스크이다.

② 단계(Phase)는 프로세스 그룹을 통해 생성된 산출물이 관리되며, 버전관리와 기준선 설정이 필요하다.

③ 스텝(Step)은 단순한 활동 단위로, 단계 내에서 바로 실행되는 물리적 작업을 포함한다.

④ 태스크(Task)는 WBS의 워크 패키지에 해당하며, 입력 자료, 처리 및 도구, 출력 자료로 구성된 단위 프로세스이다.

**13** 다음 중 난이도와 시급성을 고려하였을 때 우선적으로 추진해야 하는 분석 과제로 가장 적절한 것은?

① 난이도 : 어려움(Difficult), 시급성 : 현재
② 난이도 : 어려움(Diffcult), 시급성 : 미래
③ 난이도 : 쉬움(Easy), 시급성 : 미래
④ 난이도 : 쉬움(Easy), 시급성 : 현재

**14** 다음에서 설명하는 데이터 거버넌스 체계 항목으로 가장 적절한 것은?

> 데이터 표준 용어 설정, 명명 규칙 수립, 메타 데이터 구축, 데이터 사전 구축 등의 업무로 구성

① 데이터 표준화
② 데이터 관리 체계
③ 데이터 저장서 관리
④ 표준화 활동

**15** 데이터 분석 조직구조에 대한 설명으로 가장 적절한 것은?

① 기능 중심 조직구조는 별도의 분석 조직이 없어 해당 업무부서에서 분석을 수행한다.
② 집중형 조직구조는 분석 조직이 현업 부서에 직접 배치되어 분석 업무를 수행한다.
③ 분산된 조직구조는 전사적 핵심 분석이 어렵다.
④ 기능 중심 조직구조는 분석 업무의 우선순위를 정하여 전사적으로 분석을 수행한다.

**16** 비즈니스 모델의 고객 영역에 존재하는 현재 고객을 확장하여 전체 시장을 대상으로 사회적, 문화적, 구조적, 트렌드 변화에 기반한 분석 기회를 도출하는 영역은?

① 환경
② 사회
③ 경제
④ 정치

**17** 아래의 〈보기〉 중 데이터 준비 단계에 대해 적절한 설명으로 짝지어진 것은?

> 〈보기〉
>
> 가. 디지털화, 저장 기술의 발전, 인터넷 보급, 모바일 혁명, 그리고 클라우드 컴퓨팅과 같은 관련 기술의 발전이 필요하다.
> 나. 기업 데이터를 사용할 때는 전사적인 접근과 과거 자료의 활용이 필요하다.
> 다. 기업 내부 데이터는 검증과 내부 허가 없이도 사용 가능하다.
> 라. 데이터 스토어에 축적된 데이터들의 품질 관리를 위해 정합성 검증을 한다

① 나, 다, 라
② 가, 나, 다
③ 가, 다, 라
④ 가, 나, 라

**18** 다음 중 Accuracy와 Precision에 대한 설명으로 가장 적절하지 않은 것은?

① Accuracy와 Precision은 Trade-Off 관계가 있다.
② 분석의 활용적인 측면에서는 Precision이 중요하며, 안정성 측면에서는 Accuracy가 중요하다.

③ Accuracy는 모델과 실제 값과의 차이를 평가하는 정확도를 의미한다.

④ Precision은 모델을 지속적으로 반복했을 때의 편차의 수준으로써, 일관적으로 동일한 결과를 제시한다는 것을 의미한다.

**19** 분석 수준 진단 결과 사분면에서 확산형에 대한 설명으로 가장 적절한 것은?

① 조직, 인력, 분석 업무 등을 기업 내부에서 제한적으로 사용하고 있는 기업

② 기업에 필요한 6가지 분석 구성 요소를 모두 갖추고 있는 기업

③ 조직 및 인력 등 준비도가 높고, 바로 데이터 분석을 도입할 수 있는 기업

④ 분석을 위한 데이터, 조직 및 인력, 분석 업무 등이 적용되지 않는 기업

**20** 다음 〈보기〉의 설명에 맞는 분석 프로젝트 관리 방안으로 가장 적절한 것은?

〈보기〉
• 프로젝트 목적성에 맞는 외부 소싱을 적절하게 운영할 필요가 있다.
• PoC(Proof of Concept) 형태의 프로젝트는 인프라 구매가 아니라 클라우드 등의 다양한 방안을 검토할 필요가 있다.

① 조달
② 품질
③ 범위
④ 통합

### 3과목 | 데이터 분석

**21** 데이터 객체 간의 거리 개념을 사용하여 객체 간의 유사성이나 비유사성을 시각적으로 표현하는 분석 기법은?

① 다차원척도법
② 상관분석
③ 주성분 분석
④ 군집분석

**22** 아래의 산점도에 대한 설명으로 가장 적절한 것은? (단, x, y는 서로 다른 값을 가짐)

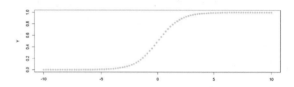

① 완벽히 선형 관계이다.
② 피어슨 상관계수는 1이다.
③ 스피어만 상관계수는 1이다.
④ X가 증가할 때 Y가 반드시 증가하는 것은 아니다.

**23** 여러 개의 설명변수를 사용하여 종속 변수와 선형 관계를 모델링하는 회귀 분석 기법은?

① 다항 회귀분석
② 다중 회귀분석
③ 로지스틱 회귀분석
④ 릿지 회귀분석

**24** 다음 중 데이터의 정규성을 확인하는 방법으로 적절하지 않은 것은?

① 히스토그램

② Q-Q 플롯

③ Kolmogolov-Smirnov test

④ Durbin-Watson test

**25** 다음 중 제1종 오류에 대한 설명으로 적절한 것은?

① $H_0$가 사실일 때, $H_0$가 사실이라고 판정

② $H_0$가 사실일 때, $H_0$가 사실이 아니라고 판정

③ $H_0$가 사실이 아닐 때, $H_0$가 사실이라고 판정

④ $H_0$가 사실이 아닐 때, $H_0$가 사실이 아니라고 판정

**26** 다음 중 확률에 대한 설명으로 가장 적절하지 않은 것은?

① 모든 사건의 확률값은 0과 1 사이에 있다.

② 두 사건 A와 B가 독립이라면, 사건 B의 확률은 A가 일어난다는 가정하에서 사건 B의 확률과 동일하다.

③ A와 B의 교집합의 확률은 각 사건의 확률의 곱과 같다.

④ 두 사건이 배반사건일 때, 합집합의 확률은 각 사건의 확률의 합과 같다.

**27** 다음 중 자료의 척도에 대한 설명으로 가장 적절하지 않은 것은?

① 명목 척도는 분류를 위해 사용되며, 수치 간에는 어떠한 순서나 차이도 의미가 없다.

② 서열 척도는 순서나 등급에 의미가 있지만, 간격이나 비율은 의미가 없다.

③ 구간 척도는 순서와 간격에 의미가 있고 0이 절대적 의미가 있다.

④ 비율 척도는 순서, 간격, 절대적인 0(영점)의 의미를 모두 가진다.

**28** 층화추출법에 대한 설명으로 가장 적절한 것은?

① 모집단 내 각 원소가 동일한 확률로 선택되며, 무작위로 추출하는 방법이다.

② 모집단을 몇 개의 집락으로 나누고, 각 집락 내 원소들을 모두 포함하거나 무작위로 추출하는 방법이다.

③ 이질적인 원소들로 구성된 모집단에서 모집단을 동질적인 하위 집단으로 나누고, 각 집단에서 무작위로 추출한다.

④ 모집단의 일정 간격으로 원소를 추출하는 방법이다.

**29** 다음 중 파생 변수에 대한 설명으로 가장 적절하지 않은 것은?

① 파생 변수는 기존 변수에 특정 조건이나 함수 등을 사용하여 새롭게 재정의한 변수를 의미한다.

② 파생 변수는 재활용성이 높고 다른 많은 모델을 공통으로 사용할 수 있는 장점이 있다.

③ 파생 변수는 논리성과 대표성을 나타나게 할 필요가 있다.

④ 일반적으로 1차 데이터 마트의 개별 변수에 대한 이해 및 탐색을 통해 각 특성을 고려하여 파생 변수를 생성한다.

**30** 아래 cats 데이터셋의 summary 결과에 대한 설명으로 가장 적절하지 않은 것은?

```
> summary(cats)
 Sex          Bwt              Hwt
 F:47    Min.   : 2.000   Min.   :  6.30
 M:97    1st Qu.: 2.300   1st Qu.:  8.95
         Median : 2.700   Median : 10.10
         Mean   : 2.724   Mean   : 10.63
         3rd Qu.: 3.025   3rd Qu.: 12.12
         Max.   : 3.900   Max.   : 20.50
```

① 총 144개의 관측값으로 구성되어 있다.

② Sex 변수는 문자 또는 문자열 데이터로 구성되어 있다.

③ Hwt 변수에는 IQR 방식에 의한 이상값이 없고 결측치가 1개 있다.

④ Hwt 변수의 평균값은 10.63이다.

**31** 아래의 산점도 행렬에 대한 설명으로 가장 적절하지 않은 것은?

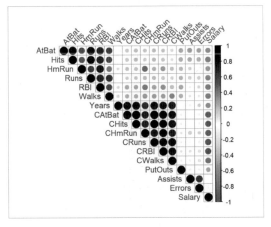

① Errors와 음의 상관관계를 가지는 변수가 있다.

② CRuns는 Salary와의 상관관계가 통계적으로 유의하다.

③ Errors와 Salary의 상관계수는 0에 가깝다.

④ Salary를 반응변수로 하고 나머지 변수를 설명변수로 두었을 때 다중공선성이 발생할 수 있다.

**32** 이상값에 대한 설명으로 가장 적절하지 않은 것은?

① 이상값을 제거하는 것은 중요한 정보의 손실을 초래할 수 있으므로 주의해야 한다.

② 이상값을 조정하면 제거하는 것보다 데이터의 설명력이 낮아지고 손실이 커진다.

③ 상위 및 하위 5%의 값을 제거하여 이상값을 처리할 수 있다.

④ 이상값을 하한과 상한값으로 바꾸어 활용할 수 있다.

**33** 통계적 추론에 대한 설명으로 가장 적절하지 않은 것은?

① 모수를 특정 값으로 추정하는 것을 점 추정이라 한다.

② 신뢰구간을 사용하여 모수가 그 구간 안에 있을 것으로 선언하는 것을 구간 추정이라고 한다.

③ 구간 추정은 모수의 참값이 포함되었다고 추정되는 구간을 결정하는 것으로, 실제 모집단의 모수는 신뢰구간에 포함되어야 한다.

④ 통계적 추론은 제한된 표본을 바탕으로 모집단에 대한 일반적인 결론을 유도하므로 불확실성을 수반한다.

**34** 다중공선성에 대한 설명으로 가장 적절하지 않은 것은?

① 다중공선성은 회귀분석에서 설명변수 간의 높은 상관관계로 인해 발생할 수 있다.

② 다중공선성은 회귀 계수의 추정에 불안정성을 초래할 수 있다.

③ 상관계수를 낮추기 위해 변수를 추가한다.

④ VIF를 이용하여 다중공선성 유무를 판단한다.

**35** 한 모집단에서 표본 70명을 대상으로 평균 검정을 실시하고 있다. 10% 신뢰구간을 계산할 때, 아래의 빈칸 (A), (B)에 순서대로 들어갈 것으로 가장 적절한 것은?

$$\left( \overline{X} - t_{(B)} \times \frac{S}{\sqrt{A}}, \ \overline{X} + t_{(B)} \times \frac{S}{\sqrt{A}} \right)$$

① (A) 70, (B) 0.05
② (A) 70, (B) 0.1
③ (A) 71, (B) 0.05
④ (A) 71, (B) 0.1

**36** 아래의 잔차도에 대한 설명으로 가장 적절하지 않은 것은?

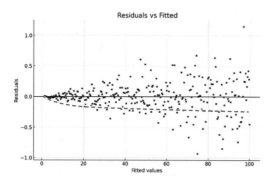

① 등분산성을 만족하지 않는다
② 독립성을 만족한다.
③ 이상값이 존재한다.
④ 해당 그래프로 영향점을 파악할 수 없다.

**37** 다음은 선형 회귀분석의 결과이다. 이에 대한 설명으로 가장 적절하지 않은 것은?

```
> summary(lm(wage ~ education, data = Wage))

Call:
lm(formula = wage ~ education, data = Wage)

Residuals:
    Min      1Q  Median      3Q     Max
-112.31  -19.94   -3.09   15.33  222.56
```

```
Coefficients:
                          Estimate Std. Error t value  Pr(>|t|)
(Intercept)                 84.104      2.231  37.695   < 2e-16 ***
education2. HS Grad         11.679      2.520   4.634  3.74e-06 ***
education3. Some College    23.651      2.652   8.920   < 2e-16 ***
education4. College Grad    40.323      2.632  15.322   < 2e-16 ***
education5. Advanced Degree 66.813      2.848  23.462   < 2e-16 ***
---
Signif. codes: 0 '***' 0.001 '**' 0.01 '*' 0.05 '.' 0.1 ' ' 1

Residual standard error: 36.53 on 2995 degrees of freedom
Multiple R-squared: 0.2348,  Adjusted R-squared: 0.2338
F-statistic: 229.8 on 4 and 2995 DF,  p-value: < 2.2e-16
```

① 잔차의 IQR은 35.27이다.
② education의 더미 변수는 4개이다.
③ 기준 범주인 '< HS Grad' 그룹의 평균 임금이 가장 높다.
④ 임금 변동성의 약 23.48%가 교육 수준에 의해 설명될 수 있다.

**38** 베이즈 정리에 대한 설명으로 가장 적절하지 않은 것은?

① 베이즈 정리는 연역적 추론에 기반한다.
② 베이즈 정리의 공식은 $P(A|B) = \dfrac{P(B|A) \cdot P(A)}{P(B)}$ 이다.
③ 관찰된 데이터(증거)에 기반하여 특정 사건의 조건부 확률을 계산할 수 있다.
④ 과거의 경험과 새로운 데이터를 기반으로 확률을 갱신하여 예측할 수 있다.

**39** 두 군집 사이의 거리를 군집에서 군집 간 거리 중 최대값으로 정의하는 방법은?

① 최단연결법
② 최장연결법
③ 중심연결법
④ 평균연결법

**40** 연관분석에 대한 설명으로 가장 적절하지 않은 것은?

① 탐색적 기법으로 결과를 이해하기 쉽다.

② 품목 수가 증가하면 계산이 복잡하다.

③ 거래 횟수가 적은 품목에서 규칙을 발견하기 쉽다.

④ 데이터의 변환 과정이 필요하지 않다.

**41** 두 개체의 벡터 내적의 코사인 값을 이용하여 측정된 벡터간의 유사한 정도를 의미하는 것은?

① 피어슨 유사도

② 자카드 거리

③ 코사인 유사도

④ 캔버라 거리

**42** 다음 중 아래 오분류표를 이용하여 구한 F1 값은 얼마인가?

| | | 예측치 | | |
|---|---|---|---|---|
| | | TRUE | FALSE | 합계 |
| 실제값 | TRUE | 200 | 300 | 500 |
| | FALSE | 300 | 200 | 500 |
| | 합계 | 500 | 500 | 1000 |

① 0.2

② 0.3

③ 0.4

④ 0.5

**43** 앙상블 기법에 대한 설명으로 가장 적절하지 않은 것은?

① 랜덤 포레스트는 분할에 사용될 예측변수를 중요도에 따라 선택하고 선택한 변수 내에서 최적의 분할을 만들어 나가는 방법이다.

② 부스팅은 분류가 잘못된 데이터에 더 큰 가중을 주어 추출하는 방식이다.

③ 배깅은 원 데이터 집합으로부터 크기가 같은 여러 개의 부스트랩 표본을 생성하고 각 부스트랩 표본에 대해 분류기를 생성한 후 그 결과를 앙상블 하는 방법이다.

④ 스태킹은 동일한 타입의 모델을 조합하는 방법들과는 달리 다양한 학습 알고리즘을 통해 구성한 모델을 조합하는 방법이다.

**44** 의사결정나무에서 가지치기(pruning)의 목적으로 가장 적절한 것은?

① 과대적합 방지

② 모델 복잡도 증가

③ 예측 변수의 추가

④ 데이터 수 축소

**45** Credit 데이터셋을 활용하여 피어슨 상관분석을 수행한 결과에 대한 설명으로 가장 적절하지 않은 것은?

| | Balance | Income | Limit | Age | Education |
|---|---|---|---|---|---|
| Balance | 1.00000000 | 0.46365646 | 0.86169727 | 0.001835119 | -0.008061576 |
| Income | 0.463656457 | 1.00000000 | 0.79208834 | 0.175338403 | -0.027691982 |
| Limit | 0.861697267 | 0.79208834 | 1.00000000 | 0.100887922 | -0.023548534 |
| Age | 0.001835119 | 0.17533840 | 0.10088792 | 1.000000000 | 0.003619285 |
| Education | -0.008061576 | -0.02769198 | -0.02354853 | 0.003619285 | 1.000000000 |

① Age와 Income의 상관계수는 약한 상관관계를 가진다.

② Limit와 Balance는 강한 양의 상관관계를 가진다.

③ Income과 Limit은 높은 상관관계로 인해 다중공선성이 우려될 수 있다.

④ Balance와 Education의 피어슨 상관계수가 가장 약하다.

**46** 앙상블 기법을 사용하는 목적으로 가장 적절한 것은?

① 다차원 축소
② 데이터 전처리의 단순화
③ 분류 분석의 정확도 향상
④ 모델의 해석 용이성 증대

**47** K-means에 대한 설명으로 가장 적절하지 않은 것은?

① 데이터가 여러 군집에 중복으로 할당될 수 있다.
② 초기 중심점을 임의로 설정한다.
③ 이상치에 민감하게 반응할 수 있다.
④ 군집의 개수를 미리 설정해야 한다.

**48** 인공신경망에서 가중치가 가지는 의미로 가장 적절한 것은?

① 차원 축소
② 예측의 정확성 향상
③ 입력신호 강도 조절
④ 모델 복잡도 감소

**49** mtcars 데이터셋의 산점도와 피어슨 상관계수에 대한 설명으로 가장 적절하지 않은 것은?

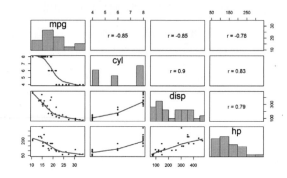

① mpg와 hp의 상관 계수는 0.9이다.
② cyl과 hp의 상관계수는 0.83이다.
③ mpg와 cyl의 상관계수는 음수이다.
④ disp와 hp는 양의 상관관계를 가진다.

**50** 아래의 주성분 분석 결과에 대한 설명으로 가장 적절하지 않은 것은?

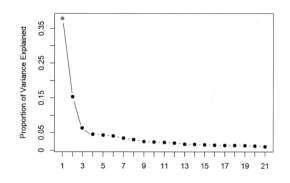

① 가장 설명력이 높은 주성분이 분산의 30% 이상을 설명한다.
② 21개의 주성분을 사용하면 총 분산 100%를 설명할 수 있다.
③ 차원이 증가함에 따라 늘어나는 분산 설명력이 4차원부터 완만해진다.
④ 두 개의 주성분을 사용하여 약 80% 이상의 설명이 가능하다.

## 1과목 | 데이터 이해

**01** 다음 중 DIKW 피라미드에서 지식(Knowledge)에 해당되는 예시로 가장 적절한 것은?

① A마트는 100원에, B마트는 200원에 연필을 판매한다.
② A마트의 연필 가격이 더 싸다.
③ 상대적으로 저렴한 A마트에서 연필을 사야겠다.
④ A마트의 다른 상품들도 B마트보다 쌀 것이라고 판단한다.

**02** 다음 중 정성적 데이터(qualitative data)에 속하는 것은?

① 기상특보
② 온도
③ 풍속
④ 강수량

**03** 다음은 데이터베이스의 특징에 대한 설명이다. 가장 적절하게 연결된 것은?

( ) 데이터 : 데이터베이스 내에 중복을 최소화하도록 데이터가 구성된다.
( ) 데이터 : 컴퓨터가 접근 가능한 저장 매체에 데이터가 보관된다.
( ) 데이터 : 여러 사용자가 다른 목적으로 데이터베이스의 정보를 공동으로 이용한다.
( ) 데이터 : 데이터의 삽입, 갱신, 삭제로 항상 변화하면서도 현재의 정확한 정보를 유지한다.

① 공용 – 저장 – 통합 – 변화되는
② 저장 – 통합 – 공용 – 변화되는
③ 통합된 – 저장 – 공용 – 변화되는
④ 통합된 – 공용 – 변화되는 – 저장

**04** 다음 중 빅데이터의 위기 요인으로 가장 적절하지 않은 것은?

① 사생활 침해
② 책임원칙 훼손
③ 데이터 오용
④ 분석 기술 부족

**05** 다음 중 빅데이터가 만드는 본질적인 변화로 적절하지 않은 것은?

① 질 → 양
② 상관관계 → 인과관계
③ 사전처리 → 사후처리
④ 표본조사 → 전수조사

**06** 빅데이터 시대의 위기 요인 중 사생활 침해에 대한 통제 방안으로 가장 적절한 것은?

① 알고리즘 접근 허용
② 동의가 아닌 사용자의 책임으로
③ 결과 기반 책임 원칙 고수
④ 사용자 정보의 무제한 공유 허용

**07** 다음 중 빅데이터를 다각적으로 분석하여 인사이트를 도출하는 데이터 사이언티스트의 필요 역량으로 가장 적절하지 않은 것은?

① 설득력 있는 스토리텔링 능력
② 통찰력 있는 분석 능력
③ 뉴럴 네트워크 최적화 능력
④ 다분야 간 커뮤니케이션 능력

**08** 다음 중 빅데이터 현상이 출현하게 된 배경과 가장 거리가 먼 것은?

① 하둡 등 분산처리 기술의 발전
② M2M, IoT와 같은 통신 기술의 발전
③ 다양하게 활용되는 정형 데이터의 확산
④ SNS의 급격한 확산

**09** 다음 중 복잡한 관계를 얼마나 효과적이고 신뢰성 있게 관리하는가에 대한 빅데이터 가치 패러다임으로 가장 적절한 것은?

① 연결(Connection)
② 디지털화(Digitalization)
③ 에이전시(Agency)
④ 관리(Management)

**10** 다음 중 빅데이터의 효능으로 가장 적절하지 않은 것은?

① 고객에게 획일화된 서비스 제공
② 개인화된 마케팅 전략 수립
③ 실시간 데이터 분석을 통한 의사결정 지원
④ 예측 분석을 통한 미래 트렌드 예측

**11** 다음 중 KDD 분석방법론의 단계로 가장 적절한 것은?
① Selection-Preprocessing-Transformation-Data Mining-Interpretation/Evaluation
② Planning-Preprocessing-Transformation-Data Mining-Interpretation/Evaluation
③ Preprocessing-Selection-Transformation-Data Mining-Interpretation/Evaluation
④ Selection-Transformation-Preprocessing-Data Mining-Interpretation/Evaluation

**12** 분석 과제 발굴을 위한 접근 방식에 대한 설명으로 가장 적절하지 않은 것은?

① 분석할 대상이 명확한 경우 상향식 접근 방식이 적절하다.
② 디자인 사고 프로세스는 상향식 접근과 하향식 접근이 반복적으로 수행된다.
③ 하향식 접근 방식은 문제가 주어지고 이에 대한 해법을 찾기 위한 과정이 단계화된 것이다.
④ 일반적으로 상향식 접근 방식은 비지도 학습 방식으로 수행된다.

**13** 빅데이터의 4V에서 비즈니스 효과 측면에 해당하는 것은?

① Volume
② Variety
③ Value
④ Velocity

**14** 다음 중 분석준비도의 영역에 해당되지 않는 것은?

① 분석 기법
② 분석 문화
③ IT 인프라
④ 분석 비용

**15** 다음 중 협의의 데이터 분석 플랫폼 구성 요소로 가장 적절한 것은?

① 하드웨어
② 분석 서비스 제공 API
③ 분석 라이브러리
④ 분석 서비스 제공 엔진

**16** 분석 과제를 추진할 때 시급성의 판단 기준으로 가장 적절한 것은?

① 데이터 획득, 저장, 가공 비용
② 조직의 분석수준
③ 분석 난이도
④ 전략적 중요도

**17** 분석 주제는 분석 대상과 분석 방법에 따라 다음의 4가지 유형으로 나눌 수 있다. 다음 중 분석 대상을 모르지만, 분석 방법을 아는 경우의 유형으로 가장 적절한 것은?

① 최적화(Optimization)
② 솔루션(Solution)
③ 통찰(Insight)
④ 발견(Discovery)

**18** 다음 중 CRISP-DM의 업무 이해 단계의 태스크로 가장 적절한 것은?

① 전개 계획 수립, 모니터링과 유지보수 계획 수립, 프로젝트 종료 보고서 작성, 프로젝트 리뷰
② 업무 목적 파악, 상황 파악, 데이터 마이닝 목표 설정, 프로젝트 계획 수립
③ 초기 데이터 수집, 데이터 기술 분석, 데이터 탐색, 데이터 품질 확인
④ 분석용 데이터셋 선택, 데이터 정제, 분석용 데이터셋 편성, 데이터 통합, 데이터 포맷팅

**19** 다음에서 설명하는 IT 부문의 내용에 맞는 성숙 단계로 가장 적절한 것은?

> 분석 협업환경 분석, Sandbox 프로세스, 내재화 빅데이터 분석

① 도입 단계
② 활용 단계
③ 확산 단계
④ 최적화 단계

**20** 다음 중 분석 과제 관리를 위한 고려사항이 아닌 것은?

① 데이터 크기
② 분석 속도
③ 정확성
④ 분석 비용

3과목 | 데이터 분석

**21** 다음 중 시계열의 분해 요소로 가장 적절하지 않은 것은?
① 추세 요인
② 계절 요인
③ 교호 요인
④ 불규칙 요인

**22** 다음 중 변수선택법에 대한 설명으로 가장 적절하지 않은 것은?

① 전진 선택법은 상수항을 제외한 모든 설명변수를 제거 후 추가하는 방법이다.
② 후진 제거법은 모든 변수를 포함한 후 상수항만 남을 때까지 변수 제거를 반복하는 방법이다.
③ 단계별 선택법은 변수를 추가할 때마다 기존 변수들의 중요도를 재평가하여 필요시 제거하는 방식이다.
④ 변수 선택법은 데이터에 따라 다르게 작용할 수 있으며, 항상 최적의 모델을 보장하지는 않는다.

**23** 다음 중 이상값 검정을 활용한 응용 시스템으로 적절한 것은?

① 교차판매 시스템
② 고객 세분화 시스템
③ 장바구니 분석 시스템
④ 부정 사용방지 시스템

**24** 아래 보기와 같은 만족도에 대한 5점 척도를 조사하고자 할 때 사용되는 척도는?

> 〈아래〉
> 1. 매우 불만족
> 2. 불만족
> 3. 보통
> 4. 만족
> 5. 매우 만족

① 명목 척도
② 구간 척도
③ 비율 척도
④ 순서 척도

**25** 귀무가설이 맞는다고 가정할 때 얻은 결과보다 극단적인 결과가 실제로 관측될 확률은 무엇인가?

① $\alpha$
② p-value
③ $\beta$
④ $1-\alpha$

**26** 다음 회귀분석의 결과에서 Outstate의 t값을 구하는 계산식으로 가장 적절한 것은?

```
Coefficients:
              Estimate Std. Error
(Intercept)  41.6291341  2.5177761
Outstate      0.0020537  0.0001692
```

```
Room.Board    0.0013903   0.0006045
Personal     -0.0027346   0.0007760
```

① 0.0020537/0.0001692
② 0.0020537*0.0001692
③ 0.0001692/0.0020537
④ 0.0020537+0.0001692

**27** 다음 중 A 질병을 진단받은 사람 중 실제로 A 질병에 걸렸을 확률로 가장 적절한 것은?

- 전체 중 A 질병을 가진 사람: 10%
- 전체 중 A 질병을 진단받은 사람: 20%
- 해당 질병을 가진 사람의 90%는 질병이 있다고 진단된다.

① 9/10
② 2/9
③ 1/10
④ 9/20

**28** 다음 중 인공신경망(Artificial Neural Network, ANN)에 대한 설명으로 가장 적절하지 않은 것은?

① 뉴런이 많으면 과소적합, 뉴런이 적으면 과대적합 문제가 발생한다.
② 활성화 함수는 비선형성을 모델에 도입하기 위해 사용된다.
③ 입력층, 은닉층, 출력층으로 구성되며 각 층은 뉴런으로 이루어져 있다.
④ 인공신경망은 학습을 통해 가중치를 업데이트하여 최적화된 모델을 만든다.

**29** 다음 중 이상값(outlier) 처리에 대한 설명으로 가장 적절하지 않은 것은?

① 범위의 경우 이상값 존재 시 값이 커진다는 단점이 있다.
② ESD(Extreme Studentized Deviate)는 다중 변수의 이상값을 찾는다.
③ 4분위수는 이상값에 민감하지 않다.
④ 단일변수 이상값을 제거하거나 유지할 때는 분석 시간 제약을 고려해야 한다.

**30** 다음 중 통계 지표에 대한 설명으로 가장 적절하지 않은 것은?

① 분산은 각 데이터 값이 평균에서 얼마나 떨어져 있는지를 나타내는 지표이다.
② 중앙값은 데이터의 값들을 크기 순으로 정렬했을 때, 가운데 위치한 값 또는 두 값의 평균을 의미한다.
③ 왜도(Skewness)는 데이터 분포가 평균을 기준으로 비대칭적인 정도를 나타내는 지표이다.
④ 평균 절대 오차(MAE)는 중앙값과 변수 사이의 차이로 구성된다.

**31** 다음 중 다중공선성의 해결 방법으로 가장 적절하지 않은 것은?

① 중요도가 낮으면서 상관계수가 높은 변수를 제거한다.
② 구조적 다중공선성 문제가 있는 경우, 독립변수를 평균 중심화하여 조정한다.
③ 상관계수를 낮추기 위해 변수 값을 조정한다.
④ VIF를 이용하여 다중공선성 유무를 판단한다.

**32** 다음 중 다중 선형회귀모형에서 유의성을 평가할 때 가장 적절한 것은?

① F−통계량
② t−통계량
③ 카이제곱 통계량
④ Z−통계량

**33** 다음은 남학생과 여학생이 좋아하는 과일에 대한 빈도교차표이다. 전체에서 1명을 뽑았을 때, 그 학생이 사과를 좋아할 확률은 얼마인가?

|   | 사과 | 딸기 |
|---|------|------|
| 남 | 30 | 20 |
| 여 | 10 | 40 |

① 3/10
② 4/10
③ 5/10
④ 6/10

**34** 다음 중 자기회귀 모형에서 AR(1)과 AR(2)가 의미하는 것으로 가장 적절한 것은?

① AR(1)은 선형 시계열 데이터를 사용, AR(2)는 비선형 시계열 데이터를 사용한다.
② AR(1)은 단기 메모리를 사용, AR(2)는 장기 메모리를 사용한다.
③ AR(1)은 정상 시계열 모형, AR(2)는 비정상 시계열 모형이다.
④ AR(1)은 직전 시점의 데이터를, AR(2)는 직전 두 시점의 데이터를 사용하여 분석한다.

**35** 모집단이 정규분포를 따를 때, 신뢰구간 95%가 다음과 같이 계산된다. 다음 중 가장 적절하지 않은 설명은 무엇인가?

$$0.5 \pm 1.96 / \sqrt{100}$$

① 신뢰구간을 99%로 변경하면 1.96 대신 2.58을 사용한다.
② 표본평균이 0.5이다.
③ 모집단의 평균값이 신뢰구간에 포함되지 않을 수 있다.
④ 동일한 모집단에서 같은 방식으로 표본을 추출하고 같은 방식으로 신뢰구간을 추정하면 동일한 값이 나온다.

**36** 다음 중 결측값 처리 방법에 대한 설명으로 가장 적절하지 않은 것은?

① 완전 분석법은 모든 결측값을 삭제하므로 너무 많은 자료가 삭제 될 수 있다.
② 평균 대치법은 결측값을 평균으로 대치하는 것으로 대표적으로 조건부 평균 대치법과 비조건부 평균 대치법이 있다.
③ 단순 확률 대치법은 평균 대치법의 추정량 표준오차의 과소추정을 보완하고자 고안된 방법으로, 회귀모형을 이용한다.
④ 다중 대치법은 단순 대치법을 한 번 하지 않고 여러번 대치를 통해 가상적 완전 자료를 만드는 방법이다.

**37** 다음 중 시계열 분석에 대한 설명으로 가장 적절하지 않은 것은?

① 차분은 현재 시점 자료의 값에서 여러 시점 전의 값을 빼주는 방법이다.
② 자기회귀모형(AR)은 과거 값들을 이용하여 현재 값을 예측하는 방법이다.

③ 이동평균모형(MA)은 과거의 오차 항들을 이용하여 현재 값을 예측하는 방법이다.

④ 정상성을 확보하기 위해 시계열 데이터를 차분하거나 로그 변환을 사용할 수 있다.

**38** 다음 중 통계 모형의 평가지표에 대한 설명으로 가장 적절하지 않은 것은?

① 수정된 결정계수는 결정계수의 단점을 보완한 것이다.

② Mallows Cp는 모델에 포함된 변수의 수와 MSE를 고려하여 모델의 적합도와 복잡성 사이의 균형을 평가한다.

③ AIC는 모델의 복잡도에 따라 벌점을 부과하는 방법이다.

④ BIC는 Bayesian 이론을 이용하여 모델에 가중치를 부과하는 방법이다.

**39** 다음 중 DBSCAN에 대한 설명으로 가장 적절하지 않은 것은?

① 임의 형태의 군집으로 분류하는데 유용하다.

② 밀도 기반의 군집화 방법으로 노이즈 데이터를 처리할 수 있다.

③ K-means와 같이 초기 군집 수를 미리 설정해야 한다.

④ 다차원 자료의 경우 '차원의 저주'로 인해 유용하지 않다.

**40** 다음 중 혼합분포 군집분석에서 모수를 찾을 때 이용하는 방법은 무엇인가?

① 최대우도 추정법

② K-평균 알고리즘

③ EM 알고리즘

④ 최소제곱법

**41** 다음 중 아래 오분류표에 대한 오분류율은 얼마인가?

|  |  | 예측치 | |
| --- | --- | --- | --- |
|  |  | TRUE | FALSE |
| 실제값 | TRUE | 30 | 60 |
|  | FALSE | 70 | 40 |

① 13/20

② 7/20

③ 3/10

④ 7/11

**42** 다음 중 Apriori 알고리즘의 특징으로 가장 적절한 것은?

① 최소 지지도 이상의 빈발 항목 집합을 찾는다.

② 항목 집합의 크기가 증가할수록 계산 복잡도가 감소한다.

③ 모든 가능한 항목 집합을 탐색하여 빈발 항목 집합을 찾는다.

④ 회귀 분석을 사용하여 항목 간의 관계를 분석한다.

**43** 다음 중, A를 구매했을 때 B를 구매하는 확률이, B를 구매하는 전체 확률에 비해 얼마나 더 높아졌는지를 나타내는 지표는 무엇인가?

① 지지도

② 신뢰도

③ 향상도

④ 재현율

**44** 다음 중 의사결정나무에서 현재의 마디(노드)에서 더 이상 분리되지 않고 해당 마디를 끝으로 처리하게 되는 규칙을 의미하는 것은?

① 오즈
② 활성함수
③ 가지치기
④ 정지규칙

**45** 다음 중 앙상블 모형에 해당하지 않는 것은?

① 배깅
② 부스팅
③ 스태킹
④ 시그모이드

**46** 다음 중 신용카드 고객의 파산 여부(Yes/No)를 예측하기에 가장 적절하지 않은 방법은?

① 선형 회귀분석
② 로지스틱 회귀분석
③ 랜덤 포레스트
④ 서포트벡터 머신

**47** 다음 중 지도학습의 기법으로 볼 수 없는 것은?

① 로지스틱 회귀분석
② 의사결정나무
③ 인공신경망
④ SOM

**48** 다음 중 의사결정나무 모형 구축 시 분류나무의 분류 기준으로 가장 적절하지 않은 것은?

① 카이제곱 통계량
② 엔트로피 지수
③ 지니지수
④ 분산의 감소량

**49** 다음 중 군집분석에서 최적의 군집 수를 계산하는 방법으로 가장 적절한 것은?

① 엘보우 방법
② 상관계수
③ 유클리드 거리
④ ROC

**50** 다음 중 주어진 회귀분석 결과에 대한 설명으로 가장 적절하지 않은 것은?

```
> summary(lm(sales~TV+radio+TV:radio,data=advertising))

Call:
lm(formula = sales ~ TV + radio + TV:radio, data = advertising)

Residuals:
    Min      1Q  Median      3Q     Max
-6.3366 -0.4028  0.1831  0.5948  1.5246

Coefficients:
             Estimate Std. Error t value Pr(>|t|)
(Intercept) 6.750e+00  2.479e-01  27.233   <2e-16 ***
TV          1.910e-02  1.504e-03  12.699   <2e-16 ***
radio       2.886e-02  8.905e-03   3.241   0.0014 **
TV:radio    1.086e-03  5.242e-05  20.727   <2e-16 ***
---
Signif. codes: 0 '***' 0.001 '**' 0.01 '*' 0.05 '.' 0.1 ' ' 1

Residual standard error: 0.9435 on 196 degrees of freedom
Multiple R-squared: 0.9678,    Adjusted R-squared: 0.9673
F-statistic: 1963 on 3 and 196 DF, p-value: < 2.2e-16
```

① 통계 모형이 유의하다.
② TV와 Radio 간의 상호작용 효과는 유의하다.
③ TV가 1 증가할 때, Radio와 상관없이 Sales 가 증가한다.
④ 모형의 설명력은 약 97%이다.

**1과목 | 데이터 이해**

**01** 다음 중 DIKW에 대한 설명으로 가장 적절하지 않은 것은?

① Data는 수치나 기호로 표현되는 객관적 사실이다.

② Insight는 데이터가 가공 및 처리되고, 데이터 간 상관관계 속에서 의미가 도출된 것이다.

③ Knowledge은 유의미한 정보에 개인의 경험이 결합되어 고유의 지식으로 내재화된 것이다.

④ Wisdom은 지식의 축적과 아이디어가 결합하여 만들어진 창의적 결과물이다.

**02** 다음 중 데이터, 정보, 지식, 저작물 등의 다양한 형태의 자료를 무엇이라 하는가?

① 암묵지

② 형식지

③ 콘텐츠

④ 데이터베이스

**03** 다음 설명에 맞는 기업 내부 데이터베이스는 무엇인가?

> 기업이 유통과 공급망 단계를 최적화해 고객 만족을 극대화하고, 비용을 절감하여 전체적인 효율성을 향상시키는 시스템

① SCM  ② CRM

③ ERP  ④ KMS

**04** 다음 중 빅데이터가 만들어낸 본질적 변화로 가장 적절하지 않은 것은?

① 인과관계 → 상관관계

② 표본조사 → 전수조사

③ 질 → 양

④ 사후처리 → 사전처리

**05** 다음 중 빅데이터의 가치를 산정하기 어려운 이유로 가장 적절하지 않은 것은?

① 데이터의 공유가 폐쇄적인 환경에서 이루어진다.

② 데이터의 재사용이 일반화되면서 특정 데이터를 언제·어디서·누가 사용했는지 알기 힘들다.

③ 빅데이터는 기존에 존재하지 않던 가치를 창출한다.

④ 분석 기술의 발전으로 과거에 분석할 수 없었던 데이터를 분석할 수 있게 되었다.

**06** 다음 중 빅데이터 시대의 위기 요인에 대한 해결 방법으로 적절한 것으로 짝지어진 것은?

> 가. 사생활 침해: 사용자 책임으로
> 나. 책임 원칙 훼손: 명확히 나타난 결과만 책임 묻기
> 다. 데이터 오용: 알고리즘 접근 권한 제한

① 가, 나

② 가, 나, 다

③ 나, 다

④ 가, 다

**07** 다음 〈아래〉의 괄호 안에 들어갈 말로 가장 적절한 것은?

〈아래〉
(               )는 알고리즘에 의해 불이익을 당한 사람들을 대변해 피해자를 구제할 수 있는 능력을 갖춘 전문가로서, 컴퓨터와 수학, 통계학이나 비즈니스에 두루 깊은 지식을 갖추어야 한다.

① 데이터 사이언티스트
② 소프트웨어 엔지니어
③ 알고리즈미스트
④ 데이터베이스 전문가

**08** 다음 중 통찰력 있는 분석을 하기 위해 데이터 사이언티스트가 갖추어야 하는 것으로 가장 적절하지 않은 것은?

① 창의적 사고
② 강력한 호기심
③ 논리적 비판
④ 연구윤리

**09** 다음 중 데이터 사이언티스트의 소프트 스킬로 적절한 것을 모두 고른 것은?

가. 이론적 지식
나. 분석 기술 숙련
다. 통찰력 있는 분석
라. 설득력 있는 전달
마. 다분야 간 협력

① 가, 나, 다
② 나, 라, 마
③ 다, 라, 마
④ 가, 다, 마

**10** 다음 중 빅데이터 가치 패러다임의 변화 순서로 가장 적절한 것은?

가. Connection
나. Agency
다. Digitalization

① 가, 나, 다
② 가, 다, 나
③ 다, 가, 나
④ 다, 나, 가

### 2과목 | 데이터 분석 기획

**11** 다음 〈아래〉의 설명에 맞는 분석 프로젝트 관리 방안으로 가장 적절한 것은?

〈아래〉
• 프로젝트 목적성에 맞는 외부 소싱을 적절하게 운영할 필요가 있다.
• PoC(Proof of Concept) 형태의 프로젝트는 인프라 구매가 아니라 클라우드 등의 다양한 방안을 검토할 필요가 있다.

① 조달
② 품질
③ 범위
④ 통합

**12** 다음 중 빅데이터 분석 방법론의 위험 식별 대응 방법으로 가장 적절하지 않은 것은?

① 회피
② 완화
③ 전이
④ 제거

**13** 다음 중 조직 및 인력 등 준비도가 높으나, 성숙도가 낮은 분석 수준 진단 유형으로 가장 적절한 것은?

① 도입형
② 정착형
③ 확산형
④ 준비형

**14** 다음 중 분석 주제 유형에 대한 설명으로 가장 적절하지 않은 것은?

① 분석 주제 유형은 분석 대상(What)과 분석 방법(How)에 따라 달라질 수 있다.
② 분석의 대상을 모르는 경우 기존의 방법을 활용하면 솔루션(Solution)을 도출할 수 있다.
③ 해결할 문제와 분석 방법을 알고 있는 경우 개선을 통한 최적화(Optimization)로 분석을 수행한다.
④ 분석 대상과 분석의 방법을 모르는 경우 발견(Discovery)으로 주제를 도출한다.

**15** 다음 〈아래〉에서 설명하고 있는 KDD 분석 방법론의 단계로 가장 적절한 것은?

〈아래〉
데이터셋에 포함된 잡음(Noise), 이상값(Outlier), 결측치(Missing Value)를 식별하고 필요시 제거하거나 의미 있는 데이터로 처리하는 데이터셋 정제 작업을 시행한다.

① 데이터셋 선택
② 데이터 전처리
③ 데이터 변환
④ 데이터 마이닝

**16** 다음 중 상향식 분석과제 발굴 방법에 대한 설명으로 가장 적절하지 않은 것은?

① 다양한 원천 데이터를 대상으로 분석을 수행한다.
② 주로 지도학습에 사용된다.
③ 사물을 있는 그대로 인식하는 what의 관점으로 접근한다.
④ 프로토타이핑 접근법이 이에 해당한다.

**17** 다음 중 새로운 문제를 발굴하기 위해 유사 동종 사례를 벤치마킹하는 방식으로 가장 적절한 것은?

① 시장의 니즈 탐색
② 비즈니스 모델 기반
③ 외부 참조 모델 기반
④ 경쟁자 확대

**18** 다음 중 분석 로드맵의 단계인 '분석체계 도입 – 유효성 검증 – 분석 확산 고도화' 중에 유효성 검증에 해당하는 것으로 가장 적절한 것은?

① 분석 기회 발굴
② 분석 시스템 구축
③ 유관 시스템 고도화
④ 파일럿 테스트

**19** 다음 중 분석 거버넌스 체계 구성 요소로 가장 적절하지 않은 것은?

① 과제 기획 및 운영 프로세스
② 분석 기획 및 관리를 수행하는 조직
③ 분석 관련 교육 및 마인드 육성 체계
④ 과제 예산 및 비용 집행

**20** 다음 중 분석을 위한 조직을 구성할 때 고려할 사항으로 가장 적절하지 않은 것은?

① 분석 조직의 내부 구조를 어떻게 설계할지 결정해야 한다.
② 타 부서와 긴밀히 협조를 해야 한다.
③ 데이터 분석 조직이 최종적으로 의사결정을 한다.
④ 집중형 구조와 분산형 구조 등으로 분류된다

## 3과목 | 데이터 분석

**21** 다음 중 IQR 방식으로 구했을 때 이상치가 존재하는 변수로 가장 적절한 것은?

```
> summary(Carseats)
     Sales          CompPrice         Income
Min.   : 0.000   Min.   : 77     Min.   : 21.00
1st Qu.: 5.390   1st Qu.:115     1st Qu.: 42.75
Median : 7.490   Median :125     Median : 69.00
Mean   : 7.496   Mean   :125     Mean   : 68.66
3rd Qu.: 9.320   3rd Qu.:135     3rd Qu.: 91.00
Max.   :16.270   Max.   :175     Max.   :120.00
  Advertising      Population        Price         ShelveLoc
Min.   : 0.000   Min.   : 10.0   Min.   : 24.0   Bad   : 96
1st Qu.: 0.000   1st Qu.:139.0   1st Qu.:100.0   Good  : 85
Median : 5.000   Median :272.0   Median :117.0   Medium:219
Mean   : 6.635   Mean   :264.8   Mean   :115.8
3rd Qu.:12.000   3rd Qu.:398.5   3rd Qu.:131.0
Max.   :29.000   Max.   :509.0   Max.   :191.0
      Age           Education        Urban      US
Min.   :25.00    Min.   :10.0    No :118    No :142
1st Qu.:39.75    1st Qu.:12.0    Yes:282    Yes:258
Median :54.50    Median :14.0
Mean   :53.32    Mean   :13.9
3rd Qu.:66.00    3rd Qu.:16.0
Max.   :80.00    Max.   :18.0
```

① Education
② CompPrice
③ Population
④ Advertising

**22** 다음 중 이름, 성별, 출신지역 등을 표시하는 척도로 가장 적절한 것은?

① 명목척도
② 순서척도
③ 구간척도
④ 비율척도

**23** 다음 중 선형 회귀분석의 오차항 가정으로 가장 적절한 것은?

① 등분산성, 정규성, 선형성
② 등분산성, 정규성 ,독립성
③ 표준성, 선형성, 신뢰성
④ 독립성, 정확성, 신뢰성

**24** 다음 중 모수 검정과 비모수 검정에 대한 설명으로 가장 적절하지 않은 것은?

① 모수 검정은 표본 통계량을 사용하여 모수에 대한 가설을 검정한다.
② 비모수 검정은 관측값들의 순위나 관측값 사이의 부호를 이용한다.
③ 모수 검정은 모수의 분포에 대해 어떠한 가정도 하지 않는다.
④ 비모수 검정에는 카이제곱 검정, U검정 등이 포함된다.

**25** 다음 중 다차원 척도법(MDS)에 대한 설명으로 가장 적절하지 않은 것은?

① 데이터의 차원을 2차원이나 3차원으로 축소한다.
② 데이터 간의 상대적 거리나 유사도를 시각적으로 표현하는 방법이다.

③ 유사도 또는 거리 행렬을 기반으로 한다.

④ 데이터 위치가 완벽하게 보존된다.

**26** 다음 중 피어슨 상관계수에 대한 설명으로 가장 적절하지 않은 것은?

① 관련성의 방향과 강도를 알려준다.

② 범위가 −1~1 이다.

③ 단위가 없다.

④ 상관계수 0이면 독립이다.

**27** 다음 중 시계열 분석에 대한 설명으로 가장 적절하지 않은 것은?

① ARMA 모형은 약한 정상성을 가진 확률적 시계열을 표현하는 데 사용한다.

② 정상 시계열은 어떤 시점에서 평균과 분산 그리고 특정한 시차의 길이를 갖는 자기 공분산을 측정하더라도 동일한 값을 갖는다.

③ 시계열의 평균이 일정하지 않은 경우에는 차분을 통해서 정상 시계열로 전환이 가능하다.

④ 지수평활법은 단순히 과거 자료의 평균을 구해서 미래를 예측하는 방법이다.

**28** 다음 중 시계열 분석에 대한 설명으로 가장 적절하지 않은 것은?

① AR 모형은 과거의 값과 예측오차를 사용하여 현재의 값을 예측한다.

② AR 모형의 ACF는 시간이 지남에 따라 점차적으로 감소하고, PACF는 절단면 이후 급격히 감소하지 않는다.

③ ARMA는 과거 시점의 관측자료와 과거 시점의 백색잡음의 선형결합으로 현 시점의 자료를 표현하는 모델이다.

④ MA의 PCAF는 시간이 지남에 따라 점차적으로 감소하고, ACF는 절단면 이후 급격히 감소한다.

**29** 다음 중 다중공선성에 대한 설명으로 가장 적절하지 않은 것은?

① 회귀 분석에서 두 개 이상의 독립 변수 간에 높은 상관관계가 있을 때 발생하는 현상이다.

② 다중공선성이 발생하면 회귀계수의 설명력이 낮아진다.

③ 다중공선성이 높으면, 회귀계수의 표준오차가 증가한다.

④ 다중공선성이 높으면, 추정치의 불확실성이 증가한다.

**30** 다음 중 상관계수에 대해 가설검정을 하려고 할 때, 귀무가설과 대립가설로 가장 적절한 것은?

① 귀무가설: 상관계수가 1이다.
대립가설: 상관계수가 1이 아니다.

② 귀무가설: 상관계수가 1이 아니다.
대립가설: 상관계수가 1이다.

③ 귀무가설: 상관계수가 0이 아니다.
대립가설: 상관계수가 0이다.

④ 귀무가설: 상관계수가 0이다.
대립가설: 상관계수가 0이 아니다.

**31** 다음의 선형 회귀분석 결과에 대한 설명으로 가장 적절하지 않은 것은?

```
> summary(lm(dist~speed, data=cars))
Call:
lm(formula = dist ~ speed, data = cars)

Residuals:
    Min      1Q  Median      3Q     Max
-29.069  -9.525  -2.272   9.215  43.201

Coefficients:
            Estimate Std. Error t value Pr(>|t|)
(Intercept) -17.5791     6.7584  -2.601   0.0123 *
speed         3.9324     0.4155   9.464 1.49e-12 ***
---
Signif. codes: 0 '***' 0.001 '**' 0.01 '*' 0.05 '.' 0.1 ' ' 1

Residual standard error: 15.38 on 48 degrees of freedom
Multiple R-squared: 0.6511,     Adjusted R-squared: 0.6438
F-statstic: 89.57 on 1 and 48 DF, p-value: 1.49e-12
```

① 회귀계수는 5% 수준에서 유의하다.
② 잔차의 표준오차는 15.38이다.
③ 전체 관측치 수가 48개이다.
④ 결정계수는 약 0.65이다.

**32** 다음 중 결측치에 대한 설명으로 가장 적절하지 않은 것은?

① 결측치 처리는 데이터 분석 속도에 영향을 미치지 않는다.
② 결측치 처리 방법은 데이터 분석의 정확도에 영향을 미칠 수 있다.
③ 결측치는 의미가 있을 수도 있다.
④ NA와 NaN은 의미가 다르다.

**33** 결측값을 처리하는 방법 중에서 완전사례분석(Complete Case Analysis)에 해당하는 설명으로 가장 적절하지 않은 것은?

① 결측값을 모두 제거하는 방법이다.
② 결측값의 수가 적은 경우 효율적이다.
③ 결측값의 수가 많은 경우 데이터 손실이 많이 발생할 수 있다.
④ 결측값을 데이터의 평균으로 대치하는 방법이다.

**34** 다음 중 중심 위치 측도와 산포 측도에 대한 설명으로 가장 적절하지 않은 것은?

① 평균은 모든 데이터 값을 합한 뒤 데이터의 개수로 나눈 값이다.
② 중앙값은 자료를 크기 순서대로 나열한 것의 가운데 값으로서, 이상치에 영향을 많이 받는다.
③ 표준편차는 데이터 값이 평균으로부터 얼마나 떨어져 있는지를 나타내는 척도로, 데이터의 분산을 제곱근한 값이다.
④ 평균 절대 오차는 실제 값과 예측 값 간 차이의 절대값을 평균한 것으로, 예측 정확도를 측정하는 데 활용된다.

**35** 다음은 수면 유도제에 따른 수면 시간 증감(extra)을 기록한 데이터이다. summary 함수 결과에 대한 설명으로 가장 적절하지 않은 것은?

```
> summary(sleep)
     extra          group        ID
 Min.   :-1.600   1:10    1      :2
 1st Qu.:-0.025   2:10    2      :2
 Median : 0.950           3      :2
 Mean   : 1.540           4      :2
 3rd Qu.: 3.400           5      :2
 Max.   : 5.500           6      :2
                          (Other):8
```

① 가장 많이 잠이 늘어난 사람은 5.5시간이다.
② 수면 시간이 3.4 시간 이상 늘어난 사람은 전체의 상위 25%이다.
③ 수면이 증가한 사람은 5명이다.
④ 수면 유도제를 사용한 결과, 평균 수면 시간은 1.54 시간 증가하였다.

**36** 다음 중 5가지의 오렌지나무(tree)의 연령(age)과 둘레(circumference)에 대한 설명으로 가장 적절하지 않은 것은?

```
> head(Orange)
  Tree  age circumference
1    1  118            30
2    1  484            58
3    1  664            87
4    1 1004           115
5    1 1231           120
6    1 1372           142
> summary(Orange)
 Tree        age            circumference
 3:7   Min.   : 118.0   Min.   : 30.0
 1:7   1st Qu.: 484.0   1st Qu.: 65.5
 5:7   Median :1004.0   Media n:115.0
 2:7   Mean   : 922.1   Mean   :115.9
 4:7   3rd Qu.:1372.0   3rd Qu.:161.5
       Max.   :1582.0   Max.   :214.0
```

① 총 관측치는 6개이다.
② age의 평균은 922.1이다.
③ Tree는 범주형 변수이다.
④ 나무 둘레의 50%는 115.0 이상이다.

**37** 다음 중 군집분석에서의 유사도 측도에 대한 설명으로 가장 적절하지 않은 것은?

① 표준화 거리는 각 변수를 해당 변수의 표준편차로 변환한 후 유클리드 거리를 계산한 거리이다.
② 맨해튼 거리는 두 점 사이의 거리를 직선으로 최단 측정한 것이다.
③ 코사인 유사도 거리는 두 개체의 벡터 내적의 코사인 값을 이용하여 측정된 벡터간의 유사한 정도를 측정한다.
④ 민코우스키 거리는 맨해튼 거리와 유클리디안 거리를 한 번에 표현한 것이다.

**38** 다음 중 연속형 데이터에서는 분산 감소량, 범주형 데이터에서는 지니지수를 사용하는 의사결정 나무 알고리즘으로 가장 적절한 것은?

① CHAID
② C5.0
③ CART
④ C4.5

**39** 다음 중 맥주 → 기저귀의 지지도와 신뢰도를 구한 것으로 가장 적절한 것은?

| 장바구니 | 품목 |
|---|---|
| 1 | 맥주, 기저귀, 빵 |
| 2 | 기저귀, 우유 |
| 3 | 빵, 맥주 |
| 4 | 맥주, 기저귀, 우유 |
| 5 | 빵, 바나나 |
| 6 | 맥주, 기저귀 |
| 7 | 맥주, 기저귀 |
| 8 | 빵, 우유 |
| 9 | 기저귀 |
| 10 | 빵, 우유 |

① 지지도 40% 신뢰도 80%
② 지지도 40% 신뢰도 66.6%
③ 지지도 80% 신뢰도 40%
④ 지지도 66.6% 신뢰도 40%

**40** 다음 중 Recall(재현율)의 공식으로 가장 적절한 것은?

| | | 예측치 | |
|---|---|---|---|
| | | TRUE | FALSE |
| 실제값 | TRUE | TP | FN |
| | FALSE | FP | TN |

① TP/(TP+FN)
② TP/(TP+FP)
③ TP/FP
④ TN/FN

**41** 다음 중 배깅(Bagging)에 대한 설명으로 가장 적절하지 않은 것은?

① 원 데이터 집합으로부터 크기가 같은 표본을 여러 번 단순 임의 복원추출하여 각 표본에 대해 분류기를 생성한 후 그 결과를 앙상블한다.

② 병렬 처리가 가능하다.

③ 다양한 분류기들이 독립적으로 학습된 후, 이들의 예측을 통합하여 최종 결정을 내리는 과정을 포함한다.

④ 반복할수록 과대적합의 위험이 증가한다.

**42** 다음 중 군집분석에 대한 설명으로 가장 적절하지 않은 것은?

① 데이터 사이의 유사성을 측정하고 군집으로 나누는 방법이다.

② 군집분석을 통해 생성된 군집은 데이터 내의 숨겨진 패턴이나 구조를 발견하는데 도움을 줄 수 있다.

③ 군집분석을 통해 도출된 군집은 고객 세분화 같은 마케팅 전략에 활용될 수 있다.

④ 명확한 기준이 없으면 적용할 수 없다.

**43** 다음 중 계층적 군집분석에 대한 설명으로 가장 적절한 것은?

① 군집 간에 중복이 없는 부분집합으로 형성된다.

② 모든 계층적 군집분석에서는 각 단계에서 가장 가까운 두 군집만을 합친다.

③ k의 값을 미리 정해야만 실행할 수 있다.

④ 반복해서 k개의 군집 중심을 업데이트하며 군집을 정한다.

**44** 다음 중 다층 신경망에서 은닉노드의 개수가 적을 경우에 대한 특징으로 가장 적절한 것은?

① 활성화 함수를 사용할 수 없다.

② 의사결정이 단순해진다.

③ 기울기 소실이 발생한다.

④ 학습 시간이 오래 걸린다.

**45** 다음 중 각 개체의 영향력 진단에 대한 설명으로 가장 적절하지 않은 것은?

① 쿡의 거리(Cook's distance)가 크면, 그 관측치가 회귀분석 결과에 큰 영향을 미친다는 것을 의미한다.

② 높은 레버리지 값은 해당 관측치가 회귀선에 큰 영향을 줄 수 있음을 의미한다.

③ DFBETAS는 특정 관측치가 회귀계수 추정치에 미치는 영향의 크기와 방향을 나타낸다.

④ 영향력 진단은 영향력이 큰 관측값의 영향을 최대화한다.

**46** 다음 중 지니지수에 대한 설명으로 가장 적절하지 않은 것은?

① 지니지수가 0이면 순도가 최고이다.

② 엔트로피 지수와 경향이 반대이다.

③ 지니지수는 데이터의 불균형을 측정하는 데 사용된다.

④ 분류나무에서 분류 기준을 정할 때 사용된다.

**47** 다음 중 의사결정나무의 가지치기에 대한 설명으로 가장 적절한 것은?

① 학습 데이터의 예측 성능이 좋아진다.

② 나뭇잎을 제거하면서 나무의 크기가 줄어든다.

③ 가지치기를 하면 나뭇잎 수가 증가한다.

④ 가지치기 이후 의사결정나무는 더 많은 분기를 생성하여 복잡성이 증가한다.

**48** 다음 중 변수 선택법에 대한 설명으로 가장 적절하지 않은 것은?

① 후진제거법은 영향력이 가장 적은 변수부터 제거하는 방법이다.

② 단계적 선택법은 전진선택법과 후진제거법을 결합한 형태이다.

③ 단계적 선택법이 항상 최적의 모델을 제공하는 것은 아니다.

④ 릿지가 라쏘보다 변수 선택에 유리하다.

**49** 다음 중 로지스틱 회귀분석에 대한 설명으로 가장 적절하지 않은 것은?

① 예측변수는 연속형 또는 범주형이다.

② 종속변수는 범주형이다.

③ 오즈(Odds)에 로그를 취한 로짓 변환을 활용한다.

④ 선형 회귀분석과 같이 회귀계수의 변형 없이 해석이 가능하다.

**50** 다음 중 연관분석에 대한 설명으로 가장 적절하지 않은 것은?

① Apriori 알고리즘은 최소지지도 이상의 빈발 항목 집합을 찾은 후 그것들에 대해서만 연관 규칙을 찾는 방법이다.

② FP-Growth 알고리즘은 Apriori 알고리즘의 약점을 보완하기 위해 고안된 것이다.

③ 고객들의 구매 패턴을 분석하여 의미있는 규칙을 나타내는 분석이다.

④ 품목 A와 품목 B가 독립이면 지지도가 1이다.

## 1과목 | 데이터 이해

**01** 가트너가 말한 데이터 사이언티스트 역량으로 가장 적절하지 않은 것은?

① 조직 관리
② 분석 모델링
③ 비즈니스 분석
④ 데이터 관리

**02** 다음 중 데이터 사이언티스트의 하드 스킬로 적절한 것은?

① 데이터 분석 기술
② 설득력
③ 창의성
④ 커뮤니케이션

**03** 기업 내부 데이터베이스를 활용하는 기법으로 가장 적절하지 않은 것은?

① CRM
② ERP
③ KMS
④ ITS

**04** 다음 중 이미지, 음성, 텍스트의 형태로 저장되는 데이터는 무엇인가?

① structured data
② semi-structured data
③ unstructured data
④ streamed data

**05** 다음 중 데이터에 관한 설명으로 가장 적절하지 않은 것은?

① 가공되지 않은 순수한 수치, 문자이다.
② Byte는 데이터의 가장 작은 단위로 하나의 이진수(0또는1)의 값을 가지고 있다.
③ 수치 데이터는 양이 많아도 텍스트 데이터보다 DBMS에서 관리하기 용이하다.
④ 추정, 예측, 전망, 추론을 위한 자료로 사용된다.

**06** 다음 중 빅데이터가 만들어낸 본질적 변화로 옳게 짝지어진 것은?

| |
|---|
| 가. 사전처리 → 사후처리 |
| 나. 양 → 질 |
| 다. 표본조사 → 전수조사 |
| 라. 상관관계 → 인과관계 |

① 가, 다
② 나, 라
③ 가, 라
④ 나, 다

**07** 다음 중 데이터베이스의 특징으로 가장 적절하지 않은 것은?

① 데이터의 무결성
② 응용 프로그램 종속성
③ 데이터 중복을 최소화
④ 데이터 관리의 용이성

**08** 다음 중 전략적 가치 기반 분석과 관련된 설명으로 가장 적절하지 않은 것은?

① 핵심적인 비즈니스 이슈에 답을 주는 분석은 기업의 경쟁전략과 밀접하게 연관된다.

② 기업이 비즈니스 전략을 개발하고 실행하기 위해 가치를 창출하는 핵심활동을 분석하는 방법이다.

③ 전략적 분석과 통찰력의 창출은 빅데이터 프로젝트에서 핵심적인 역할을 한다.

④ 기존 성과를 유지하고 업계를 따라잡는 것이 전략적 가치 기반 분석의 목표이다.

**09** 다음 중 빅데이터 분석 테크닉에 대한 설명으로 가장 적절하지 않은 것은?

① 군집분석은 개인의 신용 등급 평가에 많이 활용되고 있다.

② 기계학습은 대규모 데이터를 처리 분석할 때 상당한 분석 인프라와 많은 시간이 소요될 수 있다.

③ 한국어의 경우 그 언어적 특성으로 인해 감정 분석에 상대적으로 어려운 측면이 있다.

④ 소셜 네트워크 분석은 최근 핀테크 기업에서 많이 활용되고 있다.

**10** 빅데이터 출현 후 변화로 가장 적절하지 않은 것은?

① 서비스 산업의 확대와 제조업의 축소

② 상품 개발 및 조립 비용 감소

③ 운송 비용 절감

④ 새로운 아이디어와 혁신을 촉진

**11** 다음 중 분석 주제 유형에 대한 설명으로 가장 적절하지 않은 것은?

① 분석 대상과 분석 방법에 따라 구분한다.

② 주제 유형은 최적화, 솔루션, 관찰, 발견 4가지이다.

③ 분석 대상과 분석 방법을 알고 있는 경우 개선을 통한 최적화의 형태로 분석을 수행한다.

④ 분석 주제 및 기법의 특성상 4가지 유형을 넘나들면서 분석을 수행한다.

**12** 다음 중 목표 시점별 분석 기획 방안이 다른 것 하나는?

① Quick-Win

② Accuracy & Deploy

③ Problem Solving

④ Speed & Test

**13** CRISP-DM 분석 방법론에서 4단계인 모델링 단계의 세부 활동이 아닌 것은?

① 모델링 기법 선택

② 데이터 통합

③ 모델 평가

④ 모델 테스트 계획 설계

**14** 다음은 분석 성숙도 모델 중 어느 단계에 대한 설명인가?

- 빅데이터 관리 환경
- 시뮬레이션·최적화
- 비주얼 분석
- 분석 전용 서버

① 도입 단계
② 활용 단계
③ 확산 단계
④ 최적화 단계

**15** 다음은 데이터 분석을 위한 조직구조의 형태 중 무엇에 대한 설명인가?

> • 전사 분석업무를 별도의 분석 조직에서 담당
> • 전략적 중요도에 따라 분석조직이 우선순위를 정해 진행
> • 현업 업무부서와 이원화/이중화 가능성 높음

① 집중형 조직구조
② 기능형 조직구조
③ 분산형 조직구조
④ 혼합형 조직구조

**16** 다음 중 하향식 접근법의 절차에 해당하지 않는 것은?

① 문제 탐색
② 문제 정의
③ 프로토타이핑
④ 타당성 검토

**17** 빅데이터 분석방법론에서 분석 기획(planning) 단계의 태스크를 순서대로 나열한 것은?

① 프로젝트 정의 → 프로젝트 범위 설정 → 위험 식별 → 프로젝트 계획 수립
② 프로젝트 범위 설정 → 프로젝트 정의 → 프로젝트 계획 수립 → 위험 식별
③ 프로젝트 계획 수립 → 프로젝트 범위 설정 → 위험 식별 → 프로젝트 정의

④ 위험 식별 → 프로젝트 범위 설정 → 프로젝트 계획 수립 → 프로젝트 정의

**18** 조직에서 데이터 분석 문화를 자리잡기 위한 방법으로 가장 적절하지 않은 것은?

① 단순한 툴 교육이 아닌 분석 역량의 확보와 강화에 초점을 맞춰야 한다.
② 데이터에 기반한 의사결정을 할 수 있도록 문화를 정착해야 한다.
③ 분석적 사고를 업무에 적용할 수 있도록 다양한 교육을 실시해야 한다.
④ 경영층이 분석역량을 기르도록 한시적인 교육을 강화해야 한다.

**19** 분석과제 발굴 방법 중 상향식 접근법에 대한 설명으로 가장 적절하지 않은 것은?

① 문제의 정의 자체가 명확한 경우 사용한다.
② 일반적으로 상향식 접근방식은 비지도 학습이다.
③ 데이터를 활용하여 생각지 못했던 인사이트(insight)를 도출하고 시행착오를 통해서 개선한다.
④ 디자인 씽킹(Design Thinking)은 상향식 접근과 하향식 접근이 반복적으로 수행된다.

**20** 빅데이터 분석방법론에서 산출물이 프로젝트 정의서(SoW)인 세부 단계는?

① 비즈니스 이해 및 프로젝트 범위 설정
② 프로젝트 위험 계획 수립
③ 필요 데이터 정의
④ 데이터 스토어 설계

아래 : f(x) = 1, 0 ≤ x ≤ 1)    0, otherwise

**21** 다음 중 주성분분석에서 주성분을 선택하는 방법으로 가장 적절하지 않은 것은?

① 주성분 분석의 결과에서 누적 기여율이 85% 이상(70~90%)이면 주성분의 수로 결정한다.
② 고유값이 평균값 이상이 되도록 설정한다.
③ scree plot을 활용하여 고유값이 수평을 유지하기 전 단계까지의 주성분 수를 선택한다.
④ 전체변이 공헌도 방법은 고유값 평균 및 scree plot 방법보다 항상 우수하다.

① 0.1
② 0.5
③ 1
④ 2

**22** 다음 중 분해시계열의 구성 요소가 아닌 것은?
① 추세 요인
② 불규칙 요인
③ 환경 요인
④ 순환 요인

**25** 다음 중 통계적 가설검정에 대한 설명으로 가장 적절하지 않은 것은?

① 가설검정시 귀무가설과 대립가설을 설정한다.
② 귀무가설이 참인데 이를 기각하는 것은 제2종 오류이다.
③ 귀무가설이 참일 때 이 귀무가설을 기각함으로써 발생하는 오류를 유의수준이라 한다.
④ 귀무가설이 참일 때, 관찰된 데이터보다 더 극단적인 결과가 나타날 확률을 유의확률이라 한다.

**23** 다음 중 확률에 대한 설명으로 가장 적절하지 않은 것은?

① 모든 사건의 확률값은 0과 1 사이에 있다.
② 전체 확률의 합은 1이다.
③ 서로 독립인 사건들의 합집합의 확률은 각 사건들의 확률의 합이다.
④ 두 사건 A, B가 독립이라면 사건 B의 확률은 A가 일어난다는 가정하에서의 B의 조건부 확률과 동일하다.

**26** 다음 중 통계 용어에 대한 설명으로 가장 적절하지 않은 것은?

① 다른 변수의 영향을 받는 것을 설명변수라고 한다.
② 각 데이터를 그래프에 점으로 표시하여 두 변수 간의 관계를 표현하는 것을 산점도라고 한다.
③ 제1사분위수와 제3사분위수의 차이를 이용해 데이터의 분포 범위를 파악하는 것을 사분위수 범위(IQR)라고 한다.
④ 기초통계량에는 표본평균, 표본분산, 표본표준편차 등이 있다.

**24** 아래에 있는 함수에 대해 모든 실수 범위에서 다음과 같은 확률밀도함수를 갖는 확률변수 x의 기댓값으로 가장 적절한 것을 고르시오.

**27** 다음 중 제공하는 정보양이 가장 많은 척도는 무엇인가?

① 명목척도

② 순서척도

③ 비율척도

④ 구간척도

**28** 기대도수와 관측도수의 결과가 카이제곱 검정에 미치는 결과로 적절한 것은?

① 기대도수와 관측값 차이가 크면 검정통계량이 커져서 유의확률이 작아진다.

② 기대도수와 관측값 차이가 작으면 검정통계량이 커져서 유의확률이 작아진다.

③ 기대도수와 관측값 차이가 크면 검정통계량이 작아져서 유의확률이 작아진다.

④ 기대도수와 관측값 차이가 작으면 검정통계량이 작아져서 유의확률이 작아진다.

**29** 다음 중 회귀모형의 잔차 정규성 검정 방법으로 적절하지 않은 것은?

① Q-Q plot

② 결정계수

③ 왜도와 첨도

④ KS 검정

**30** 다음 중 회귀모형을 해석하는 방법으로 가장 적절하지 않은 것은?

① 모형이 통계적으로 유의미한가

② 모형이 데이터를 잘 적합하고 있는가

③ 결정계수가 통계적으로 유의미한가

④ 모형이 선형성, 정상성, 독립성을 만족하는가

**31** 선형회귀분석의 가정에 대한 설명으로 적절한 것은?

① 선형성이란 설명변수와 잔차가 서로 상관관계가 있어야 한다는 것이다.

② 독립성이란 각 설명변수는 다른 설명변수와 완벽하게 상관관계를 가져야 한다는 것이다.

③ 등분산성이란 모든 관측치에 대해 오차들의 분산이 일정한 것이다

④ 정상성이란 회귀 모델을 통해 예측된 값들은 시간에 따라 일정한 경향을 가져야 한다는 것이다.

**32** 다음 중 공분산에 대한 설명으로 가장 적절하지 않은 것은?

① $Cov(x,y)=E(xy)-E(x)E(y)$

② 공분산의 값은 $-1$에서 $1$ 사이이다.

③ 상관관계의 방향을 알 수 있다.

④ 두 변수가 독립인 경우 공분산은 0이다.

**33** ARIMA(p,d,q) 모형에 대한 설명으로 적절한 것은?

① ARIMA(1,2,3)에서 차분은 한 번만 진행되었다.

② ARIMA 모형에서 q 값이 0이면, 모델은 이동평균(MA) 모형이다.

③ ARIMA 모형에서는 정상성을 확인할 필요가 없다.

④ p=0이면 IMA(d,q) 모형이라고 부르고, d번 차분하면 MA(q) 모형이 된다.

**34** 다음 중 상관계수에 대한 설명으로 적절한 것은?

① 피어슨 상관계수는 두 변수의 값을 순위로 변환한 후 계산한다.

② 스피어만 상관계수는 모수적 관계에서 두 변수 간의 단조적 관계의 강도를 측정한다.

③ 비율척도로 측정된 변수간의 상관관계는 스피어만 상관계수를 사용한다.

④ 피어슨 상관계수가 0이면 두 변수간 선형관계가 없다.

**35** 다음 중 시계열의 정상성에 대한 설명으로 적절한 것은?

① 정상성을 띄면 평균이 일정하게 증가한다.

② 해당 시계열 확률분포의 모수가 시점에 의존하지 않는다.

③ 정상성을 띄면 이상치가 없음을 의미한다.

④ 공분산은 단지 시점에만 의존한다.

**36** 다음 중 선형회귀모형 전체의 적합도를 검증할 때 사용되는 분포는 무엇인가?

① z분포

② t분포

③ F분포

④ 카이제곱분포

**37** 이질적인 모집단의 원소들을 서로 유사한 것끼리 몇 개의 층(stratum)으로 나눈 후, 각 층에서 표본을 랜덤하게 추출하는 표본 추출 방법은 무엇인가?

① 단순 랜덤 추출법

② 계층추출법

③ 집락추출법

④ 층화추출법

**38** Wage 데이터셋에 대한 요약통계량의 설명으로 가장 적절하지 않은 것은?

```
> summary(Wage[,c("wage","education")])
      wage                    education
 Min.    : 20.09   1. < HS Grad       :268
 1st Qu. : 85.38   2. HS Grad         :971
 Median :104.92    3. Some College    :650
 Mean   :111.70    4. College Grad    :685
 3rd Qu.:128.68    5. Advanced Degree:426
 Max.   :318.34
```

① wage 관측치의 25%는 128.68보다 크다.

② wage의 분포는 오른쪽으로 긴 꼬리이다.

③ education은 순서척도이다.

④ education의 최소값은 268이다.

**39** 다음 선형회귀분석의 결과에 대한 설명으로 가장 적절한 것은?

```
> summary(lm(weight~Time,data=ChickWeight))

Call:
lm(formula = weight ~ Time, data = ChickWeight)

Residuals:
     Min       1Q   Median       3Q      Max
 -138.331  -14.536    0.926   13.533  160.669

Coefficients:
            Estimate Std. Error t value Pr(>|t|)
(Intercept)  27.4674     3.0365   9.046   <2e-16 ***
Time          8.8030     0.2397  36.725   <2e-16 ***
---
Signif. codes: 0 '***' 0.001 '**' 0.01 '*' 0.05 '.' 0.1 ' ' 1

Residual standard error: 38.91 on 576 degrees of freedom
Multiple R-squared: 0.7007, Adjusted R-squared: 0.7002
F-statistic: 1349 on 1 and 576 DF, p-value: < 2.2e-16
```

① 독립변수는 weight, 종속변수는 Time이다.

② 회귀모형의 상관계수가 0.7007이다.

③ 이 회귀모형은 통계적으로 유의하지 않다.

④ Time이 1단계 증가할 때 weight가 평균적으로 8.8030 증가한다.

**40** 다음 중 의사결정나무와 가장 관련이 적은 용어는 무엇인가?

① 지니지수
② 엔트로피 지수
③ 카이제곱
④ 퍼셉트론

**41** 계층적 군집분석에서 군집 간의 거리를 측정하는 방법이 아닌 것은?

① 최장 연결법
② 최단 연결법
③ 평균 연결법
④ 편차 연결법

**42** 군집 분석에서 변수들 간의 측정 단위나 값의 범위 차이를 조정하는 과정은 무엇인가?

① Elimination
② Sampling
③ Averaging
④ Scaling

**43** 다음 중 활성 함수에 관한 설명으로 가장 적절하지 않은 것은?

① 시그모이드, 계단, 쌍곡 탄젠트 등의 비선형 함수가 있다.
② 계단 함수는 임계값에 따라 활성 또는 비활성화한다.
③ 쌍곡 탄젠트는 항상 0과 1 사이의 값을 가지는 비선형 함수이다.
④ 소프트맥스 함수는 출력값이 여러개이고 다범주이며, 각 사후확률 제공한다.

**44** 다음 중 앙상블 기법에 대한 설명으로 적절한 것은?

① 앙상블 기법을 사용하게 되면 각 모형의 상호 연관성이 높을수록 정확도가 향상된다.
② 전체적인 예측값의 분산을 유지하여 정확도를 높일 수 있다.
③ 대표적인 앙상블 기법에는 배깅, 부스팅이 있다.
④ 랜덤 포레스트는 앙상블 기법 중 유일한 비지도학습 기법이다.

**45** 오분류표 평가지표 중 F beta score에 대한 설명으로 적절한 것은?

$$F_\beta = \left(1 + \beta^2\right) \times \frac{Precision \times recall}{\left(\beta^2 \times Precision\right) + recall}$$

① β는 −1부터 1까지의 값을 갖는다.
② β가 1인 경우 Precision에 가중치를 2배만큼 부여한다.
③ β가 0.5인 경우 Recall에 가중치를 2배만큼 부여한다.
④ β의 제곱에 비례해서 Recall에 가중치를 부여한다.

**46** 다층 신경망 모형에서 은닉층(hidden layer)의 개수를 너무 많이 설정하게 되면 역전파 과정에서 앞쪽 은닉층의 가중치 조정이 이루어지지 않아 신경망의 학습이 제대로 이루어지지 않는다. 이러한 현상을 나타내는 용어는?

① 기울기 소실 문제
② 지역 최적화 문제
③ XOR 문제
④ 과적합 문제

**47** 다음 공식은 어떤 거리를 계산하는 것인가?

$$d(x,y) = \left(\sum_{i=1}^{m} |x_j - y_j|^r\right)^{\frac{1}{r}}$$

① 유클리디안 거리
② 맨해튼 거리
③ 마할라노비스 거리
④ 민코우스키 거리

**48** 다음 오분류표에서 재현율을 구한 것으로 적절한 것은?

| | | 예측치 | | |
|---|---|---|---|---|
| | | TRUE | FALSE | 합계 |
| 실제값 | TRUE | 30 | 70 | 100 |
| | FALSE | 60 | 40 | 100 |
| | 합계 | 90 | 110 | 200 |

① 3/10
② 2/5
③ 1/3
④ 7/11

**49** 다음 중 엔트로피 지수를 계산하는 공식으로 적절한 것은?

① 엔트로피$(T) = -\sum_{i=1}^{n} p(x_i)\log_2 p(x_i)$
② 엔트로피$(T) = \sum_{i=1}^{n} p(x_i)\log_2 p(x_i)$
③ 엔트로피$(T) = -\sum_{i=1}^{n} p(x_i)^2$
④ 엔트로피$(T) = -\sum_{i=1}^{n} \frac{1}{p(x_i)}\log_2 p(x_i)$

**50** 다음 중 K-means 군집분석에 대한 설명으로 적절한 것은?

① K-means 군집분석은 실행마다 항상 동일한 결과를 보장한다.
② 초승달 모양(Crescent Shaped) 데이터 셋에 적합하다.
③ K-medoids 군집분석에 비해 이상값에 민감하지 않다.
④ 군집 수 K는 초기에 설정되어야 한다.

• 정답 및 해설 290p

• 정답 및 해설 290p

## 1과목 | 데이터 이해

**01** 다음 중 빅데이터 가치 패러다임의 변화 순서로 적절한 것은?

① Connection → Digitalization → Agency
② Digitalization → Connection → Agency
③ Agency → Connection → Digitalization
④ Digitalization → Agency → Connection

**02** 다음 중 빅데이터의 출현 배경으로 가장 적절하지 않은 것은?

① 클라우드 컴퓨팅의 발전
② 중앙집중처리의 확산
③ 하둡 등 분산처리 기술의 발전
④ 페이스북, 트위터 등 SNS의 급격한 확산

**03** 다음은 빅데이터 시대의 위기 요인과 통제 방안을 서로 연결한 것이다. 잘못 연결된 것은?

> 가. 사생활 침해 – 동의에서 책임으로 변화
> 나. 책임 원칙 훼손 – 알고리즘 접근 허용
> 다. 데이터 오용 – 정보 선택 옵션 제공

① 가, 나
② 가, 다
③ 나, 다
④ 가, 나, 다

**04** 데이터베이스의 일반적인 특징으로 가장 적절하지 않은 것은?

① 데이터베이스는 여러 사용자가 서로 다른 목적으로 데이터를 공동으로 이용할 수 있도록 구성되어 있다.
② 데이터베이스는 컴퓨터가 접근할 수 있는 저장 매체에 저장된 데이터이다.
③ 데이터베이스는 변화하는 데이터로 데이터의 삽입, 삭제, 갱신한다고 하더라도 항상 현재의 정확한 데이터를 유지해야 한다.
④ 데이터베이스는 통합된 데이터로 동일한 내용이더라도 데이터의 중복을 허용한다.

**05** 다음 중 데이터 사이언티스트에게 필요한 역량으로 가장 적절한 것은?

① Soft skill – 통찰력 있는 분석 능력
② Soft skill – 이론적 지식
③ Hard skill – 다분야 커뮤니케이션
④ Hard skill – 설득력 있는 전달 능력

**06** 암묵지와 형식지의 상호 작용에 대한 연결로 가장 적절한 것은?

| (가) 공통화 | (A) 학습과 체험을 통해 개인이 습득 |
|---|---|
| (나) 표출화 | (B) 내면화된 지식을 조직의 지식으로 만드는 과정 |
| (다) 내면화 | (C) 언어나, 기호 숫자 등의 형태로 표출 |
| (라) 연결화 | (D) 다시 다른 개인이 본인의 지식에 연결 |

① (가)-(A), (나)-(B), (다)-(C), (라)-(D)

② (가)-(C), (나)-(D), (다)-(B), (라)-(A)

③ (가)-(B), (나)-(C), (다)-(A), (라)-(D)

④ (가)-(D), (나)-(A), (다)-(B), (라)-(C)

**07** 데이터 사이언티스트에 대한 설명으로 가장 적절하지 않은 것은?

① 통찰력 있는 분석 능력이 필요하다.

② 설득력 있는 전달이 필요하다.

③ 개인으로 활동하는 경우가 많아 커뮤니케이션 기술이 중요하지 않다.

④ 문제 해결에 대한 창의적 사고 능력이 필요하다.

**08** 데이터가 가공 및 처리되고, 데이터 간 상관관계 속에서 이해를 통해 패턴을 인식하고 의미를 부여하는 것으로 가장 적절한 것은?

① 정보

② 지혜

③ 지식

④ 데이터

### 2과목 | 데이터 분석 기획

**09** 다음 중 분석 과제 관리 프로세스에 대한 설명으로 가장 적절하지 않은 것은?

① 과제 발굴 단계에는 분석 아이디어 발굴, 분석 과제 후보제안, 분석 과제 확정 프로세스가 있다.

② 분석 과제로 확정된 분석과제를 풀(Pool)로 관리한다.

③ 분석 과제 중에 발견된 시사점과 분석 결과물은 풀(Pool)로 관리하고 공유된다.

④ 과제 수행 단계에서는 팀구성, 분석 과제 실행, 분석 과제 진행관리, 결과공유 프로세스가 있다.

**10** 다음 중 분석 프로젝트 영역별 주요 관리 영역에 해당하지 않는 것은?

① 관계

② 시간

③ 범위

④ 원가

**11** 빅데이터 분석 기획 단계에서 프로젝트 위험 계획 수립 시 잠재된 위험에 대한 대응 방법으로 적절하지 않은 것은?

① 수용

② 관리

③ 전이

④ 완화

**12** 분석의 대상이 명확하게 무엇인지 모르는 경우 기존 분석 방식을 활용하여 새로운 지식을 도출하려는 분석 주제 유형은?

① Optimization

② Solution

③ Insight

④ Discovery

**13** 다음 빅데이터의 특징을 고려한 분석 요소 중 Return에 해당하는 것은?

① Volume

② Variety

③ Value

④ Velocity

**14** 다음 중 데이터 거버넌스의 구성 요소가 아닌 것은?

① 원칙(Principle)

② 조직(Organization)

③ 분석 기법(Method)

④ 프로세스(Process)

**15** 다음 중 분석 과제의 우선순위 고려요소가 아닌 것은?

① 분석 능력

② 전략적 중요도

③ 비즈니스 성과/ROI

④ 실행 용이성

**16** 다음 중 데이터 분석을 위한 조직 구조로 적절하지 않은 것은?

① 집중 구조

② 기능 구조

③ 분산 구조

④ 사업 구조

**17** 다음 중 위치 통계량에 대한 설명으로 가장 적절하지 않은 것은?

① 표본 평균은 표본의 총합을 표본의 개수로 나눈 값이다.

② 중앙값은 자료를 크기순으로 나열할 때 중앙에 위치한 자료값이다.

③ 가장 자주 나타나는 관측치를 최빈값이라 한다.

④ 자료를 크기 순으로 나열했을 때 p−백분위수는 p번째에 위치한다.

**18** 확률변수 x가 확률 질량함수 f(x)를 갖는 이산형 확률 변수인 경우 그 기댓값으로 적절한 것은?

① $E(X) = \int x f(x)$

② $E(X) = \sum x f(x)$

③ $E(X) = \sum x^2 f(x)$

④ $E(X) = \int x^2 f(x)$

**19** 앞면이 나올 확률이 0.5인 동전을 3번 던졌을 때 앞면이 한 번만 나올 확률로 적절한 것은?

① 1/8

② 2/8

③ 3/8

④ 4/8

**20** 잔차 분석의 오차 정규성 검정에 대한 설명으로 가장 적절하지 않은 것은?

① Q−Q Plot과 잔차 산점도로 대략적인 확인이 가능하나, 절대적인 기준은 아니다.

② 잔차의 히스토그램이나 점도표를 통해 정규성 문제를 검토한다.

③ 정규성을 검정하는 방법으로 Shapiro-Wilk test, Anderson-darling test가 있다.

④ 정상성을 만족하지 않을 때는 상관계수가 가장 높은 독립변수를 제거한다.

**21** 아래는 chickwts 데이터셋의 t-test 결과이다. 다음 중 결과에 대한 해석으로 가장 적절하지 않은 것은?

```
> t.test(chickwts$weight)
        One Sample t-test
data:  chickwts$weight
t = 28.202, df = 70,
p-value < 2.2e-16
alternative hypothesis: true mean is not equal to 0
95 percent confidence interval:
 242.8301 279.7896
sample estimates:
mean of x
 261.3099
```

① 99% 신뢰구간을 구하기 위해서는 "conf. level = 0.99"라는 옵션을 사용할 수 있다.

② 닭 무게에 대한 p-value는 p-value<2.2e-16이므로 귀무가설이 기각된다.

③ 닭 무게의 점 추정량은 261.3이며, 95% 신뢰구간은 242.8에서 279.8이다.

④ 전체 관측치 수는 70개이다.

**22** 다음 중 분해 시계열을 구성하는 요인으로 적절하지 않은 것은?

① 정상 요인

② 추세 요인

③ 계절 요인

④ 불규칙 요인

**23** 성별, 나이, 직업, 신용도 등을 기준으로 월평균 소득을 예측할 때 적합한 모형은 무엇인가?

① 능형 회귀 모델

② 로지스틱 회귀 모델

③ 선형 판별 분류(LDA)

④ 나이브베이즈 분류 모델

**24** 다음 중 시계열 분석에 대한 설명으로 가장 적절한 것은?

① MA 모형은 단조적으로 감소하는 ACF를 가지고 있다.

② AR 모형과 MA 모형은 정상성을 만족한다고 가정한다

③ 자료가 추세를 보일 때는 변환을 통해 비정상 시계열을 정상 시계열로 변환할 수 있다.

④ MA 모형은 과거로부터 현재까지의 시계열 자료를 분석하여 다음 기간을 예측한다.

**25** 다음의 ARIMA 모형에서 ARMA 모형으로 정상화할 때 차분 횟수는 몇 번인가?

ARIMA(p,d,q)=ARIMA(1,2,3)

① 1회

② 2회

③ 3회

④ 6회

**26** 아래는 자동차의 속도(speed)와 제동거리(dist)에 대한 분석 결과이다. 다음 중 결과에 대한 해석으로 가장 적절하지 않은 것은?

```
> summary(lm(dist~speed, data=cars))

Call:
lm(formula = dist ~ speed, data = cars)

Residuals:
    Min      1Q  Median      3Q     Max
-29.069  -9.525  -2.272   9.215  43.201

Coefficients:
            Estimate Std. Error t value Pr(>|t|)
(Intercept) -17.5791     6.7584  -2.601   0.0123 *
speed         3.9324     0.4155   9.464 1.49e-12 ***
---
Signif. codes: 0 '***' 0.001 '**' 0.01 '*' 0.05 '.' 0.1 ' ' 1

Residual standard error: 15.38 on 48 degrees of freedom
Multiple R-squared: 0.6511, Adjusted R-squared: 0.6438
F-statistic: 89.57 on 1 and 48 DF, p-value: 1.49e-12
```

① speed가 1 단위 증가할 때마다 dist가 약 3.9324 단위 증가한다.

② 유의수준 5%에서 추정된 회귀식은 통계적으로 유의미하다.

③ 회귀식은 speed 변수의 변동성을 약 65.11% 설명한다.

④ speed와 dist의 상관계수는 0보다 크다.

**27** 다음 중 표본조사에 대한 설명으로 가장 적절하지 않은 것은?

① 표본오차는 모집단을 대표할 수 있는 표본 단위들이 조사대상으로 추출되지 못함으로써 발생하는 오차를 말한다.

② 비표본오차는 표본오차를 제외한 오차로, 조사 과정에서 발생하는 부주의, 실수, 알 수 없는 원인 등으로 인한 모든 오차를 의미한다.

③ 표본편의는 정규화를 통하여 최소화하거나 없앨 수 있다.

④ 표본편의는 표본추출 과정에서 특정 대상이 다른 대상에 비해 우선적으로 추출될 때 생기는 오차를 의미한다.

**28** 다음 회귀분석 결과에 대한 설명으로 가장 적절하지 않은 것은?

```
> summary(lm(mpg~hp+drat+wt, data=mtcars))

Call:
lm(formula = mpg ~ hp + drat + wt, data = mtcars)

Residuals:
    Min      1Q   Median      3Q     Max
-3.3598  -1.8374  -0.5099  0.9681  5.7078

Coefficients:
             Estimate Std.  Error t value  Pr(>|t|)
(Intercept) 29.394934  6.156303   4.775  5.13e-05 ***
hp          -0.032230  0.008925  -3.611  0.001178 **
drat         1.615049  1.226983   1.316  0.198755
wt          -3.227954  0.796398  -4.053  0.000364 ***
---
Signif. codes: 0 '***' 0.001 '**' 0.01 '*' 0.05 '.' 0.1 ' ' 1

Residual standard error: 2.561 on 28 degrees of freedom
Multiple R-squared: 0.8369,   Adjusted R-squared: 0.8194
F-statistic: 47.88 on 3 and 28 DF, p-value: 3.768e-11
```

① 종속변수는 mpg, 독립변수는 hp, drat, wt 이다.

② drat는 유의수준 5%에서 유의하지 않으므로 최종적인 회귀식은 mpg=29.394934-0.032230*hp-3.227954*wt이다.

③ 수정된 결정계수는 0.8194이다.

④ 추정된 회귀모형은 통계적으로 유의미하다.

**29** 다음 중 주성분 분석에 대한 설명으로 가장 적절하지 않은 것은?

① 차원축소 방법의 하나다.

② 원변수의 선형결합 중 가장 분산이 큰 것을 제1주성분(PC1)으로 설정한다.

③ 이론적으로 주성분 간 상관관계가 없다.

④ 지도학습(Supervised learning)에 해당한다.

**30** 다음은 4개의 변수를 가진 데이터프레임 USArrests에 주성분 분석을 적용해서 얻은 결과이다. 전체 변동의 80% 이상을 설명하기 위해 필요한 최소 주성분은 몇 개인가?

```
> summary(procomp(USArrests, scale=TRUE))
Importance of components:
                          PC1    PC2     PC3     PC4
Standard deviation     1.5749 0.9949 0.59713 0.41645
Proportion of variance 0.6201 0.2474 0.08914 0.04336
Cumulative Proportion  0.6201 0.8675 0.95664 1.00000
```

① 1개
② 2개
③ 3개
④ 4개

**31** 아래 데이터셋에서 A와 B의 유클리디안 거리를 구하시오.

|  | A | B |
|---|---|---|
| 키 | 170 | 165 |
| 몸무게 | 65 | 70 |

① $\sqrt{5}$
② $\sqrt{10}$
③ $\sqrt{20}$
④ $\sqrt{50}$

**32** 도출된 연관규칙이 얼마나 유의미한지 확인하기 위한 측정지표가 아닌 것은?

① 지지도
② 신뢰도
③ 순수도
④ 향상도

**33** 다음 중 자기 조직화 지도(SOM) 방법에 대한 설명으로 가장 적절하지 않은 것은?

① SOM을 이용한 군집분석은 인공신경망의 역전파 알고리즘을 사용함으로써 수행속도가 빠르고 군집의 성능이 매우 우수하다.
② SOM은 입력변수의 위치관계를 그대로 보존한다는 특징으로 인해 입력변수의 정보와 그들의 관계가 지도상에 그대로 나타난다.
③ SOM은 경쟁학습으로 각각의 뉴런이 입력벡터와 얼마나 가까운가를 계산하여 연결강도를 반복적으로 재조정하여 학습한다.
④ SOM 알고리즘은 고차원의 데이터를 저차원의 지도형태로 형상화하기 때문에 시각적으로 이해하기 쉽다.

**34** 목표변수가 연속형 변수인 회귀나무의 경우 사용하는 분류 기준은 무엇인가?

① 카이제곱 통계량, 지니지수
② 지니지수, 엔트로피 지수
③ F-통계량, 분산 감소량
④ 엔트로피 지수, 분산 감소량

**35** 다음은 k-평균 군집분석을 수행하는 절차를 기술한 것이다. 수행 절차를 순서대로 올바르게 나열한 것은?

> 가. 각 객체를 가장 가까운 군집 중심에 할당한다.
> 나. 군집 중심의 변화가 거의 없을 때(또는 최대 반복 수)까지 반복한다.
> 다. 초기 군집의 중심으로 k개의 객체를 임의로 선택한다.
> 라. 각 군집 내 객체들의 평균을 계산하여 군집의 중심을 업데이트한다.

① 가 → 라 → 다 → 나

② 가 → 다 → 라 → 나

③ 다 → 라 → 가 → 나

④ 다 → 가 → 라 → 나

**36** 다음 중 k-폴드 교차검증에 대한 설명으로 가장 적절하지 않은 것은?

① 데이터 셋을 k개의 그룹으로 분할한다.

② 하나의 그룹을 검증용 셋(Validation set)으로, k-1개의 그룹을 훈련용 셋(Train set)으로 사용하여 k번 반복 측정하고 결과를 평균 낸 값을 최종 평가로 사용한다.

③ 모형이 데이터에 과적합하는 문제를 해결하기 위한 방법이다.

④ k=2인 경우 LOOCV(Leave-One-Out Cross-Validation)이라고 한다.

**37** 다음의 오분류표에서 특이도를 계산하는 방법으로 가장 적절한 것은?

| | | 예측치 | | |
|---|---|---|---|---|
| | | TRUE | FALSE | 합계 |
| 실제값 | TRUE | TP | FN | P |
| | FALSE | FP | TN | N |
| 합계 | | P' | N' | P+N |

① (TP+TN)/(P+N)

② TN/N

③ TP/(TP+FP)

④ TP/P

**38** 다음은 미국의 범죄자료에 대한 자료를 군집분석한 결과이다. 결과 해석에 대한 설명으로 가장 적절하지 않은 것은?

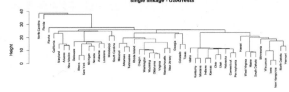

single linkage - USArrests

① 최단연결법을 이용한 계층 군집분석이다.

② 군집의 개수를 미리 지정할 필요가 없다.

③ 두 군집 사이의 거리를 측정할 때 거리의 최소값으로 측정한다.

④ 고립된 군집을 찾기 어렵다.

**39** 데이터 마이닝의 기법 중 항목들 간의 '조건-결과' 식으로 표현되는 유용한 패턴을 찾는 것은 무엇인가?

① 연관분석

② 분류

③ 유전자 알고리즘

④ 군집분석

**40** 다음 중 배깅(Bagging)에 대한 설명으로 적절한 것은?

① 원 데이터 집합으로부터 크기가 다른 표본을 여러 번 단순 임의 복원 추출한다.

② 반복 추출 방법을 사용하므로 같은 데이터가 한 표본에 여러 번 추출될 수 있고 어떤 데이터는 추출되지 않을 수도 있다.

③ 분류가 잘못된 데이터에 더 큰 가중치를 주어 표본을 추출하는 기법이다.

④ 각 모델의 예측 결과를 다시 하나 이상의 메타 모델에 입력 데이터로 사용한다.

**01** 생물의 진화과정을 기반으로 한 최적화 탐색 방법으로 최적화가 필요한 문제의 해결책을 자연선택, 돌연변이 등과 같은 메커니즘을 통해 점진적으로 진화시켜 나가는 방법은 무엇인가?

**02** (ㄱ)는 어떤 현상에 대하여 현상을 발생시킨 원인과 그 결과 사이의 관계이고, (ㄴ)는 어떤 두 현상이 관계가 있음을 말하지만 어느 쪽이 원인인지 알 수 없는 관계이다. 빅데이터 시대에서는 (ㄱ)보다 (ㄴ)를 중요시하는 경향이 있다. (ㄱ)과 (ㄴ)은 무엇인가?

**03** 데이터베이스 활용 중 고객과 관련된 내외부 데이터를 분석하고 통합하여 고객 중심의 자원을 최대한 활용하며, 지속적인 고객 관계를 유지하여 더 큰 이익을 창출하는 것은?

**04** 문제의 정의 자체가 어려운 경우 데이터를 기반으로 문제의 재정의 및 해결 방안을 탐색하고 이를 지속적으로 개선하는 방식은?

**05** 번호를 부여한 샘플을 나열하여 k개씩 n개의 구간을 나누고 첫 구간에서 하나를 임의로 선택한 후에 k개씩 띄어서 표본을 추출하는 표본 추출 방법은?

**06** P(A)=0.3 , P(B)=0.4 일 때, 사건 A와 사건 B가 독립사건일 경우 P(B|A)를 계산하시오. (반올림하여 소수 첫째 자리까지 쓰시오)

**07** 다음 (   )안에 들어갈 용어로 적절한 것은?

로지스틱 회귀분석에서 exp(   )의 의미는 $x_1, x_2, ..., x_k$가 주어질 때 $x_1$이 한 단위 증가 할 때마다 성공(y=1)의 (   )가 몇 배 증가하는지를 나타내는 값이다.

**08** 모집단에서 표본을 추출하여 모집단의 모수를 추측하는 과정에서 범위가 아니라 모수가 특정한 값일 것으로 추정하는 것은?

**09** 다음 거래 내역에서 연관규칙 A → B의 지지도(Support)를 구하시오. (반올림하여 소수 첫째 자리까지 쓰시오).

| 물품 | 거래건수 |
|---|---|
| A | 50 |
| B | 30 |
| {A, B} | 20 |
| 전체 거래 수 | 100 |

**10** 여러 대상 간의 거리가 주어져 있을 때 대상들을 동일한 상대적 거리를 가진 실수 공간의 점들로 배치시키는 방법은?

## 1과목 | 데이터 이해

**01** 데이터의 양을 표현하는 단위를 작은 것에서 큰 것 순으로 나열한 것 중 적절한 것은?

> (가) 엑사바이트(EB)
> (나) 페타바이트(PB)
> (다) 제타바이트(ZB)
> (라) 요타바이트(YB)

① (가)-(다)-(나)-(라)
② (나)-(가)-(다)-(라)
③ (나)-(다)-(라)-(가)
④ (가)-(나)-(다)-(라)

**02** 다음 중 상용 DBMS로 가장 적절하지 않은 것은?

① DB2
② Tableau
③ SQL Server
④ Oracle

**03** 데이터 사이언티스트가 갖춰야 할 역량 중 나머지 세 가지와 다른 분류의 것은 무엇인가?

① 빅데이터에 대한 이론적 지식
② 다른 부서와의 커뮤니케이션 기술
③ 창의적 사고
④ 설득력 있는 스토리텔링

**04** 다음 중 빅데이터 시대에 발생할 수 있는 위기 요인으로 가장 적절하지 않은 것은?

① 익명화
② 사생활 침해
③ 데이터 오용
④ 책임 원칙 훼손

**05** 데이터베이스의 일반적인 특징을 설명한 것으로 가장 적절하지 않은 것은?

① 통합된 데이터로 동일한 내용이더라도 데이터의 중복을 허용한다.
② 변화하는 데이터로 데이터의 삽입, 삭제, 갱신을 하더라도 항상 현재의 정확한 데이터를 유지해야 한다.
③ 공용 데이터로 여러 사용자가 서로 다른 목적으로 데이터를 공동으로 이용할 수 있도록 구성되어 있다.
④ 저장된 데이터로 자기 디스크나 자기 테이프 등과 같이 컴퓨터가 접근할 수 있는 저장 매체에 저장한 데이터이다.

**06** 다음은 데이터베이스의 구성 요소를 설명한 것이다. 각 설명에 해당하는 구성 요소를 나열한 것으로 가장 적절한 것은?

> (A) 데이터에 관한 구조화된 데이터로 다른 데이터를 설명해 주는 데이터
> (B) 데이터베이스 내의 데이터를 신속하게 정렬하고 탐색하게 해주는 구조

① (A) - 메타 데이터, (B) - 인덱스

② (A) - 데이터 모델, (B) - 트리거

③ (A) - 백업 데이터, (B) - 저장된 절차

④ (A) - 스키마, (B) - 데이터 마트

① 정착형

② 확산형

③ 준비형

④ 도입형

**07** 다음 중 빅데이터 활용의 3요소로 가장 적절하지 않은 것은?

① 데이터

② 인력

③ 기술

④ 프로세스

**10** 하향식 접근법의 문제 탐색 단계에서 사용하는 비즈니스 모델 캔버스의 요소로 가장 적절하지 않은 것은?

① 혁신

② 업무

③ 제품

④ 고객

**08** 다음은 빅데이터가 만들어내는 변화에 대해 설명한 것이다. 가장 적절하지 않은 것은?

> (가) 정해진 정보만 검색하던 것에서 많은 정보를 한꺼번에 검색
>
> (나) 표본조사 방법의 중요성 대두
>
> (다) 특정한 정보를 모아서 처리하던 것에서 가능한 많은 데이터를 모으고 다양한 방식으로 조합해 숨은 정보를 찾아내는 방식이 중요
>
> (라) 상관관계에서 인과관계로의 변화

① (가), (나)

② (나), (다)

③ (가), (다)

④ (나), (라)

**11** 포트폴리오 사분면 분석을 통한 과제 우선순위 선정에 대한 설명으로 가장 적절하지 않은 것은?

① 시급성의 판단 기준은 전략적 중요도가 핵심이며, 전략적 가치를 현재에 둘 것인지 중·장기적 관점에 둘 것인지에 따라 판단한다.

② 난이도는 현 시점에서 과제를 추진하는 것이 비용 측면과 범위 측면에서 바로 적용하기 쉬운지 어려운 것인지에 따라 판단한다.

③ 시급성과 난이도가 모두 높을수록 분석 과제 우선순위가 높다.

④ 난이도는 해당 기업의 현 상황에 따라 조율할 수 있다.

---

**2과목 | 데이터 분석 기획**

**12** 데이터 분석을 위한 조직구조에 대한 설명으로 가장 적절하지 않은 것은?

① 집중형 조직구조는 조직 내 별도의 분석 전담 조직을 독립적으로 구성하는 것으로 분석 업무의 중복 또는 이원화 가능성이 있다.

**09** 분석 수준 진단 결과 사분면 분석에서 성숙도와 준비도가 모두 낮은 기업 유형으로 적절한 것은?

② 기능 중심의 조직구조는 별도의 분석 전담 조직을 구성하지 않고 해당 부처에서 직접 분석을 수행함으로써 국한된 분석 수행 가능성이 높다.

③ 분산된 조직구조는 분석 조직의 인력을 현업 부서에 배치하여 분석 업무를 수행함으로써 분석이 집중되지 못해 신속한 실무 적용이 어렵다.

④ 분석 조직은 분석 전문 인력뿐만 아니라 도메인 전문가, IT 인력, 변화 관리 및 교육 담당 인력으로 구성되어야 효율적인 운영이 가능하다.

**13** 다음 중 분석 마스터 플랜 수립 시, 분석 적용 범위 및 방식에 대해 고려해야 할 요소가 아닌 것은?

① 업무 내재화 적용 수준
② 기술 적용 수준
③ 데이터 분석 적용 수준
④ 실행 용이성

**14** 다음 중 분석 기획에 대한 설명으로 가장 적절한 것은?

① 분석 목적을 설정하고 데이터를 분석하여 의미있는 결과를 도출한다.
② 분석을 위한 데이터의 확보가 가장 중요하며, 데이터의 유형이 중요하지는 않다.
③ 기존에 구현된 것들은 배제하고 새로운 비즈니스를 탐색한다.
④ 비용보다는 정확한 분석에 초점을 두어야 한다.

**15** 다음 중 분석 활용 시나리오에 대한 설명으로 가장 적절한 것은?

① 분석 결과가 어떻게 활용되어 효과적으로 수행할 수 있는지 분석한다.
② 분석을 업무 운영 프로세스에 반영할 때 기존 프로세스의 변화는 없다.
③ 분석 업무 프로세스를 내재화해도 운영 업무의 후행 액션이 분석에 의해 자동으로 실행되지는 않는다.
④ 분석 업무 활용 시나리오 정의 시 재설계 방안은 생략이 가능하다.

**16** 데이터 분석 수준 진단은 분석 준비도와 분석 성숙도를 함께 평가하여 수행된다. 다음 중 분석 성숙도에 대한 설명으로 가장 적절하지 않은 것은?

① 분석 성숙도 진단은 유사 업종이나 경쟁사와의 비교 분석을 포함한다.
② 성숙도 수준에 따라 도입 단계, 활용 단계, 확산 단계, 최적화 단계로 구분한다.
③ 조직의 성숙도를 파악하기 위해 CMMI 모델을 기반으로 성숙도를 평가한다.
④ 분석 성숙도 진단은 비즈니스 부문, 조직·역량 부문, IT 부문 등 3개 부문을 대상으로 한다.

---

**3과목 | 데이터 분석**

---

**17** 확실하게 증명하고자 하는 가설로 뚜렷한 증거가 있어야 채택할 수 있는 가설을 무엇이라 하는가?
① 대립가설
② 영가설
③ 귀무가설
④ 기각가설

**18** 다음은 두 종류의 수면제(group)에 의한 수면시간 증감 (extra)을 측정한 자료이다. 아래 결과에 대한 설명으로 가장 적절하지 않은 것은?

```
> t.test(sleep$extra)

        One Sample t-test

data: sleep$extra
t = 3.413, df = 19, p-value = 0.002918
alternative hypothesis: true mean is not equal to 0
95 percent confidence interval:
 0.5955845 2.4844155
sample estimates:
mean of x
      1.54
```

① 전체 관측치 수는 20개이다.
② 수면제에 의해 증가된 평균 수면시간은 0과 같다고 할 수 없다.
③ 평균적으로 1.54 시간 수면시간이 증가했다.
④ 수면제 2가 수면제 1보다 효과가 있다.

**19** Hitters 데이터셋은 메이저리그에서 활약하는 선수들에 대한 연봉(Salary) 데이터를 포함하고 있다. 아래 결과에 대한 설명으로 가장 적절하지 않은 것은?

```
> summary(Hitters$Salary)
  Min. 1st Qu. Median   Mean 3rd Qu.   Max.  NA's
  67.5   190.0  425.0  535.9   750.0 2460.0    59
```

① 평균 연봉은 535.9이다.
② 왼쪽으로 꼬리가 긴 데이터이다
③ 결측 데이터는 59개이다.
④ Salary는 연속형 변수이다.

**20** 다음은 여섯 가지 종류의 닭 사료 첨가물의 효과를 비교하기 위한 데이터와 그래프이다. 아래 상자 그림에 대한 설명으로 가장 적절하지 않은 것은 무엇인가?

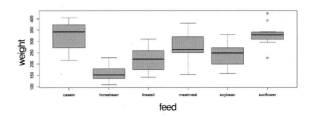

① weight의 중앙값은 horsebean 그룹이 가장 작다.
② 이상값이 존재하지 않는다.
③ meatmeal 그룹과 linseed 그룹의 weight의 평균이 유의한 차이가 있는지 알 수 없다.
④ horsebean 그룹에서 weight가 150보다 작은 개체가 약 50% 가량 된다.

**21** 다음에서 설명하는 통계 분석의 방법은 무엇인가?

- 상관관계가 있는 고차원 데이터를 저차원의 데이터로 변환시키는 방법
- 기존 변수들의 선형결합으로 새로운 변수를 생성
- 전체 변수 대신 도출되는 몇 개의 새로운 변수만의 사용으로 분석을 대신

① 카이제곱 분석
② 회귀 분석
③ 주성분 분석
④ 분산 분석

**22** 다음 중 스피어만 상관계수에 대한 설명으로 가장 적절하지 않은 것은?

① 비선형적인 상관관계는 나타내지 못한다.
② 서열척도로 측정된 변수간 관계를 측정한다
③ −1과 1사이의 값을 가진다
④ 0은 상관관계가 없음을 의미한다.

**23** 다음 중 백색잡음에 대한 설명으로 적절한 것은?

① 대표적인 비정상 시계열이다.

② 백색잡음의 합은 0에 수렴한다.

③ 무작위 오차 또는 잔차의 형태로 확률 변수의 연속으로 볼 수 없다.

④ 평균은 항상 1이다.


**24** 다음 중 통계적 추론에 대한 설명으로 적절하지 않은 것은?

① 추정의 목적은 표본 통계량에 기초하여 모수의 근사값을 결정하는 것이다.

② 추정량 $\hat{\mu}$을 사용하여 $\mu$의 추정값과 그 오차 한계를 제시할 때, 오차 한계의 기본이 되는 것은 추정량 $\hat{\mu}$의 표준편차인 $\frac{\sigma}{\sqrt{n}}$므로 $\hat{\mu}$의 표준오차(standard error)라고 한다.

③ 신뢰수준 95%의 의미는 추정값이 신뢰구간 내에 존재할 확률이 95%라는 것이다.

④ 구간추정은 모수의 참값이 포함되어 있으리라고 추정되는 구간을 결정하는 것이며 실제 모집단의 모수는 신뢰구간에 포함되지 않을 수도 있다.


**25** 다음 중 모집단의 크기가 비교적 작을 때 주로 사용되며 한번 추출된 표본이 재추출될 수 있는 표본 추출 방법은 무엇인가?

① 계통추출법

② 층화추출법

③ 집락추출법

④ 복원추출법


**26** 다음 중 확률 및 확률분포에 관한 설명으로 가장 적절하지 않은 것은?

① (사건 A가 일어나는 경우의 수)/(일어날 수 있는 모든 경우의 수)를 P(A)라 할 때 이를 A의 수학적 확률이라 한다.

② 한 사건 A가 일어날 확률을 P(A)라 할 때 n번의 반복시행에서 사건 A가 일어난 횟수를 r이라 하면 상대도수 r/n은 n이 커짐에 따라 확률 P(A)에 가까워지며, 이 때 P(A)를 A의 통계적 확률이라 한다.

③ 두 사건 A, B가 독립일 때 사건 B의 확률은 A가 일어났다는 가정 하에서의 B의 조건부 확률과는 다르다.

④ 표본공간에서 임의의 사건 A가 일어날 확률 P(A)는 항상 0과 1사이에 있다.


**27** 다음은 광고예산(TV)과 판매량(Sales)와 산점도 그림이다. 산점도에 대한 설명으로 가장 적절하지 않은 것은?

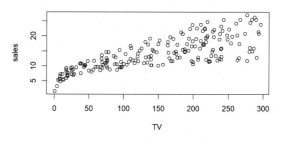

① TV 광고와 Sales 사이에 상관관계가 있다.

② TV 광고가 증가하면 Sales도 증가한다.

③ TV 광고가 증가해도 Sales의 분산은 동일하다.

④ 약간의 비선형성을 보인다.


**28** 다음 중 척도에 대한 설명으로 가장 적절하지 않은 것은?

① 명목척도는 측정 대상을 단순 범주화하는 것으로 일정한 순서 없이 포괄적인 특징을 가진다.

② 서열척도는 측정 대상의 속성 간 순서를 매기는 것이다.

③ 등간척도는 절대적 영점이 없고 사칙연산이 가능하다.

④ 비율척도는 절대적 영점이 있고 사칙연산이 가능하다.

**29** ChickWeight 데이터셋을 이용한 아래 회귀모형에 대한 설명으로 적절한 것은?

```
> summary(lm(weight~Time,data=Chickweight))

Call:
lm(formula = weight ~ Time, data = Chickweight)

Residuals:
     Min      1Q  Median      3Q     Max
-138.331 -14.536   0.926  13.533 160.669

Coefficients:
            Estimate Std. Error t value Pr(>|t|)
(Intercept) 27.4674     3.0365   9.046   <2e-16 ***
Time         8.8030     0.2397  36.725   <2e-16 ***
---
Signif. codes: 0 '***' 0.001 '**' 0.01 '*' 0.05 '.' 0.1 ' ' 1

Residual standard error: 38.91 on 576 degrees of freedom
Multiple R-squared: 0.7007,	Adjusted R-squared: 0.7002
F-statistic: 1349 on 1 and 576 DF,  p-value: <2.2e-16
```

① 독립변수는 weight, 종속변수는 Time이다.

② R-squared 점수가 유의수준 0.05 이상인 0.7007이므로 이 모형은 유의미하지 않다.

③ Time이 1 증가하면 weight가 8.8030 증가한다.

④ 이 회귀모형은 유의미하지 않다.

**30** 다음 중 나머지 세 가지와 분석 방법이 다른 것을 고르시오.

① k-means 군집분석

② 평균연결법

③ DBSCAN

④ 주성분 분석

**31** 다음의 의사결정나무에서 B의 지니지수를 계산한 결과로 적절한 것은?

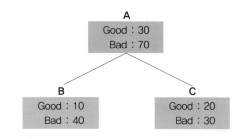

① 0.5

② 0.48

③ 0.38

④ 0.32

**32** 아래 거래 내역에서 '사과 → 딸기'에 대한 향상도(Lift)는 얼마인가?

| 종류 | 거래 |
|---|---|
| {사과} | 40 |
| {딸기} | 20 |
| {포도} | 30 |
| {사과 , 딸기} | 20 |
| {사과 , 포도} | 40 |
| {딸기 , 포도} | 10 |
| {사과 , 딸기 , 포도} | 40 |
| 전체 거래 수 | 200 |

① $\dfrac{0.3}{0.6 \times 0.45}$   ② $\dfrac{0.4}{0.6 \times 0.45}$

③ $\dfrac{0.3}{0.7 \times 0.45}$   ④ $\dfrac{0.4}{0.7 \times 0.45}$

**33** 다음 중 분류 모형의 평가 지표로 가장 적절하지 않은 것은?

① 덴드로그램

② ROC 그래프

③ 이익도표

④ 향상도 곡선

**34** 고차원의 데이터를 이해하기 쉬운 저차원의 뉴런으로 정렬화하여 지도의 형태로 형상화하는 클러스터링 방법으로 가장 적절한 것은?

① 회귀분석
② 자기조직화 지도
③ 랜덤 포레스트
④ 연관분석

**35** 인공신경망에서 과적합을 줄이기 위해 전체 신경망 노드 중 일부 연결을 무작위로 결합하여 예측 및 분류하는 기법은?

① 미니배치
② 드롭아웃
③ 배깅
④ 아다부스팅

**36** 다음 중 데이터 분할에 대한 설명으로 가장 적절하지 않은 것은?

① 데이터는 훈련용 데이터(Training Data), 검정용 데이터(Validation Data), 시험 데이터(Test Data)로 나눌 수 있다.
② 훈련용 데이터는 학습 데이터라고도 불린다.
③ 검정용 데이터는 모형의 성능을 평가하는데 사용된다.
④ 데이터 양이 부족한 경우 교차 검증을 수행하는 것이 좋다.

**37** 다음 중 연관분석에 대한 설명으로 적절하지 않은 것은?

① 분석을 위한 계산이 단순하다.
② 품목 수가 증가해도 계산량은 늘어나지 않는다.
③ if−then으로 표현되어 분석 결과를 이해하기 쉽다.

④ 특별한 분석 방향이나 목적이 없을 때 적절하다.

**38** 아래에서 설명하고 있는 앙상블 기법은 무엇인가?

원 데이터 집합으로부터 크기가 같은 표본을 여러번 단순 임의 복원 추출하여 각 표본에 대해 분류기를 생성한 후 결과를 결합하여 예측을 수행하는 기법

① 배깅(Bagging)
② 보팅(Voting)
③ 부스팅(Boosting)
④ 스태킹(Stacking)

**39** 다음 중 군집분석에 대한 설명으로 가장 적절하지 않은 것은?

① 사전 정보 없이 의미있는 데이터의 구조를 탐색한다.
② 군집 수를 결정하는 것은 어려운 문제이다.
③ k−평균 군집분석은 초기 군집 중심값에 따라 결과가 달라질 수 있다.
④ 군집 간 이질성이 낮고 군집 내 동질성이 낮을수록 효과적이다.

**40** 아래 거래 내역에서 연관 규칙 A → B의 신뢰도는?

| 물품 | 거래건수 |
| --- | --- |
| {A} | 100 |
| {C} | 50 |
| {A, C} | 200 |
| {B, C} | 250 |
| {B, D} | 200 |
| {A, B, D} | 200 |
| {A, B, C, D} | 100 |

① 55%

② 50%

③ 48%

④ 40%

---

## 주관식 문제

**01** 기업 내부 데이터베이스 중에서 기업이 외부 공급업체 또는 제휴업체와 통합된 정보시스템으로 연계하여 시간과 비용을 최적화시키는 것은 무엇인가?

**02** 데이터, 정보, 지식을 통해 최종적으로 지혜를 얻어내는 과정을 표현한 것을 무엇이라 하는가?

**03** 중요한 의사결정을 할 때 상향식 접근 방식의 발산 단계와 하향식 접근 방식의 수렴 단계를 반복적으로 수행하는 방식은 무엇인가?

**04** 분석 준비도의 영역 중 아래 보기에 해당하는 영역은 무엇인가?

- 운영 시스템 데이터 통합
- EAI, ETL 등 데이터 유통 체계
- 분석 전용 서버 및 스토리지
- 빅데이터 분석 환경
- 통계 분석 환경
- 비주얼 분석 환경

**05** 시계열 데이터가 시간에 따라 일정한 특성을 유지하고, 통계적 특성이 시간에 따라 변하지 않는 상태를 의미하는 용어는?

**06** 다음은 주성분 분석을 수행한 결과이다. 첫 번째 주성분이 전체 분산의 몇 % 설명하는가? (반올림하여 소수점 첫째 자리까지 표시하시오)

| | Comp.1 | Comp.2 | Comp.3 | Comp.4 |
|---|---|---|---|---|
| Standard deviation | 1.5574873 | 0.9943214 | 0.5943221 | 0.4123679 |
| Proportion of Variance | 0.5748331 | 0.2321003 | 0.1834561 | 0.0096105 |
| Cumulative Proportion | 0.5748331 | 0.8069334 | 0.0096105 | 1.0000000 |

**07** 아래의 표본 추출 방법은 무엇인가?

상당히 이질적인 원소들로 구성된 모집단에서 각 계층을 고루 대표할 수 있도록 표본추출을 하는 방법으로 이질적인 모집단의 원소들로 서로 유사한 것끼리 몇개의 층을 나눈 후 각 계층에서 표본을 랜덤하게 추출한다.

**08** 다음 오분류표에서 F1값을 구하시오.(단, F1값을 분수로 표시할 것)

| | | 예측치 | | |
|---|---|---|---|---|
| | | TRUE | FALSE | 합계 |
| 실제값 | TRUE | 30 | 70 | 100 |
| | FALSE | 170 | 40 | 210 |
| 합계 | | 200 | 110 | 310 |

**09** 생물의 진화과정을 기반으로 한 최적화 탐색 방법으로 최적화가 필요한 문제의 해결책을 자연선택, 돌연변이 등과 같은 메커니즘을 통해 점진적으로 진화시켜 나가는 방법은 무엇인가?

**10** 다음 괄호 안에 들어갈 단어를 적으시오.

> 최장연결법은 두 군집 사이의 거리를 군집에서 군집 간 거리 중 (　　　)으로 정의한다.

## 1과목 | 데이터 이해

**01** 경영 · 인사 · 재무 · 생산 등 기업의 전반적 시스템을 하나로 통합함으로써 효율성을 극대화하는 경영 시스템은 무엇인가?

① ERP
② CRM
③ KMS
④ SCM

**02** 다음 중 데이터에 대한 설명으로 적절하지 않은 것은?

① 비정형 데이터는 데이터 내부에 메타 데이터를 갖고 있고 파일 형태로 저장된다.
② 메쉬업 데이터는 어려운 문제 분석에 유용하게 사용된다.
③ 양질의 데이터가 아닌 경우 분석이 제대로 되지 않을 수도 있다.
④ 공공으로 개방된 데이터는 교통, 사회, 의료 문제에 사용된다.

**03** 빅데이터가 기업, 정부, 개인에 미치는 영향으로 적절하지 않은 것은?

① 기업은 빅데이터를 분석하여 비즈니스 모델을 혁신하거나 신사업을 발굴한다.
② 정부는 환경, 인구, 법제 데이터 등을 수집하여 사회 변화를 추정한다.
③ 빅데이터 분석을 통해 정부는 시민 행동 및 경향을 파악하여 정책을 개발하고 실행할 수 있다.
④ 개인이 빅데이터를 활용하여 맞춤형 경험을 제공하는 것은 아직 어렵다.

**04** 다음 DIKW 피라미드의 계층 구조와 예시가 맞게 연결된 것을 고르시오.

> (가) A마트는 100원, B마트는 200원에 연필을 판매한다.
> (나) A마트의 다른 상품들도 B마트보다 쌀 것이라고 판단한다.
> (다) A마트의 연필은 B마트 연필보다 싸다.
> (라) 저렴한 A마트에서 연필을 사야겠다.

① (가) 데이터, (나) 지혜, (다) 정보, (라) 지식
② (가) 데이터, (나) 지식, (다) 정보, (라) 지혜
③ (가) 정보, (나) 지식, (다) 데이터, (라) 지혜
④ (가) 정보, (나) 지혜, (다) 지식, (라) 데이터

**05** 다음 중 데이터 사이언티스트의 역할로 적절하지 않은 것은?

① 다분야 간 협력을 통해 빅데이터의 가치를 실현한다.
② 빅데이터를 다각적으로 분석하여 인사이트를 도출한다.
③ 알고리즘에 의해 부당하게 피해 입은 사람을 구제한다.
④ 데이터를 시각화하여 설득력을 높여 정보를 전달한다.

**06** 다음 중 전략도출을 위한 가치 기반 분석에서 고려할 사항이 아닌 것은?

① 경제사회 트렌드
② 비즈니스 성과
③ 고객의 니즈 변화
④ 인구 통계학적 변화

**07** 다음 중 데이터웨어하우스와 데이터 마트에 대한 설명으로 적절한 것은?

① 데이터웨어하우스와 데이터 마트의 구분은 사용자의 기능 및 제공범위를 기준으로 한다.
② 기업의 원천(Source) 데이터는 데이터 마트이다.
③ 데이터 웨어하우스는 특정 부서나 사용자 그룹을 위해 특화된 작은 규모의 데이터 저장소이다.
④ 데이터 웨어하우스는 사용자가 원하는 데이터를 검색할 수 없다.

**08** 다음 중 데이터베이스의 특징으로 적절하지 않은 것은?

① 통합된 데이터이고, 데이터는 중복을 허용한다.
② 저장되어 있어서 서로 다른 목적으로 다양한 사용자가 사용할 수 있다.
③ 삽입, 삭제, 갱신되더라도 이전 데이터를 가지고 있어야 한다.
④ 컴퓨터가 접근할 수 있는 저장 매체에 저장되어 있다.

**09** 다음 중 분석 성숙도 모델의 진단 대상이 아닌 것은?

① 비즈니스 부문
② 조직 및 인력 부문
③ IT 기술 부문
④ 서비스 부문

**10** 데이터 거버넌스 체계에서 다음은 어느 단계에 대한 설명인가?

데이터 표준 용어 설정, 명명 규칙 수립, 메타 데이터 구축, 데이터 사전 구축

① 데이터 표준화
② 데이터 관리 체계
③ 데이터 저장소 관리
④ 표준화 활동

**11** 다음에서 (가) – (나) – (다)를 순서대로 고르시오.

상향식 접근 방식은 기업에서 보유하고 있는 다양한 원천 데이터로부터의 ( 가 )을/를 통하여 ( 나 )를 얻을 수 있다. 상향식은 디자인 사고 중 ( 다 )에 해당한다.

① 최적화, 솔루션, 수렴
② 최적화, 발견, 수렴
③ 발견, 솔루션, 발산
④ 발견, 통찰, 발산

**12** 분석 과제 발굴에 대한 설명으로 적절하지 않은 것은?

① 분석 대상이 명확한 경우 상향식 접근 방식을 사용한다.

② 디자인 사고 프로세스는 상향식 접근 방식의 발산과 하향식 접근 방식의 수렴 단계를 반복적으로 수행한다.

③ 실제 분석 과정에서는 상향식 접근 방식과 하향식 접근 방식이 혼용되어 활용되는 경우가 많다.

④ 전통적으로 수행되었던 분석 과제 발굴 방식은 하향식 접근 방식이다.


**13** 빅데이터 분석 방법론의 분석 기획 단계에서의 태스크로 적절하지 않은 것은?

① 비즈니스의 이해

② 프로젝트 정의

③ 프로젝트 위험 요인 확인

④ 필요 데이터 정의


**14** 다음 중 분석 마스터 플랜 수립시 분석과제의 우선순위를 결정할 때, 고려해야 할 요소가 아닌 것은?

① 전략적 중요도

② 비즈니스 성과 및 ROI

③ 실행 용이성

④ 기술 적용 수준


**15** 다음 중 데이터 분석에서 정확도(Accuracy)와 정밀도(Precision)에 대한 설명으로 가장 적절하지 않은 것은?

① 정확도(Accuracy)는 True로 예측한 것 중 실제 True인 비율, 정밀도는 실제 True인 경우에서 True로 예측한 비율이다.

② 정확도(Accuracy)는 모델과 실제 값 사이의 차이이고, 정밀도(Precision)는 모델을 지속적으로 반복했을 때 편차의 수준이다.

③ 모형의 활용 측면에서는 정확도(Accuracy)가, 모델의 안정성 측면에서는 정밀도(Precision)가 중요하다.

④ 정확도(Accuracy)와 정밀도(Precision)는 트레이드-오프(Trade-off) 관계가 되는 경우가 많다.


**16** 모델링의 목적에 따라 목적 변수를 정의, 필요한 마이닝 소프트웨어를 적용할 수 있도록 적합한 형식 가공하는 단계는?

① 목적 정의

② 데이터 준비

③ 데이터 가공

④ 데이터 마이닝


**3과목 | 데이터 분석**

**17** chickwts 데이터는 6개의 사료(feed)와 그 사료를 먹은 닭의 몸무게(weight)가 변수로 구성되어 있다. 다음 summary 함수 결과에 대한 해석 중 가장 적절하지 않은 것은?

```
> summary(chickwts)
     weight             feed
Min.   :108.0    casein   :12
1st Qu.:204.5    horsebean:10
Median :258.0    linseed  :12
Mean   :261.3    meatmeal :11
3rd Qu.:323.5    soybean  :14
Max.   :423.0    sunflower:12
```

① 총 관측 데이터는 71개이다.

② casein은 12개이다.

③ weight의 중앙값은 261.3이다.

④ feed의 평균은 구할 수 없다.

**18** 다음 중 다차원척도법에 대한 설명으로 적절한 것은?

① 상관관계가 있는 고차원의 데이터를 저차원 데이터로 축소하는 방법이므로 독립변수들 간의 다중공선성 문제를 해결할 수 있다.

② 여러 대상 간의 거리가 주어졌을 때, 대상들을 동일한 상대적 거리를 가진 실수 공간의 값들로 배치하여 자료들의 상대의 관계를 이해하는 시각화 방법의 근간으로 주로 사용된다.

③ 비슷한 특징을 가지는 소집단으로 특이 패턴을 찾는 것으로 고객 세분화 등에 많이 활용된다.

④ 항목 간의 "조건-결과"식으로 표현되는 유용한 패턴을 발견할 수 있으며, 흔히 장바구니 분석이라고도 불린다.

**19** 다음 중 회귀분석에 대한 설명으로 적절한 것은?

① 독립변수가 1개이고 종속변수가 여러 개인 경우 단순선형 회귀분석이라고 한다.

② 독립변수가 변화하면서 종속변수가 어떻게 변화하는지 두 변수 간 관계를 파악한다.

③ 종속변수의 수가 많아지고 종속변수 간에 상관관계가 나타나면 다중공선성 문제가 발생할 수 있다.

④ 독립변수가 범주형 변수인 경우 회귀분석은 불가능하다.

**20** 다음 중 회귀분석에서 확인해야 할 사항으로 적절하지 않은 것은?

① 모형이 통계적으로 유의미한지 F 통계량의 p-값을 확인한다.

② 모형의 설명력은 −1에서 1 사이의 값을 갖는 결정계수로 확인한다.

③ 잔차를 그래프로 그리고 회귀진단을 한다.

④ 해당 계수가 유의미한지 t 통계량의 p-값을 확인한다.

**21** 다음 중 ARMA(2,0) 모형에 대한 설명으로 적절한 것은?

① ARMA(2,0) 모형은 백색잡음만을 포함하는 모형이다.

② 자기회귀 및 이동평균 차수가 모두 2인 모형이다.

③ ACF 값은 점차적으로 감소하고 PACF는 급격히 3차 이후 감소하는 모형이다.

④ MA(2) 모형과 같은 모형이다.

**22** 다음 중 통계적 가설검정에 대한 설명으로 적절하지 않은 것은?

① 대립가설은 연구자가 지지하고 입증하고자 하는 가설이다

② 귀무가설을 기각할 수 있는 영역을 기각역이라 한다.

③ P-value가 작을수록 해당 검정통계량의 관측값은 귀무가설을 지지하는 것으로 해석한다.

④ 귀무가설이 옳은데 이것을 기각하게 될 때 발생하는 오류를 제1종 오류라고 한다.

**23** 데이터 탐색 단계에서 고려해야 할 사항으로 가장 적절하지 않은 것은?

① 데이터의 구조, 변수의 의미, 데이터 타입 등을 파악한다.

② 이상치의 원인을 이해하고, 제거하거나 조정한다.

③ 변수 간의 상관관계를 분석하여 어떤 변수들이 서로 관련이 있는지 파악한다.

④ 결측값을 확인하고 결측값이 있을 경우 제거하는 것이 바람직하다.

**24** 아래는 변수 X와 Y에 대하여 단순선형회귀모형의 기본 가정을 전제로 하여 분석한 분산분석표이다. 아래에서 얻을 수 있는 결론으로 가장 적절하지 않은 것은?

| 요인 | 제곱합 | 자유도 | 평균제곱 | F 값 | p 값 |
|------|--------|--------|----------|------|------|
| 회귀 | 100 | 1 | 100 | 50 | 0.00004 |
| 잔차 | 20 | 10 | 2 | | |
| 계 | 120 | 11 | | | |

① 회귀계수는 5% 수준에서 유의미하다.

② 오차 분산의 불편추정량은 0.1이다.

③ 전체 관측치 수는 12개이다.

④ 결정계수는 5/6이다.

**25** 다음은 Wage 데이터셋에서 wage에 대한 t-test를 실시한 결과이다. 분석 결과에 대한 해석으로 가장 적절하지 않은 것은?

```
> t.test(Wage$wage,mu=100)
        One Sample t-test
data: Wage$wage
t = 15.362, df = 2999, p-value < 2.2e-16
alternative hypothesis: true mean is not equal to 100
95 percent confidence interval:
 110.2098 113.1974
sample estimates:
mean of x
 111.7036
```

① 한 집단의 평균에 대한 t-test이다.

② 유의수준 0.05일 때 귀무가설은 기각되지 않는다.

③ t-test의 자유도는 2999이다.

④ 양측검정의 결과를 보여주고 있다.

**26** 다음 중 모분산의 추정에 대한 설명으로 가장 적절하지 않은 것은?

① 모집단의 변동성 또는 퍼짐의 정도에 관심이 있는 경우, 모분산이 추론의 대상이 된다.

② 임의로 추출한 n개의 표본에 대한 분산검정은 자유도가 n-1인 카이제곱 분포를 따른다.

③ 모집단이 정규분포를 따르지 않더라도 중심극한정리를 통해 정규모집단으로부터의 모분산에 대한 검정을 유사하게 시행할 수 있다.

④ 두 표본에 의한 분산비 검정은 두 표본의 분산이 동일한지를 비교하는 검정으로 검정통계량은 t분포를 따른다.

**27** 다음 중 이동평균 모형(MA)에 대한 설명으로 적절한 것은?

① AR 모형과 ACF, PACF가 반대이다.

② 정상성을 만족하기 위한 조건이 필요하다.

③ 유한개의 백색잡음의 비선형 결합이다.

④ 자기 자신의 과거 값을 사용하여 설명하는 모형이다.

**28** 다음 중 주성분 분석에 대한 설명으로 적절하지 않은 것은?

① 차원축소 방법 중 하나이다.

② 비지도학습에 해당한다.

③ 주성분 간에는 상관관계가 없다.

④ 원변수의 선형 결합 중 가장 분산이 작은 것을 제1주성분(PC1)으로 설정한다.

**29** 다음 중 다중공선성에 대한 설명으로 적절하지 않은 것은?

① 다중회귀분석에서 설명변수들 사이에 선형관계가 존재하면 회귀계수의 정확한 추정이 곤란하다.

② 다중공선성이 발생하는 독립변수들은 표본의 크기와 관계없이 발생하게 된다.

③ 분산팽창요인(VIF)가 4보다 크면 다중공선성이 존재하고, 10 이상이면 심각하다.

④ 다중공선성의 문제가 발생하면 중요하지 않은 변수를 제거해야 한다.

**30** 다음은 4개의 변수를 가진 데이터프레임 USArrests에 주성분 분석을 적용해서 얻은 결과이다. 제1주성분 분석을 구하는 식으로 적절한 것은?

```
> result <- prcomp(USArrests, scale=TRUE)
> result
Standard deviations (1, .., p=4):
[1] 1.5748783 0.9948694 0.5971291 0.4164494

Rotation (n × k) = (4 × 4):
              PC1        PC2        PC3         PC4
Murder   -0.5358995  0.4181809 -0.3412327  0.64922780
Assault  -0.5831836  0.1879856 -0.2681484 -0.74340748
UrbanPop -0.2781909 -0.8728062 -0.3790158  0.13387773
Rape     -0.5434321 -0.1673186  0.8177779  0.08902432
```

① $-0.536 \times \text{Murder} - 0.583 \times \text{Assault} - 0.278 \times \text{UrbanPop} - 0.543 \times \text{Rape}$

② $0.418 \times \text{Murder} - 0.583 \times \text{Assault} - 0.278 \times \text{UrbanPop} - 0.543 \times \text{Rape}$

③ $0.188 \times \text{Murder} - 0.873 \times \text{Assault} - 0.278 \times \text{UrbanPop} - 0.543 \times \text{Rape}$

④ $-0.341 \times \text{Murder} - 0.583 \times \text{Assault} - 0.278 \times \text{UrbanPop} - 0.543 \times \text{Rape}$

**31** 붓스트랩 방식을 사용하여 d개의 데이터에서 선별할 때, 데이터 하나가 뽑힐 확률은 1/d이다. d번 데이터를 뽑을 때 데이터가 뽑히지 않을 확률은?

① $(1-1/d)*d$

② $(1-1/d)\hat{\ }d$

③ $(1-1/d)\hat{\ }(1/d)$

④ $(1-d)\hat{\ }(1/d)$

**32** 데이터셋 x는 2개의 변수와 5개의 관측치를 가지며 아래는 데이터와 관측치 간의 유클리드 거리를 나타낸다. 계층 군집 분석 시 최단연결법을 사용하여 군집화를 할 때 첫 단계에서 형성되는 군집과 관측치 a와의 거리를 구하시오.

```
> x                    > dist(x)
  x1 x2                    a   b   c   d
a  1  4                b 3.2
b  2  1                c 3.6 5.4
c  4  6                d 3.2 2.8 3.0
d  4  3                e 5.0 3.0 5.1 2.2
e  5  1
```

① 3.8

② 2.8

③ 3.2

④ 2.9

**33** 다음 중 인공신경망 모형에서 입력받은 데이터를 다음 층으로 어떻게 출력할지를 결정하는 함수로 적절한 것은?

① 감마함수

② 카이제곱 함수

③ 활성화 함수

④ CHAID 함수

**34** 다음 중 혼합분포 군집에서 최대 가능도(Maximum likelyhood Estimation) 추정을 위해 사용되는 알고리즘은?

① K-means
② CHAID
③ EM 알고리즘
④ apriori 알고리즘

**35** 다음 중 텍스트 마이닝에 대한 설명으로 가장 적절하지 않은 것은?

① 텍스트 형태로 된 비정형 데이터에서 정보를 추출하여 분석하는 기술이다.
② 정보추출, 문서요약, 문서분류 등이 있다.
③ 평가지표로 정확도와 재현율이 사용된다.
④ 비구조화된 텍스트에서 구조화된 데이터로 변환하는 것을 코퍼스라고 한다.

**36** 사회 연결망 분석(Social Network Analysis)에서 중심성을 측정하는 방법으로 가장 적절하지 않은 것은?

① 링크 중심성(link centrality)
② 근접 중심성(closeness centrality)
③ 매개 중심성(betweenness centrality)
④ 연결정도 중심성(degree centrality)

**37** 구축된 모형의 과대추정(Overfitting) 또는 과소추정(Underfitting)을 미세 조정하는데 활용하는 데이터는?

① 학습용 데이터(Training Data)
② 검정용 데이터(Validation Data)
③ 평가용 데이터(Test Data)
④ 추정용 데이터(Estimation Data)

**38** 다음 중 인공신경망 모형에 대한 설명으로 적절하지 않은 것은?

① 일반적으로 인공신경망은 다층 퍼셉트론을 의미하며, 다층 퍼셉트론은 입력층과 다수의 은닉층, 출력층으로 구성된다.
② 피드포워드 신경망은 입력층으로 정보가 입력되고, 1개 이상으로 구성되는 은닉층을 거쳐 출력층으로 출력 값을 내보내는 개념이다.
③ 은닉층의 뉴런 수와 개수는 신경망 모형에서 자동으로 설정된다.
④ 역전파 알고리즘은 연결 강도를 갱신하기 위해 예측된 결과와 실제값의 차이인 오차의 역전파를 통해 가중치를 구하는 것이다.

**39** 다음 중 연관분석에 대한 설명으로 적절하지 않은 것은?

① Apriori 알고리즘은 최소 지지도보다 큰 집합만을 대상으로 높은 지지도를 갖는 품목 집합을 찾는 방법이다.
② 연관분석은 하나 이상이 제품을 포함하는 거래 내역을 이용하여 동시에 구매되는 제품별 거래 빈도표를 통해 규칙을 찾는다.
③ 품목 A와 품목 B의 구매가 상호 관련이 없다면 향상도는 1이 된다.
④ 시차 연관 분석의 결과는 원인과 결과의 형태로 해석되지 않는다.

**40** 다음 중 사회연결망 분석에서 연결망을 표현하는 분석 방법으로 가장 적절하지 않은 것은?

① k-means
② 집합
③ 그래프
④ 행렬

**01** 다음 괄호에 들어갈 용어는 무엇인가?

> ( )는 데이터의 가공·처리와 데이터간 연관관계 속에서 패턴을 인식하고 의미가 도출된 것으로 지식을 도출하기 위한 재료가 된다.

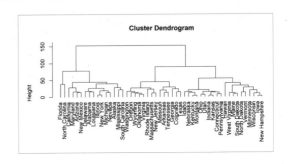

**07** 아래의 오분류표에서 민감도를 식으로 나타내시오.

| | | 예측치 | |
|---|---|---|---|
| | | TRUE | FALSE |
| 실제값 | TRUE | a | b |
| | FALSE | c | d |

**02** A마트에서는 금요일 저녁에 맥주를 구매하면서 기저귀를 구매하는 사람이 많다는 것을 알고, 맥주 코너 옆에 기저귀를 배치했다. 이것에 맞는 분석 기법은 무엇인가?

**03** 정보기술 및 정보시스템을 전략적으로 활용하기 위해 시스템 구축 우선순위를 결정하는 등의 중장기 마스터플랜을 수립하는 절차는?

**08** 앙상블 기법 중 이전 모델을 구축한 뒤 다음 모델을 구축할 때 이전 분류기에 의해 잘못 분류된 데이터에 더 큰 가중치를 주어 점차적으로 강한 분류기를 만들어 나가는 방법은?

**04** 사용자가 요구사항이나 데이터를 정확히 규정하기 어렵고 데이터 소스도 명확히 파악하기 어려운 상황에서 일단 분석을 시도해 보고 그 결과를 확인해 가면서 반복적으로 개선해 나가는 모델은 무엇인가?

**09** 회귀분석에서의 정상성은 ( )이/가 정규분포를 따르는 것을 의미한다.

**05** 고차원의 데이터를 이해하기 쉬운 저차원의 뉴런으로 정렬하여 지도의 형태로 형상화하는 군집분석 방법은?

**10** A와 B의 개체 수가 같은 경우 A→B 일 때 지지도는 0.3, 신뢰도는 0.6이다. 이때 향상도를 구하시오.

**06** 다음은 미국 50개 주의 범죄유형으로 계층적 군집분석을 한 결과이다. Height=50일 때, 덴드로그램을 통해 군집결과를 도출하면 총 군집의 수는 몇 개인가?

• 정답 및 해설 302p

### 1과목 | 데이터 이해

**01** 다음 중 개인정보 비식별화에 대한 설명으로 적절하지 않은 것은?

① 가명 처리는 개인정보 식별 요소를 다른 값으로 대체한다.

② 데이터 마스킹은 개인 식별 가능한 값을 삭제한다.

③ 데이터 범주화는 데이터의 값을 범주의 대표 값으로 변환한다.

④ 데이터 총합으로 표시하는 것은 총계 처리이다.

**02** 암묵지에서 개인의 노하우 등을 문서나 기타 형태로 표출하는 것을 무엇이라 하는가?

① 공통화

② 내면화

③ 표출화

④ 연결화

**03** 다음 중 DIKW 피라미드의 데이터(Data)에 대한 설명으로 적절하지 않은 것은?

① 데이터는 개별 데이터 자체로는 의미가 중요하지 않은 객관적 사실이다.

② 데이터는 다른 데이터와 상관관계가 없다.

③ 데이터는 지식의 축적과 아이디어가 결합된 창의적 산물이다.

④ 데이터는 가공하기 전 순수한 수치나 기호이다.

**04** 빅데이터 위기 요인 중 사생활 침해에 대한 통제 방안으로 알맞은 것은?

① 동의제로 전환

② 결과 기반의 책임 원칙 고수

③ 알고리즘 접근 허용

④ 사용자의 책임을 통해 해결

**05** 다음 중 데이터 웨어하우스에 대한 설명으로 적절하지 않은 것은?

① 전사적 차원보다는 특정 조직의 업무 분야에 초점을 둔다.

② ETL을 이용하여 데이터 웨어하우스를 구축한다.

③ 데이터 웨어하우스는 비휘발성으로 변화하는 값을 유지한다.

④ 데이터 웨어하우스는 특정 목적 달성을 위해 활용한다.

**06** 빅데이터가 가치 창출 측면에서 기업, 정부, 고객에게 미친 변화로 적절한 것은?

① 기업의 투명성에 악영향을 끼치나 혁신을 가져온다.

② 정부는 사회적 현상을 분석하는데 활용할 수 있지만 정책에 반영하기는 어렵다.

③ 개인은 적시에 필요한 정보를 얻음으로써 기회비용을 줄일 수 있게 되었다.

④ 진입장벽이 높아서 빅데이터를 활용하는 기업이 줄어들었다.

**07** 다음 중 데이터베이스의 특징으로 가장 적절하지 않은 것은?

① 다수가 공동으로 이용하는 공용 데이터이다.
② DBMS를 사용하여 데이터베이스를 구축한다.
③ 데이터베이스는 저작물로 인정된다.
④ 데이터베이스에서 모든 데이터는 2차원 테이블로 표현된다.

**08** 다음 중 데이터 사이언스에 대한 설명으로 가장 적절하지 않은 것은?

① 데이터를 통해 가치를 창출하는 학문이다.
② 정형 데이터를 대상으로 총체적 접근법을 사용한다.
③ 데이터 분석 결과를 효과적으로 전달하기 위해 시각화 방법을 이용할 수 있다.
④ 기업이나 조직에서 데이터를 통해 비즈니스 가치를 창출하는 데 중요한 역할을 한다.

### 2과목 | 데이터 분석 기획

**09** 분석의 대상은 알고 있으나 분석 방법이 명확하지 않은 경우 수행하는 분석 주제 유형으로 적절한 것은?

① 솔루션(Solution)
② 통찰(Insight)
③ 최적화(Optimization)
④ 발견(Discovery)

**10** 분석 마스터 플랜의 세부 이행 계획 수립 과정에서 데이터 분석체계에 대한 설명으로 가장 적절한 것은?

① 데이터 분석체계는 이해도가 높은 폭포수 모델이 가장 적절하다.
② 반복적 정련 방식을 통하여 데이터 수집 및 확보 단계를 반복적으로 수행한다.
③ 프로토타입 모델은 데이터 분석 체계로는 적절하지 못하다.
④ 프로젝트의 세부적인 일정 계획도 고려하여야 한다.

**11** 분석 마스터 플랜 수립시 적용 범위 및 방식의 고려요소로 적절하지 않은 것은?

① 업무 내재화 적용 수준
② 분석 데이터 적용 수준
③ 투자 비용 수준
④ 기술 적용 수준

**12** 다음 중 분석 수준 진단을 위한 분석 준비도의 대상으로 가장 적절하지 않은 것은?

① 분석 인력 및 조직
② 분석 문화
③ IT 인프라
④ 분석 성과

**13** 분석 과제의 특징 중 Accuracy와 Precision에 대한 설명으로 적절하지 않은 것은?

① 분석의 활용적인 측면에서는 Precision이 중요하며, 안정성 측면에서는 Accuracy가 중요하다.
② Accuracy는 모델과 실제 값과의 차이를 평가하는 정확도를 의미한다.

③ Precision은 모델을 지속적으로 반복했을 때의 편차의 수준으로 일관적으로 동일한 결과를 제시한다는 의미이다.

④ Accuracy와 Precision은 Trade-off 관계가 있다.

**14** 다음 중 분석 과제 정의서에 대한 설명으로 가장 적절한 것은?

① 분석 결과를 도출하기 위한 문서로 분석 결과를 기록한다.

② 데이터 분석에 필요한 기술적인 세부 내용을 다룬다.

③ 프로젝트를 진행하기 위한 자원(인력, 예산, 하드웨어 등)의 할당을 기록한다.

④ 분석별로 필요한 소스 데이터, 분석 방법, 데이터 입수 및 난이도 등의 분석 과정을 기록한다.

**15** 다음 중 분석 기획에 대한 설명으로 가장 적절하지 않은 것은?

① 상향식 접근 방법은 분석 기획에 앞서 문제 탐색을 먼저 수행한다.

② 하향식 접근 방법은 유사 동종 사례를 벤치 마킹하는 외부 참조 모델 기반의 문제 탐색을 한다.

③ 분석 유즈 케이스는 향후 데이터 분석 문제로의 전환 및 적합성 평가에 활용한다.

④ 디자인 사고 프로세스를 통해 상향식 접근 방법의 발산과 하향식 접근 방법의 수렴을 반복 수행한다.

**16** 다음 중 분석 성숙도 모델에서 고려하는 성숙도 진단 부문으로 적절하지 않은 것은?

① 비즈니스 부문

② 기업 문화 부문

③ 조직 역량 부문

④ IT 부문

---

**3과목 | 데이터 분석**

---

**17** R의 데이터 구조 중 숫자형, 문자형, 논리형을 모두 합쳐 하나의 벡터를 구성한 경우 어떤 데이터 구조가 되는가?

① 논리형 벡터

② 문자형 벡터

③ 숫자형 벡터

④ 데이터프레임

**18** 이상치 판정 방법에 대한 설명으로 가장 적절하지 않은 것은?

① ESD 방법은 평균과 표준편차를 이용하여 이상치를 판정한다.

② $Q2-1.5IQR \langle data \langle Q2+1.5IQR$를 벗어나는 데이터를 이상치로 규정한다.

③ 기하평균$-2.5*$표준편차 $\langle data \langle$ 기하평균 $+2.5*$표준편차를 벗어나는 데이터를 이상치로 규정한다.

④ 데이터를 시각화하여 이상치를 찾기 위해 상자그림이나 히스토그램을 이용한다.

**19** 다음 중 적절한 표본 추출 방법이 아닌 것은?

① 단순 무작위 추출법
② 계통추출법
③ 집단추출법
④ 층화추출법

**20** 다음 중 오른쪽으로 꼬리가 긴 정규분포의 특징으로 적절한 것은?

① 평균보다 중앙값이 큰 경향을 보인다.
② 평균보다 중앙값이 작은 경향을 보인다.
③ 평균과 중앙값이 일치한다.
④ 자료 크기에 따라 다르다.

**21** 비모수 검정 방법 중 하나로 표본들이 서로 관련된 경우, 두 관측치의 크고 작음을 표시하여 그 두 분포의 차이에 대한 가설을 검정하는 방법은?

① 부호 검정(sign test)
② 만-위트니의 U검정
③ 런 검정
④ 스피어만 순위 상관계수

**22** 다음 중 데이터 전처리에 대한 설명으로 적절한 것은?

① 데이터에 결측치가 많더라도 모두 제거해야 한다.
② EDA(Exploratory Data Analysis)를 활용하여 데이터 특성을 파악하고 통찰을 얻는다.
③ 모든 이상치는 시간이 걸리더라도 모두 찾아서 제거해야 한다.
④ is.notnum 함수로 결측치를 찾아낸다.

**23** 다음 중 변수 가공에 대한 설명으로 가장 적절하지 않은 것은?

① 변수 구간화는 연속형 변수를 이산형 변수로 변환하는 기법 중 하나이다.
② 구간화 개수가 작으면 정확도는 높아지나 속도는 느려진다.
③ 구간화 개수가 너무 많으면 과적합 문제가 발생할 가능성이 있다.
④ 변수 구간화를 통해 변수를 그룹화하면 모형의 예측 성능을 향상하고 모델이 이해하기 쉬워진다.

**24** 자료의 척도에 대한 설명으로 가장 적절하지 않은 것은?

① 명목 척도는 측정 대상을 단순 범주화하는 것으로 일정한 순서 없이 포괄적인 특징을 가지며, 성별 등이 해당된다.
② 서열 척도는 측정 대상의 속성 간 순서를 매기는 것으로 등급 등이 해당된다.
③ 등간 척도는 절대적 영점은 없으나 서열과 간격 측정이 가능하며, 온도 등이 해당된다.
④ 비율 척도는 절대적 영점이 있고 사칙연산이 가능하며, 혈액형 등이 해당된다.

**25** 다음은 근로자의 임금에 대한 회귀분석의 결과이다. 유의확률 5% 수준에서 해석한 것으로 적절한 것은?

```
> summary(Wage[,c("wage","age","education")])
     wage             age          education
 Min.   : 20.09   Min.   :18.00   1. < HS Grad      :268
 1st Qu.: 85.38   1st Qu.:33.75   2. HS Grad        :971
 Median :104.92   Median :42.00   3. Some College   :650
 Mean   :111.70   Mean   :42.41   4. College Gard   :685
 3rd Qu.:128.68   3rd Qu.:51.00   5. Advanced Degree:426
 Max.   :318.34   Max.   :80.00
> model <- lm(wage~age+education+age*education,data=Wage)
> summary(model)

Call:
lm(formula = wage ~ age + education + age * education, data = Wage)
```

```
Residuals:
     Min      1Q  Median      3Q     Max
-110.381 -19.637  -3.831  14.508 220.727

Coefficents:
                            Estimate Std. Error t value Pr(>|t|)
(Intercept)                 68.09017    7.60252   8.956  < 2e-16 ***
age                          0.38316    0.17417   2.200  0.02789 *

education2. HS Grad          7.24752    8.68897   0.834  0.40429
education3. Some Collage     0.86720    9.20708   0.094  0.92497
education4. College Grad    36.83562    9.41637   3.912 9.36e-05 ***
education5. Advanced Degree 67.13781   10.91368   5.602 2.31e-08 ***
age:education2. HS Grad      0.10113    0.19880   0.509  0.61100
age:education3. Some College 0.56573    0.21280   2.659  0.00789 **
age:education4. College Grad 0.07277    0.21490   0.339  0.73490
age:education5. Advanced Degree 0.009876 0.24313  0.406  0.68463
---
Signif. codes: 0 '***' 0.001 '**' 0.01 '*' 0.05 '.' 0.1 ' ' 1

Residual standard error: 35.89 on 2990 degrees of freedom
Multiple R-squared: 0.2624,  Adjusted R-squared: 0.2602
F-statistic: 118.2 on 9 and 2990 DF,  p-value: <2.2e-16
```

① education이 동일할 때 wage와 age는 양의 상관관계가 있다.

② age가 동일할 때 education의 종류에 따라 wage에 미치는 영향은 같다.

③ intercept는 유의확률 5%에서 유의하지 않다.

④ age와 education의 교호작용은 유의하지 않다.

**26** 다음 수식에 해당하는 데이터 간 거리 계산 방식은 무엇인가?

$$d(A, B) = \sum_{i=1}^{n} \left| a_i - b_i \right|$$

① 맨해튼 거리
② 유클리디안 거리
③ 마할라노비스 거리
④ 민코우스키 거리

**27** 앙상블 모형의 특징으로 가장 적절하지 않은 것은?

① 각 모형의 상호 연관성이 높을수록 정확도가 향상된다.

② 이상치에 민감하지 않다.

③ 단일 모형에 비해 분류 성능이 우수하다.

④ 각 모형이 가진 장단점을 상호 보완하여 더욱 정확한 결과가 나온다.

**28** 연관분석의 특징으로 가장 적절하지 않은 것은?

① if-then으로 표현되어 분석 결과를 이해하기 쉽다.

② 특별한 분석 방향이나 목적이 없을 때 적절하다.

③ 아이템을 너무 세분화하면 의미가 없다.

④ 분석을 위한 계산이 복잡하다.

**29** 군집분석에 대한 설명으로 가장 적절하지 않은 것은?

① 사전 정보 없이 의미있는 데이터의 구조를 탐색한다.

② 집단 간 이질성과 집단 내 동질성이 모두 낮아지는 방향으로 군집을 만든다.

③ 군집 수를 결정하는 것은 어려운 문제이다.

④ k-평균 군집분석은 초기 군집 중심값에 따라 결과가 달라질 수 있다.

**30** 다음 중 출력값이 여러 개로 주어지고 목표치가 다범주인 경우 입력된 값들을 정규화하는 활성화 함수는?

① 시그모이드
② 퍼셉트론
③ Relu
④ Softmax

**31** 다음 중 모형 평가와 관련이 가장 적은 것은?

① 엔트로피(Entropy)

② k-fold 교차검증(k-fold Cross Validation)

③ 홀드아웃(Holdout)

④ 오분류표(Confusion Matrix)

**32** 다차원척도법(Multidimensional Scaling, MDS)에 대한 설명으로 가장 적절하지 않은 것은?

① 다양한 개체 간의 거리를 이용하여 공간상의 좌표를 계산한다.

② 결과를 시각화하면 개체 간의 구조나 패턴을 파악할 수 있다.

③ 변수 간의 상관관계를 이용하여 차원을 축소한다.

④ 제품 선호도를 파악하는 마케팅 분야나 문서의 유사도를 분석하는 자연어 처리 분야 등에 활용된다.

**33** 다음 중 데이터 분할에 대한 설명으로 가장 적절하지 않은 것은?

① 홀드아웃 방법은 데이터를 무작위로 두 개의 집합으로 나누는 방법이다.

② 데이터 양이 부족한 경우 교차 검증을 수행하는 것이 좋다.

③ 검정용(validation) 데이터는 모델을 학습하는데 사용된다.

④ 테스트(test) 데이터는 모형의 성능을 평가하는데 사용된다.

**34** 인공신경망 모형의 활성화 함수인 시그모이드 함수의 결과값으로 적절한 것은?

① −1 또는 1

② 0 또는 1

③ 0 이상 1 이하

④ −1 이상 1 이하

**35** 다음 중 군집분석 방법으로 가장 적절하지 않은 것은?

① PAM

② Density-Based Clustering

③ Silhouette Coefficient

④ Fuzzy Clustering

**36** 분류 모형의 평가를 위해 사용되는 방법으로 가장 적절하지 않은 것은?

① 덴드로그램(Dendrogram)

② 오분류표(Confusion Matrix)

③ 향상도 곡선(Lift Curve)

④ ROC 곡선(ROC Curve)

**37** 다음 코드의 실행 결과에 대한 설명으로 적절한 것은?

```
> summary(lm(weight~Time,data=ChickWeight))

Call:
lm(formula = weight ~ Time, data = ChickWeight)

Residuals:
    Min      1Q  Median      3Q     Max
-138.331  -14.536   0.926  13.533  160.699

Coefficients:
            Estimate Std. Error t value Pr(>|t|)
(Intercept) 27.4674     3.0365   9.046   <2e-16 ***
Time         8.8030     0.2397  36.725   <2e-16 ***
---
Signif. codes: 0 '***' 0.001 '**' 0.01 '*' 0.05 '.' 0.1 ' ' 1

Residual standard error: 38.91 on 576 degrees of freedom
Multiple R-squared: 0.7007,	Adjusted R-squared: 0.7002
F-statistic: 1349 on 1 and 576 DF,  p-value: < 2.2e-16
```

① 회귀식은 weight=27.4674+8.8030×Time, Time이 1 단위 증가할 때 weight는 약 8.8030 감소한다.

② Adjusted R-squared 값이 0.7002이므로, weight 변수가 Time의 변동성을 약 70.02% 설명한다.

③ Time 변수는 weight에 통계적으로 유의미한 영향을 미치지 않는다.

④ 회귀모형은 유의수준 5% 하에서 통계적으로 유의미하다.

**38** 다음 중 빅데이터 분석 프로세스에서 데이터 분석 단계에 해당하지 않는 것은?

① 모델링 기법 선택
② 탐색적 분석
③ 모델 발전 계획 수립
④ 모델 평가

**39** 의사결정 나무에 대한 설명으로 가장 적절하지 않은 것은?

① 구조가 단순하여 해석이 용이하다.
② 특정 분포나 가정이 필요하지 않은 비모수적 모형이다.
③ 다른 변수와 상관성이 높은 경우 영향을 받을 수 있다.
④ 과적합이 발생할 가능성이 높지 않다.

**40** 웹 데이터를 수집하기 위해 웹페이지의 구조를 분석하고, 자동으로 여러 페이지에서 데이터를 수집하는 방법은?

① API(Application Programming Interface)
② 웹 크롤링(Web Crawling)
③ 센서 데이터 수집
④ 데이터베이스 쿼리(Query)

## 주관식 문제

**01** 구글 글라스, 나이키 퓨얼 밴드, 갤럭시 기어와 같이 인터넷을 기반으로 모든 사물을 연결하여 상호 소통하는 지능형 기술은 무엇인가?

**02** 다음 중 (가)에 알맞은 용어는 무엇인가?

> (가)는 거래기록을 하나의 덩어리로 보고 이를 차례로 연결한 거래장부다. 기존 금융회사의 경우 중앙 집중형 서버에 거래 기록을 보관하는 반면, (가)는 거래에 참여하는 모든 참여자들이 거래 내역을 열람할 수 있으므로 투명성과 신뢰성이 확보된다.

**03** 빅데이터 특징인 Volume, Velocity, Variety의 3V 외에 비즈니스 효과와 관련해 4V에 추가된 요소는 무엇인가?

**04** 분석 우선순위 평가기준을 ROI의 관점에서 보았을 때 전략적 중요도가 핵심인 것은?

**05** 다음에서 설명하고 있는 시계열 모형은 무엇인지 적으시오.

> - 시계열 모형 중 자기 자신의 과거 값을 이용하여 설명하는 모형이다.
> - 백색 잡음의 현재 값과 자기 자신의 과거값의 선형 가중합으로 이루어진다.
> - 모형에 사용하는 시계열 자료의 시점에 따라 1차, 2차…,p차 등을 사용하나 정상 시계열 모형에서는 주로 1, 2차를 사용한다.

**06** 수학우등반에 들어가기 위해서는 시험에서 상위 2% 안에 들어야 한다. 해당 시험 점수의 평균이 85점이고 표준편차가 5일 때, 수학우등반에 들어가기 위한 최소 시험 점수는? (단, $P(Z \leq 2.05) = 0.98$)

**07** $x=1,2,4$로 구성되어 있고, $P(x=1) = 0.3$, 기댓값이 2.7 일때 $P(x=2)$의 값은?

**08** 배깅에 랜덤 과정을 추가한 것으로 원 자료로부터 붓스트랩 샘플을 추출하고, 각 붓스트랩 샘플에 대해 의사결정 트리를 만들어 다수결로 최종 결과를 도출하는 것은?

**09** 아래 오분류표를 이용하여 구한 F1 값은 얼마인가? (단, 값은 분수로 표시하시오)

|  |  | 예측치 | | |
|---|---|---|---|---|
|  |  | TRUE | FALSE | 합계 |
| 실제값 | TRUE | 30 | 70 | 100 |
|  | FALSE | 60 | 40 | 100 |
| 합계 |  | 90 | 100 |  |

**10** 분류하고자 하는 정수 $x_1$, $x_2$의 기본 조건은 아래와 같을 때 노드 E가 $x_1=8$, $x_2=2$가 되게 하는 a와 b를 구하시오.

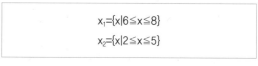

$$x_1 = \{x | 6 \leq x \leq 8\}$$
$$x_2 = \{x | 2 \leq x \leq 5\}$$

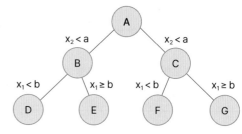

# 제35회 기출문제

· 정답 및 해설 306p

## 1과목 | 데이터 이해

**01** 사용자와 데이터베이스 사이에서 사용자의 요구에 따라 정보를 처리해주고 데이터베이스를 관리해주는 소프트웨어는?

① DBMS
② Data Dictionary
③ SQL
④ ERD

**02** 관계형 데이터베이스 관리 시스템(RDBMS)의 데이터를 관리하기 위해 설계된 특수 목적의 프로그래밍 언어로 데이터베이스의 구조와 데이터를 조작하고 관리하기 위한 다양한 기능을 제공하는 것은?

① Python
② R
③ SQL
④ NoSQL

**03** 다음 중 빅데이터가 가져올 변화에 관해 설명한 것으로 적절하지 않은 것은?

① 이 기술들은 비용 절감, 고객 서비스 개선, 의사결정 지원 등에서 상당한 가치를 창출할 것이다.
② IoT의 활용으로 인해 사람의 개입이 최대화되고 실시간 데이터 수집이 가능해질 것이다.
③ 빠르게 변하는 환경에서 예상치 못한 전환 혹은 위기에 더욱 신속하게 대응할 수 있게 될 것이다.
④ 디지털 정보와 대상들 간의 연결성 증가로 인해 연결 효율성이 중요해질 것이다.

**04** 빅데이터의 위기 요인 중 사생활 침해 방지 기술에 해당하는 것은?

① 익명화
② 정규화
③ 일반화
④ 표준화

**05** 데이터 분석과 인공지능 전문가 등이 만들어낸 알고리즘으로 부당한 피해를 보는 사람을 방지하기 위해 생겨난 전문가를 무엇이라 하는가?

① 애널리스트
② 데이터 관리자
③ 빅데이터 전문가
④ 알고리즈미스트

**06** 다음 중 빅데이터를 다각적으로 분석하여 인사이트를 도출하는 데이터 사이언티스트의 필요 역량으로 가장 적절하지 않은 것은?

① 설득력 있는 스토리텔링 능력
② 통찰력 있는 분석 능력
③ 뉴럴 네트워크 최적화 능력
④ 다분야 간 커뮤니케이션 능력

**07** 빅데이터 시대의 위기 요인으로 가장 적절하지 않은 것은?

① 데이터 오용
② 사생활 침해
③ 데이터 분석 예측
④ 책임 원칙 훼손

**08** 다음 중 빅데이터 기술의 활용에 대한 설명으로 가장 적절하지 않은 것은?

① 기업 활용사례로서 구글 검색기능, 월마트 매출향상 등이 있다.
② 정부는 이익 창출을 목적으로 개인의 정보를 활용할 수 있는 방안을 모색한다.
③ 정부 활용사례로서 실시간 교통정보 제공, 기후정보 제공, 각종 지원 활동 예측 등이 있다.
④ 가수는 팬들의 음악청취 기록을 분석해 공연의 음악 순서 방안을 모색한다.

## 2과목 | 데이터 분석 기획

**09** 빅데이터 분석 방법론의 분석 기획 단계에서 프로젝트 위험대응 계획을 수립할 때 예상되는 위험에 대한 대응 방법으로 가장 적절하지 않은 것은?

① 회피(Avoid)
② 완화(Mitigate)
③ 관리(Manage)
④ 수용(Accept)

**10** 다음에서 설명하는 데이터 분석을 위한 조직 구조로 가장 적절한 것은?

> 분석 조직 인력을 현업 부서에 직접 배치하여 분석 업무를 수행하고, 전사 차원의 우선순위를 반영하며, 분석 결과에 따른 신속한 조치를 가능하게 하고, 베스트 프랙티스를 공유할 수 있는 구조

① 집중 조직 구조
② 기능 조직 구조
③ 분산 조직 구조
④ 복합 조직 구조

**11** 다음 중 분석 과제 우선순위 선정에 대한 설명으로 가장 적절하지 않은 것은?

① Value는 투자비용 요소이다.
② ROI 관점에서의 분석 과제 우선순위 평가 기준은 시급성과 난이도가 있다.
③ 시급성 판단 기준은 전략적 중요도가 핵심이다.
④ 난이도는 현시점에서 과제를 추진하는 것이 비용 측면과 범위 측면에서 바로 적용하기 쉬운 것인지 또는 어려운 것인지에 대한 판단 기준이다.

**12** 분석 준비도를 측정하기 위한 요소로 가장 적절하지 않은 것은?

① 분석 기법
② 분석 데이터
③ 분석목표 및 전략
④ 분석인력 및 조직

**13** 다음에서 설명하는 데이터 거버넌스 체계 항목으로 가장 적절한 것은?

> 메타 데이터 관리, 데이터 사전 관리, 데이터 생명주기 관리

① 데이터 표준화
② 데이터 관리 체계
③ 데이터 저장 관리
④ 표준화 활동

**14** 분석과제 발굴의 상향식 접근법에서 프로세스 분석을 통한 절차로 가장 적절한 것은?

① 분석 요건 식별 → 프로세스 흐름 분석 → 분석 요건 정의 → 프로세스 분류
② 분석 요건 정의 → 프로세스 분류 → 분석 요건 식별 → 프로세스 흐름 분석
③ 프로세스 흐름 분석 → 분석 요건 정의 → 프로세스 분류 → 분석 요건 식별
④ 프로세스 분류 → 프로세스 흐름 분석 → 분석 요건 식별 → 분석 요건 정의

**15** 다음 중 데이터 거버넌스의 구성 요소로 가장 적절하지 않은 것은?

① 분석 방법(method)
② 원칙(principle)
③ 조직(organization)
④ 절차(process)

**16** 다음 중 난이도와 시급성을 고려하였을 때 우선적으로 추진해야 하는 분석 과제로 가장 적절한 것은?

① 난이도 : 어려움(Difficult), 시급성 : 현재
② 난이도 : 어려움(Diffcult), 시급성 : 미래
③ 난이도 : 쉬움(Easy), 시급성 : 미래
④ 난이도 : 쉬움(Easy), 시급성 : 현재

---

**3과목 | 데이터 분석**

**17** 다음 중 회귀분석의 결정계수에 대한 설명으로 가장 적절하지 않은 것은?

① 결정계수는 총 변동 중에서 설명이 되지 않는 오차에 의한 변동이 차지하는 비율이다.
② 결정계수가 커질수록 모델이 데이터를 더 잘 설명하고 있다고 볼 수 있다.
③ 결정계수는 0과 1 사이의 값을 가지며, 1에 가까울수록 모델의 설명력이 높다고 할 수 있다.
④ 수정된 결정계수는 독립변수의 수가 많을 때 과대평가될 수 있는 결정계수의 단점을 보정하기 위해 사용된다.

**18** 다음 중 정상 시계열에 대한 설명으로 가장 적절하지 않은 것은?

① 대부분의 시계열은 비정상 자료이므로 정상성 조건에 만족하도록 정상 시계열로 만든 후 시계열 분석을 한다.
② 데이터에 로그 변환을 적용해 분산을 안정화하고 비선형성을 줄이는 것이 변환이다.
③ 연속된 관측치 간의 차이를 계산하여 시간에 따른 평균 변화를 제거하는 것이 차분이다.
④ 일반적으로 평균이 일정하지 않은 비정상 시계열은 변환을 통해, 분산이 일정하지 않은 비정상 시계열은 차분을 통해 정상 시계열로 바꾼다.

**19** 다음 중 라쏘(Lasso) 회귀분석에 관한 설명으로 가장 적절하지 않은 것은?

① 라쏘 회귀는 회귀계수의 절대값에 대한 패널티를 적용하여 일부 계수를 정확히 0으로 만들 수 있다.

② 라쏘 회귀는 L2 정규화를 사용하여 모델의 복잡성을 줄인다.

③ 라쏘 회귀는 변수 선택과 정규화를 동시에 수행할 수 있어 과적합을 방지하는 데 도움이 된다.

④ 람다값이 지나치게 높으면, 과도한 패널티로 모델이 데이터를 제대로 설명하지 못해 과소적합이 발생할 수 있다.

**20** 다음 중 다차원척도법(MDS; Multidimensional Scaling)에 대한 설명으로 가장 적절하지 않은 것은?

① 다양한 개체 간의 거리를 이용하여 공간상의 좌표를 계산한다.

② 결과를 시각화하면 개체 간의 구조나 패턴을 파악할 수 있다.

③ 변수 간의 상관관계를 이용하여 차원을 축소한다.

④ 제품 선호도를 파악하는 마케팅 분야나 문서의 유사도를 분석하는 자연어 처리 분야 등에 활용된다.

**21** 아래에서 설명하는 활성화 함수로 가장 적절한 것은?

> 입력층이 직접 출력층에 연결되는 단층신경망에서 이 활성화 함수를 사용하면 로지스틱 회귀모델의 작동원리와 유사해진다.

① 시그모이드 함수

② 계단함수

③ tanh 함수

④ ReLU 함수

**22** 확률변수 X의 확률이 아래와 같을 때 설명으로 가장 적절한 것은?

$$P(X=1)=\frac{1}{3},\ P(X=2)=\frac{1}{6},\ P(X=3)=\frac{1}{2}$$

① X가 1, 2, 3 중 하나의 값을 가질 확률은 1보다 작다.

② X가 1 또는 2일 확률은 1/2보다 크다.

③ X의 기대값은 13/6이다.

④ X가 4일 확률은 0보다 크다.

**23** 아래와 같은 확률질량함수를 가진 확률변수 X의 기대값 E(X)로 가장 적절한 것은?

| x | 1 | 2 | 3 | 4 |
|---|---|---|---|---|
| f(x) | 0.2 | 0.3 | 0.2 | 0.075 |

① 1.7

② 2.5

③ 10

④ 1

**24** 다음은 소득(Income)과 학생 여부(Student)가 신용카드 대금(Balance)에 어떤 영향을 미치는지 분석한 결과이다. 이에 대한 설명으로 가장 적절하지 않은 것은?

```
> model <- lm(formula = Balance ~ (Income + Student)^2, data = Credit)
> summary(model)

Call:
lm(formula = Balance ~ (Income + Student)^2, data = Credit)
```

```
Residuals:
     Min      1Q   Median      3Q      Max
 -773.39  - 325.70  - 41.13  321.65  814.04

Coefficients:
                   Estimate Std. Error t value Pr(>|t|)
(Intercept)        200.6232    33.6984   5.953 5.79e-09 ***
Income               6.2182     0.5921  10.502  < 2e-16 ***
StudentYes         476.6758   104.3512   4.568 6.59e-06 ***
Income:StudentYes   -1.9992     1.7313  -1.155    0.249
---
Signif. codes:
0 '***' 0.001 '**' 0.01 '*' 0.05 '.' 0.1 ' ' 1

Residual standard error: 391.6 on 396 degrees of freedom
Multiple R-squared: 0.2799,  Adjusted R-squared: 0.2744
F-statistic: 51.3 on 3 and 396 DF,  p-value: < 2.2e-16
```

① Income이 증가할수록 Balance가 증가하는
경향이 있다.

② Income이 증가함에 따라 Balance의 증가분
은 학생 여부에 따라 유의미한 차이가 있다.

③ Income과 StudentYes의 교호작용은 유의하
지 않다.

④ 모델 전체는 Balance를 설명하는 데 통계적
으로 유의하다.

**25** 선형회귀모델이 통계적으로 유의미한지 평가하는 통계
량으로 가장 적절한 것은?

① 카이제곱 통계량
② T 통계량
③ F 통계량
④ R-Square

**26** 다음은 자동차에 대한 연비(mpg)와 엔진마력(hp)에 관
한 그래프이다. 이에 대한 설명으로 가장 적절하지 않은
것은?

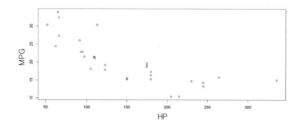

① hp를 설명변수로 하여 mpg를 설명하는 단순
선형회귀모델을 사용하는 것이 적절하다.

② hp가 증가함에 따라 mpg는 감소하는 경향을
보인다.

③ hp와 mpg는 음의 상관관계를 가진다.

④ 피어슨 상관계수는 hp와 mpg 간의 관계를
충분히 설명하지 못할 가능성이 있다.

**27** 군집의 개수를 미리 정하지 않아도 되어 탐색적 분석에
사용하는 군집모델로 가장 적절한 것은?

① K-평균 군집 모델
② 계층적 군집 모델
③ SOM 모델
④ 혼합분포 군집 모델

**28** 다음의 데이터셋에서 A, B 간의 유사성을 맨해튼
(Manhattan) 거리로 계산한 것으로 적절한 것은?

|      | A   | B   |
| ---- | --- | --- |
| 키   | 180 | 175 |
| 몸무게 | 70  | 65  |

① 25
② 20
③ 15
④ 10

**29** 다음 중 혼합분포 군집분석의 결과에 대한 설명으로 가장 적절한 것은?

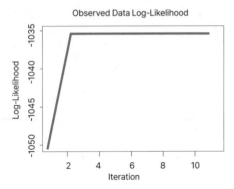

Observed Data Log-Likelihood

① 로그-가능도 함수의 최대값이 -1050이다.
② 반복횟수 2회 만에 로그-가능도 함수가 최대가 되었다.
③ 혼합분포 군집분석은 밀도기반 군집방법이다.
④ EM 알고리즘은 이상값에 민감하지 않다.

**30** 혼합분포 군집 모델의 특징으로 가장 적절하지 않은 것은?

① 군집의 크기가 작을수록 추정이 더 쉬워진다.
② 모델 기반 군집 방법으로, 군집을 특정 확률분포에 따라 수행한다.
③ 군집을 몇 가지 주요 모수로 설명할 수 있다.
④ 데이터의 양이 증가할수록 모수 추정에 시간이 더 소요될 수 있다.

**31** 아래 오분류표를 이용하여 구한 특이도(specificity) 값은 얼마인가?

|  |  | 예측치 | | |
|---|---|---|---|---|
|  |  | TRUE | FALSE | 합계 |
| 실제값 | TRUE | 200 | 400 | 600 |
|  | FALSE | 300 | 100 | 400 |
| 합계 |  | 500 | 500 | 1000 |

① 0.1
② 0.25
③ 0.5
④ 0.75

**32** 분류(Classification) 모델링에 대한 설명으로 가장 적절한 것은?

① 데이터를 특정 기준에 따라 분류하고, 등급화함으로써 이해를 쉽게 만드는 방법을 말한다.
② 데이터가 미리 분류되어 있지 않아도 적용 가능하며, 군집 분석과 유사하다.
③ 같이 구매되는 물건과 유사한 아이템을 그룹화하는 것을 의미한다.
④ 분류 기법의 대표적인 예로 장바구니 분석이 사용된다.

**33** 목표변수가 연속형인 회귀나무에서 분류 기준값의 선택 방법으로 가장 적절한 것은?

① 카이제곱 통계량, 지니지수
② F-통계량, 분산감소량
③ 지니지수, F-통계량
④ 분산감소량, 엔트로피지수

**34** 연관규칙의 측정지표 중 품목 A, B에 대한 지지도를 구하는 방법으로 가장 적절한 것은?

① (A 또는 B가 포함된 거래 수) / (전체 거래 수)
② (A와 B가 동시에 포함된 거래 수) / (A 또는 B가 포함된 거래 수)
③ (A와 B가 동시에 포함된 거래 수) / (전체 거래 수)

④ (A와 B가 동시에 포함된 거래 수) / (A를 포함하는 거래 수)

**35** 자기 조직화 지도(Self-Organizing Map)에 대한 설명으로 가장 적절하지 않은 것은?

① 비지도 학습 방법에 속한다.
② 입력층의 뉴런은 경쟁층에 있는 뉴런들과 부분적으로(locally) 연결되어 있다.
③ 역전파를 사용하지 않고, 경쟁학습을 통해 가중치가 반복적으로 조정된다.
④ 승자 독점의 학습 규칙에 따라 입력 패턴과 가장 유사한 경쟁층 뉴런이 승자가 된다.

**36** 예측 모델의 과적합을 방지하기 위해 활용되는 방법으로 가장 적절하지 않은 것은?

① 의사결정나무
② 홀드아웃 방법
③ 교차검증
④ 부트스트랩

**37** 군집분석에 대한 설명으로 가장 적절하지 않은 것은?

① K-medoids 군집분석은 실제 데이터를 중심점으로 사용해 이상값에 강하지만, K-평균 군집분석에 비해 계산량이 많다.
② 밀도 기반 군집분석(DBSCAN)은 밀집된 데이터를 군집화하지만, K-평균 군집분석처럼 비구형 데이터에서는 성능이 떨어질 수 있다.
③ K-평균 군집분석은 구형 데이터에서는 잘 작동하지만, 비구형 데이터에서는 성능이 떨어진다.

④ 분할적 군집분석은 데이터를 하나의 큰 군집으로 시작하여 점차 더 작은 군집으로 나누는 방식이다.

**38** 데이터 마이닝의 단계를 순서대로 정리한 것으로 가장 적절한 것은?

(가) 목적 정의
(나) 데이터 가공
(다) 데이터 준비
(라) 데이터 마이닝 기법 적용
(마) 검증

① 가 → 다 → 나 → 라 → 마
② 가 → 나 → 다 → 라 → 마
③ 가 → 나 → 라 → 다 → 마
④ 가 → 나 → 다 → 마 → 라

**39** 로지스틱 회귀분석에 대한 설명으로 가장 적절한 것은?

① 일반적으로 반응변수가 범주형인 경우에 적용되는 모형이다.
② 최소제곱법으로 분석모형을 추정한다.
③ 로지스틱 회귀 모델의 출력값은 0보다 작거나 1보다 큰 값을 가질 수 있다.
④ 로지스틱 회귀모델은 오즈의 관점에서 해석할 수 없다.

**40** 다음 중 연관분석의 설명으로 가장 적절한 것은?

① 세분화된 품목에 대해 연관규칙을 찾는 데 적합한 방법이다.
② 연관분석의 결과는 품목 수에 상관없이 계산이 일정하다.

③ 거래량이 적은 품목에 대해서도 유용하게 적용할 수 있는 방법이다.

④ If-Then 규칙으로 표현되기 때문에 연관분석의 결과를 이해하기 쉽다.

## 주관식 문제

**01** 다음에서 설명하는 용어는 무엇인가?

> 문자, 기호, 이미지, 사운드, 영상 등 서로 연관된 다수의 콘텐츠를 정보처리 및 정보통신 기기를 통해 체계적으로 수집하고 축적하여 다양한 용도와 방법으로 이용할 수 있도록 정리한 정보의 집합체

**02** 다음에서 설명하고 있는 빅데이터 활용 기본 테크닉은?

> (가) 생명의 진화 과정을 모방하여 최적의 해(Optimal Solution)를 탐색하는 알고리즘으로, 존 홀랜드(John Holland)가 1975년에 제안한 방법이다.
>
> (나) '최대 시청률을 얻기 위해 어떤 시간대에 프로그램을 편성해야 하는가?'와 같은 최적화 문제를 해결하는 데 사용된다.
>
> (다) 미지의 함수 y=f(x)의 최적화 해 X를 찾기 위해 진화 과정을 모사하는 탐색 알고리즘으로 설명될 수 있다.

**03** 다음에서 설명하는 데이터 분석 조직 구조는 무엇인가?

> • 전사 분석 업무를 별도의 분석 조직에서 담당한다.
> • 전략적 중요도에 따라 분석 조직이 우선순위를 정해서 진행한다.
> • 현업 업무부서와 이원화 /이중화 가능성 크다.

**04** 문제가 주어지고 이에 대한 해법을 찾기 위하여 각 과정이 체계적으로 단계화되어 수행하는 분석과제 발굴방식은?

**05** 여러 대상 간의 관계에 관한 수치적 자료를 이용해 유사성에 대한 측정치를 상대적 거리로 시각화하는 방법은 무엇인가?

**06** 최적방정식을 선택하는 방법으로 모든 독립변수 후보를 포함한 모델에서 시작하여 가장 적은 영향을 주는 변수를 하나씩 제거하면서 더이상 유의하지 않은 변수가 없을 때까지 설명변수를 제거하는 방법은?

**07** 주어진 원천 데이터를 랜덤하게 두 분류로 분리하는 방법으로 하나는 모형의 학습 및 구축을 위한 훈련용 자료로, 다른 하나는 성과평가를 위한 검증용 자료로 사용하는 방법은?

**08** 군집 간 거리 측정 시, 두 군집 간 가장 가까운 데이터 사이의 거리를 기준으로 새로운 군집을 형성하며, 사슬 모양의 군집이 생길 수 있는 방법은 무엇인가?

**09** P(A)=0.3, P(B)=0.4이다. 두 사건 A와 B가 독립일 경우 P(B|A)는?

**10** 이산형 확률분포 중 주어진 시간 또는 영역에서 어떤 사건의 발생횟수를 나타내는 확률분포는?

• 정답 및 해설 310p

## 1과목 | 데이터 이해

**01** 빅데이터 시대의 위기 요인과 사례 연결이 가장 적절하지 않은 것은?

① 데이터 오용–상업적 목적으로 데이터 크롤링 하여 개인정보 수집

② 사생활 침해–개인정보를 동의 없이 수집하여 맞춤형 광고 제작

③ 책임 원칙 훼손–예측 프로그램 결과에 따라 특정 집단을 해고

④ 책임 원칙 훼손–채용 시 예측 프로그램이 특정 성향의 지원자를 배제

**02** 다음 중 빅데이터의 가치 산정에 대한 설명으로 가장 적절하지 않은 것은?

① 데이터의 재사용, 재조합(mashup), 다목적 용 개발이 일반화되면서 특정 데이터를 언제·어디서·누가 활용하는지 알 수 없다.

② 데이터가 기존에 없던 가치를 창출함에 따라 가치 측정이 어렵다.

③ 빅데이터 전문인력의 증가로 다양한 곳에서 빅데이터가 활용되고 있어 빅데이터 가치 산정이 어렵다.

④ 클라우드 분산 컴퓨팅과 새로운 분석 기법의 등장으로 가치 없는 데이터도 거대한 가치를 만들어내는 재료가 될 가능성이 커졌다.

**03** 빅데이터 분석의 특성에 대한 설명으로 가장 적절하지 않은 것은?

① 데이터 크기가 커질수록 더 많은 분석을 수행하는 것이 경쟁우위 확보의 원천이다.

② 비즈니스의 핵심은 객관적이고 통찰력 있는 데이터를 추출하는 그것이 중요하다.

③ 더 많은 데이터가 더 많은 가치를 창출하는 것은 아니다.

④ 분석적 방법과 성과에 대한 이해 부족은 빅데이터 과제에 대한 걸림돌이다.

**04** 데이터베이스 활용에 대한 설명으로 가장 적절하지 않은 것은?

① 데이터웨어하우스는 대량의 데이터를 저장하고 관리하는 전사적 데이터 저장소이며, 데이터 마트는 데이터웨어하우스에서 데이터를 추출, 가공한 소규모 데이터 저장소이다.

② 데이터 마트는 조직이나 부서뿐만 아니라 모든 사람이 볼 수 있고 사용할 수 있다.

③ 데이터웨어하우스에서는 특정 주제에 따라 데이터들이 분류, 저장, 관리된다.

④ 데이터웨어하우스의 데이터들은 전사적 차원에서 일관된 형식으로 정의된다.

**05** 빅데이터 전략으로 가장 적절하지 않은 것은?

① 빅데이터의 걸림돌은 분석적 방법과 성과에 대한 이해 부족이다.

② 비즈니스 핵심에 대해 더 객관적이고 종합적인 통찰을 줄 수 있는 데이터를 확보해야 한다.

③ 빅데이터의 가치를 추출해야 하면 빠를수록 효과적이다.

④ 일차적인 분석으로는 해당 부서 및 업무에 효과가 없다.

**06** 데이터 사이언스에 대한 설명으로 적절하지 않은 것은?

① 기존의 통계학과는 달리 총체적 접근법을 사용한다.

② 데이터에서 의미 있는 정보를 찾는 학문이다.

③ 정형 데이터뿐만 아니라 다양한 유형의 데이터를 활용한다.

④ 주로 분석의 정확성에 초점을 맞춰 수행한다.

**07** 데이터베이스 관리 시스템(Database Management System)에 대한 설명으로 가장 적절하지 않은 것은?

① 데이터베이스 내의 모든 데이터는 분석이 가능하다.

② 데이터를 동시에 공유할 수 있다.

③ 응용 프로그램 개발 비용이 줄어든다.

④ 종류로는 관계형 데이터베이스, 객체지향형 데이터베이스 등이 있다.

**08** 다음 중 데이터에 대한 설명으로 적절하지 않은 것은?

① 데이터는 항상 구조화된 형태로 저장되어야 활용할 수 있다.

② 수치 데이터는 텍스트 데이터에 비해 DBMS에서 더 효율적으로 관리된다.

③ 인터넷 댓글은 정해진 형태와 형식이 없어 비정형 데이터로 분류된다.

④ 1바이트는 256개의 서로 다른 값을 표현할 수 있는 데이터 단위를 의미한다.

**09** 분석 프로젝트 관리에 대한 설명으로 가장 적절하지 않은 것은?

① 프로젝트의 목표와 범위를 정의하고, 변경관리를 통해 범위의 변동을 관리해야 한다.

② 분석 프로젝트는 지속적인 변경으로 인해 일정을 제한하는 계획은 적절하지 못하다.

③ 분석을 위한 데이터, 도구, 인력 등의 자원을 확보하고 관리하는 조달 관리가 필요하다.

④ 잠재적 위험 요소와 프로젝트 실행 중 발생할 수 있는 관련 위험을 사전에 식별하고 이에 대한 대응 계획이 필요하다.

**10** 분석 준비도의 분석 업무 영역으로 가장 적절하지 않은 것은?

① 발생한 사실 여부 파악

② 예측 분석 업무

③ 업무별 적합한 분석 기법 사용

④ 최적화 분석 업무

**11** 분석 과제의 관리 영역에 대한 설명으로 가장 적절하지 않은 것은?

① Accuracy와 Precision은 Trade-Off 관계가 있다.

② 분석 모델의 복잡도와 해석 어려움 간의 상관성을 이해해야 한다.

③ Precision은 모델과 실제 값과의 차이를 평가하는 정확도를 의미한다.

④ Accuracy는 활용적 측면에서, Precision은 안정성 측면에서 중요하다.

**12** CRISP-DM에 대한 설명으로 가장 적절하지 않은 것은?

① CRISP-DM은 계층적 프로세스 모델로 4레벨 6단계로 구성된다.

② 업무 이해와 데이터 이해, 데이터 준비와 모델링 단계에서는 피드백이 가능하다.

③ 데이터 준비 단계에서는 데이터 정제, 데이터 탐색, 데이터 셋 편성을 진행한다.

④ 모델링 단계에서는 모델링 기법 선택, 모델 테스트 계획 설계, 모델 작성, 모델 평가를 진행한다.

**13** 빅데이터 분석방법론의 시스템 구현 단계의 태스크로 가장 적절한 것은?

① 필요 데이터 정의, 데이터 스토어 설계

② 탐색적 분석, 모델링

③ 분석용 데이터 준비, 프로젝트 위험계획 수립

④ 설계 및 구현, 시스템 테스트 및 운영

**14** 하향식 접근 방법에 대한 설명 중 가장 적절하지 않은 것은?

① 문제 탐색 단계에서는 문제의 근본 원인을 이해하는 대신, 세부적인 구현과 솔루션에 중점을 두어야 한다.

② 문제 정의 단계에서는 다양한 이해관계자의 요구와 목표를 반영해 명확하게 문제를 규정한다.

③ 해결방안 탐색 단계에서는 분석 시스템 설계, 데이터 요구사항, 리소스 등을 포괄적으로 검토해야 한다.

④ 타당성 검토 단계에서는 기술적, 재무적, 운영적 관점에서 다양한 인력과 협업을 통해 프로젝트의 실행 가능성을 평가해야 한다.

**15** 분석 마스터플랜에 대한 설명으로 가장 적절하지 않은 것은?

① 중장기적 마스터플랜 수립을 위해서는 분석 과제를 대상을 다양한 기준을 고려해 적용할 우선순위를 설정할 필요가 있다.

② 분석 과제의 적용 범위 및 방식에 대해서도 종합적으로 고려하여 결정한다.

③ 분석 과제 수행의 선후관계 분석을 통해 전체 과제를 반복적이고 순환적으로 작성한다.

④ 일반적인 IT 프로젝트의 우선순위로는 전략적 중요도와 실행 용이성이 있다.

**16** 분석과제 정의서에 필수적으로 포함되어야 할 항목으로 가장 적절하지 않은 것은?

① 필요 데이터

② 상세 분석 알고리즘

③ 분석 수행 주기

④ 데이터 입수 난이도

### 3과목 | 데이터 분석

**17** 다음 중 상자 그림(Boxplot)에 대한 설명으로 가장 적절한 것은?

① 이상치를 확인하는 데 적절하지 않다.

② 데이터의 전체적인 분포를 확인할 수 있다.

③ 최솟값, 최댓값, 중앙값, 제1분위수, 제3분위수를 확인할 수 있다.

④ 박스플롯의 가운데 중심선은 중앙값을 의미한다.

**18** 표본에서 얻은 정보를 바탕으로 설정한 가설의 채택여부를 통계적으로 판단하는 과정을 무엇이라 하는가?

① 연구가설
② 가설검정
③ 점추정
④ 구간추정

**19** 잔차의 정규성 검정에 대한 설명으로 가장 적절하지 않은 것은?

① 샤피로-윌크(Shapiro-Wilk)와 앤더스-달링(Anderson-Darling) 검정은 정규성 검정 방법이다.
② 잔차의 히스토그램이나 점도표를 통해 정규성 문제를 검토한다.
③ Q-Q Plot은 정규성 검정 방법이 될 수 있으나 절대적인 기준은 아니다.
④ 정규성을 만족하지 못할 때 상관계수가 가장 큰 값을 제거한다.

**20** 회귀모형 검정에 대한 설명으로 가장 적절하지 않은 것은?

① 모형의 종속변수와 독립변수 간의 상관계수가 통계적으로 유의미한가?
② 모형의 선형성, 독립성, 등분산성, 비상관성, 정상성을 만족하는가?
③ 회귀계수가 통계적으로 유의미한가?
④ 모형이 통계적으로 유의미한가?

**21** 다음 중 회귀분석에 대한 설명으로 가장 적절하지 않은 것은?

① 잔차와 독립변수의 값은 독립적이어야 한다.
② 회귀분석에서는 명목형 변수를 독립변수로 사용할 수 없다.
③ 결정계수는 회귀모형이 종속변수의 변동을 얼마나 설명하는지 나타낸다.
④ 독립변수의 수가 많아지면 다중공선성 문제가 발생할 수 있다.

**22** 주성분 분석에 대한 설명으로 가장 적절하지 않은 것은?

① 서로 상관관계가 높은 변수들을 선형 결합하여 변수를 축소하고, 해석의 복잡성을 줄이기 위해 사용한다.
② 고차원의 데이터를 저차원으로 변환하여 이상치를 탐지하는 데 활용할 수 있다.
③ 회귀분석에서 다중공선성 문제를 해결하기 위해 사용될 수 있다.
④ 주성분 분석을 통해 만들어진 주성분은 원래 변수와는 관계없이 생성된 변수이다.

**23** 시계열 모형에 대한 설명으로 가장 적절한 것은?

① 분해 시계열은 일반적인 요인을 분리하지 않고, 모든 데이터를 단일 요인으로 분석하는 방법을 말한다.
② ARIMA는 AutoRegressive Improved Moving Analysis의 약어이다.
③ ARIMA 모델에서는 비정상성을 확인할 필요가 없다.
④ ARIMA 모델에서 $p=0$일 때, IMA(d,q) 모델이라고 부르고, d번 차분하면 MA(q) 모델을 따른다.

**24** 공분산과 상관계수에 대한 설명으로 가장 적절하지 않은 것은?

① 공분산은 측정 단위에 영향을 받는다.

② 공분산이 0이라면 두 변수 간에는 아무런 선형 관계가 없음을 의미한다.

③ 상관계수로 변수 간의 선형 관계의 유의성을 확인할 수 있다.

④ 상관분석은 두 변수의 인과관계 성립 여부를 확인할 수 없다.

**25** Credit 데이터는 400명의 신용카드 고객에 대한 신용카드와 관련된 변수들이 포함되어 있다. 변수 간의 산점도와 피어슨 상관계수에 대한 설명으로 가장 적절하지 않은 것은?

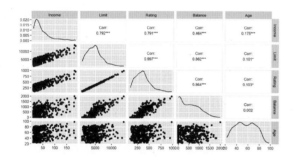

① Income의 분포는 오른쪽 꼬리가 긴 분포를 가진다.

② Limit와 Rating은 거의 완벽한 선형관계를 가진다.

③ Balance와 가장 상관관계가 높은 변수는 Income이다.

④ Age와 Balance는 상관관계가 매우 낮다.

**26** 다음 중 아래 오분류표를 이용하여 구한 재현율(Recall) 값은 얼마인가?

| | | 예측치 | | |
|---|---|---|---|---|
| | | TRUE | FALSE | 합계 |
| 실제값 | TRUE | 30 | 70 | 100 |
| | FALSE | 60 | 40 | 100 |
| | 합계 | 90 | 110 | 200 |

① 3/10

② 4/10

③ 13/20

④ 7/11

**27** 상관분석에 대한 설명으로 가장 적절한 것은?

① 스피어만 상관계수는 비선형 관계를 파악하기가 어렵다.

② 피어슨 상관계수는 −무한대에서 +무한대의 범위를 갖는다.

③ 비율척도일 때 스피어만 상관계수를 사용한다.

④ 피어슨의 상관계수가 0일 때 두 변수 간에 서로 선형관계가 없다.

**28** 시계열의 정상성에 대한 설명으로 가장 적절하지 않은 것은?

① 공분산은 시간 t에 의존하지 않고 오직 시차에만 의존한다.

② 정상성은 시계열의 수준과 분산에 체계적인 변화가 없고, 엄밀하게 주기적 변동이 없음을 의미한다.

③ 분산 값은 시간 t에 관계없이 일정하다.

④ 지수평활법은 최근 시계열의 평균을 구해 미래를 예측하는 방법이다.

**29** 카탈로그 배열, 교차판매 등의 마케팅을 계획할 때 적절한 데이터마이닝 기법은?

① 연관 규칙 학습
② 군집분석
③ 회귀분석
④ 인공신경망

**30** 군집 결과 분석에 대한 설명으로 적절하지 않은 것은?

① 군집분석의 품질을 평가할 때 군집 간 거리, 군집의 지름, 군집의 분산을 분석한다.
② 데이터를 두 집단으로 나눈 후 각 집단에서 군집분석을 수행하고, 결과를 합쳐 비교하여 안정성을 평가할 수 있다.
③ 군집분석 결과는 새로운 데이터가 추가되어도 구조적인 변화가 크지 않아야 한다.
④ 형성된 군집에 대해 논리성과 안정성을 검증할 수 없다.

**31** apriori 알고리즘의 분석 절차로 가장 적절한 것은?

(가) 최소지지도를 설정한다.
(나) 반복적으로 수행하여 최소지지도가 넘는 빈발 품목을 찾는다.
(다) 이전 단계에서 찾은 개별 품목만을 이용하여 최소지지도를 넘는 두 가지 품목을 찾는다.
(라) 개별 품목 중에서 최소지지도를 넘는 모든 품목들을 찾는다.
(마) 이전 단계에서 찾은 품목의 집합을 결합하여 최소지지도를 세 가지 품목의 집합을 찾는다.

① (가)-(마)-(다)-(나)-(라)
② (가)-(라)-(다)-(마)-(나)
③ (가)-(마)-(라)-(나)-(다)
④ (나)-(가)-(다)-(마)-(라)

**32** 의사결정 나무에 대한 설명 중 적절하지 않은 것은?

① 입력변수와 예측변수 간의 상호작용 분석이 가능하다.
② 선형성, 정규성, 등분산성 등의 수학적 가정을 요구하지 않는 비모수적 모형이다.
③ 구조가 간단하여 결과를 해석하기 쉽다.
④ 비지도학습 방법으로 하향식 접근 방식을 이용한다.

**33** 아래 식은 인공신경망의 어떤 활성함수인가?

$$f(x) = \frac{1}{1+e^{-x}}$$

① 부호함수
② 계단함수
③ 시그모이드 함수
④ 소프트맥스 함수

**34** 연관분석에 대한 설명으로 가장 적절하지 않은 것은?

① 너무 세분화된 품목을 가지고 연관규칙을 찾으려고 하면 의미 없는 분석 결과가 나올 수도 있다.
② 강력한 비목적성 분석기법이다.
③ 조건 반응으로 표현되는 연관분석의 결과는 이해하기 쉽다.
④ 세분화된 품목이 많아져도 계산은 복잡해지지 않는다.

**35** ROC(Reciver Operating Characteristic)그래프에서 완벽하게 분류한 경우 X값과 Y값으로 가장 적절한 것은?

① (0, 0)

② (0, 1)

③ (1, 0)

④ (1, 1)

**36** 앙상블 모형에 대한 설명으로 적절한 것은?

① 앙상블 모형의 대표적인 방법에는 부스팅과 배깅이 포함된다.

② 보팅은 항상 동일한 알고리즘만을 결합하여 최종 예측값을 도출하는 방법이다.

③ 배깅은 잘못 분류된 데이터에 더 높은 가중치를 부여하여 학습을 강화하는 방식이다.

④ 학습기 간 상호연관성이 높을수록 성능이 향상될 가능성이 높다

**37** 아래 거래 전표에서 지지도 20%, 신뢰도 70% 이상인 규칙으로 가장 적절한 것은?

| 물품 | 거래건수 |
| --- | --- |
| A | 10 |
| B | 5 |
| C | 25 |
| A, B, C | 5 |
| B, C | 20 |
| A, B | 20 |
| A, C | 15 |

① A→B

② A→C

③ C→A

④ B→C

**38** Hitters 데이터셋의 주성분 분석 결과에 대한 설명으로 가장 적절한 것은?

```
> pca_result <- princomp(Hitters[, sapply(Hitters, is.numeric)], cor = TRUE)
> summary(pca_result)
Importance of components:
                          Comp.1     Comp.2     Comp.3     Comp.4     Comp.5     Comp.6
Standard deviation     2.7733967  2.0302601  1.3148557  0.9575410  0.84109683 0.72374220
Proportion of Variance 0.4524547  0.2424680  0.1016968  0.0539344  0.04161435 0.03081193
Cumulative Proportion  0.4524547  0.6949227  0.796195   0.8505539  0.89216822 0.92298014

                          Comp.7     Comp.8     Comp.9     Comp.10    Comp.11
Standard deviation     0.69841796 0.50090065 0.42525940 0.363901982 0.312011679
Proportion of Variance 0.02869339 0.01475891 0.01063797 0.007789685 0.005726546
Cumulative Proportion  0.95167354 0.96643244 0.977042   0.984860104 0.990586651

                          Comp.12    Comp.13    Comp.14    Comp.15    Comp.16
Standard deviation     0.243641510 0.232044629 0.163510472 0.1186398422 0.0693395039
Proportion of Variance 0.003491834 0.003167341 0.001572687 0.0008279654 0.0002828216
Cumulative Proportion  0.994078485 0.997245826 0.998818513 0.9996464785 0.9999293001

                          Comp.17
Standard deviation     0.034668410
Proportion of Variance 0.000069994
Cumulative Proportion  1.000000
```

① 첫 번째 주성분(Comp.1)은 전체 분산의 약 27%를 설명한다.

② 두 번째 주성분(Comp.2)과 세 번째 주성분(Comp.3)을 합치면 약 70%의 분산을 설명한다.

③ 누적 분산 비율은 첫 번째부터 17번째 주성분까지 100%를 설명한다.

④ 스크리 플롯에서 주성분 수를 결정할 때, 누적 설명력이 70%를 초과하는 주성분의 수를 기준으로 한다.

**39** KNN 알고리즘에 대한 설명으로 가장 적절하지 않은 것은?

① KNN 알고리즘은 사전 학습이 필요하지 않으며, 새로운 데이터가 입력될 때 계산을 수행하는 게으른 학습(Lazy Learning) 방법이다.

② KNN 알고리즘에서는 데이터 간의 거리 계산을 위해 유클리드 거리, 맨해튼 거리, 코사인 거리 등 다양한 거리 척도를 사용할 수 있다.

③ K는 K개의 가까운 이웃들을 참고한다는 의미이다.

④ K가 클수록 과대 적합이 발생하게 된다.

**40** College 데이터셋의 졸업률(Grad.Rate)과 관련된 회귀 분석 결과의 해석으로 가장 적절하지 않은 것은?

```
> model <- lm(Grad.Rate ~ Private + Apps + Top25perc + Outstate +
Room.Board + Personal + perc.alumni + Expend, data = college)
> summary(model)

Call:
lm(formula = Grad.Rate ~ Private + Apps + Top25perc + Outstate + Room.
Board + Personal + perc.alumni + Expend, data = college)

Residuals:
    Min      1Q  Median      3Q     Max
-54.987  -8.092  -0.358   7.208  52.858

Coefficients:
              Estimate Std. Error t value  Pr(>|t|)
(Intercept) 31.584926   2.580777  12.239  < 2e-16 ***
PrivateYes   4.783179   1.154339   3.159  0.00165 **
Apps         0.000720   0.000156   4.587 6.05e-06 ***
Top25perc    0.187283   0.030766   6.087 1.81e-09 ***
Outstate     0.001064   0.000230   4.774 2.16e-06 ***
Room.Board   0.001582   0.000578   2.737  0.00636 **
Personal    -0.002489   0.000745  -3.339  0.00088 ***
perc.alumni  0.298640   0.048887   6.109 1.55e-09 ***
Expend      -0.000381   0.000130  -2.920  0.00360 **

Signif. codes:
0 '***' 0.001 '**' 0.01 '*' 0.05 '.' 0.1 ' ' 1

Residual standard error: 12.91 on 768 degrees of freedom
Multiple R-squared:  0.441,   Adjusted R-squared:  0.4351
F-statistic: 75.73 on 8 and 768 DF,  p-value: < 2.2e-16
```

① 등록금(Outstate)이 높을수록 졸업하는 비율이 높다.

② 개인지출(Personal)이 높을수록 졸업하는 비율이 낮다.

③ 등록금(Outstate), 기숙사비(Room.Board), 개인 지출(Personal)만으로 졸업률을 설명하기 어렵다.

④ 개인지출(Personal)은 졸업률(Grad.Rate)에 유의한 영향을 미치지 않는다.

## 주관식 문제

**01** 데이터의 상관관계 이해를 통해 패턴을 인식하고 의미를 부여하여 가공된 데이터를 무엇이라 하는가?

**02** 인터넷으로 연결된 환경에서 사람과 사물, 사물과 사물이 정보를 주고받는 방식을 무엇이라 하는가?

**03** 하향식 접근 방식에서 비즈니스 문제를 데이터 문제로 변환하여 정의하는 단계를 무엇이라 하는가?

**04** 조직의 데이터 관리 체계를 수립하고 운영하기 위한 프레임워크 및 저장소를 구축하며, 마스터 데이터, 메타 데이터, 데이터 사전을 포함한 중요한 관리 대상을 다루는 체계를 무엇이라 하는가?

**05** 붓스트랩 샘플을 추출하여 트리를 생성하는 과정에서 예측 변수를 임의로 추출하고, 선택된 변수 내에서 최적의 분할을 형성하는 앙상블 기법을 무엇이라 하는가?

**06** 원 데이터 집합에서 크기가 동일한 표본을 복원추출하며, 분류 오류가 발생한 데이터에 높은 가중치를 주어 표본을 추출하는 방법은 무엇이라 하는가?

**07** 군집 분석 결과를 평가하는 지표로, 데이터가 속한 군의 유사도와 인접 군의 유사도를 비교하는 지표를 무엇이라 하는가?

**08** 인공신경망에서 출력층의 결과와 실제값 사이의 오차를 계산하고, 이를 기반으로 각 층의 가중치와 바이어스를 조정하여 손실함수를 최소화하는 알고리즘을 무엇이라 하는가?

**09** 모집단에서 표본을 추출하여 하나의 값을 모수의 참값으로 추정하는 방법은 무엇이라 하는가?

**10** 의사결정나무에서 불순도를 측정하며, 값이 클수록 순수도가 낮은 상태를 나타내는 지표로, CART에서 목적변수가 범주형일 경우 사용하는 지표는?

| | | | | |
|---|---|---|---|---|
| 1. ② | 2. ① | 3. ④ | 4. ② | 5. ① |
| 6. ④ | 7. ④ | 8. ③ | 9. ③ | 10. ② |
| 11. ④ | 12. ② | 13. ④ | 14. ① | 15. ① |
| 16. ② | 17. ④ | 18. ① | 19. ② | 20. ① |
| 21. ① | 22. ③ | 23. ② | 24. ④ | 25. ② |
| 26. ③ | 27. ④ | 28. ③ | 29. ② | 30. ③ |
| 31. ② | 32. ③ | 33. ③ | 34. ③ | 35. ① |
| 36. ② | 37. ③ | 38. ① | 39. ② | 40. ④ |
| 41. ③ | 42. ③ | 43. ① | 44. ① | 45. ④ |
| 46. ③ | 47. ① | 48. ③ | 49. ① | 50. ④ |

### 1과목 | 데이터 이해

**01 정답 ②**
빅데이터는 빠르게 변화하고 다양한 데이터를 지속적으로 축적 · 활용하며, 이를 위해 효율적인 관리 체계와 접근 용이성이 필수적이다.
| 오답해설 |
①번은 빅데이터의 활용 목적을 지나치게 제한적으로 기술하고 있고, ③번과 ④번은 빅데이터의 특성과 상충된다.

**02 정답 ①**
관측소에서 측정한 온도는 숫자로 된 정형 데이터로, 구조화된 형식에 저장된다.

**03 정답 ④**
모두 빅데이터 출현의 핵심 배경으로 적절하다.

**04 정답 ②**
• 1단계 디지털화(digitalization) : 아날로그의 세상을 어떻게 효과적으로 디지털화하는가?
• 2단계 연결(connection) : 연결을 얼마나 효과적이고 효율적으로 제공해 주는가?
• 3단계 에이전시(agency) : 복잡한 연결을 얼마나 효과적이고 믿을 만하게 관리해주는가?

**05 정답 ①**
DW(Data Warehouse)는 기업의 분산된 데이터베이스를 통합하여 중앙 집중적으로 저장, 관리, 분석할 수 있도록 지원하는 시스템으로, DW는 주로 의사결정을 돕기 위해 설계된 데이터 저장소이다.

| 오답해설 |
② BI(Business Intelligence) : 기업이 보유한 다량의 데이터를 정리하고 분석하여 인사이트를 도출하며 의사결정에 활용하는 일련의 과정으로 대시보드, 리포트 등을 통해 시각화된 정보를 제공
③ OLTP(OnLine Transaction Processing) : 온라인 거래 처리, 사용자 요청에 신속하게 반응하여 트랜잭션을 처리하는 기술
④ OLAP(OnLine Analytical Processing) : 온라인 분석 처리, 대용량 데이터에 대해 사용자가 대화식으로 분석하고 의사결정에 활용하는 기술

**06 정답 ④**
Volume(규모), Variety(다양성), Velocity(속도)가 빅데이터의 3V에 해당한다. Veracity(정확성)는 빅데이터의 신뢰성을 의미하지만, 3V의 핵심 요소에는 포함되지 않는다.

**07 정답 ④**
빅데이터는 상관관계를 통해 패턴을 파악하고 예측하는 데 중점을 두므로, 데이터 분석의 초점은 인과관계에서 상관관계로 변화되고 있다.

**08 정답 ③**
택배 차량을 어떻게 배치하는 것이 비용 측면에서 가장 효율적인가는 최적화의 문제이므로 유전 알고리즘을 활용하는 것이 적절하다. 요인 분석은 변수를 축소하거나 숨겨진 요인을 탐색하는 데 사용한다.

**09 정답 ③**
알고리즘이 개인정보를 직접적으로 사용하는 것이 아니더라도, 이를 통해 민감한 정보를 추론하거나 예측할 수 있기 때문에 개인정보보호 문제와 무관하지 않다.

**10 정답 ②**
분석의 정확도도 중요하지만 데이터 사이언스의 본질은 데이터로부터 인사이트와 가치를 발견하고, 이를 기반으로 효과적인 의사결정을 내리는 데 있다.

### 2과목 | 데이터 분석 기획

**11 정답 ④**
효율적인 자원 배분과 위험 관리 없이는 분석 프로젝트가 성공하기 어려우므로 분석 기획에서는 비용과 리스크를 고려해야 한다.

**12 정답 ②**
| 오답해설 |
① 빅데이터 분석 방법론의 3계층 순서는 단계 → 태스크 → 스탭이다.
③ 스텝(Step)과 ④ 태스크(Task)의 설명이 바뀌었다.

**13 정답 ④**

난이도가 '쉬움'이라면 빠르게 결과를 도출하고 효과를 볼 수 있으며, 시급성이 '현재'인 과제는 즉각적인 해결이 필요한 문제에 대응하기 위해 우선순위를 둘 필요가 있다.

**14 정답 ①**

데이터 표준 용어 설정, 명명 규칙 수립, 메타 데이터 구축, 데이터 사전 구축 등은 모두 데이터를 일관된 방식으로 정의하고 사용하기 위한 활동에 해당하며, 이는 데이터 표준화의 주요 목표 중 하나이다.

**15 정답 ①**

| 오답해설 |

② 분산된 조직구조
③ 기능 중심 조직구조
④ 집중형 조직구조와 분산된 조직구조

**16 정답 ②**

| 오답해설 |

① 환경은 지속 가능성과 생태학적 영향 관련 이슈를 다루며, 주로 환경 보호와 관련된 전략에 초점을 둔다.
③ 경제는 시장의 경제적 요인(예: 경기 침체, 금리, 소득 수준)과 관련된 요소를 포함한다.
④ 정치는 규제, 법적 환경, 정책 변화와 같은 정치적 요소를 다룬다.

**17 정답 ④**

기업 내부 데이터도 검증과 허가가 필요하며, 데이터의 무단 사용은 데이터 품질 저하와 보안 문제를 야기할 수 있다.

**18 정답 ②**

분석의 활용적인 측면에서는 Accuracy가 중요하며, 안정적인 측면에서는 Precision이 중요하다.

**19 정답 ②**

| 오답해설 |

① 정착형, ③ 도입형, ④ 준비형에 대한 설명이다.

**20 정답 ①**

조달은 외부 자원을 구매하거나 계약을 체결하는 활동을 관리하고, 조달 계획을 수립하며, 제품이나 서비스를 효과적으로 확보하는 것을 의미한다.

| 병행학습 |

PoC(Proof of Concept) 프로젝트 : 새로운 아이디어나 기술이 실제로 작동하는지, 그리고 실현 가능한지를 검증하기 위한 작은 규모의 파일럿 프로젝트

**21 정답 ①**

다차원척도법(MDS; Multidimensional Scaling)은 데이터 객체 간의 거리 또는 비유사성을 기반으로, 데이터를 저차원 공간에 시각적으로 표현하는 기법이다.

**22 정답 ③**

스피어만 상관계수는 데이터 간의 순위 기반 상관관계를 측정하는 방법으로, 데이터가 단조 증가(또는 감소) 관계를 보일 때 스피어만 상관계수는 1(또는 $-1$)이 된다.

**23 정답 ②**

| 오답해설 |

① 다항 회귀분석 : 설명변수와 종속 변수 간의 비선형 관계를 모델링하기 위해 설명변수의 다항식 항을 포함하는 회귀 분석
③ 로지스틱 회귀분석 : 종속 변수가 범주형일 때 사용하는 회귀 분석
④ 릿지 회귀분석 : 다중 공선성 문제를 해결하기 위해 가중치를 제어하는 정규화(패널티)를 추가한 선형 회귀 방법

**24 정답 ④**

Durbin–Watson test는 회귀분석에서 잔차의 독립성을 검정하는 데 사용되는 통계적 방법이다.

| 오답해설 |

정규성 검정에는 히스토그램, Q–Q plot, Kolmogolov–Smirnov 검정, Shapiro–Wilk가 있다.

**25 정답 ②**

제1종 오류는 귀무가설($H_0$)이 옳은데도 귀무가설($H_0$)을 기각하게 되는 오류이고, 제2종 오류는 귀무가설($H_0$)이 옳지 않은데도 귀무가설($H_0$)을 채택하게 되는 오류이다.

**26 정답 ③**

A와 B의 교집합의 확률은 각 사건의 확률의 곱과 같으려면 A와 B가 독립 사건이어야 한다.

**27 정답 ③**

구간 척도는 순서와 간격에는 의미가 있지만, 0이 절대적인 의미가 있지는 않다. 절대적인 0의 의미가 있는 척도는 비율 척도이다.

**28 정답 ③**

| 오답해설 |

①은 단순 무작위 추출, ②는 집락추출법, ④는 계통추출법이다.

**29** 정답 ②
파생 변수는 특정 분석 문제에 대한 해결을 위해 만들어진 것이므로, 재활용성이 높다고 할 수 없으며, 파생 변수가 다른 많은 모델에 공통으로 사용되기 어렵다.

**30** 정답 ③
IQR=12.12-8.95=3.17이므로
- 하한 경계 : Q1-1.5*IQR=4.195
- 상한 경계 : Q3+1.5*IQR=16.875

Max인 20.50은 상한 경계보다 크므로 이상값이라고 할 수 있다. Hwt 변수에 결측값은 존재하지 않는다.

**31** 정답 ②
통계적으로 유의한 상관관계인지 여부는 단순히 상관계수의 크기만으로 판단할 수 없으며, 통계적 검정을 통해 확인해야 한다.

| 오답해설 |
① 그래프에서 Errors와 음의 상관관계(보라색)를 갖는 변수가 있는 것으로 보인다.
③ 그래프에서 Errors와 Salary 간에는 원이 거의 보이지 않으므로 상관계수는 0에 가깝다.
④ 산점도 행렬에서 일부 변수들(예: CAtBat, CHits 등)은 서로 높은 상관계수를 가지므로 다중공선성의 가능성이 존재한다.

**32** 정답 ②
이상값을 조정(예: 하한, 상한값으로 대체)하면 제거하는 것보다 데이터를 유지할 수 있으므로, 설명력을 높이고 손실을 줄일 수 있다.

**33** 정답 ③
실제 모집단의 모수는 신뢰구간에 포함될 수도, 포함되지 않을 수도 있다.

**34** 정답 ③
변수를 추가하면 다중공선성이 더 심화될 가능성이 높다. 상관계수를 낮추려면 변수를 제거하거나 차원축소 방법을 사용해야 한다.

**35** 정답 ①
- A : 표본 크기이므로 70
- B : α/2=0.1/2=0.5

**36** 정답 ②
독립성(잔차가 서로 독립적이어야 함)은 잔차도만으로 정확히 판단하기 어렵다.

| 오답해설 |
① 잔차가 펼쳐지는 패턴이 보이므로 등분산성을 만족하지 않는다:
③ 잔차가 명확히 다른 범위를 벗어나는 점들이 보인다.
④ 잔차도만으로 영향점(모델에 큰 영향을 미치는 데이터 포인트)을

직접적으로 파악하기는 어렵다. 영향점을 확인하려면 Leverage Plot 또는 Cook's Distance 같은 추가적인 도구가 필요하다.

**37** 정답 ③
기준 범주는 〈 HS Grad이며, Intercept의 값은 84.104로, 이는 〈 HS Grad의 평균 임금을 나타낸다. 그러나 다른 교육 수준의 계수는 모두 양수이며, 각 그룹의 평균 임금은 〈 HS Grad보다 높음을 의미한다.

| 오답해설 |
① IQR=Q3-A1=15.33-(-19.94)=35.27
② education 변수는 범주형 변수로, 5개의 수준이 있으므로 HS Grad, Some College, College Grad, Advanced Degree는 더미 변수이다.
④ R2=0.2348로 회귀모형이 임금 변동성의 약 23.48%를 설명함을 나타낸다.

**38** 정답 ①
베이즈 정리는 귀납적 추론(Inductive reasoning)에 기반한다. 과거의 경험(사전 확률)과 새로운 데이터(증거)를 통해 조건부 확률(사후 확률)을 갱신하므로, 귀납적 논리에 해당한다.

**39** 정답 ②
최장연결법, 완전연결법(complete linkage method)은 거리의 최대값으로 군집 간 거리를 정의한다.

**40** 정답 ③
규칙 발견은 지지도(Support)를 기반으로 이루어지며, 거래 횟수가 적으면 지지도가 낮아 규칙으로 포함되지 않을 가능성이 크다.

**41** 정답 ③
코사인 유사도(Cosine Similarity)는 두 벡터 간의 각도를 기반으로 유사도를 측정한다. 두 벡터가 같은 방향일수록 값이 1에 가까워지며, 서로 수직일 경우 0, 반대 방향일 경우 -1에 가까워진다.

**42** 정답 ③
$$F1 = \frac{2 \times Precision \times Recall}{Precision + Recall}$$
정밀도(Precision)=200/500=0.4
재현율(Recall)=200/500=0.4
$$F1 = \frac{2 \times 0.4 \times 0.4}{0.4 + 0.4} = 0.4$$

**43** 정답 ①
랜덤 포레스트는 중요도에 따라 예측변수를 선택하는 방식이 아니라, 각 노드 분할 시 무작위로 선택된 변수들 중에서 최적의 분할을 선택한다.

**44** 정답 ①

가지치기는 의사결정나무가 학습 데이터에 과도하게 적합(과대적합, overfitting)되는 것을 방지하기 위한 주요 기법이다.

| 오답해설 |

② 가지치기는 반대로 모델 복잡도를 줄이는 과정이다.

③ 가지치기는 새로운 예측 변수를 추가하지는 않는다.

④ 데이터를 줄이는 작업이 아니라, 트리의 복잡도를 줄이는 작업이다.

**45 정답 ④**

Age와 Balance의 상관계수(0.001835119)가 Balance와 Education(−0.008062)보다 더 약하다.

**46 정답 ③**

앙상블 기법은 여러 개의 모델을 결합하여 개별 모델보다 더 나은 성능을 달성하기 위한 방법으로 예측 정확도를 높이는 것을 목표로 한다.

**47 정답 ①**

K-means는 각 데이터 포인트를 하나의 군집에만 할당된다.

**48 정답 ③**

인공신경망에서 가중치는 각 입력신호의 중요도나 강도를 조절하는 역할을 한다. 가중치가 크면 해당 입력이 더 큰 영향을 미치고, 가중치가 작으면 그 영향이 감소한다.

**49 정답 ①**

mpg와 hp의 상관계수는 r = −0.78로 음의 상관관계를 가진다.

**50 정답 ④**

그래프에서 첫 번째 주성분이 약 35%, 두 번째 주성분이 약 15%를 설명하므로, 두 주성분을 합치면 약 50%의 설명이 가능하다.

| 1. ③ | 2. ① | 3. ③ | 4. ④ | 5. ② |
|---|---|---|---|---|
| 6. ② | 7. ③ | 8. ③ | 9. ③ | 10. ① |
| 11. ① | 12. ① | 13. ③ | 14. ④ | 15. ③ |
| 16. ④ | 17. ③ | 18. ② | 19. ④ | 20. ④ |
| 21. ③ | 22. ④ | 23. ④ | 24. ④ | 25. ② |
| 26. ① | 27. ④ | 28. ① | 29. ② | 30. ④ |
| 31. ③ | 32. ① | 33. ② | 34. ④ | 35. ④ |
| 36. ③ | 37. ① | 38. ④ | 39. ③ | 40. ③ |
| 41. ① | 42. ① | 43. ③ | 44. ④ | 45. ④ |
| 46. ① | 47. ④ | 48. ④ | 49. ① | 50. ③ |

## 1과목 | 데이터 이해

**01 정답 ③**
지식(Knowledge)은 유의미한 정보에 개인의 경험이 결합되어 고유의 지식으로 내재화된 것이다.
| 오답해설 |
① 데이터(Data)
② 정보(Information)
④ 지혜(Wisdom)

**02 정답 ①**
정성적 데이터(qualitative data)는 데이터를 자료의 특성이나 성질, 속성으로 표현하는 것으로, 분석이 상대적으로 주관적이다.

**03 정답 ③**

**04 정답 ④**
빅데이터의 위기 요인은 사생활 침해, 책임원칙 훼손, 데이터 오용 등이며, 분석 기술 부족은 빅데이터의 위기라기보다는 기술적인 도전 과제나 한계에 가깝다고 볼 수 있다.

**05 정답 ②**
빅데이터 시대에는 인과관계를 분석하기 위해 시간을 보내다가 거래 타이밍을 놓치는 것보다 실시간 상관 분석에서 도출된 인사이트를 바탕으로 수익을 창출한다.

**06 정답 ②**
사생활 침해 문제는 '개인정보 제공자의 동의'를 통해 해결하기보다

'개인정보 사용자의 책임'으로 해결해야 한다.

**07 정답 ③**
뉴럴 네트워크 최적화 능력은 특정한 기계학습 분야나 딥러닝 분야에서 중요할 수 있으나, 모든 데이터 사이언티스트에게 필수적인 역량으로 볼 수 없다.

**08 정답 ③**
빅데이터 현상의 출현은 주로 비정형 데이터의 폭발적 증가와 이를 처리할 수 있는 기술(하둡, 분산 처리 기술) 등의 발전과 관련이 있다.

**09 정답 ③**
| 병행학습 |
가치 패러다임의 변화
• 1단계 패러다임 디지털화(digitalization) : 아날로그의 세상을 어떻게 효과적으로 디지털화하는가
• 2단계 패러다임 연결(connection) : 디지털화된 정보와 대상의 연결을 얼마나 효과적이고 효율적으로 제공해 주는가
• 3단계 패러다임 에이전시(agency) : 복잡한 연결을 얼마나 효과적이고 믿을 만하게 관리해주는가

**10 정답 ①**
빅데이터의 효능은 주로 개인화된 마케팅, 실시간 데이터 분석, 예측 분석 등 다양한 맞춤형 서비스를 가능하게 하는 데 있으므로, 고객에게 획일화된 서비스를 제공하는 것은 빅데이터의 효능과는 거리가 멀다.

## 2과목 | 데이터 분석 기획

**11 정답 ①**
데이터셋 선택(Selection) – 데이터 전처리(Preprocessing) – 데이터 변환(Transformation) – 데이터 마이닝(Data Mining) – 데이터 마이닝 결과 평가(Interpretation/Evaluation)

**12 정답 ①**
분석할 대상과 목표가 명확한 경우에 적절한 방식은 하향식 접근 방식이며, 상향식 접근 방식은 데이터에서 패턴이나 의미를 발견해 나가는 방식으로, 보통 분석 대상이 명확하지 않거나 탐색적 분석이 필요한 경우에 사용된다.

**13 정답 ③**
Value는 빅데이터가 비즈니스에 제공하는 가치를 의미하며, 데이터 분석을 통해 얻을 수 있는 인사이트와 이를 활용한 의사 결정 및 전략 수립 등과 직접적으로 관련이 있다.

**14 정답 ④**

분석준비도의 6가지 영역은 분석 업무, 인력 및 조직, 분석 기법, 분석 데이터, 분석 문화, IT 인프라이다.

## 15 정답 ③

협의의 플랫폼: 데이터 분석을 수행하는 데 필요한 핵심 소프트웨어와 하드웨어

광의의 플랫폼: API, 어플리케이션 등 외부 서비스와의 연계를 포함해 보다 포괄적인 개념을 의미

| 병행학습 |

| 광의의 분석 플랫폼 | 분석 서비스 제공 엔진 | |
| --- | --- | --- |
| | 분석 어플리케이션 | |
| | 분석 서비스 제공 API | |
| 협의의 분석 플랫폼 | 데이터 처리 Framework | |
| | 분석 엔진 | 분석 라이브러리 |
| | 운영체제 | |
| | 하드웨어 | |

## 16 정답 ④

시급성의 판단 기준은 전략적 중요도가 핵심이다. 전략적 중요도가 높은 분석 과제는 조직의 목표 달성에 직접적으로 영향을 미치므로 우선적으로 수행되어야 한다.

## 17 정답 ③

분석 대상을 명확하게 모르지만, 기존 분석 방식을 활용하는 경우 통찰(Insight)을 도출하는 방식으로 분석 수행한다.

## 18 정답 ②

CRISP-DM의 첫 번째 단계인 업무 이해(Business Understanding) 단계에서는 프로젝트의 목적과 배경을 이해하고, 데이터 마이닝 목표를 설정하며, 전체적인 프로젝트 계획을 수립하는 작업이 이루어진다.

| 오답해설 |

① 전개(Deployment) 단계
③ 데이터 이해(Data Understanding) 단계
④ 데이터 준비(Data Preparation) 단계

## 19 정답 ④

최적화 단계는 조직 내에서 빅데이터 분석이 완전히 내재화되어 분석 협업 환경이 구축되고, 샌드박스 프로세스 등을 활용해 다양한 분석 작업을 수행할 수 있는 성숙 단계이다.

| 병행학습 |

| 단계 | 도입 단계 | 활용 단계 | 확산 단계 | 최적화 단계 |
| --- | --- | --- | --- | --- |
| IT 부문 | • 데이터 웨어 하우스<br>• 데이터 마트<br>• ETL / EAI<br>• OLAP | • 실시간 대시 보드<br>• 통계분석 환경 | • 빅데이터 관리 환경<br>• 시뮬레이션 ·최적화<br>• 비주얼 분석 분석전용 서버 | • 분석 협업환 경 분석<br>• Sandbox 프로세스<br>• 내재화 빅데 이터 분석 |

## 20 정답 ④

데이터 분석 프로젝트에서는 일반적인 프로젝트 관리 요소(범위, 일정, 품질, 리스크, 의사소통) 외에도 데이터 크기, 데이터 복잡성, 속도, 분석 복잡성, 정확성 및 정밀도와 같은 추가적인 관리 요소를 고려해야 한다.

3과목 | 데이터 분석

## 21 정답 ③

교호 요인은 시계열 분석의 기본적인 분해 요소(추세, 계절, 순환, 불규칙 요인)에 포함되지 않는다.

## 22 정답 ②

후진 제거법은 모든 변수를 포함한 상태에서 시작하여, 하나씩 변수를 제거하면서 모델의 성능을 평가하는 방법이지만 상수항만 남을 때까지 변수 제거를 반복한다는 것은 잘못된 설명이다.

## 23 정답 ④

부정 사용방지 시스템은 이상값을 활용하여 사기 거래, 계정 도용, 비정상적인 사용 패턴 등을 감지하고 방지하는 데 사용된다.

## 24 정답 ④

순서 척도는 명목 척도의 특성을 가지면서, 카테고리 간에 순서나 등급이 있는 척도이다. 예를 들어, 학점(A, B, C, D, F)이나 설문조사에서의 만족도(매우 만족, 만족, 보통, 불만족, 매우 불만족) 등이 순서 척도에 해당된다.

## 25 정답 ②

p-value(유의확률)는 귀무가설이 참일 때, 현재 관측된 결과와 같거나 더 극단적인 결과가 나올 확률을 나타내며, 이 값이 작을수록 귀무가설을 기각할 근거가 강해진다.

| 오답해설 |

① α: 유의 수준으로, 귀무가설이 참일 때 이를 기각할 확률(제1종 오류의 확률)
③ β: 제2종 오류의 확률로, 실제로 대립가설이 참일 때 귀무가설을 기각하지 못하는 확률
④ 1-α: 귀무가설이 참일 때 올바르게 이를 채택할 확률

## 26 정답 ①

| 병행학습 |

$$t = \frac{\text{회귀 계수}(Estimate)}{\text{표준 오차}(Std.\,Error)}$$

t값은 회귀계수가 표준 오차에 비해 얼마나 큰지를 나타내는 지표로, 이 값이 크면 해당 독립변수의 회귀계수가 0이 아닐 확률이 높아지며, 이는 해당 독립변수가 종속변수에 유의한 영향을 미친다는 것을 의미한다.

**27 정답 ④**
- 사전 확률: 전체 인구 중 A질병을 가진 사람의 확률 P(질병)=0.10
- 진단 확률: 전체 인구 중 A질병을 진단받은 사람의 확률 P(진단)=0.2
- 민감도: 해당 질병을 가진 사람이 양성 진단을 받을 확률 P(진단|질병)=0.9

진단을 받은 사람이 실제로 A질병에 걸렸을 확률을 구하기 위해 베이즈 정리에 대입하면 아래와 같이 나온다.

$$P(질병|진단) = \frac{P(진단|질병) \times P(질병)}{P(진단)} = \frac{0.9 \times 0.1}{0.2} = \frac{9}{20}$$

**28 정답 ①**
뉴런이 많으면 과대적합 문제의 위험이 증가하고, 뉴런이 적으면 과소적합 문제 발생 가능성이 높아진다.

| 오답해설 |
② 활성화 함수의 비선형성으로 신경망이 복잡한 패턴을 학습할 수 있다.
③ 뉴런은 입력 값을 받아 가중치를 적용하고, 활성화 함수를 통해 변환한 결과를 다음 단계로 전달하는 정보 처리 단위이다.
④ 일반적으로 역전파 알고리즘과 경사 하강법을 사용하여 오차를 최소화하도록 가중치를 업데이트한다.

**29 정답 ②**
ESD 검정은 주로 단일변수에서 이상값을 찾는 데 사용되는 방법으로, 다중변수의 이상값 탐지는 주로 마할라노비스 거리(Mahalanobis Distance)와 같은 다른 방법을 사용한다.

| 오답해설 |
① 범위(최대값 − 최소값)는 이상값 존재 시 커질 수 있다.
③ 4분위수(IQR)는 중앙값을 기반으로 하므로 이상값에 민감하지 않다.
④ 단일변수 이상값 처리 시 분석 시간 제약이 고려되어야 한다.

**30 정답 ④**
평균 절대 오차(MAE; Mean Absolute Error)는 평균과 각 데이터 값 사이의 차이의 절대값을 평균한 지표이다. 즉, MAE는 예측 값과 실제 값 사이의 오차를 측정하며, 중앙값과는 직접적인 관련이 없다.

**31 정답 ③**
다중공선성은 변수 간의 높은 상관관계로 인해 발생하는 문제이며, 이를 해결하기 위해서는 변수를 제거하거나 변형하는 등의 구체적인 조치를 취해야 한다. 변수 값을 단순히 조정하여 상관계수를 낮추는 것은 다중공선성을 해결하는 올바른 방법으로 볼 수 없다.

| 병행학습 |
평균 중심화는 각 독립변수에서 그 변수의 평균을 빼는 과정으로, 각 변수의 값을 그 변수의 평균값에 대해 재조정한다.

$$X_{centered} = X - \overline{X}$$

이 과정을 통해 변수를 평균 중심화하면, 변수들의 값이 평균 0을 기준으로 산포되게 된다.
평균 중심화를 하면 변수들의 값이 평균 0을 중심으로 재조정되면서,

원래 변수들과 상호작용 항 사이의 인위적인 상관성이 감소하여 다중공선성 문제가 완화된다.

**32 정답 ①**
F-통계량은 전체 회귀모형의 유의성을 평가하는 데 사용되며, t-통계량은 개별 회귀 계수의 유의성을 평가하는 데 사용된다.

**33 정답 ②**
사과를 좋아하는 학생 수: 30(남학생) + 10(여학생) = 40명
전체 학생 수: 30 + 10 + 10 + 50= 100명
사과를 좋아할 확률: 40/100=4/10

**34 정답 ④**
| 오답해설 |
① 선형/비선형의 차이는 AR(1)과 AR(2)와 관련이 없다.
② AR(1)과 AR(2)는 메모리의 길이와는 무관하다.
③ AR(1)과 AR(2)는 모두 정상성 시계열 모형을 가정하는 것이 일반적이다.

**35 정답 ④**
동일한 모집단에서 같은 방식으로 표본을 추출하더라도, 표본이 달라질 수 있어서 신뢰구간 역시 달라진다.

| 오답해설 |
① 95% 신뢰구간에서 1.96이 사용되고, 99% 신뢰구간에서는 2.58이 사용된다.
② 신뢰구간의 중심은 표본평균이므로 0.5가 표본평균이다.
③ 신뢰구간은 모집단 평균을 95% 확률로 포함하지만, 5%의 확률로 포함하지 않을 수 있다.

| 병행학습 |
$$신뢰구간 = \overline{x} \pm z \times \left(\frac{\sigma}{\sqrt{n}}\right)$$

$\overline{x}$ : 표본평균
$z$ : 임계값(신뢰수준에 따라 결정되는 표준정규분포의 z값)
　　 90% 신뢰수준: z=1.645
　　 95% 신뢰수준: z=1.96
　　 99% 신뢰수준: z=2.58
$\sigma$ : 모집단의 표준편차
$n$ : 표본 크기

**36 정답 ③**
단순 확률 대치법은 확률적인 방식으로 결측값을 대치하는 방법이지만, 반드시 회귀모형을 사용하는 것은 아니다. 회귀모형을 사용하는 대치 방법은 비조건부 평균 대치법 또는 회귀 대치법에 해당한다.

**37 정답 ①**
차분(differencing)은 일반적으로 현재 시점의 값에서 직전 시점의 값을 빼는 방법이다.

**38 정답 ④**

BIC는 베이지안 이론을 기반으로 하지만, 모델에 '가중치'를 부과하는 것이 아니다. BIC는 데이터의 샘플 크기를 고려하여 벌점을 계산한다.

| 병행학습 |

• AIC(Akaike Information Criterion) : 모델의 적합도와 복잡성 사이의 균형을 평가하는 지표로, 모델의 복잡도에 벌점을 부과해, 과적합을 방지하려는 목적으로 사용한다.

• BIC(Bayesian Information Criterion) : AIC와 유사하게 모델의 적합도와 복잡성을 평가하지만, 샘플 크기가 커질수록 더 강하게 복잡한 모델에 패널티를 부과하는 방식이다.

• 즉, AIC는 모델의 적합도를 더 중시하며, BIC는 샘플 크기와 모델 복잡성에 대해 더 강한 벌점을 부과한다.

**39 정답 ③**

DBSCAN은 밀도 기반 군집화 알고리즘으로, 초기 군집 수를 미리 설정할 필요가 없다. DBSCAN은 데이터의 밀도에 따라 자동으로 군집을 형성하며, 밀도가 낮은 데이터는 노이즈로 처리한다.

**40 정답 ③**

EM 알고리즘은 잠재 변수와 관측된 데이터를 이용해, 숨겨진 군집 구조를 추정하고 모수를 반복적으로 업데이트하는 방식이다.

**41 정답 ①**

True로 예측했지만 실제는 False: 70
False로 예측했지만 실제는 True: 60
오분류율=(70+60)/(30+60+70+40)=130/200=13/20

**42 정답 ①**

Apriori 알고리즘은 최소 지지도보다 큰 집합만을 대상으로 높은 지지도를 갖는 품목 집합을 찾는 방법이다.

**43 정답 ③**

향상도(Lift)는 A를 구매했을 때 B를 구매하는 확률이, B를 구매하는 전체 확률에 비해 얼마나 더 높아졌는지를 나타내는 지표이다. 향상도가 1보다 크면 A와 B 사이에 양의 연관성이 있으며, A를 구매했을 때 B를 구매할 가능성이 더 커졌음을 의미한다.

**44 정답 ④**

의사결정나무에서 더 이상 분할이 유의하지 않거나, 마디 내 데이터 수가 특정 기준 이하일 때 정지규칙(Stopping Rule)에 따라 분할이 멈춘다.

| 오답해설 |

① 오즈(Odds): 특정 사건이 발생할 확률과 발생하지 않을 확률의 비율을 의미하며, 의사결정나무의 분리 기준과는 관련이 없다.

② 활성함수(Activation Function): 인공신경망에서 사용되는 함수로, 노드의 출력을 결정하는 역할을 하며, 의사결정나무와는 관련이 없다.

③ 가지치기(Pruning): 의사결정나무에서 복잡한 모델을 단순화하기 위해 불필요한 가지를 제거하는 기법으로, 이미 생성된 나무를 수정하는 방법이다.

**45 정답 ④**

시그모이드(Sigmoid)는 활성함수의 일종으로, 주로 신경망(딥러닝)에서 사용되며, 이는 앙상블 모형과는 관련이 없다.

**46 정답 ①**

선형 회귀분석은 연속형 종속변수를 예측하는 데 적합한 방법이다. 그러나 신용카드 고객의 파산 여부는 Yes/No와 같은 이진 분류 문제이므로, 선형 회귀분석은 적절하지 않다.

**47 정답 ④**

SOM(Self-Organizing Map)은 비지도 학습 기법으로, 입력 데이터를 군집화하고, 차원 축소를 통해 데이터의 패턴을 시각화하는 데 사용한다.

**48 정답 ④**

분류나무는 주로 카이제곱 통계량, 엔트로피 지수, 지니지수 같은 불순도 측정 지표를 기준으로 데이터를 나누는 데 사용한다.

**49 정답 ①**

엘보우(Elbow Method)는 군집 수를 늘리면서 군집 내 오차 제곱합(SSE)을 계산해, SSE 감소가 완만해지는 팔꿈치 지점에서 최적의 군집 수를 선택하는 방법이다.

| 오답해설 |

① 상관계수 : 두 변수 간의 선형 관계를 측정하는 값
② 유클리드 거리 : 군집 내 개체 간의 거리를 계산하는 방법
③ ROC : 이진 분류 성능을 평가하는 데 사용되는 그래프

**50 정답 ③**

TV의 회귀계수는 유의하지만, TV와 Radio의 상호작용이 포함되어 있으므로 이를 고려해야 한다. 따라서 TV가 증가할 때, Radio와 상관없이 Sales 값이 증가한다고 단정할 수 없다.

| 오답해설 |

① p-value가 〈 2e-16으로 매우 작기 때문에, 통계 모형이 유의함을 나타낸다.

② TV와 Radio 상호작용 항목의 p-value가 〈 2e-16으로 매우 유의하다.

④ $R^2$ 값이 0.967이고, 수정된 $R^2$은 0.96710|므로 약 97%라고 할 수 있다.

| | | | | |
|---|---|---|---|---|
| 1. ② | 2. ③ | 3. ① | 4. ④ | 5. ① |
| 6. ① | 7. ③ | 8. ④ | 9. ③ | 10. ③ |
| 11. ① | 12. ④ | 13. ① | 14. ④ | 15. ② |
| 16. ② | 17. ③ | 18. ④ | 19. ④ | 20. ③ |
| 21. ② | 22. ① | 23. ② | 24. ③ | 25. ④ |
| 26. ④ | 27. ④ | 28. ② | 29. ② | 30. ④ |
| 31. ③ | 32. ① | 33. ④ | 34. ② | 35. ③ |
| 36. ① | 37. ② | 38. ③ | 39. ① | 40. ① |
| 41. ④ | 42. ④ | 43. ① | 44. ② | 45. ④ |
| 46. ② | 47. ② | 48. ④ | 49. ④ | 50. ④ |

## 1과목 | 데이터 이해

### 01 정답 ②
데이터가 가공 및 처리되고, 데이터 간 상관관계 속에서 의미가 도출된 것은 정보(Information)이다. Insight는 DIKW 피라미드의 일부가 아니며, 일반적으로 데이터나 정보에 대한 깊은 이해나 통찰을 의미한다.

### 02 정답 ③
콘텐츠는 데이터, 정보, 지식, 저작물 등 다양한 형태의 의미 있는 자료나 내용물을 총칭하는 용어이다.

| 오답해설 |
① 암묵지 : 학습과 체험을 통해 개인에게 습득된 무형의 지식
② 형식지 : 형상화된 지식으로 유형의 대상이 있어 지식의 전달과 공유가 매우 용이
④ 데이터베이스 : 문자, 기호, 음성, 화상, 영상 등 상호 관련된 다수의 콘텐츠를 정보처리 및 정보통신 기기에 의하여 체계적으로 수집 · 축적하여 다양한 용도와 방법으로 이용할 수 있도록 정리한 정보의 집합체

### 03 정답 ①
SCM(Supply Chain Management)은 원자재 조달부터 최종 소비자까지 제품과 서비스의 흐름을 최적화하여 비용을 절감하고 고객 만족을 높이는 종합적인 공급망 관리 시스템이다.

| 오답해설 |
② CRM(Customer Relationship Management) : 고객 관계 관리, 고객별 구매이력 데이터베이스를 분석하여 이를 바탕으로 각종 마케팅 전략을 펼침
③ ERP(Enterprise Resource Planning) : 전사적 자원 관리, 경영 ·

인사 · 재무 · 생산 등 기업의 전반적 시스템을 하나로 통합함으로써 효율성을 극대화하는 경영 전략
④ KMS(Knowledge Management System) : 지식 관리 시스템, 조직의 지식을 좀 더 체계적으로 관리하여 기업의 경쟁력을 강화시키는 기업 정보 시스템

### 04 정답 ④
사전처리에서 사후처리로 변화되며, 필요한 정보만 수집하는 것이 아니라 가능한 많은 데이터를 수집하여 숨은 정보를 찾아낸다.

| 병행학습 |
빅데이터가 만들어낸 본질적 변화
• 인과관계 → 상관관계
• 표본조사 → 전수조사
• 질 → 양
• 사전처리 → 사후처리

### 05 정답 ①
빅데이터의 가치는 일반적으로 데이터의 개방성과 공유에서 나오는 경우가 많으므로, 공유가 폐쇄적인 환경에서 이루어진다는 설명은 잘못된 설명이다.

| 병행학습 |
빅데이터 가치 선정이 어려운 이유
② 데이터 재사용, 재조합, 다목적용 개발이 일반화
③ 기존에 없던 새로운 가치 창출
④ 클라우드 분산 컴퓨팅과 새로운 분석 기법의 등장

### 06 정답 ①
데이터 오용에 대한 해결 방법으로는 알고리즘에 대한 접근을 허용하고 객관적인 인증 방안을 도입하는 것이 필요하다. 또한 알고리즘에 의해 불이익을 당한 사람들을 대변할 수 있는 전문가(알고리즘스트)를 육성하는 것도 중요하다.

| 병행학습 |
빅데이터 시대의 위기 요인 해결 방법
• 사생활 침해 : 동의에서 책임으로
• 책임 원칙 훼손 : 결과 기반 책임 원칙 고수
• 데이터 오용 : 알고리즘 접근 허용

### 07 정답 ③

### 08 정답 ④
데이터 사이언티스트는 강력한 호기심, 스토리텔링, 커뮤니케이션, 창의력, 열정, 직관력, 비판적 시각, 글쓰기 능력, 대화 능력 등을 갖추어야 한다. 연구윤리는 데이터 사이언티스트에게 필요한 역량이지만, 통찰력 있는 분석을 위해 가장 핵심적인 역량은 아니다.

### 09 정답 ③

이론적 지식과 분석 기술 숙련은 데이터 사이언티스트의 하드 스킬에 해당한다.

| 병행학습 |

| 하드 스킬(Hard Skill) | 데이터 처리나 분석 기술과 관련된 스킬 |
|---|---|
| 소프트 스킬(Soft Skill) | 통찰력 있는 분석, 설득력 있는 전달, 협력 등의 스킬 |

## 10 정답 ③

digitalization(디지털화) → connection(연결) → agency(에이전시)

| 병행학습 |

- 1단계 패러다임 디지털화(digitalization) : 아날로그의 세상을 어떻게 효과적으로 디지털화하는가
- 2단계 패러다임 연결(connection) : 디지털화된 정보와 대상의 연결을 얼마나 효과적이고 효율적으로 제공해 주는가
- 3단계 패러다임 에이전시(agency) : 복잡한 연결을 얼마나 효과적이고 믿을 만하게 관리해주는가

### 2과목 | 데이터 분석 기획

## 11 정답 ①

〈보기〉에서 제시된 내용은 프로젝트 목적에 맞는 외부 소싱 운영과 PoC(Proof of Concept) 프로젝트에서 클라우드 방안 검토의 필요성을 강조하고 있다. 이는 프로젝트 관리 측면에서 조달 활동을 효과적으로 수행해야 함을 의미한다.
조달은 외부 자원을 구매하거나 계약을 체결하는 활동을 관리하고, 조달 계획을 수립하며, 제품이나 서비스를 효과적으로 확보하는 것을 의미한다.

| 병행학습 |

PoC(Proof of Concept) 프로젝트 : 새로운 아이디어나 기술이 실제로 작동하는지, 그리고 실현 가능한지를 검증하기 위한 작은 규모의 파일럿 프로젝트

## 12 정답 ④

위험 식별 대응 방법에는 회피(Avoid), 전이(Transfer), 완화(Mitigate), 수용(Accept)이 있다.

## 13 정답 ①

도입형은 준비도가 높지만, 분석 업무와 기법 등의 성숙도가 낮은 경우를 의미한다. 즉, 기업에서 활용하는 분석 업무와 기법 등은 아직 부족하지만, 조직 및 인력 등의 준비도가 높아 바로 도입이 가능한 상황을 나타낸다.

| 병행학습 |

- 준비형 : 낮은 준비도, 낮은 성숙도 수준에 있는 기업들
- 정착형 : 낮은 준비도, 높은 성숙도 수준에 있는 기업들
- 도입형 : 높은 준비도, 낮은 성숙도 수준에 있는 기업들

- 확산형 : 높은 준비도, 높은 성숙도 수준에 있는 기업들

## 14 정답 ②

분석의 대상을 모르는 경우 기존의 방법을 활용하면 인사이트(Insight)를 도출할 수 있다.

## 15 정답 ②

데이터 전처리는 데이터셋에 포함된 잡음, 이상값, 결측치 등을 식별하고 정제하는 작업을 의미한다.

| 병행학습 |

KDD 분석 방법론

① 데이터셋 선택(Selection) : 비즈니스 도메인에 대한 이해, 프로젝트 목표를 정확하게 설정

② 데이터 전처리(Preprocessing) : 데이터 셋에 포함되어 있는 잡음(Noise), 이상값(Outlier), 결측치(Missing Value)를 식별

③ 데이터 변환(Transformation) : 분석 목적에 맞는 변수를 선택하거나 데이터 차원을 축소하여 데이터 마이닝을 효율적으로 적용될 수 있도록 데이터 셋을 변경하는 프로세스를 수행

④ 데이터 마이닝(Data Mining) : 분석 목적에 맞는 데이터 마이닝 기법을 선택하고 데이터마이닝 알고리즘을 선택

⑤ 데이터 마이닝 결과 평가(Interpretation/Evaluation) : 데이터 마이닝 결과에 대한 해석과 평가, 분석 목적과의 일치성을 확인

## 16 정답 ②

상향식 분석과제 발굴 방법은 데이터에 기반하여 문제를 발견하고 해결책을 찾아가는 방식이므로, 주로 비지도학습 기법이 활용되며, 지도학습은 사전에 정의된 목표 변수를 예측하는 것이 목적이므로 하향식 분석과제 발굴과 관련이 있다.

| 병행학습 |

상향식 분석과제 발굴과 관련있는 접근법

- 디자인 사고(Design Thinking) 접근법
- 비지도 학습(Unsupervised Learning) 방법
- 상관관계 분석, 연관 분석을 통한 문제의 해결
- 프로토타이핑(Prototyping) 접근법

## 17 정답 ③

외부 참조 모델 기반 문제 탐색은 유사한 산업이나 업무 서비스 사례를 벤치마킹하여 빠르게 문제와 해결책을 도출하는 방식이다. 이를 통해 "Quick & Easy" 방식으로 아이디어를 발굴할 수 있다.

## 18 정답 ④

| 병행학습 |

- 데이터 분석체계 도입: 분석기회 발굴, 과제 정의, 로드맵 수립
- 데이터 분석 유효성 검증: 알고리즘 설계, 아키텍처 설계, 파일럿 수행
- 데이터 분석 확산 및 고도화: 변화 관리, 시스템 구축, 유관 시스템 고도화

**19 정답 ④**

과제 예산 및 비용 집행은 분석 거버넌스 체계의 핵심 구성 요소라기보다는 분석 활동을 지원하는 재무 관리 영역에 속한다고 볼 수 있다.

| 병행학습 |

분석 거버넌스 체계 구성 요소

- 조직(Organization) - 분석 기획 및 관리를 수행하는 조직
- 프로세스(Process) - 과제 기획 및 운영 프로세스
- 시스템(System) - 분석 관련 IT 시스템과 프로그램
- 데이터(Data) - 데이터 거버넌스
- Human Resource - 분석 관련 교육 및 마인드 육성 체계

**20 정답 ③**

데이터 분석 조직은 최종 의사결정을 내리는 것이 아니라, 데이터를 기반으로 한 인사이트와 분석 결과를 제공하여 최고 의사결정권자가 더 나은 결정을 내릴 수 있도록 지원하는 역할을 하며, 최종 의사결정은 일반적으로 경영진이나 최고 의사결정권자가 내리게 된다.

> **3과목 | 데이터 분석**

**21 정답 ②**

- IQR: Q3 − Q1 = 135 − 115 = 20
- 하한선: Q1 − 1.5 * IQR = 115 − 1.5 * 20 = 115 − 30 = 85
- 상한선: Q3 + 1.5 * IQR = 135 + 1.5 * 20 = 135 + 30 = 165

CompPrice는 최대값이 175로 상한선인 165를 넘는 이상값에 해당된다.

**22 정답 ①**

명목척도(Nominal Scale)는 대상들을 서로 구분할 수 있는 범주형 척도이다. 이름, 성별, 출신지역 등은 서로 구분되는 범주를 나타내므로 명목척도에 해당한다.

| 병행학습 |

- 명목척도 : 측정대상이 어느 집단에 속하는지 분류할 때 사용되는 척도
- 순서척도 : 측정대상 특성이 가지는 서열 관계를 관측하는 척도
- 구간척도 : 절대적인 원점이 없고, 관측값 사이가 비율을 의미하지 않음
- 비율척도 : 절대적 기준값 0이 존재하고 사칙연산 가능, 가장 많은 정보를 갖는 척도

**23 정답 ②**

선형 회귀분석의 가정 중 오차항에 해당하는 가정은 등분산성, 정규성, 독립성, 비상관성이다.

| 병행학습 |

선형 회귀분석의 가정

| 선형성 | 독립변수(x)와 종속변수(y)가 선형적 관계에 있음 |
|---|---|
| 독립성 | • 오차(잔차)와 독립변수(x)의 값이 관련되어 있지 않음<br>• Durbin-Watson 검정으로 독립성 확인 |
| 등분산성 | • 독립변수(x) 값과 관계없이 잔차의 분산이 일정한 형태를 보임<br>• Bartlett 검정, Levene 검정으로 등분산성 확인 |
| 비상관성 | • 관측치들의 잔차끼리 상관이 없어야 함 |
| 정상성(정규성) | • 잔차의 분포가 정규분포를 이루어야 함<br>• 히스토그램, Q-Q plot, Kolmogolov-Smirnov 검정, Shapiro-Wilk 검정으로 정규성 확인 |

**24 정답 ③**

- 모수 검정 : 모집단의 분포에 대해 가정을 하고, 그 가정에 따라 검정통계량과 검정통계량의 분포를 유도해 검정을 시행하는 방법
- 비모수 검정 : 모집단의 분포에 대해 가정을 하지 않거나, 가정을 최소화한 상태에서 통계적 가설을 검정하는 방법

**25 정답 ④**

데이터 위치가 완벽하게 보존된다는 설명은 자기 조직화 지도(SOM)에 해당하는 내용이다.

| 병행학습 |

- 다차원척도법(MDS; Multidimensional Scaling) : 여러 대상 간의 거리나 유사성을 보존하면서 고차원의 데이터를 저차원(주로 2차원 혹은 3차원)으로 축소하는 차원축소 방법
- 자기 조직화 지도(SOM; Self Organizing Map) : 고차원의 데이터를 저차원으로 시각화하는 데 사용하며, 입력변수의 위치 관계를 그대로 보존하는 방법

**26 정답 ④**

상관계수가 0이라고 해서 반드시 독립이라고 할 수는 없다. 상관계수가 0이라는 것은 두 변수 간에 선형 관계가 없다는 것을 의미할 뿐, 두 변수가 완전히 독립이라는 것을 의미하지는 않는다.

| 병행학습 |

상관계수

- 상관계수는 공분산을 각 변수의 표준편차로 나누어 표준화한 값으로 변수 단위의 영향을 받지 않는다.
- 상관계수의 절대값이 클수록 강한 상관관계를 가진다.
- $-1 \leq r \leq 1$
- x, y가 독립이면 상관계수는 0이지만, 반대는 성립하지 않는다.

**27 정답 ④**

지수평활법은 시계열 데이터를 예측하는 데 사용되는 통계 기법으로, 과거 데이터에 가중치를 부여하여 미래를 예측하므로, 최근 데이터에 더 큰 가중치를 두고 과거 데이터에는 점차적으로 감소하는 가중치를 적용하여 예측치를 계산하는 방법이다.

**28 정답 ②**

AR 모형의 ACF(자기상관함수)는 시간이 지남에 따라 점차적으로 감소하지만, PACF(부분자기상관함수)는 절단면 이후 급격히 감소하는 특징이 있다.

| 병행학습 |

| AR(Autoregressive) 모형 | • 현재 값을 과거 값의 선형 결합으로 표현하는 모형<br>• ACF는 점차적으로 감소, PACF는 절단면 이후 급격히 감소 |
|---|---|
| MA(Moving Average) 모형 | • 현재 값을 과거 오차항의 선형 결합으로 표현하는 모형<br>• PACF는 점차적으로 감소, ACF는 절단면 이후 급격히 감소 |
| ARMA(Autoregressive Moving Average) 모형 | 과거 값과 과거 오차항을 모두 사용하여 현재 값을 예측 |

**29 정답 ②**

다중공선성이 발생하면 회귀계수의 추정치가 불안정해지고, 회귀계수의 표준오차가 증가하며, 추정치의 불확실성이 증가한다. 그러나 회귀계수의 설명력, 즉 $R^2$ 값이 낮아지는 것은 아니다.

**30 정답 ②**

• 귀무가설 ($H_0$) : r = 0 (상관계수가 0으로, 두 변수 간에 선형 상관관계가 없다.)
• 대립가설 ($H_1$) : r ≠ 0 (상관계수가 0이 아니며, 두 변수 간에 선형 상관관계가 있다.)

**31 정답 ③**

전체 관측치 수(n) = 잔차의 자유도(df)+회귀계수의 수(p) = 48+2=50

**32 정답 ①**

결측치를 처리하는 과정에서 추가적인 계산이나 데이터 변형 작업이 필요할 수 있기 때문에, 결측치 처리 방법에 따라 데이터 분석의 속도가 느려질 수 있다.

| 병행학습 |

• NA(Not Available) : 데이터셋에서 값이 존재하지 않음을 나타낸다.
• NaN(Not a Number) : 수학적 연산에서 정의되지 않은 결과를 나타낸다.

**33 정답 ④**

결측값을 데이터의 평균으로 대치하는 방법은 평균 대치법이다.

| 병행학습 |

• 완전 분석법(Completes analysis) : 결측값이 존재하는 레코드를 삭제하는 방법
• 평균 대치법(Mean Imputation) : 관측 또는 실험을 통해 얻은 데이터의 평균으로 대치하는 방법
• 단순 확률 대치법(Single Stochastic Imputation) : 평균 대치법에서 추정량 표준오차의 과소 추정문제를 보완하고자 고안된 방법

• 다중 대치법(Multiple Imputation) : 결측값을 여러 차례 대체하여 여러 개의 완전한 데이터셋을 생성하는 방법

**34 정답 ②**

중앙값은 자료를 크기 순서대로 나열한 후 가운데 있는 값으로, 이상치(outlier)에 영향을 많이 받지 않는다는 특징이 있다.

| 병행학습 |

MAE(Mean Absolute Error)
평균 절대 오차, 실제 값과 예측 값의 차이의 절대값을 평균낸 값

$$\frac{1}{n}\sum_{i=1}^{n}|y_i - \hat{y_i}|$$

**35 정답 ③**

수면이 증가한 사람의 수는 이 데이터만으로는 정확히 알 수 없다. 최소값(Min.)이 −1.600이므로 수면 시간이 감소한 경우도 있다.

| 오답해설 |

① 최대값(Max.)은 5.5로, 가장 많이 잠이 늘어난 사람은 5.5시간이다.
② 3사분위수(3rd Qu.)가 3.4로, 수면 시간이 3.4시간 이상 늘어난 사람은 전체의 상위 25%이다.
④ 평균(Mean) 수면 시간 증가는 1.54시간이다.

**36 정답 ①**

head(Orange)는 처음 6개의 행만 보여주지만, summary(Orange)를 보면 각 Tree 범주(1, 2, 3, 4, 5)가 7개씩 있음을 알 수 있다. 그러므로 총 관측치는 35개(5 * 7)이다.

| 오답해설 |

② age의 평균(Mean)은 922.1이다.
③ Tree는 1, 2, 3, 4, 5로 구분되는 범주형 변수이다.
④ circumference의 Median(중앙값)이 115.0이므로, 50%의 관측치가 115.0 이상이다.

**37 정답 ②**

두 점 사이의 거리를 직선으로 최단 측정한 것은 유클리디안 거리이며, 맨해튼 거리는 두 점 사이의 거리를 격자를 따라 수직과 수평 방향으로만 이동하여 측정한 거리이다.

**38 정답 ③**

회귀나무에서는 분산 감소량, 분류나무에서는 지니지수를 사용하는 의사결정 나무 알고리즘은 CART이다.

| 병행학습 |

의사결정 나무 알고리즘과 분류 기준

| | 분류나무 | 회귀나무 |
|---|---|---|
| CHAID(다지분할) | 카이제곱 p-value | F 통계량 p-value |
| CART(이지분할) | 지니지수 | 분산 감소량 |
| C5.0 | 엔트로피 지수 | – |

$$지지도 = P(A \cap B) = \frac{A와\ B가\ 동시에\ 포함된\ 확률}{전체\ 확률}$$

$$신뢰도 = \frac{P(A \cap B)}{P(A)} = \frac{A와\ B가\ 동시에\ 포함된\ 확률}{A를\ 포함하는\ 확률}$$

$$향상도 = \frac{P(B|A)}{P(B)} = \frac{P(A \cap B)}{P(A)P(B)} = \frac{A와\ B를\ 포함하는\ 확률}{A를\ 포함하는\ 확률\ \times B를\ 포함하는\ 확률}$$

## 39 정답 ①
지지도=$P(A \cap B)$=4/10=40%
신뢰도=지지도/$P(A)$=4/5=80%

## 40 정답 ①
민감도(sensitivity) 또는 재현율(Recall) : 실제값이 True인 관측치 중 예측치가 적중한 정도이므로 TP/(TP+FN)이다.

## 41 정답 ④
배깅의 주요 장점 중 하나는 과적합(overfitting)을 줄이는 것으로, 여러 모델의 예측을 평균내거나 투표하는 방식으로 최종 결정을 내리기 때문에, 과적합의 위험이 오히려 감소한다.

## 42 정답 ④
군집분석은 데이터의 유사성을 기반으로 군집을 형성하는 방법이므로, 특정 명확한 기준이 없어도 적용할 수 있다.

## 43 정답 ①
계층적 군집분석은 처음에는 각 데이터 포인트를 하나의 군집으로 보고, 그 다음 단계에서는 가까운 군집들을 순차적으로 합치면서 계층적인 구조를 형성하므로, 군집 간에 중복이 없는 부분집합으로 형성한다.
| 오답해설 |
② 계층적 군집분석은 군집을 병합해 나가는 병합적 방법과 군집을 분리해 나가는 분할적 방법이 있다.
③ 계층적 군집분석은 k값을 미리 정하지 않고 실행한다.
④ k-means 군집분석의 특징이다.

## 44 정답 ②
은닉노드의 개수가 적으면 모델의 복잡성이 줄어들어, 신경망이 학습할 수 있는 패턴이 제한되기 때문에 의사결정이 더 단순해지며, 이것을 과소적합(underfitting)이라고 한다.

## 45 정답 ④
영향력 진단의 목적은 영향력이 큰 관측값을 식별하고, 그 영향을 평가하는 것으로, 영향력을 최대화하는 것이 아니라, 오히려 이상치나 영향력이 큰 관측값의 존재를 파악하고 그 영향을 이해하려는 것이다.
| 병행학습 |
영향력 진단
• 회귀 분석에서 개별 데이터 포인트가 모델의 파라미터 추정치나 전반적인 모델 적합도에 미치는 영향을 평가하는 과정이다.

• Cook's Distance, DFBETAS, DFFITS, Leverage (H) 등으로 평가하며, 값이 클수록 영향력이 크다.

## 46 정답 ②
지니지수와 엔트로피는 모두 데이터의 불확실성을 측정하는 지표로, 둘 다 값이 작을수록 순도가 높다는 점에서 경향이 비슷하다.
| 오답해설 |
① 지니지수가 0이라는 것은 모든 샘플이 동일한 클래스에 속한다는 것을 의미한다.
③ 지니지수는 데이터셋 내의 클래스 분포의 불균형 정도를 측정하는 데 사용된다.
④ 의사결정 나무의 분류나무에서 지니지수는 노드를 분할하는 기준으로 사용된다.

## 47 정답 ②
가지치기는 불필요한 가지를 제거하여 나무의 크기(노드 수)를 줄이는 과정으로, 이를 통해 모델의 복잡성을 낮추고 일반화 성능을 향상시킬 수 있습니다.
| 오답해설 |
① 가지치기는 일반적으로 학습 데이터에 대한 예측 성능을 다소 감소시키는 대신, 테스트 데이터나 새로운 데이터에 대한 예측 성능을 향상시키는 것이 목적이다.
③ 가지치기는 나뭇잎의 수를 감소시킨다.
④ 가지치기는 분기의 수를 줄이고 복잡성을 감소시킨다.

## 48 정답 ④
라쏘가 릿지보다 변수 선택에 유리하다. 라쏘는 L1 정규화를 사용하여 일부 계수를 정확히 0으로 만들 수 있어 변수 선택 효과가 있으나 릿지는 L2 정규화를 사용하여 계수를 0에 가깝게 만들지만 정확히 0으로 만들지는 않는다.

## 49 정답 ④
회귀계수는 로그 오즈 비율에 대한 계수이기 때문에, 이를 해석하려면 지수 변환을 통해 오즈 비율로 변환해야 한다.

## 50 정답 ④
품목 A와 품목 B가 독립인 경우, 향상도(lift)가 1이 된다. 향상도가 1보다 크면 두 품목이 함께 발생할 가능성이 더 크다는 것을, 1보다 작으면 두 품목이 함께 발생할 가능성이 더 낮다는 것을 의미한다.

| | | | | |
|---|---|---|---|---|
| 1. ① | 2. ① | 3. ④ | 4. ③ | 5. ② |
| 6. ① | 7. ② | 8. ④ | 9. ① | 10. ① |
| 11. ② | 12. ② | 13. ② | 14. ③ | 15. ① |
| 16. ③ | 17. ④ | 18. ④ | 19. ① | 20. ① |
| 21. ④ | 22. ③ | 23. ③ | 24. ② | 25. ② |
| 26. ① | 27. ③ | 28. ① | 29. ② | 30. ③ |
| 31. ③ | 32. ② | 33. ④ | 34. ④ | 35. ② |
| 36. ④ | 37. ④ | 38. ④ | 39. ④ | 40. ④ |
| 41. ④ | 42. ④ | 43. ③ | 44. ③ | 45. ④ |
| 46. ① | 47. ④ | 48. ① | 49. ① | 50. ④ |

## 1과목 | 데이터 이해

### 01 정답 ①

가트너의 데이터 사이언티스트 역량은 데이터 관리, 분석 모델링, 비즈니스 분석, 소프트 스킬이다.

| 병행학습 |

| | |
|---|---|
| 데이터 관리<br>(Data<br>Management) | • 데이터 수집, 정제, 저장, 조회 등을 효과적으로 수행할 수 있는 능력<br>• 데이터 형식, 데이터베이스 시스템 이해, 데이터 품질 관리, 데이터 보안 및 개인정보 보호 준수 등 포함 |
| 분석 모델링<br>(Analytical<br>Modeling) | • 통계, 머신러닝, AI 등의 분석 기법을 활용하여 데이터를 분석하고 모델링하는 능력<br>• 데이터에서 패턴, 트렌드 발견, 예측 모델 개발, 의사결정 지원 인사이트 제공 등 포함 |
| 비즈니스 분석<br>(Business<br>Analysis) | • 비즈니스 문제를 이해하고 이를 해결하기 위해 데이터를 활용하는 능력<br>• 비즈니스 전략 이해, 비즈니스 문제를 데이터 분석 문제로 변환, 분석 결과를 비즈니스 결정에 적용 등 포함 |
| 소프트 스킬<br>(Soft Skills) | 커뮤니케이션, 협업, 문제 해결 등의 소프트 스킬, 복잡한 분석 결과를 비전문가에게 이해하기 쉽게 설명, 다양한 배경의 팀원들과 협업, 창의적으로 문제 해결 등 포함 |

### 02 정답 ①

데이터 분석 기술은 데이터 처리나 분석 기술과 관련된 하드 스킬이고, 설득력, 창의성, 커뮤니케이션은 소프트 스킬에 해당된다.

### 03 정답 ④

ITS(Intelligence Transport System)는 지능형 교통 시스템으로 국가에서 활용하는 데이터베이스 기법이다.

| 오답해설 |

① CRM(Customer Relationship Management) : 고객 관계 관리, 고객별 구매이력 데이터베이스를 분석하여 이를 바탕으로 각종 마케팅 전략을 펼침

② KMS(Knowledge Management System) : 지식 관리 시스템, 조직의 지식을 좀 더 체계적으로 관리하여 기업의 경쟁력을 강화시키는 기업 정보 시스템

③ ERP(Enterprise Resource Planning) : 전사적 자원 관리, 경영 · 인사 · 재무 · 생산 등 기업의 전반적 시스템을 하나로 통합함으로써 효율성을 극대화하는 경영 전략

### 04 정답 ③

이미지, 음성, 텍스트의 형태로 저장되는 것은 비정형 데이터(Unstructured Data)에 해당된다.

| 오답해설 |

① Structured Data : 정형 데이터로 관계형 데이터베이스, 스프레드시트, CSV 등의 형태로 저장

② Semi-structured Data : 반정형 데이터로 XML, HTML, JSON, 로그 등의 형태로 저장

④ Streamed Data : 실시간으로 생성되고 전송되는 데이터로 실시간 비디오 스트리밍이나 센서 데이터 형태로 저장

### 05 정답 ②

Bit는 데이터의 가장 작은 단위로 하나의 이진수(0또는1)의 값을 가지고 있으며, Byte는 8비트로 구성된 단위이다.

### 06 정답 ①

빅데이터가 만들어내는 본질적인 변화

가. 사전처리 → 사후처리

나. 질 → 양

다. 표본조사 → 전수조사

라. 인과관계 → 상관관계

### 07 정답 ②

데이터베이스의 특징은 응용 프로그램 독립성으로 데이터베이스의 구조가 변경되더라도 응용 프로그램이나 사용자에게 영향을 주지 않도록 하는 것을 의미한다.

### 08 정답 ④

④는 일차적인 분석에 대한 설명이다.

| 병행학습 |

일차적인 분석

• 업계 내부의 문제에만 포커스를 두고, 주로 부서 단위로 관리된다.

• 기존 성과를 유지하고 업계 차원의 경쟁력 확보를 위해 필요한 것이 무엇인지 알아낼 수 있지만 절대적으로 앞설 수는 없다.

가치 기반 분석

• 전략적 통찰력을 중점으로 분석을 수행한다.

- 사업과 이에 영향을 미치는 트렌드에 대해 큰 그림을 그려야 한다.
- 사업성과를 견인하는 요소들, 차별화를 이룰 수 있는 기회에 대해 중요한 통찰을 준다.

**09 정답 ①**
군집분석(Clustering)은 비슷한 특징을 가진 데이터를 군집으로 묶는 비지도 학습 방법으로, 개인의 신용 등급 평가 같은 경우는 지도 학습 방법인 분류(Classification) 기법이 일반적으로 사용된다.

**10 정답 ①**
빅데이터의 출현이 서비스 산업의 확대에 기여한 것은 사실이나, 이것이 반드시 제조업의 축소를 직접적으로 의미하는 것은 아니다. 빅데이터는 제조업에서도 스마트 제조, 공급망 최적화 등을 통해 중요한 역할을 하고 있다.

---

**2과목 | 데이터 분석 기획**

**11 정답 ②**
주제 유형은 최적화, 솔루션, 통찰, 발견 4가지이다.

**12 정답 ②**
Accuracy & Deploy는 분석 마스터플랜의 1차 목표이고, ①, ③, ④는 분석 과제와 관련된 것이다.
| 병행학습 |
목표 시점별 분석 기획 방안

| 기획 방안 | 분석 과제 | 분석 마스터플랜 |
|---|---|---|
| 단위 | 당면한 분석 주제의 해결 (과제 단위) | 지속적 분석 문화 내재화 (마스터 플랜 단위) |
| 1차 목표 | Speed &Test | Accuracy &Deploy |
| 과제 유형 | Quick-win | Long Term View |
| 접근 방식 | Problem Solving | Problem Definition |

**13 정답 ②**
모델링 단계의 세부 활동은 모델링 기법 선택, 모델 테스트 계획 설계, 모델 작성, 모델 평가로 데이터 통합은 데이터 준비 단계에 포함된다.
| 병행학습 |
CRISP-DM의 6단계
업무 이해 → 데이터 이해 → 데이터 준비 → 모델링 → 평가 → 전개

**14 정답 ③**
빅데이터 관리 환경, 시뮬레이션·최적화, 비주얼 분석, 분석 전용 서버는 IT 부문의 확산 단계에 해당한다.
| 오답해설 |
① 도입 단계 : 데이터 웨어하우스, 데이터 마트, ETL/EAI, OLAP

② 활용 단계 : 실시간 대시보드, 통계분석 환경
④ 최적화 단계 : 분석 협업환경 분석, Sandbox 프로세스, 내재화 빅데이터 분석

**15 정답 ①**
데이터 분석을 위한 조직구조에는 집중형, 기능형, 분산형이 있으며 〈보기〉는 집중형 조직구조에 대한 설명이다.

**16 정답 ③**
프로토타이핑은 상향식 접근법에 해당한다.
| 병행학습 |
- 하향식 접근법 : 문제 탐색 단계 → 문제 정의 단계 → 해결방안 탐색 단계 → 타당성 검토 단계
- 프로토타이핑 접근법 : 가설의 생성 → 디자인에 대한 실험 → 테스트 → 통찰 도출 및 가설 확인

**17 정답 ②**
분석 기획(Planning) 단계에는 비즈니스 이해 및 프로젝트 범위 설정 → 프로젝트 정의 및 계획 수립 → 프로젝트 위험 계획 수립(위험에 대한 대응 : 회피, 전이, 완화, 수용)이 있다.

**18 정답 ④**
데이터 분석 문화의 정착을 위해서는 단기적인 교육보다는 장기적이고 지속 가능한 교육 및 실습 프로그램의 마련, 분석적 사고의 적극적인 적용 및 장려, 그리고 데이터 기반 의사결정의 조직 내 정착이 중요하다.

**19 정답 ①**
상향식 접근 방법은 문제의 정의 자체가 어려운 경우 데이터를 기반으로 문제의 재정의 및 해결방안을 탐색하고 이를 지속적으로 개선하는 방식이다.

**20 정답 ①**
프로젝트 정의서(SoW, Statement of Work)는 프로젝트의 목적, 범위, 일정, 기대 결과물 등을 명시하는 공식 문서로 프로젝트 초기에 작성한다.

---

**3과목 | 데이터 분석**

**21 정답 ④**
주성분 선택 방법은 각각의 상황과 데이터의 특성에 따라 우수함이 달라질 수 있으며, 어떤 한 방법이 모든 상황에서 항상 우수하다고 말할 수 없다. 주성분의 수를 결정할 때는 여러 방법을 종합적으로 고려하여 데이터의 특성과 분석의 목적에 맞는 최적의 방법을 선택해야 한다.

**22 정답 ③**

분해시계열의 구성 요소는 추세 요인, 계절 요인, 순환 요인, 불규칙 요인이 있다.

| 병행학습 |

- 추세 요인(trend factor) : 자료가 특정한 형태를 취할 때(선형적, 이차식, 지수형태)
- 계절 요인(seasonal factor) : 고정된 주기에 따라 자료가 변화하는 경우(요일,월,사분기자료에서 분기변화)
- 순환 요인(cyclical factor) : 명백한 경제적이나 자연적인 이유가 없이 알려지지 않은 주기를 가지고 변화하는 자료
- 불규칙 요인(irregular factor) : 위의 3가지 요인으로 설명할 수 없는 회귀분석에서 오차에 해당하는 요인

## 23 정답 ③

서로 독립인 사건들의 교집합의 확률은 각 사건들의 확률의 곱이다.

| 병행학습 |

- 독립사건 : 어느 한 사건의 발생 여부가 다른 사건이 일어날 확률에 영향을 주지 않는 두 사건
  $P(A \cap B) = P(A)P(B)$
  $P(B|A) = P(A \cap B)/P(A) = P(B)$
- 배반 사건 : 두 사건 A와 B가 동시에 발생하지 않는 경우
  $P(A \cup B) = P(A) + P(B)$(배반 사건)
  $P(A \cup B) = P(A) + P(B) - P(A \cap B)$(배반 사건이 아닌 경우)

## 24 정답 ②

균일분포(Uniform Distribution)는 모든 사건이 동일한 확률로 발생하는 확률 분포로, 확률변수 x의 기댓값은 $(a + b)/2$이므로 $(1+0)/2=0.5$이다.

## 25 정답 ②

귀무가설이 참인데 이를 기각하는 것은 제1종 오류이다.

| 병행학습 |

- 제1종 오류(Type Ⅰ error: α) : 귀무가설 $H_0$이 옳은데도 $H_0$을 기각하게 되는 오류
- 제2종 오류(Type Ⅱ error: β) : 귀무가설 $H_0$이 옳지 않은데도 $H_0$을 채택하게 되는 오류

## 26 정답 ①

다른 변수의 영향을 받는 것은 종속변수이다.

| 병행학습 |

- 종속변수 : 예측하거나 분석하려는 대상으로 독립변수의 영향을 받는 변수로 반응변수, 출력변수, 결과변수라고도 한다.
- 독립변수 : 예측하려는 종속변수에 영향을 미치는 변수로 설명변수, 예측변수, 입력변수, 조작변수라고도 한다.

## 27 정답 ③

비율척도는 절대적 기준값 0이 존재하고 사칙연산이 가능하며, 가장 많은 정보를 갖는 척도이다.

예 무게, 나이, 연간 소득, 제품 가격, 절대 온도 등

## 28 정답 ①

카이제곱 검정에서는 각 관측값이 기대도수와 얼마나 차이 나는지를 통해 검정통계량을 계산한다. 이 차이가 클수록 검정통계량(카이제곱값)이 커지며, 이는 귀무가설(기대도수와 관측값 사이에 차이가 없다)을 기각할 가능성이 높아지며, 따라서 유의확률(p-값)이 작아진다.

| 병행학습 |

카이제곱 통계량

$$X^2 = \sum \frac{(O_i - E_i)^2}{E_i}$$

(O: 관측도수, E: 기대도수)

## 29 정답 ②

결정계수는 종속변수의 총 변동 중에서 회귀모델이 설명하는 변동의 비율을 나타내는 것으로 잔차 정규성 검정과는 관계가 없다.

| 병행학습 |

잔차의 정규성

- 잔차의 분포가 정규분포를 이루어야 한다.
- 히스토그램, Q-Q plot, Kolmogolov-Smirnov 검정, Shapiro-Wilk 검정으로 정규성 확인

## 30 정답 ③

결정계수(R-squared)는 회귀모형이 데이터를 얼마나 잘 설명하고 있는지를 나타내는 지표로, 모형의 설명력을 나타내며, 결정계수 자체가 통계적 유의미성을 가지는 것은 아니다.

## 31 정답 ③

| 오답해설 |

① 선형성 : 설명변수(x)와 반응변수(y)가 선형적 관계에 있다.
② 독립성 : 오차(잔차)와 설명변수(x)의 값이 관련되어 있지 않다.
④ 정상성(정규성) : 오차의 분포가 정규분포를 이루어야 한다.

## 32 정답 ②

공분산은 두 변수의 상관관계의 방향을 나타내는 통계량으로 공분산의 값이 -1에서 1 사이로 제한되지는 않는다.

## 33 정답 ④

| 오답해설 |

① ARIMA(1,2,3)에서 차분은 두 번 진행되었다.
② ARIMA 모형에서 q 값이 0이면, 모델은 순수한 자기회귀(AR) 과정으로 분류되며, 이동평균(MA) 요소는 고려되지 않는다.
③ ARIMA 모형을 사용하기 전에는 시계열 데이터가 정상성을 가지는지 확인해야 하며, 만약 데이터가 비정상 시계열이라면 정상 시계열로 변환해야 한다.

**34** 정답 ④

| 오답해설 |
① 스피어만 상관계수는 두 변수의 값을 순위로 변환한 후 계산한다.
② 스피어만 상관계수는 비모수적 관계에서 두 변수 간의 단조적 관계의 강도를 측정한다.
③ 비율척도로 측정된 변수간의 상관관계는 피어슨 상관계수를 사용한다.

**35** 정답 ②
시계열의 정상성이란 시점에 상관없이 시계열의 특성이 일정하다는 것을 의미하므로, 해당 시계열 확률분포의 모수가 시점에 의존하지 않는다.

| 오답해설 |
① 평균이 시점에 의존하지 않고 일정하다.
③ 정상성과 이상치는 서로 다른 특성이다.
④ 공분산은 단지 시차에만 의존하고 시점에는 의존하지 않는다.

**36** 정답 ③
F 통계량의 p-값이 0.05보다 작으면 추정된 회귀식은 통계적으로 유의미하다.

**37** 정답 ④
층화추출법(Stratified Sampling): 전체 모집단을 서로 유사한 특성을 가진 여러 층으로 나눈 후, 각 층에서 무작위로 표본을 추출하는 방법

| 오답해설 |
① 단순 랜덤 추출법(simple random sampling) : 모집단에서 임의로 표본을 추출
② 계통추출법(systematic sampling) : 모집단을 K개씩 구간을 나눈 후 첫 구간(1, 2, 3, …, K)에서 하나의 임의로 선택한 후 K개씩 띄어서 표본을 추출
③ 집락추출법(Cluster Sampling): 전체 모집단을 비슷한 특성을 갖는 여러 집단(집락)으로 나누고, 그 중 몇 개의 집단을 무작위로 선택한 다음, 선택된 집단(집락) 내의 모든 원소를 조사하는 방법

**38** 정답 ④
education은 순서척도로 각 범주의 개수를 표시하고 있다.

| 오답해설 |
① wage의 3사분위수인 3rd Qu.는 128.68이므로 wage 관측치의 25%는 128.68보다 크다.
② wage의 Median 〈 Mean이므로 wage의 분포는 오른쪽으로 긴 꼬리이다.
③ education의 앞에 번호가 붙어있으므로 순서척도임을 알 수 있다.

**39** 정답 ④
Time의 회귀계수는 8.8030으로 Time이 1 단계 증가할 때 weight가 평균적으로 8.8030 증가하는 것을 의미한다.

| 오답해설 |
① 독립변수는 Time, 종속변수는 weight이다.
② $R^2$은 0.7007로서 70% 정도의 설명력이 있다.
③ F 통계량의 p-값은 2.2e-16로 0.05보다 작으므로 이 회귀모형은 통계적으로 유의하다.

**40** 정답 ④
퍼셉트론은 인공신경망의 가장 기본적인 형태로, 주로 선형 분류 문제에 사용되며, 의사결정나무와는 직접적인 관련이 없다. 지니지수, 엔트로피 지수, 카이제곱은 모두 의사결정나무 알고리즘에서 분류변수의 선택 기준으로 사용된다.

| 병행학습 |
• 분류나무의 분류변수 선택 기준 : 카이제곱 통계량(chi-square)의 p-값, 지니지수(Gini index), 엔트로피 지수(entropy index)
• 회귀나무의 분류변수 선택 기준 : F-통계량의 p값, 분산의 감소량

**41** 정답 ④
군집 간의 거리를 측정하는 방법으로는 최단 연결법, 최장 연결법, 중심 연결법, 평균 연결법, 와드 연결법 등이 있다.

**42** 정답 ④
Scaling은 변수들 간의 측정 단위나 값의 범위 차이를 조정하는 과정으로 데이터를 표준화하는 것이다.
예 Z-점수 표준화, min-max 정규화 등

| 오답해설 |
① Elimination : 특정 변수나 관측치를 제거하는 과정
② Sampling : 표본 추출
③ Averaging: 평균화

**43** 정답 ③
쌍곡 탄젠트(tanh) 함수는 항상 -1~1 사이의 값을 가지는 비선형 함수이다.

**44** 정답 ③

| 오답해설 |
① 모델들 간의 상호 연관성이 낮을수록, 즉 모델들이 독립적일수록 전체 앙상블의 정확도가 향상된다.
② 전체적인 예측값의 분산을 줄이고, 오버피팅을 방지하여, 정확도를 높이는 것이다.
④ 랜덤 포레스트는 지도학습 기법으로 분류나 회귀 문제에 사용된다.

**44** 정답 ④

| 오답해설 |
① β는 0 이상의 값을 가진다.
② β가 1인 경우는 Precision과 Recall에 동일한 가중치를 부여한다.
③ β가 1보다 작을 경우 Precision에 더 큰 가중치를 부여한다.

**46** 정답 ①

| 오답해설 |

② 지역 최적화 문제(Local Minima Problem) : 신경망이 학습 과정에서 전역 최적화점(global minimum)에 도달하는 대신, 지역 최적화점(local minimum)에 빠져서 더이상 성능이 개선되지 않는 현상

③ XOR 문제(XOR Problem) : 초기 신경망 모델에서 선형 분류기만을 사용했을 때, XOR 같은 비선형 문제를 해결할 수 없었던 문제

④ 과적합 문제(Overfitting) : 학습 데이터에 대해 너무 잘 맞춰져서, 새로운 데이터나 테스트 데이터에 대해서는 오히려 성능이 떨어지는 현상

**47** 정답 ④

맨해튼 거리와 유클리디안 거리를 한 번에 표현한 것으로, L1 거리(맨해튼 거리), L2 거리(유클리디안 거리)로 불린다.

| 오답해설 |

① 유클리디안 거리

$$d(x,y) = \sqrt{(x_1 - y_1)^2 + (x_2 - y_2)^2}$$

② 맨해튼 거리

$$d(x,y) = |x_1 - y_1| + |x_2 - y_2|$$

③ 마할라노비스 거리

$$D_M(x,y) = \sqrt{(x-y)^T S^{-1}(x-y)}$$

**48** 정답 ①

재현율(Recall) = 민감도 : 실제값이 True인 관측치 중 예측치가 적중한 정도

$$\frac{TP}{TP+FN} = \frac{30}{30+70} = \frac{3}{10}$$

**49** 정답 ①

엔트로피(T)$= -\sum_{i=1}^{n} p(x_i)\log_2 p(x_i)$

• 엔트로피 값은 0에서 $\log_2(n)$ 사이이다. (n은 클래스의 수).

• 엔트로피가 0이면 완전히 순수한 노드를 의미한다. (모든 샘플이 같은 클래스).

• 엔트로피가 최대값($\log_2(n)$)이면 모든 클래스가 균등하게 분포되어 있음을 의미한다.

**50** 정답 ④

K-means 알고리즘을 실행하기 전에 사용자가 군집의 수 K를 미리 지정해야 하며, 이는 K-means의 주요 특징이다.

| 오답해설 |

① 초기 군집 중심(centroid)의 위치에 따라 최종 군집화 결과가 달라진다.

② 구형(spherical) 군집을 가정하며, 초승달 형태와 같이 불규칙한 형태의 데이터 분포에는 잘 작동하지 않을 수 있다.

③ 군집의 중심을 평균값으로 계산하기 때문에, 이상값이 중심을 크게 왜곡시킬 수 있다.

통합된 데이터베이스는 중복을 허용하지 않으며, 데이터의 일관성과 무결성을 유지하기 위해 중복을 최소화해야 한다.

| 병행학습 |

**데이터베이스의 특징**

통합된 데이터, 저장된 데이터, 공용 데이터, 변화되는 데이터

### 객관식

| | | | | |
|---|---|---|---|---|
| 1. ② | 2. ② | 3. ③ | 4. ④ | 5. ① |
| 6. ③ | 7. ③ | 8. ① | 9. ② | 10. ① |
| 11. ② | 12. ③ | 13. ③ | 14. ③ | 15. ① |
| 16. ④ | 17. ④ | 18. ② | 19. ③ | 20. ④ |
| 21. ④ | 22. ① | 23. ① | 24. ② | 25. ② |
| 26. ③ | 27. ③ | 28. ③ | 29. ④ | 30. ② |
| 31. ④ | 32. ③ | 33. ① | 34. ③ | 35. ④ |
| 36. ④ | 37. ② | 38. ④ | 39. ① | 40. ② |

### 주관식

1. 유전자 알고리즘
2. 인과관계, 상관관계
3. CRM(Customer Relationship Management)
4. 상향식 접근 방식
5. 계통추출법
6. 0.4
7. 오즈(Odds)
8. 점 추정
9. 0.2
10. 다차원척도법(MDS)

---

### 1과목 | 데이터 이해

**01 정답 ②**

| 병행학습 |

1단계-디지털화(digitalization) : 아날로그의 세상을 어떻게 효과적으로 디지털화하는가

2단계-연결(connection) : 연결을 얼마나 효과적이고 효율적으로 제공해 주는가

3단계-에이전시(agency) : 복잡한 연결을 얼마나 효과적이고 믿을 만하게 관리해주는가

**02 정답 ②**

빅데이터의 출현과 함께 분산 처리(distributed processing) 기술이 발전했기 때문에, 중앙집중처리는 빅데이터의 출현 배경과 맞지 않는다.

**03 정답 ③**

• 책임 원칙 훼손 : 결과 기반 책임 원칙 고수
• 데이터 오용 : 알고리즘 접근 허용

**04 정답 ④**

**05 정답 ①**

| 병행학습 |

• 하드 스킬(Hard Skill) : 빅데이터에 대한 이론적 지식, 분석 기술에 대한 숙련
• 소프트 스킬(Soft Skill) : 통찰력 있는 분석 능력, 다분야 커뮤니케이션, 설득력 있는 전달 능력 등

**06 정답 ③**

• 내면화 : 학습과 체험을 통해 개인이 습득
• 공통화 : 내면화된 지식을 조직의 지식으로 만드는 과정
• 표출화 : 언어나, 기호 숫자 등의 형태로 표출
• 연결화 : 다시 다른 개인이 본인의 지식에 연결

**07 정답 ③**

데이터 사이언티스트는 다양한 부서와 협업이 필요하므로, 커뮤니케이션 기술은 매우 중요하다.

**08 정답 ①**

| 병행학습 |

• 데이터 : 개별 데이터 자체로는 의미가 중요하지 않은 객관적 사실
• 정보 : 데이터의 가공 · 처리와 데이터 간 연관관계 속에서 의미가 도출된 것
• 지식 : 다양한 정보를 구조화하여 유의미한 정보를 분류하고, 개인적인 경험을 결합시켜 고유의 지식으로 내재화한 것
• 지혜 : 지식의 축적과 아이디어가 결합된 창의적 산물

---

### 2과목 | 데이터 분석 기획

**09 정답 ②**

분석 과제 풀(Pool)은 일반적으로 확정되지 않은 다양한 후보 과제를 모아두는 공간으로, 확정된 과제는 풀(Pool)에서 관리되는 것이 아니라, 실제 프로젝트로 실행된다.

**10 정답 ①**

분석 프로젝트 영역별 주요 관리 영역은 범위, 시간, 원가, 품질, 통합, 조달, 자원, 리스크, 의사소통, 이해관계자이다.

**11 정답 ②**

위험에 대한 대응 방법으로는 회피, 전이, 완화, 수용이 있다.

| 병행학습 |

- 회피 : 위험이 너무 크거나 적절한 대책이 없으면 서비스에 문제가 없는 선에서 회피
- 전이 : 보험 또는 외부기관을 통해 비용 전가
- 완화 : 위험을 수용 가능한 수준 이하로 낮춤
- 수용 : 낮은 위험은 수용(인력 투입 등)

## 12 정답 ③

| 병행학습 |

| 분석 방법 (How) | 분석 대상 (What) | | |
|---|---|---|---|
| | | Known | Un-known |
| | Known | Optimization (최적화) | Insight (통찰) |
| | Un-known | Solution (솔루션) | Discovery (발견) |

## 13 정답 ③

Value는 빅데이터 분석을 통해 얻을 수 있는 인사이트나 비즈니스 가치를 나타내므로 Return에 해당한다.

## 14 정답 ③

| 병행학습 |

데이터 거버넌스의 구성 요소
- 원칙(Principle) : 데이터를 유지 관리하기 위한 지침과 가이드
- 조직(Organization) : 데이터를 관리할 조직의 역할과 책임
- 프로세스(Process) : 데이터 관리를 위한 활동과 체계

## 15 정답 ①

분석 과제의 우선순위를 결정할 때는 전략적 중요도, 비즈니스 성과/ROI, 실행 용이성이 주요 고려 요소이다.

## 16 정답 ④

| 병행학습 |

| 집중형 조직구조 | 기능형 조직구조 | 분산형 조직구조 |
|---|---|---|
| • 전사 분석업무를 별도의 분석 조직에서 담당<br>• 전략적 중요도에 따라 분석조직이 우선순위를 정해 진행<br>• 현업 업무부서와 이원화 /이중화 가능성 높음 | • 일반적 분석 수행구조<br>• 별도 분석조직 없고 해당 업무부서에서 분석 수행<br>• 전사적 핵심 분석 어려움<br>• 과거실적에 국한된 분석 수행 가능성 높음 | • 분석 조직 인력을 현업부서로 직접 배치해 분석업무 수행<br>• 전사차원의 우선순위 수행<br>• 분석결과에 따른 신속한 Action 가능<br>• 베스트 프랙티스 공유 가능<br>• 부서 분석업무와 역할분담 명확화 필요 |

## 17 정답 ④

p-백분위수는 자료를 크기순으로 나열했을 때 p%에 해당하는 위치에 있는 값이다. 예를 들어, 50번째 백분위수(중앙값)는 자료의 50%가 이 값 이하에 위치하는 값을 의미한다.

## 18 정답 ②

| 병행학습 |

| 이산형 확률 변수의 기댓값 | $E(X) = \sum xf(x)$ |
|---|---|
| 연속형 확률 변수의 기댓값 | $E(X) = \int xf(x)\,dx$ |

## 19 정답 ③

동전을 3번 던지는 경우의 수는 2^3 = 8가지가 있으며, 이 8가지 경우의 수 중에서 앞면이 한 번만 나오는 경우는 다음과 같이 3가지이다.
1) 앞면, 뒷면, 뒷면
2) 뒷면, 앞면, 뒷면
3) 뒷면, 뒷면, 앞면
그러므로 확률은 3/8이다.

| 병행학습 |

이항분포를 이용하여 확률을 계산할 수도 있으며, 확률 공식은 다음과 같다.

$$P(X = k) = \binom{n}{k} \times p^k \times (1-p)^{n-k}$$

여기서:

- $n = 3$ (동전을 던지는 횟수)
- $k = 1$ (앞면이 나오는 횟수)
- $p = 0.5$ (앞면이 나올 확률)

$$P(X = 1) = \binom{3}{1} \times (0.5)^1 \times (0.5)^2$$

$$P(X = 1) = 3 \times 0.5 \times 0.25 = 3 \times 0.125 = 0.375$$

## 20 정답 ④

잔차 분석의 오차 정규성 검정에서 정규성이 만족되지 않는다는 것은, 잔차가 정규분포를 따르지 않는다는 것을 의미한다. 이 경우, 모델의 가정이 위배된 것으로 보고, 모델을 수정하거나 다른 모델을 사용해야 한다.

| 병행학습 |

**잔차 분석의 오차 정규성 검정**
회귀 분석 등에서 모형의 가정 중 하나인 오차항(잔차)의 분포가 정규분포를 따르는지 확인하는 절차로, Q-Q Plot, 히스토그램, 잔차 산점도, Shapiro-Wilk test, Anderson-darling test, Kolmogorov-Smirnov Test 등의 방법으로 검정한다.

**21 정답 ④**

단일 표본 t-test(one-sample t-test)에서는 자유도(df)가 표본 크기 (n)에서 1을 뺀 값으로 계산된다. 즉, df + 1이 되므로 전체 관측치 수 는 71개이다.

**22 정답 ①**

| 병행학습 |

- 추세 요인(trend factor) : 자료가 특정한 형태를 취할 때 추세 요인 이 있다고 한다.(선형적, 이차식, 지수형태)
- 계절 요인(seasonal factor) : 고정된 주기에 따라 자료가 변화하는 경우(요일,월,사분기자료에서 분기변화)
- 순환 요인(cyclical factor) : 명백한 경제적이나 자연적인 이유가 없 이 알려지지 않은 주기를 가지고 변화하는 자료
- 불규칙 요인(irregular factor) : 위의 3가지 요인으로 설명할 수 없 는 회귀분석에서 오차에 해당하는 요인

**23 정답 ①**

예측하려는 종속 변수인 월평균 소득은 연속형 변수이므로, 선형 회귀 모델의 일종인 능형 회귀 모델이 적합하다. 나머지 방법은 종속 변수 가 범주형 변수인 분류 모델에 해당한다.

| 병행학습 |

**능형 회귀 모델(Ridge Regression)**

회귀 계수의 크기를 제한하는 방법을 통해 과적합(overfitting) 을 방지하고, 모델의 예측 성능을 향상시키는 기법으로, L2 규제 (regularization)를 추가하여, 계수들이 너무 크지 않도록 제한한다.

**24 정답 ②**

| 오답해설 |

① MA 모형에서는 ACF(자기상관함수)가 일정한 시차에서 급격히 0 이 되는 특성을 보이며, 단조적으로 감소하는 것은 AR(자기회귀) 모형 의 특성이다.

③ 자료에 추세가 있을 경우, 차분(Differencing)을 통해 비정상 시계 열을 정상 시계열로 만들 수 있다.

④ MA 모형은 과거 오차항을 기반으로 미래를 예측하며, 과거로부터 현재까지의 시계열 자료를 분석하여 다음 기간을 예측하는 것은 AR 모형에 대한 설명이다.

**25 정답 ②**

ARIMA(1,2,3) 모형을 ARMA 모형으로 정상화할 때 차분 횟수는 2번 이다.

| 병행학습 |

ARIMA(p, d, q)

- p: 자기회귀(AR) 항의 차수
- d: 차분의 횟수 (비정상 시계열을 정상 시계열로 만들기 위해 차분 한 횟수)
- q: 이동평균(MA) 항의 차수

**26 정답 ③**

Multiple R-squared 값은 종속 변수(dist)의 변동성을 독립 변수 (speed)가 얼마나 설명하는지를 나타내는 값이므로, 회귀식은 dist 변 수의 변동성을 약 65.11% 설명한다.

| 오답해설 |

① speed의 계수가 3.9324이므로, speed가 1 단위 증가할 때마다 dist가 약 3.9324 단위 증가하는 것으로 해석할 수 있다.

③ F-통계량의 p-value가 1.49e-12로 매우 작으므로, 유의수준 5% 에서 회귀식은 통계적으로 유의미하다.

④ speed는 양의 회귀 계수(3.9324)를 가지고 있으므로, speed와 dist는 양의 상관관계가 있음을 의미한다.

**27 정답 ③**

표본편의는 확률화를 통해 최소화할 수 있으며, 확률화 방법에는 단순 랜덤 추출법, 계통 추출법, 집락 추출법, 층화 추출법 등이 포함된다.

**28 정답 ②**

drat의 p-value는 0.198755로, 이는 유의수준 5%에서 유의하지 않 음을 의미한다. 그러나 p-value가 유의하지 않다고 해서 변수를 제거 하는 것은 바람직하지 않으며, 모델의 해석력, 예측 성능, 다중공선성 등을 종합적으로 고려해 판단되어야 한다.

**29 정답 ④**

주성분 분석(PCA)은 데이터의 레이블을 사용하지 않고, 데이터 의 분산을 기준으로 주성분을 찾아내는 기법으로, 비지도 학습 (Unsupervised learning)에 속한다.

**30 정답 ②**

주성분 분석의 결과에서 누적기여율(cumulative proportion)이 80% 이상이 되려면 PC1과 PC2 2개의 주성분을 선택한다.

**31 정답 ④**

유클리디안 거리

$$d(x, y) = \sqrt{(x_1 - y_1)^2 + (x_2 - y_2)^2}$$

$$d(x, y) = |x_1 - y_1| + |x_2 - y_2|$$

$$\sqrt{(170 - 165)^2 + (65 - 70)^2} = \sqrt{25 + 25} = \sqrt{50}$$

**32 정답 ③**

| 병행학습 |

- 지지도(support) : 전체 거래 중에서 품목 A, B가 동시에 포함되는 거래의 비율
- 신뢰도(confidence) : 품목 A가 포함된 거래 중에서 품목 A, B를 동시에 포함하는 거래일 확률
- 향상도(lift) : 품목 B를 구매한 고객 대비 품목 A를 구매한 후 품목 B 를 구매하는 고객에 대한 확률

**33** 정답 ①

SOM(Self-Organizing Map)은 군집분석에 사용되지만, 역전파 알고리즘(backpropagation)을 사용하지 않는다. SOM은 비지도 학습 방식이며, 경쟁학습을 통해 뉴런을 학습시키고, 고차원 데이터를 저차원 지도 형태로 변환한다.

**34** 정답 ③

| 병행학습 |
- 분류나무의 분류 기준 : 카이제곱 통계량(chi-square)의 p-값, 지니지수(Gini index), 엔트로피 지수(entropy index)
- 회귀나무의 분류 기준 : F-통계량의 p-값, 분산의 감소량

**35** 정답 ④

**36** 정답 ④

LOOCV(Leave-One-Out Cross-Validation)는 교차 검증(cross-validation)의 한 방법으로, k=n인 경우, 즉 데이터셋의 모든 개별 관측치를 한 번씩 테스트 셋으로 사용하는 방법이다.

**37** 정답 ②

- 특이도(specificity) : 실제값이 False인 관측치 중 예측치가 적중한 정도
- TN/(FP+TN)

| 오답해설 |
① 정확도, 정분류율(accuracy) : 전체 관측치 중 실제값과 예측치가 일치한 정도
③ 정밀도(Precision) : True로 예측한 관측치 중 실제값이 True인 정도를 나타내는 지표
④ 민감도(sensitivity) 또는 재현율(Recall) : 실제값이 True인 관측치 중 예측치가 적중한 정도

**38** 정답 ④

최단연결법(또는 Single Linkage Method)은 긴 사슬 형태로 군집이 연결될 가능성이 높아 고립된 군집이 잘 발견되는 방법이다.

**39** 정답 ①

연관분석은 주로 장바구니 분석에서 사용되며, 특정 항목들이 함께 발생하는 빈도를 바탕으로 '조건-결과' 관계를 찾는 데 사용한다.

**40** 정답 ②

| 오답해설 |
① 배깅은 원 데이터 집합으로부터 크기가 같은 표본을 여러 번 단순임의 복원 추출한다.
③ 부스팅(Boosting)에 대한 설명이다.
④ 스태킹(Stacking)에 대한 설명이다.

---

### 주관식 문제

**01** 유전자 알고리즘

**02** 인과관계, 상관관계

**03** CRM(Customer Relationship Management)

**04** 상향식 접근 방식

**05** 계통추출법

**06** 0.4
사건 A와 사건 B가 독립사건인 경우 P(B|A)=P(B)이므로 0.4이다.

**07** 오즈(Odds)

**08** 점 추정

**09** 0.2
$$\text{지지도} = P(A \cap B) = \frac{A와 B가 동시에 포함된 거래 수}{\text{전체 거래 수}} = \frac{20}{100} = 0.2$$

**10** 다차원척도법(MDS)

## 객관식

| | | | | |
|---|---|---|---|---|
| 1. ② | 2. ② | 3. ① | 4. ① | 5. ① |
| 6. ① | 7. ④ | 8. ④ | 9. ④ | 10. ① |
| 11. ③ | 12. ③ | 13. ④ | 14. ① | 15. ① |
| 16. ① | 17. ① | 18. ④ | 19. ② | 20. ② |
| 21. ③ | 22. ① | 23. ② | 24. ③ | 25. ④ |
| 26. ③ | 27. ③ | 28. ③ | 29. ③ | 30. ④ |
| 31. ④ | 32. ② | 33. ① | 34. ② | 35. ② |
| 36. ③ | 37. ② | 38. ① | 39. ④ | 40. ② |

## 주관식

1. SCM(Supply Chain Management)
2. DIKW 피라미드
3. 디자인 사고
4. IT 인프라
5. 정상성
6. 57.5%
7. 층화추출법
8. 1/5
9. 유전자 알고리즘
10. 최댓값

---

### 1과목 | 데이터 이해

**01 정답 ②**

KB($2^{10}$Byte) → MB($2^{20}$Byte) → GB($2^{30}$Byte) → TB($2^{40}$Byte) → PB($2^{50}$Byte) → EB($2^{60}$Byte) → ZB($2^{70}$Byte) → YB($2^{80}$Byte)

**02 정답 ②**

Tableau는 데이터 시각화 도구로, 데이터베이스 관리 시스템이 아니라 데이터를 분석하고 시각화하는 데 사용된다.

| 병행학습 |

DBMS(DataBase Management System)는 데이터베이스를 관리하여 응용 프로그램들이 데이터베이스를 공유하며 사용할 수 있는 환경을 제공하는 소프트웨어로 상용 DBMS에는 Oracle, IBM DB2, Microsoft SQL Server, MySQL Enterprise Edition 등이 포함된다.

**03 정답 ①**

빅데이터에 대한 이론적 지식은 하드 스킬(Hard Skill)에 해당하고, 나머지는 소프트 스킬(Soft Skill)에 해당된다.

**04 정답 ①**

익명화는 위기 요인을 완화하기 위한 방법의 하나로, 데이터를 익명화함으로써 개인의 신원을 보호하고, 사생활 침해를 방지할 수 있다.

**05 정답 ①**

통합된 데이터베이스는 중복을 허용하지 않으며, 데이터의 일관성과 무결성을 유지하기 위해 중복을 최소화해야 한다.

**06 정답 ①**

**07 정답 ④**

| 병행학습 |

빅데이터 활용의 3요소

• 데이터 : 모든 것의 데이터화(Datafication) → 사물인터넷이 큰 영향을 미침
• 기술 : 진화하는 알고리즘과 인공지능
• 인력 : 데이터 사이언티스트, 알고리즈미스트 등

**08 정답 ④**

표본조사보다는 전체 데이터를 분석하는 전수조사가 더욱 강조되며, 인과관계보다는 상관관계를 통해 의미 있는 패턴을 찾는 방식으로 변화되었다.

| 병행학습 |

빅데이터가 만들어내는 변화

• 질 → 양
• 표본조사 → 전수조사
• 사전처리 → 사후처리
• 인과관계 → 상관관계

---

### 2과목 | 데이터 분석 기획

**09 정답 ④**

| 병행학습 |

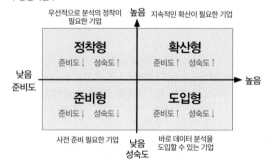

**10 정답 ①**

비즈니스 모델 캔버스 요소는 업무, 제품, 고객, 규제&감사, 지원 인프라이다.

**11** 정답 ③

포트폴리오 사분면 분석에서 시급성이 높고 난이도가 낮은 과제가 우선순위가 가장 높다.

**12** 정답 ③

분산된 조직구조는 분석 조직의 인력을 현업부서에 배치하여 분석 업무를 수행함으로써 전사차원의 우선순위를 수행하고, 분석 결과에 따른 신속한 Action이 가능하다.

**13** 정답 ④

분석 적용 범위 및 방식 고려요소는 업무 내재화 적용 수준, 분석 데이터 적용 수준, 기술 적용 수준이며, 실행 용이성은 분석 과제의 우선순위 고려 요소에 포함된다.

**14** 정답 ①

분석 기획이란 실제 분석을 수행하기에 앞서 분석을 수행할 과제를 정의하고, 의도했던 결과를 도출할 수 있도록 이를 적절하게 관리할 수 있는 방안을 사전에 계획하는 일련의 작업을 의미한다.

| 오답해설 |

② 데이터 확보가 우선 필수적이며, 데이터 유형에 대한 분석이 선행되어야 한다.

③ 기존에 잘 구현된 유사 분석 시나리오 및 솔루션을 최대한 활용한다.

④ 분석의 정확성도 중요하지만, 비용과 자원의 효율적 사용 또한 중요한 고려사항이다.

**15** 정답 ①

| 오답해설 |

② 분석 결과를 업무 운영 프로세스에 반영할 때, 기존 프로세스가 변경되거나 새로운 프로세스가 생성되는 등의 변화가 발생할 수 있다.

③ 분석 업무 프로세스를 내재화하면 운영업무의 후행 액션이 분석에 의해 자동으로 실행된다.

④ 분석 업무 활용 시나리오 정의 시, 분석으로 인한 업무 프로세스 변화를 명확히 식별하고 재설계 방안을 포함해야 한다.

**16** 정답 ①

분석 성숙도 진단은 일반적으로 조직 내의 분석 역량과 성숙도를 평가하기 위해 사용되며, 조직 내부의 프로세스, 기술, 역량 등을 중점적으로 평가한다.

---

**3과목 | 데이터 분석**

**17** 정답 ①

• 귀무가설($H_0$) : 지금까지 참이라고 생각되는 가설=영가설

• 대립가설($H_1$) : 귀무가설과 대립되는 가설, 표본을 통하여 입증하고자 하는 가설

**18** 정답 ④

One Sample t-test는 전체 데이터(수면제 1과 수면제 2 모두 포함)의 평균 수면 시간 증가량(extra)이 0과 같은지를 비교하는 검정이다. 수면제 간의 효과 차이를 알기 위해서는 두 그룹 간의 평균 비교를 위한 독립 표본 t-test(Two Sample t-test)가 필요하다.

| 오답해설 |

① 자유도(df)는 19로 관측치 수는 df+1인 20이다.

② p-값은 0.002918로 0.05보다 작으므로 귀무가설을 기각하고, 수면제에 의해 평균 수면 시간이 증가했다고 볼 수 있다.

③ mean of x = 1.54이므로 평균 수면시간이 1.54시간 증가했다.

**19** 정답 ②

평균(535.9)이 중앙값(425.0)보다 크므로 오른쪽으로 긴 꼬리이다.

| 병행학습 |

| 왜도 = 0 | 대칭적인 형태(평균=중앙값=최빈값) |
|---|---|
| 왜도 〈 0 | 왼쪽으로 긴 꼬리(평균〈중앙값〈최빈값) |
| 왜도 〉 0 | 오른쪽으로 긴 꼬리(평균〉중앙값〉최빈값) |

**20** 정답 ②

상자 그림의 바깥에 있는 작은 원형 점들이 이상값을 나타내므로, sunflower 그룹에서 세 개의 이상값(outliers)이 존재하는 것을 알 수 있다.

| 오답해설 |

① 상자 그림에서 horsebean 그룹의 중앙값(상자의 가운데 선)이 다른 그룹들에 비해 가장 아래에 위치한다.

③ 두 그룹의 평균이 유의한 차이가 있는지에 대한 것은 상자 그림으로 알 수 없고, t-test를 해야 한다.

④ horsebean 그룹의 상자 그림에서 중앙값이 약 150 근처에 있으므로 weight가 150보다 작은 개체가 약 50%에 해당한다.

**21** 정답 ③

| 오답해설 |

① 카이제곱 분석: 범주형 데이터 간의 독립성이나 적합성을 검정하기 위해 사용

② 회귀 분석: 한 변수(종속 변수)가 다른 변수(독립 변수)에 의해 어떻게 영향을 받는지를 모델링하는 분석

④ 분산 분석(ANOVA): 세 개 이상의 그룹 간 평균 차이를 분석하여 각 그룹 간 차이가 유의미한지 검정하는 방법

**22** 정답 ①

스피어만 상관계수는 비선형적인 상관관계도 나타낼 수 있다.

**23** 정답 ②

백색잡음(white noise)은 평균이 0이고, 분산이 일정하며, 자기상관이

없으므로, 백색잡음의 합은 시간이 지남에 따라 평균적으로 0에 수렴한다.

| 오답해설 |
① 백색잡음은 대표적인 정상 시계열이다.
③ 백색잡음은 무작위 오차 또는 잔차의 형태로 확률 변수의 연속으로 볼 수 있다.
④ 백색잡음의 평균은 항상 0이다.

## 24 정답 ③
추정값이 아니라 모수(참값)가 신뢰구간 내에 존재할 확률이 95%이다.

## 25 정답 ④
복원추출법은 표본을 추출한 후 다시 모집단에 반환하여 동일한 표본이 여러 번 추출될 수 있는 방법으로, 모집단의 크기가 비교적 작을 때 사용한다.

## 26 정답 ③
두 사건 A와 B가 독립이라면, $P(B|A) = P(B)$이다. 따라서 사건 B의 확률과 A가 일어났다는 가정 하에서의 B의 조건부 확률은 같다.

## 27 정답 ③
TV 광고가 증가함에 따라 판매량의 분산이 커지는 모습이 보인다.

## 28 정답 ③
등간척도(구간척도) 데이터는 절대적 영점이 없고 비율을 의미하지 않으므로 덧셈과 뺄셈은 가능하지만, 곱셈과 나눗셈은 의미가 없다.

## 29 정답 ③
Time의 회귀계수가 8.8030이므로 Time이 1 증가하면 weight가 8.8030 증가한다.

| 오답해설 |
① 독립변수가 Time이고, 종속변수가 weight이다.
② R-squared 값은 모델의 설명력을 나타내며, 모형의 유의미성을 판단할 수는 없다.
④ F-통계량의 p-값이 2.2e-16으로 0.05보다 매우 작으므로 모형이 통계적으로 매우 유의미하다.

## 30 정답 ④
k-means 군집분석, 평균연결법, DBSCAN은 모두 군집화 기법이며, 주성분 분석(PCA)은 차원 축소 기법으로, 데이터의 주요 특성을 유지하면서 차원을 줄이는 것이 목적이다.

| 오답해설 |
① k-means 군집분석 : 비계층적 군집분석
② 평균연결법 : 군집 간 거리측정 방법
③ DBSCAN : 밀도기반 군집분석

## 31 정답 ④
$$G = 1 - \sum p^2 = 1 - \left(\frac{10}{50}\right)^2 - \left(\frac{40}{50}\right)^2 = 0.32$$

## 32 정답 ③
$$향상도 = \frac{P(B|A)}{P(B)} = \frac{P(A \cap B)}{P(A)P(B)}$$
$P(A \cap B) = 0.3$
$P(A) = 0.7$
$P(B) = 0.45$
$$향상도 = \frac{0.3}{0.7 \times 0.45}$$

## 33 정답 ①
덴드로그램(Dendrogram)은 계층적 군집분석의 결과를 시각화하기 위한 도구로, 분류 모형의 평가 지표와는 관련이 없다.

## 34 정답 ②
자기조직화 지도(SOM)는 비지도 인공신경망으로, 뉴런 격자에 데이터를 맵핑하여 유사한 데이터를 군집화한다. 또한, 고차원 데이터를 2차원으로 차원 축소하여 데이터 패턴을 지도 형태로 시각화하는 특징을 가진다.

## 35 정답 ②
| 오답해설 |
① 미니배치란 학습 데이터를 나누는 방법 중 하나로, 미니배치 학습은 전체 훈련 데이터 세트를 한 번에 처리하는 것이 아니라, 작은 데이터 그룹으로 나누어 처리하는 방식이다.
③ 배깅은 원 데이터 집합으로부터 크기가 같은 표본(bootstrap)을 여러 번 단순 임의 복원 추출하고 각 부트스트랩 자료에 분류 모형을 생성한 후 그 결과를 종합하는 방법이다.

## 36 정답 ③
검정용 데이터(validation data)는 모형의 과대적합 또는 과소적합을 미세 조정하는데 활용하며, 모형의 성능을 평가하는데 활용하는 것은 시험 데이터(test data)이다.

## 37 정답 ②
품목 수가 증가하면 잠재적으로 생성되는 항목 간의 조합 수가 기하급수적으로 늘어나므로 계산량도 이에 따라 증가한다.

## 38 정답 ①
| 오답해설 |
② 보팅 : 다양한 모델의 예측을 조합하여 최종 예측을 만드는 방법(다수결)
③ 부스팅 : 오분류 데이터에 더 큰 가중치를 주어 표본을 추출하는 기법
④ 스태킹 : 앙상블 학습의 한 형태로, 여러 가지 다른 기계 학습 모델을 조합하여 더 강력한 예측 모델을 생성하는 방법

**39** 정답 ④

군집분석의 목표는 군집 간 이질성이 높고(서로 다른 군집은 서로 매우 달라야 함), 군집 내 동질성이 높을수록(같은 군집 안의 데이터는 매우 유사해야 함) 효과적이다.

**40** 정답 ②

$$신뢰도 = \frac{P(A \cap B)}{P(A)} = \frac{A와 B가 동시에 포함된 거래 수}{A를 포함하는 거래 수}$$

n(A∩B) = 300

n(A) = 600

신뢰도=300/600=50%

---

주관식 문제

**01** SCM(Supply Chain Management)

**02** DIKW 피라미드

**03** 디자인 사고

**04** IT 인프라

| 병행학습 |

분석 준비도의 영역

| 분석 업무 | 인력 및 조직 | 분석 기법 |
|---|---|---|
| • 발생한 사실 분석 업무<br>• 예측 분석 업무<br>• 시뮬레이션 분석 업무<br>• 최적화 분석 업무<br>• 분석 업무 정기적 개선 | • 분석 전문가 직무 존재<br>• 분석 전문가 교육 훈련 프로그램<br>• 관리자들의 기본적 분석 능력<br>• 전사 분석 업무 총괄 조직 존재<br>• 경영진의 분석 업무 이해 능력 | • 업무별 적합한 분석 기법 사용<br>• 분석 업무 도입 방법론<br>• 분석 기법 라이브러리<br>• 분석 기법 효과성 평가<br>• 분석 기법 정기적 개선 |
| 분석 데이터 | 분석 문화 | IT 인프라 |
| • 분석 업무를 위한 데이터 충분성<br>• 분석 업무를 위한 데이터 신뢰성<br>• 분석 업무를 위한 데이터 적시성<br>• 비구조적 데이터 관리<br>• 외부 데이터 활용 체계<br>• 기준 데이터 관리 (MDM) | • 사실에 근거한 의사 결정<br>• 관리자의 데이터 중시<br>• 회의 등에서 데이터 활용<br>• 경영진의 직관보다 데이터 기반의 의사결정<br>• 데이터 공유 및 협업 문화 | • 운영시스템 데이터 통합<br>• EAI, ETL 등 데이터 유통체계<br>• 분석 전용 서버 및 스토리지<br>• 빅데이터 분석 환경<br>• 비주얼 분석 환경 |

**05** 정상성

**06** 57.5%

**07** 층화추출법

**08** 1/5

$$F1 = \frac{2 \times Precision \times Recall}{Precision + Recall}$$

• 정밀도(Precision) : True로 예측한 관측치 중 실제값이 True인 정도를 나타내는 지표 → 15/100
• 재현율(Recall) : 실제값이 True인 관측치 중 예측치가 적중한 정도 → 30/100

$$F1 = \frac{2 \times \frac{15}{100} \times \frac{30}{100}}{\frac{15}{100} + \frac{30}{100}} = \frac{1}{5}$$

**09** 유전자 알고리즘

**10** 최댓값

## 객관식

| | | | | |
|---|---|---|---|---|
| 1. ④ | 2. ① | 3. ④ | 4. ① | 5. ③ |
| 6. ② | 7. ① | 8. ① | 9. ④ | 10. ① |
| 11. ④ | 12. ① | 13. ④ | 14. ④ | 15. ① |
| 16. ③ | 17. ③ | 18. ② | 19. ③ | 20. ② |
| 21. ③ | 22. ③ | 23. ④ | 24. ② | 25. ② |
| 26. ④ | 27. ① | 28. ④ | 29. ② | 30. ① |
| 31. ② | 32. ③ | 33. ③ | 34. ① | 35. ④ |
| 36. ① | 37. ② | 38. ③ | 39. ④ | 40. ① |

## 주관식

1. 정보(information)　　2. 연관분석(연관규칙분석)

3. ISP(Information Strategy Planning)

4. 프로토타입 모델　　5. SOM(자기조직화지도)

6. 5　　　　　　　　7. $\dfrac{a}{(a+b)}$

8. 부스팅　　9. 잔차(항)　　10. 1.2

---

| 1과목 | 데이터 이해 |

### 01 정답 ④

SCM(Supply Chain Management)은 공급망 관리, 기업이 외부 공급업체 또는 제휴업체와 연계하여 최적의 시간과 비용을 달성하기 위한 통합된 정보 시스템으로 자재구매 데이터, 생산·재고 데이터, 유통·판매 데이터, 고객 데이터로 구성된다.

| 오답해설 |

① ERP : 전사적 자원 관리

② CRM : 고객 관계 관리

③ KMS : 지식 관리 시스템

### 02 정답 ①

데이터 내부에 메타 데이터를 갖고 있고 파일 형태로 저장되는 것은 반정형 데이터이다. 비정형 데이터는 구조화되지 않은 데이터로, 텍스트, 이미지, 오디오, 비디오 등 다양한 형태의 데이터가 포함된다.

### 03 정답 ④

빅데이터 기술의 발전으로 인해 개인도 다양한 형태의 빅데이터를 활용하여 맞춤형 경험을 제공 받거나 제공하는 것이 가능해졌으며, 추천 시스템과 개인화된 서비스 등에서 널리 활용되고 있다.

### 04 정답 ①

| 병행학습 |

• 데이터 : 다른 데이터와의 상관관계가 없는 가공 전의 값

• 정보 : 데이터의 가공과 상관관계를 통해 의미를 부여

• 지식 : 유의미한 정보에 개인적인 경험을 결합하여 예측

• 지혜 : 지식의 축적과 아이디어가 결합된 창의적 산물

### 05 정답 ③

알고리즘에 의해 부당하게 피해 입은 사람을 구제하는 것은 알고리즘 미스트이다.

### 06 정답 ②

가치 기반 분석은 주로 외부 환경과 고객의 요구를 고려하여 전략을 수립하는 데 초점을 두므로, 경제사회 트렌드, 고객의 니즈 변화, 인구통계학적 변화 등은 모두 이러한 분석에 중요한 요소이다. 반면, 비즈니스 성과는 이미 발생한 결과로, 전략을 도출하기 위한 가치 기반 분석에서 직접적으로 고려하는 요소는 아니다.

### 07 정답 ①

데이터웨어하우스는 기업 전체에 광범위한 데이터를 제공하고, 데이터 마트는 특정 부서나 그룹의 요구에 맞춰 데이터를 제공하여 기능과 제공 범위로 구분할 수 있다.

| 오답해설 |

② 기업의 원천(Source) 데이터는 데이터 웨어하우스이다.

③ 데이터 마트는 특정 부서나 사용자 그룹을 위해 특화된 작은 규모의 데이터 저장소이다.

④ 데이터 웨어하우스는 사용자가 원하는 데이터를 검색할 수 있다.

### 08 정답 ①

데이터베이스의 주요 특징 중 하나는 데이터의 중복을 최소화하는 것이다. 데이터베이스는 데이터를 통합하여 관리하고, 데이터의 중복을 줄여 일관성을 유지한다.

| 2과목 | 데이터 분석 기획 |

### 09 정답 ④

분석 성숙도 모델의 진단 대상은 3개 부문으로 비즈니스 부문, 조직역량 부문, IT 부문이다.

### 10 정답 ①

| 오답해설 |

② 데이터 관리 체계 : 표준 데이터를 포함한 메타 데이터와 데이터 사전의 관리 원칙 수립, 데이터의 생명 주기 관리방안

③ 데이터 저장소 관리 : 메타 데이터 및 표준 데이터를 관리하기 위한 전사 차원의 저장소를 구성

④ 표준화 활동 : 표준 준수 여부를 주기적으로 점검하고 모니터링 실시

## 11 정답 ④

상향식 접근 방식은 기업에서 보유하고 있는 다양한 원천 데이터로부터의 발견(Discovery)을 통하여 통찰(Insight)을 얻을 수 있다. 상향식은 디자인 사고 중 발산(Diverge)에 해당한다.

## 12 정답 ①

상향식 접근 방식은 일반적으로 분석 대상이 명확하지 않거나 탐색적 분석이 필요한 경우에 사용된다. 반면, 분석 대상이 명확한 경우에는 목표와 문제 정의가 이미 이루어져 있으므로, 일반적으로 하향식 접근 방식을 사용하는 것이 더 적절하다.

## 13 정답 ④

필요 데이터 정의는 데이터 준비 단계의 태스크이다.

| 병행학습 |
빅데이터 분석 방법론 프로세스 5단계
① 분석 기획(Planning) : 비즈니스 이해 및 프로젝트 범위 설정, 프로젝트 정의 및 계획 수립, 프로젝트 위험 계획 수립(위험에 대한 대응 : 회피, 전이, 완화, 수용)
② 데이터 준비(Preparing) : 필요 데이터 정의, 데이터 스토어 설계, 데이터 수집 및 정합성 점검
③ 데이터 분석(Analyzing) : 분석용 데이터 준비, 텍스트 분석, 탐색적 분석, 모델링, 모델 평가 및 검증
④ 시스템 구현(Developing) : 설계 및 구현, 시스템 테스트 및 운영
⑤ 평가 및 전개(Deploying) : 모델 발전 계획 수립, 프로젝트 평가 및 보고

## 14 정답 ④

분석 과제의 우선순위 고려요소는 전략적 중요도, 비즈니스 성과 및 ROI, 실행 용이성이며, 기술 적용 수준은 분석 적용범위/방식의 고려 요소이다.

## 15 정답 ①

정확도(Accuracy)는 전체 예측 중에서 실제 값과 일치한 예측의 비율이고, 정밀도는 True로 예측한 것 중 실제 True인 비율이다.

## 16 정답 ③

데이터 가공 단계는 데이터마이닝 기법의 적용이 가능하도록 수집된 데이터를 가공 하는 단계이다.

| 병행학습 |
데이터마이닝의 5단계
목적 정의 → 데이터 준비 → 데이터 가공 → 데이터마이닝 기법의 적용 → 검증

## 17 정답 ③

weight의 중앙값은 258.0이며, 평균이 261.30이다.

| 오답해설 |
① 총 관측 데이터는 12+10+12+11+14+12이므로 71개이다.
② casein은 12개의 관측값을 가진다.
④ feed는 범주형 데이터이므로 평균을 구할 수 없다.

## 18 정답 ②

| 오답해설 |
① 주성분분석, ③ 군집분석, ④ 연관분석

## 19 정답 ②

| 오답해설 |
① 단순선형 회귀분석은 독립변수와 종속변수가 각각 1개이다.
③ 다중공선성 문제는 독립변수 간에 높은 상관관계가 있을 때 발생한다.
④ 독립변수가 범주형 변수인 경우에도 회귀분석이 가능하며, 범주형 변수를 더미 변수로 변환하여 회귀분석을 수행한다.

## 20 정답 ②

모형의 설명력은 0에서 1 사이의 값을 갖는 결정계수로 확인한다.

## 21 정답 ③

ARMA(2,0) 모형은 AR(2) 모형과 동일하므로, ACF 값은 점차적으로 감소하고 PACF는 급격히 3차 이후 감소한다.

| 오답해설 |
① ARMA(2,0) 모형은 자기회귀(AR) 모형의 차수가 2인 모형이며 백색잡음만을 포함하는 모형은 아니다.
② ARMA(2,0) 모형은 자기회귀 차수가 2이고, 이동평균 차수는 0인 모형이다.
④ ARMA(2,0) 모형은 MA(2) 모형과 다르다.

## 22 정답 ③

P-value가 작을수록 귀무가설이 옳다는 가정 하에서 관측된 데이터가 발생할 가능성이 낮다는 것을 의미한다. 따라서 P-value가 작을수록 귀무가설을 지지하지 않고, 귀무가설을 기각할 근거가 강하다.

## 23 정답 ④

결측값이 있을 경우 결측값이 발생한 원인과 패턴을 이해하고, 적절한 방법으로 처리해야 하며, 반드시 제거하는 것이 바람직한 것은 아니다.

## 24 정답 ②

오차 분산의 불편추정량(평균제곱잔차, MSE)은 잔차제곱합을 자유도로 나눈 값이며, 20/10 =2이다.

① 회귀계수는 p-값이 0.00004로, 5% 수준에서 유의미하다.
③ 전체 관측치 수 n=회귀 자유도+잔차 자유도+1=1+10+1=12
1(회귀)+10(잔차)=11이므로 전체 데이터 수는 12개
④ 결정계수는 회귀제곱합/총제곱합이므로 100/120=5/6이다.

| 병행학습 |

| 요인 | 제곱합 | 자유도 | 평균제곱 | F 값 | p 값 |
|------|--------|--------|----------|------|------|
| 회귀 | 100 (SSR:회귀제곱합) | 1 (k:독립변수의 개수) | 100(MSR: 회귀제곱평균) | 50(MSR /MSE) | 0.00004 |
| 잔차 | 20 (SSE:잔차제곱합) | 10(n-2) (n-k-1) | 2(MSE=20/10: 잔차제곱평균) | | |
| 계 | 120 (SST:총제곱합) | 11(n-1) | (MST: 총제곱평균) | | |

### 25 정답 ②
p-value는 0.05보다 훨씬 작으므로 모평균이 100과 같다는 귀무가설은 기각된다.

### 26 정답 ④
두 표본의 분산이 동일한지를 비교하는 검정(분산비 검정)은 F-분포를 따르는 검정통계량을 사용한다.

| 오답해설 |
① 모분산은 모집단의 데이터가 얼마나 퍼져 있는지를 나타내는 지표이므로, 모집단의 변동성이나 퍼짐 정도를 알고자 할 때, 모분산을 추정하는 것이 적절하다.
② 표본 분산을 이용하여 모분산을 추정할 때, 표본 분산은 자유도가 n-1인 카이제곱 분포를 따른다.
③ 중심극한정리에 따르면, 표본의 크기가 충분히 크면 표본 평균의 분포는 모집단의 분포가 정규분포가 아니더라도 정규분포에 근사하게 된다.

### 27 정답 ①
이동평균 모형(MA) 모형의 ACF(자기상관함수)는 모형의 차수(q) 이후 급격히 감소하는 반면, PACF(부분자기상관함수)는 시차가 증가함에 따라 점진적으로 감소한다. 자기회귀(AR) 모형은 PACF가 특정 시차에서 급격히 감소하고, ACF는 점진적으로 감소한다.

| 오답해설 |
② MA 모형은 항상 정상성을 만족한다.
③ MA 모형은 유한개의 백색잡음의 선형 결합이다.
④ 자기 자신의 과거 값을 사용하여 설명하는 모형은 AR 모형이며, MA 모형은 과거의 오차를 사용한다.

### 28 정답 ④
주성분 분석(PCA)에서 제1주성분(PC1)은 원변수의 선형 결합 중 가장 분산이 큰 것을 선택한다.

| 오답해설 | ① PCA는 고차원 데이터를 저차원으로 축소하는 차원축소 방법이다.
② PCA는 데이터의 레이블 없이 구조를 파악하는 비지도 학습 방법이다.
③ PCA에서 주성분들은 서로 직교(orthogonal)하므로 상관관계가 없다.

### 29 정답 ②
표본의 크기가 커질수록 다중공선성의 문제는 완화될 수 있다.

### 30 정답 ①
제1주성분(PC1)을 구하는 식은 주성분 분석의 결과에서 제1주성분의 로딩 값들을 사용하여 구성된다.

### 31 정답 ②
붓스트랩 방식으로 데이터를 선택할 때 각 데이터가 선택될 확률은 1/d이고, 특정 데이터가 한 번 선택되지 않을 확률은 1-1/d이다. 그러므로 d번 반복할 때 특정 데이터가 한 번도 선택되지 않을 확률은 (1-1/d)^d이다.

### 32 정답 ③
최단 연결법을 사용하므로 먼저 최단 거리는 2.2(d와 e간의 거리)로 d와 e를 하나의 군집으로 묶는다.
군집 {d, e}와 관측치 a와의 거리는 다음과 같다.
거리(a, d) = 3.2
거리(a, e) = 5.0
따라서, 군집 {d, e}와 관측치 a와의 거리 중 최단 거리는 3.20이다.

### 33 정답 ③
활성화 함수는 인공신경망의 각 뉴런에서 입력 신호의 가중치 합을 받아들이고, 그 결과를 다음 층으로 전달할지 여부를 결정하는 역할을 한다.

### 34 정답 ③
혼합분포 군집에서는 EM(Expectation-Maximization) 알고리즘을 사용하여 모수와 가중치를 추정한다.

| 병행학습 |
• E step : k개의 모형 군집에 대해 모수를 사용해 각 군집에 속할 사후확률을 구한다.
• M step : 사후확률을 이용해 최대 우도 추정으로 모수를 다시 추정하고, 이를 반복한다.

### 35 정답 ④
출제 범위 외 문제로 모두 정답처리가 되었다.
코퍼스(Corpus)는 언어 연구를 위해 텍스트를 가공, 처리, 분석할 수 있는 형태로 모아놓은 자료의 집합으로, 말뭉치라고 한다.
비구조화된 텍스트에서 구조화된 데이터로 변환하는 작업을 텍스

트 마이닝의 전처리라고 하며, 일반적으로 토큰화(tokenization), 정규화(normalization), 불용어 제거(stop word removal), 어간 추출(stemming), 형태소 분석 등의 과정을 포함한다.

**36 정답 ①**

출제 범위 외 문제로 모두 정답처리가 되었다.

| 병행학습 |

중심성을 측정하는 방법

연결 중심성(Degree Centrality): 개별 노드(개인, 조직 등)가 몇 개의 다른 노드와 직접적으로 연결되어 있는지를 나타낸다. 예) 친구수

근접 중심성(Closeness Centrality): 노드가 다른 노드까지 얼마나 빠르게 도달할 수 있는지를 나타낸다. 예) 다른 사람들에게 짧은 경로로 얼마나 빠르게 도달할 수 있는지

매개 중심성(Betweenness Centrality): 네트워크 내에서 특정 노드가 다른 노드들 간의 통신 경로를 중개하는 정도를 나타낸다.

**37 정답 ②**

검정용 데이터(validation data) : 모형의 과대적합 또는 과소적합을 미세 조정하는데 활용

**38 정답 ③**

은닉층의 뉴런 수와 개수는 자동으로 설정되는 것이 아니라, 사용자가 직접 설정하는 하이퍼파라미터이다.

**39 정답 ④**

시차 연관 분석은 시간 차이를 고려하여 항목 간의 관계를 분석하는 것이며, 이러한 분석 결과는 원인과 결과의 형태로 해석할 수 있다.

**40 정답 ①**

출제 범위 외 문제로 모두 정답처리가 되었다.

k-means는 데이터 군집화를 위한 알고리즘으로, 사회연결망 분석에서 네트워크를 표현하거나 분석하는 데 사용되지 않는다.

| 오답해설 |

② 집합(Set): 노드와 엣지의 집합으로 네트워크를 표현할 수 있다.

③ 그래프(Graph): 노드(점)와 엣지(선)로 구성된 구조로, 사회적 관계나 연결망을 시각적으로 표현한다.

④ 행렬(Matrix): 인접 행렬(adjacency matrix) 등의 형태로 네트워크의 노드 간 연결 관계를 수치적으로 표현한다.

> 주관식 문제

**01** 정보(information)

**02** 연관분석(연관규칙분석)

**03** ISP(Information Strategy Planning)

**04** 프로토타입 모델

**05** SOM(자기조직화지도)

**06** 5

Height 50에서 가로선을 그어 노드를 자르면, 그 아래 있는 가지의 수가 최종 군집의 수가 된다.

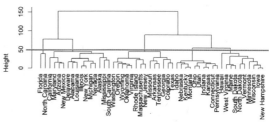

**07** $\dfrac{a}{(a+b)}$

**08** 부스팅

**09** 잔차(항)

**10** 1.2

지지도=P(A∩B)=0.3

신뢰도=P(A∩B)/P(A)=0.3/P(A)=0.6 → P(A)=0.5, P(B)=0.5

향상도=신뢰도/P(B)=0.6/0.5=1.2

## 객관식

| | | | | |
|---|---|---|---|---|
| 1. ② | 2. ③ | 3. ③ | 4. ④ | 5. ① |
| 6. ③ | 7. ④ | 8. ② | 9. ① | 10. ④ |
| 11. ③ | 12. ④ | 13. ① | 14. ④ | 15. ① |
| 16. ② | 17. ② | 18. ② | 19. ③ | 20. ② |
| 21. ① | 22. ② | 23. ② | 24. ④ | 25. ① |
| 26. ① | 27. ① | 28. ④ | 29. ② | 30. ④ |
| 31. ① | 32. ③ | 33. ③ | 34. ③ | 35. ③ |
| 36. ① | 37. ④ | 38. ③ | 39. ④ | 40. ② |

## 주관식

1. 사물인터넷(IoT, Internet of Things)

2. 블록체인(Blockchain)

3. Value    4. 시급성    5. 자기회귀(AR) 모형

6. 95.25    7. 0.2    8. 랜덤 포레스트

9. 6/19    10. a=3, b=8

---

### 1과목 | 데이터 이해

**01 정답 ②**

데이터 마스킹은 개인 식별 가능한 값을 삭제하는 것이 아니라, 데이터의 길이, 유형, 형식과 같은 속성을 유지한 채 데이터를 익명으로 생성하는 것이다.

**02 정답 ③**

| 오답해설 |

① 공통화(Socialization) : 내면화된 지식을 조직의 지식으로 만드는 과정

② 내면화(Internalization) : 학습과 체험을 통해 개인이 습득하는 과정

④ 연결화(Combination) : 표출화된 것을 다시 다른 개인이 본인의 지식에 연결하는 과정

**03 정답 ③**

지식의 축적과 아이디어가 결합된 창의적 산물은 지혜이다.

**04 정답 ④**

| 오답해설 |

① 사생활 침해 : 동의에서 책임으로

② 책임 원칙 훼손 : 결과 기반 책임 원칙 고수

③ 데이터 오용 : 알고리즘 접근 허용

**05 정답 ①**

데이터 웨어하우스는 전사적 차원의 데이터를 통합하여 조직 전체의 의사결정을 지원하는 시스템으로, 특정 조직의 업무 분야에 초점을 맞추는 것은 데이터 마트에 대한 설명에 더 가깝다.

| 오답해설 |

② ETL(Extract, Transform, Load)은 데이터를 추출, 변환, 적재하여 데이터 웨어하우스를 구축하는 과정이다.

③ 데이터 웨어하우스는 비휘발성으로, 저장된 데이터는 변경되지 않고 과거의 데이터를 그대로 유지한다.

④ 데이터 웨어하우스는 특정 목적(주로 분석과 의사결정 지원)을 위해 활용된다.

**06 정답 ③**

빅데이터는 개인에게 맞춤형 정보를 제공하여 의사결정의 정확성을 높이고, 시간과 자원의 낭비를 줄이는 데 도움을 준다.

| 오답해설 |

① 빅데이터는 기업의 투명성에 악영향을 끼치지 않고, 오히려 데이터 기반 의사결정과 혁신을 촉진한다.

② 빅데이터는 정부가 사회적 현상을 분석하고 이를 정책에 반영하는 데 유용하게 사용된다.

④ 빅데이터 기술의 발전으로 진입장벽은 낮아지고, 더 많은 기업이 빅데이터를 활용하고 있다.

**07 정답 ④**

모든 데이터가 2차원 테이블로 표현되는 것은 아니며, 데이터베이스에서는 여러 가지 형태의 데이터로 표현할 수 있다. 관계형 데이터베이스에서는 데이터를 2차원 테이블로 표현하지만, 비관계형 데이터베이스에서는 다른 형태로 데이터를 표현한다.

| 오답해설 |

① 데이터베이스는 다수가 공동으로 이용하는 공용 데이터이다.

② 데이터베이스는 DBMS(데이터베이스 관리 시스템)를 사용하여 구축되고 관리된다.

③ 데이터베이스는 창작성을 인정받아 저작물로 보호될 수 있다.

**08 정답 ②**

데이터 사이언스는 정형 데이터뿐만 아니라 비정형 데이터(텍스트, 이미지, 영상 등)까지 다루며, 총체적 접근법을 사용하는 것은 맞다.

---

### 2과목 | 데이터 분석 기획

**09 정답 ①**

| 병행학습 |

| 분석 방법 (How) | 분석 대상 (What) | |
| --- | --- | --- |
| | Known | Un-known |
| Known | Optimization (최적화) | Insight (통찰) |
| Un-known | Solution (솔루션) | Discovery (발견) |

**10 정답 ④**
데이터 분석체계를 수립할 때는 프로젝트의 전체 일정과 각 단계의 세부 일정도 함께 고려하여 체계적으로 이행 계획을 수립해야 한다.
① 폭포수 모델은 순차적인 단계를 따르는 방식으로, 데이터 분석 프로젝트처럼 반복적이고 유연한 접근이 필요한 상황에서는 적합하지 않을 수 있다.
② 데이터 수집 및 확보와 분석 데이터를 준비하는 단계를 순차적으로 진행하고, 모델링 단계는 반복적으로 수행하는 혼합형을 많이 적용한다.
③ 프로토타입 모델은 데이터 분석 체계에서 매우 유용하게 사용된다.

**11 정답 ③**
분석 적용 범위/방식의 고려요소에는 업무 내재화 적용 수준, 분석 데이터 적용 수준, 분석 기술 적용 수준이 있다.

**12 정답 ④**
분석 준비도의 6가지 영역에는 분석 업무, 인력 및 조직, 분석 기법, 분석 데이터, 분석 문화, IT 인프라가 있다.

**13 정답 ①**
분석의 활용적인 측면에서는 Accuracy가 중요, 안정성 측면에서는 Precision이 중요하다.

**14 정답 ④**
분석 과제 정의서는 분석 별로 필요한 소스 데이터, 분석 방법, 데이터 입수 및 분석의 난이도, 분석 수행 주기, 분석 결과에 대한 검증 오너십, 상세 분석 과정 등을 정의한다.
| 오답해설 |
① 분석 과제 정의서는 분석 결과를 기록하는 것이 아니라, 분석 과정과 필요한 사항을 정의하는 문서이다.
② 기술적인 세부 내용보다는 분석 과정과 방법론, 데이터의 특성을 다루는 것이 분석 과제 정의서의 주요 내용이다.
③ 자원의 할당은 프로젝트 관리 계획에 포함될 수 있지만, 분석 과제 정의서의 주된 목적은 아니다.

**15 정답 ①**
하향식 접근 방법은 분석 기획에 앞서 문제 탐색을 먼저 수행한다.
하향식 접근 방법의 수행 단계는, 문제 탐색 단계 → 문제 정의 단계 → 해결방안 탐색 단계 → 타당성 검토 단계로 진행한다.

**16 정답 ②**
분석 성숙도 진단(3개 부문) : 비즈니스 부문, 조직 역량 부문, IT 부문

3과목 | 데이터 분석

**17 정답 ②**
벡터는 동일한 타입의 데이터로만 구성되며, 숫자형, 문자형, 논리형을 모두 합쳐 하나의 벡터를 구성하면 데이터 타입이 자동으로 문자형으로 변환된다.

**18 정답 ②**
Q1−1.5IQR 〈 data 〈 Q3+1.5IQR를 벗어나는 데이터를 이상치로 규정한다.

**19 정답 ③**
표본 추출 방법으로는 단순 무작위 추출법, 계통추출법, 집락추출법, 층화추출법이 있다.

**20 정답 ②**
오른쪽으로 긴 꼬리는 왜도가 0보다 크며, 평균 〉 중앙값 〉 최빈값이다.
| 오답해설 |
① 평균보다 중앙값이 큰 경향을 보이는 것은 왼쪽으로 꼬리가 긴 꼬리이다.
③ 평균과 중앙값이 일치하는 것은 완벽한 정규분포의 특징이다.
④ 자료 크기와는 상관없이 분포의 형태에 따라 평균과 중앙값의 관계가 달라진다.

**21 정답 ①**
부호 검정은 두 관련된 표본 사이에서 관측치의 차이를 크고 작음으로만 표시하여, 그 분포의 차이에 대한 가설을 검정하는 비모수 검정 방법으로, 주로 짝지어진 데이터나 관련된 두 집단 간의 차이를 검정할 때 사용된다.
| 오답해설 |
② 만−위트니의 U검정: 독립된 두 표본의 차이를 검정하는 비모수 방법으로, 두 표본이 같은 분포를 가지는지 비교할 때 사용
③ 런 검정: 데이터의 순서에서 나타나는 패턴이나 무작위성을 검정하는 방법
④ 스피어만 순위 상관계수: 두 변수 간의 순위 상관관계를 측정하는 비모수 방법

**22 정답 ②**
EDA는 데이터 전처리 과정에서 데이터를 시각화하거나 통계적으로 분석하여 데이터의 특성, 패턴, 이상치 등을 파악하고 데이터에 대한 통찰을 얻는 단계이다.
| 오답해설 |
① 결측치가 많다고 해서 무조건 모두 제거하는 것은 바람직하지 않다.

③ 어떤 이상치는 실제 중요한 정보를 담고 있을 수 있으므로, 분석 목적에 따라 이상치를 적절하게 처리하는 것이 중요하나.
④ 결측치를 찾는 함수는 R에서는 is.na()를 사용한다.

**23 정답 ②**
실제로는 구간화 개수가 작아지면 데이터의 세분화가 줄어들기 때문에 정확도가 낮아질 수 있지만, 속도는 빨라지는 경향이 있다.

| 병행학습 |

**구간화(Binning)**
• 연속형 변수(예: 나이, 소득 등) 값을 일정한 범위로 나누어 이산형 변수(범주형 변수)로 변환하는 기법이다.
• 연속적인 값을 몇 개의 구간으로 나누어 처리함으로써 데이터 분석이나 모델링을 단순화하고, 해석을 용이하게 한다.
• 단점

| 정보 손실 | 데이터를 범주로 나누면서 원래 연속형 데이터의 정보가 일부 손실될 수 있음 |
|---|---|
| 과적합 위험 | 구간화 개수를 너무 많이 설정하면, 모델이 훈련 데이터에 과도하게 맞추어져 일반화 성능이 떨어질 수 있음 |

**24 정답 ④**
혈액형은 명목 척도에 해당하며, 순서나 크기 등의 비교가 불가능한 범주형 데이터이다.

**25 정답 ①**
회귀 분석에서 age의 계수(0.38316)가 양수이고, p−value가 0.05보다 작기 때문에 유의미한 양의 상관관계가 있다고 볼 수 있다.

| 오답해설 |
② age가 동일할 때 education의 종류에 따라 wage에 미치는 영향은 다르다. 각 교육 수준에 대해 서로 다른 계수들이 존재한다.
③ Intercept의 p−value는 2e−16으로 5%보다 훨씬 작으므로 유의미하다고 할 수 있다.
④ age와 education3에서 일부 교호작용은 유의미합니다. 예를 들어, age와 Some College의 p−value는 0.00789로 0.05보다 작아 유의미하다.

**26 정답 ①**
맨해튼 거리는 유클리디안 거리와 함께 가장 많이 사용되는 거리로, 두 점 사이의 거리를 계산할 때, 격자 형태로 이동하는 방식을 사용하여 거리를 측정하는 방법이다.

| 오답해설 |
② 유클리디안 거리 : 가장 많이 사용되는 거리, 통계적 개념이 내포되어 있지 않아 변수들의 산포 정도가 감안되지 않는다.
$$d(x,y) = \sqrt{(x_1 - y_1)^2 + (x_2 - y_2)^2}$$
③ 마할라노비스 거리 : 두 벡터 사이의 거리를 산포를 의미하는 표본 공분산으로 나눠준다(표준화와 상관성).

④ 민코우스키 거리 : 맨해튼 거리와 유클리디안 거리를 한 번에 표현한 것으로, L1 거리(맨해튼 거리), L2 거리(유클리디안 거리)로 불린다.
$$d(x,y) = (\sum_{j=1}^{m} |x_j - y_j|^r)^{\frac{1}{r}}$$

**27 정답 ①**
앙상블 모형에서는 각 모형이 상호 독립적일수록 성능이 더 향상된다. 상호 연관성이 높으면 모형들이 동일한 오류를 반복할 가능성이 높아, 성능 향상이 제한적일 수 있다.

| 오답해설 |
여러 모형을 결합하므로 개별 모형의 이상치에 대한 민감도가 낮아진다. 다양한 모형의 결합으로 더 나은 성능을 발휘할 수 있다.
각 모형의 장단점을 상호 보완하여 정확한 결과가 나온다.

**28 정답 ④**
연관분석은 일반적으로 지지도, 신뢰도, 향상도와 같은 지표를 계산하여 규칙을 도출하며, 분석을 위한 계산이 복잡하다고 할 수 없다.

**29 정답 ②**
군집분석에서는 집단 간 이질성과 집단 내 동질성이 모두 높아지는 방향으로 군집을 만든다.

| 오답해설 |
① 사전 정보 없이 데이터의 구조를 탐색하는 비지도 학습 방법이다.
③ 군집 수를 결정하는 것은 어려운 문제로, 엘보우 방법 등을 이용해 군집 수를 결정한다.
④ k−평균 군집분석은 초기 군집 중심값에 따라 결과가 달라질 수 있어, 초기화가 중요하다.

**30 정답 ④**
Softmax는 입력된 값들을 확률 분포로 변환하여, 각 클래스에 속할 확률을 출력하는 활성화 함수이다. 출력값들의 합은 1이 되며, 각 값은 0과 1 사이의 확률로 표현되며, 다범주 분류 문제에서 모델이 어떤 범주에 속할지 예측할 때 사용한다.

**31 정답 ①**
엔트로피는 정보이론이나 의사결정 나무알고리즘에서 불확실성이나 정보의 혼잡도를 측정하는 데 사용된다.

**32 정답 ③**
다차원척도법은 변수 간의 상관관계는 사용하지 않으며, 대신 개체 간의 유사성 또는 거리를 기준으로 차원을 축소하는 방법이다.

**33 정답 ③**
검정용(validation) 데이터는 모델의 학습 성능을 평가하고, 과적합을 방지하거나 하이퍼파라미터를 튜닝하는 데 사용되며, 학습에 직접적으로 사용되지 않는다.

**34 정답 ③**

시그모이드 함수는 실수 값을 입력받아 0과 1 사이의 값으로 변환하는 비선형 함수이다.

**35 정답 ③**

Silhouette Coefficient(실루엣 계수)는 군집 분석의 성능을 평가하는 지표로, 각 데이터 포인트가 군집 내에서 얼마나 적절하게 군집화되었는지를 평가하는 방법이다.

| 오답해설 |

① PAM(Partitioning Around Medoids): K-평균 군집화의 변형으로, 대표점을 중심으로 군집화하는 기법

② Density-Based Clustering(밀도 기반 군집화): 데이터의 밀도를 기준으로 군집을 형성하는 방법으로, 대표적으로 DBSCAN이 있다.

④ Fuzzy Clustering(퍼지 군집화): 각 데이터 포인트가 여러 군집에 소속될 확률을 계산하는 군집화 방법

**36 정답 ①**

덴드로그램(Dendrogram)은 계층적 군집분석에서 사용되는 도구로, 분류 모형의 평가와는 관련이 없다.

**37 정답 ④**

F-statistic의 p-value가 유의수준 5%보다 작으므로 회귀모형은 통계적으로 유의미하다.

| 오답해설 |

① Time이 1 단위 증가할 때 weight는 약 8.8030 증가한다.

② Adjusted R-squared는 독립 변수인 Time이 종속 변수인 weight의 변동을 약 70.02% 설명한다는 의미이다.

③ Time 변수의 p-value가 매우 작으므로 Time 변수는 weight에 통계적으로 유의미한 영향을 미친다.

**38 정답 ③**

데이터 분석 단계에는 분석용 데이터 준비, 텍스트 분석, 탐색적 분석, 모델링, 모델 평가 및 검증이 있다.

**39 정답 ④**

의사결정 나무는 과적합이 발생할 가능성이 높다. 특히 트리가 너무 깊어지거나 불필요한 분기가 많아지면 훈련 데이터에 지나치게 맞추어져 새로운 데이터에 대한 예측 성능이 저하될 수 있다.

**40 정답 ②**

웹 크롤링(Web Crawling)은 자동화된 프로그램을 사용해 웹페이지를 탐색하고 데이터를 수집하는 방법이다.

| 오답해설 |

① API는 애플리케이션 간에 데이터를 교환하기 위한 인터페이스이다.

③ 센서 데이터 수집은 물리적 센서에서 데이터를 수집하는 방법이다.

④ 데이터베이스 쿼리는 데이터베이스에서 데이터를 검색하고 추출하는 명령어이다.

주관식 문제

**01** 사물인터넷(IoT, Internet of Things)

**02** 블록체인(Blockchain)

**03** Value

**04** 시급성

**05** 자기회귀(AR) 모형

**06** 95.25

Z-점수는 정규분포에서 평균과 표준편차를 표준화한 값으로 주어진 값으로, 이 값을 이용하여 점수를 구한다.

$$Z = \frac{X - \mu}{\sigma}$$

X : 구하고자 하는 점수(즉, 수학 우등반에 들어가기 위한 최소 시험 점수)

μ : 평균 점수, 85

σ : 표준편차, 5

∴ X=2.05×5+85=95.25

**07** 0.2

E(X)=1×P(x=1)+2×P(x=2)+4×P(x=4)=2.7

2.7=1×0.3+2×P(x=2)+4×(1−0.3−P(x=2))

P(x=2)=0.4/2=0.2

**08** 랜덤 포레스트

**09** 6/19

$$F1 = \frac{2 \times Precision \times Recall}{Precision + Recall} = \frac{2 \times \frac{30}{90} \times \frac{30}{100}}{\frac{30}{90} + \frac{30}{100}} = \frac{6}{19}$$

**10** a=3, b=8

1. 첫 번째 분기 (노드 A에서의 조건)

   $x_2$ < a로 노드 B로 이동한다.

   $x_2$ = 2이므로, a는 2보다 커야 한다. → a는 3

2. 두 번째 분기 (노드 B에서의 조건)

   $x_1$ ≥ b로 노드 E로 이동한다.

   $x_1$ = 8이므로, b는 8보다 작거나 같아야 한다. → b는 8

# 35회 정답 및 해설

· 255p

## 객관식

| | | | | |
|---|---|---|---|---|
| 1. ① | 2. ③ | 3. ② | 4. ① | 5. ④ |
| 6. ③ | 7. ③ | 8. ② | 9. ③ | 10. ③ |
| 11. ① | 12. ③ | 13. ② | 14. ④ | 15. ① |
| 16. ④ | 17. ① | 18. ④ | 19. ② | 20. ③ |
| 21. ① | 22. ③ | 23. ① | 24. ② | 25. ③ |
| 26. ④ | 27. ② | 28. ④ | 29. ② | 30. ① |
| 31. ① | 32. ① | 33. ② | 34. ③ | 35. ② |
| 36. ① | 37. ③ | 38. ① | 39. ① | 40. ④ |

## 주관식

1. 데이터베이스
2. 유전자 알고리즘
3. 집중형 조직 구조
4. 하향식접근법
5. 다차원척도법(MDS)
6. 후진제거법
7. 홀드아웃
8. 최단연결법 또는 단일연결법
9. 0.4
10. 포아송분포

---

1과목 | 데이터 이해

**01 정답 ①**

DBMS(DataBase Management System)는 데이터베이스를 관리하여 응용 프로그램들이 데이터베이스를 공유하며 사용할 수 있는 환경을 제공하는 소프트웨어이다.

| 오답해설 |

② Data Dictionary: 데이터베이스 내의 데이터 구조, 제약 조건, 관계 등을 정의하고 관리하는 메타데이터 저장소

③ SQL(Structured Query Language): 데이터베이스에서 데이터를 조회, 수정, 삭제, 삽입하는 등의 작업을 수행하기 위한 표준 언어

④ ERD(Entity–Relationship Diagram): 데이터베이스 설계를 위한 도구로, 개체(Entity) 간의 관계(Relationship)를 시각적으로 표현한 다이어그램

**02 정답 ③**

SQL(Structured Query Language)은 데이터베이스를 사용할 때 데이터베이스에 접근할 수 있는 데이터베이스의 하부 언어로 데이터 정의어(DDL), 데이터 조작어(DML), 데이터 제어어(DCL)로 구성된다.

| 오답해설 |

① Python : 데이터 분석, 웹 개발, 기계 학습 등 다양한 분야에서 사용되는 범용 프로그래밍 언어

② R : 통계 계산과 그래픽을 위한 프로그래밍 언어로서, 데이터 분석 및 시각화에 널리 사용되는 언어

④ NoSQL : 관계형 데이터베이스가 아닌 비관계형 데이터베이스를 의미하며, 대량의 분산된 데이터를 빠르고 유연하게 처리할 수 있는 구조를 가진다.

**03 정답 ②**

IoT는 사물에 센서나 칩을 장착하여 인터넷에 연결함으로써, 사람의 개입 없이도 자동으로 데이터를 수집하고 처리하는 기술이므로 IoT가 활용됨에 따라 사람의 개입은 최소화되며, 실시간 데이터 수집 및 처리가 가능해지는 것이 특징이다.

**04 정답 ①**

익명화는 개인을 식별할 수 있는 정보를 제거하거나 변조하여, 특정 개인을 알아볼 수 없도록 하는 기술로 사생활 침해를 방지하기 위한 기술이다.

**05 정답 ④**

알고리즈미스트는 알고리즘으로 인한 피해를 본 사람들의 대변자로, 이들은 컴퓨터, 수학, 통계학, 비즈니스 등 다양한 분야에 대한 깊은 이해를 바탕으로 활동한다.

**06 정답 ③**

뉴럴 네트워크 최적화 능력은 특정한 기계학습 분야나 딥러닝 분야에서 중요할 수 있으나, 모든 데이터 사이언티스트에게 필수적인 역량은 아니다.

**07 정답 ③**

데이터 분석 예측은 위기 요인이 아니라, 빅데이터 시대의 가치라고 볼 수 있다. 반면 데이터 오용, 사생활 침해, 책임 원칙 훼손은 빅데이터 시대에 실제로 발생할 수 있는 위기 요인이다.

**08 정답 ②**

정부는 일반적으로 이익 창출이 아닌 공공 서비스 개선과 정책 수립을 목적으로 빅데이터를 활용한다.

2과목 | 데이터 분석 기획

**09 정답 ③**

위험에 대한 대응 방법으로는 회피(Avoid), 전이(Transfer), 완화(Mitigate), 수용(Accept)이 있으며, 관리(Manage)는 포함되지 않는다.

**10 정답 ③**

| 병행학습 |

| 집중형 조직구조 | 기능형 조직구조 | 분산형 조직구조 |
|---|---|---|
| • 전사 분석업무를 별도의 분석 조직에서 담당<br>• 전략적 중요도에 따라 분석조직이 우선순위를 정해 진행<br>• 현업 업무부서와 이원화 /이중화 가능성 높음 | • 일반적 분석 수행구조<br>• 별도 분석조직 없고 해당 업무부서에서 분석 수행<br>• 전사적 핵심 분석 어려움<br>• 과거실적에 국한한 분석 수행 가능성 높음 | • 분석 조직 인력을 현업부서로 직접 배치해 분석업무 수행<br>• 전사차원의 우선순위 수행<br>• 분석결과에 따른 신속한 Action 가능<br>• 베스트 프랙티스 공유 가능<br>• 부서 분석업무와 역할분담 명확화 필요 |

## 11 정답 ①

Value는 비즈니스 효과이고, Volume, Variety, Velocity는 투자비용 요소에 해당한다.

## 12 정답 ③

분석 준비도를 측정하기 위한 6가지 영역은 분석 업무, 인력 및 조직, 분석 기법, 분석 데이터, 분석 문화, IT 인프라이다.

## 13 정답 ②

메타 데이터 관리, 데이터 사전 관리, 데이터 생명주기 관리는 모두 데이터 관리 체계와 관련된 요소이다. 이러한 요소들은 데이터의 정의, 사용, 유지 보수 및 폐기에 이르기까지 전체적인 관리 체계를 구축하는 데 필요한 구성 요소이다.

## 14 정답 ④

• 프로세스 분류: 전체 업무 프로세스를 분석할 수 있도록 개별 프로세스 단위로 나누는 단계
• 프로세스 흐름 분석: 분류된 각 프로세스의 단계별 흐름을 파악하고 분석하는 단계
• 분석 요건 식별: 프로세스를 효율적으로 개선하기 위한 분석의 필요 요건을 찾아내는 단계
• 분석 요건 정의: 식별된 분석 요건을 구체적으로 명확하게 정의하여 실행 가능한 계획으로 만드는 단계

## 15 정답 ①

| 병행학습 |

데이터 거버넌스의 구성 요소

| 원칙(Principle) | • 데이터를 유지 관리하기 위한 지침과 가이드<br>• 보안, 품질기준, 변경관리 |
|---|---|
| 조직<br>(Organization) | • 데이터를 관리할 조직의 역할과 책임<br>• 데이터 관리자, 데이터베이스 관리자, 데이터 아키텍트 |
| 프로세스<br>(Process) | • 데이터 관리를 위한 활동과 체계<br>• 작업 절차, 모니터링 활동, 측정 활동 |

## 16 정답 ④

난이도가 '쉬움'이라면 빠르게 결과를 도출하고 효과를 볼 수 있으며, 시급성이 '현재'인 과제는 즉각적인 해결이 필요한 문제에 대응하기 위해 우선순위를 둘 필요가 있다.

3과목 | 데이터 분석

## 17 정답 ①

결정계수는 총 변동 중에서 모델에 의해 설명되는 변동의 비율을 의미한다. 즉, 설명이 되지 않는 오차에 의한 변동이 아니라 설명되는 변동의 비율을 나타낸다.

## 18 정답 ④

평균이 시간에 따라 변하는 경우 차분(difference)을 통해, 분산이 시간에 따라 변하는 경우 변환(transformation)을 통해 정상 시계열로 바꿀 수 있다.

## 19 정답 ②

라쏘 회귀는 L1 정규화를 사용하여 모델의 복잡성을 줄이며, L2 정규화를 사용하는 것은 릿지(Ridge) 회귀의 특징이다.

| 오답해설 |

① 라쏘 회귀는 회귀 계수의 절대값에 대한 패널티(L1 정규화)를 적용하여, 계수 중 일부를 0으로 만들 수 있다.
③ 라쏘 회귀는 L1 정규화를 통해 변수 선택과 모델의 복잡성을 동시에 관리함으로써 과적합을 방지하는 데 도움을 준다.
④ 람다값이 너무 높으면, 너무 많은 패널티가 적용되어 모델이 데이터의 중요한 패턴이나 구조를 충분히 학습하지 못하게 되어, 결과적으로 과소적합(Underfitting) 문제가 발생할 수 있다.

## 20 정답 ③

다차원척도법(MDS)는 주로 개체 간의 유사도나 거리를 이용하여 차원을 축소하는 반면, PCA는 변수 간의 상관관계를 이용하여 데이터의 차원을 축소한다.

## 21 정답 ①

시그모이드 함수는 출력값을 0과 1 사이의 값으로 제한하는 S자형 함수로, 로지스틱 회귀에서 사용하는 활성화 함수와 동일하다. 단층 신경망에서 시그모이드 함수를 사용하면 로지스틱 회귀와 매우 유사하게 작동한다.

## 22 정답 ③

기대값 $E(X) = 1 \times \frac{1}{3} + 2 \times \frac{1}{6} + 3 \times \frac{1}{2} = \frac{13}{6}$

| 오답해설 |

① $P(X=1) + P(X=2) + P(X=3) = \frac{1}{3} + \frac{1}{6} + \frac{1}{2} = 1$이므로, 1보다 크지 않다.

② $P(X=1)+P(X=2)=\dfrac{1}{3}+\dfrac{1}{6}=\dfrac{1}{2}$

④ X가 4일 확률은 없으므로 0이다.

## 23 정답 ①

$E(X)=\sum xf(x)=1\times 0.2+2\times 0.3+3\times 0.2+4\times 0.075=1.7$

## 24 정답 ②

교호작용 항 Income:StudentYes의 p-value가 0.249라는 것은, 소
득(Income)과 학생 여부(StudentYes)가 상호작용하여 Balance(신용
카드 대금)에 미치는 영향이 통계적으로 유의미하지 않다는 것을 의미
한다. 즉, Income이 증가할 때 Balance에 미치는 영향은 학생 여부에
상관없다고 해석할 수 있다.

| 오답해설 |

① Income의 계수가 양수이며, p-value가 매우 작아 유의미한 증가
경향을 보인다.

③ Income: StudentYes 항의 p-value가 0.249로 유의하지 않다.

④ 모델의 p-value가 〈2.2e-16으로 매우 작아, 전체 모델이 유의함
을 나타낸다.

## 25 정답 ③

F 통계량은 다중회귀모형 전체가 통계적으로 유의미한지를 검정하는
데 사용된다. F 통계량이 크고, p-value가 낮을수록 모델이 통계적으
로 유의미하다고 볼 수 있다.

| 오답해설 |

① 카이제곱 통계량: 범주형 변수 간의 독립성이나 적합성을 검정하는
데 사용

② T 통계량: 회귀 분석에서 개별 회귀 계수가 유의미한지 검정할 때
사용

④ R-Square: 모델의 설명력을 나타내는 지표

## 26 정답 ④

피어슨 상관계수는 선형 관계를 측정하는 데 적합하며, 이 데이터는
대체로 선형적이기 때문에 피어슨 상관계수가 두 변수 간의 관계를 잘
설명할 수 있다.

| 오답해설 |

① hp와 mpg 사이에 명확한 선형 관계가 보이므로, 단순선형회귀모
델을 사용하는 것이 적절하다.

② hp가 증가할수록 mpg는 감소하는 경향이 나타난다.

③ hp와 mpg는 서로 반비례하는 관계로, 음의 상관관계를 가진다.

## 27 정답 ②

계층적 군집은 탐색적 분석에 적합한 방법으로, 군집의 개수를 미리
정하지 않아도 된다.

## 28 정답 ④

$d(x,y)=|x_1-y_1|+|x_2-y_2|=|180-175|+|70-65|=5+5=10$

## 29 정답 ②

X축은 반복횟수, Y축은 로그-가능도 함수를 나타내며, 반복횟수 2회
만에 로그-가능도 함수가 최대가 된 것을 알 수 있다.

| 오답해설 |

① 로그-가능도 함수의 최대값은 -1035이다.

③ 혼합분포 군집분석은 밀도기반 군집방법이 아니라 확률 모델 기반
군집 방법이다.

④ EM 알고리즘은 데이터의 분포를 가정하고, 이상값이 그 가정을 깨
뜨릴 수 있기 때문에 이상값에 민감한 편이다.

## 30 정답 ①

군집의 크기가 작으면 데이터가 충분하지 않기 때문에 모수를 추정하
는 데 있어서 불확실성이 커질 수 있다.

## 31 정답 ②

특이도(specificity) : 실제값이 False인 관측치 중 예측치가 적중한 정도
특이도=100/400=0.25

## 32 정답 ①

분류(Classification)는 데이터를 미리 정해진 기준에 따라 그룹화하는
지도 학습 방법이다.

## 33 정답 ②

| 병행학습 |

• 분류나무의 분류 기준

| 카이제곱 통계량 p-값 | 관측도수와 기대도수의 차이가 커질수록 카이제곱 통계량은 커지고 p-값은 작아지며, p-값이 작아지는 방향으로 분류 |
|---|---|
| 지니 지수 | 값이 클수록 이질적이며 순수도가 낮음 |
| 엔트로피 지수 | 엔트로피가 높을수록 정보의 불확실성이 큼 |

• 회귀나무의 분류 기준

| F-통계량 | p-값이 작아지는 방향으로 가지 분할을 수행 |
|---|---|
| 분산의 감소량 (variance reduction) | 최대화되는 방향으로 가지 분할을 수행 |

## 34 정답 ③

지지도는 전체 거래 중에서 품목 A, B가 동시에 포함되는 거래의 비율
로 구한다.

## 35 정답 ②

입력층의 모든 뉴런이 경쟁층의 모든 뉴런과 완전 연결되어 있다.

## 36 정답 ①

의사결정나무는 과적합이 발생하기 쉬운 모델 중 하나이며, 과적합을 해결하기 위해 가지치기(pruning) 등의 기법이 추가로 필요하다.

**37** 정답 ②
DBSCAN은 비구형(Non-convex) 데이터를 포함한 밀집된 군집을 잘 탐지하는 방법으로, K-평균 군집분석과는 달리 비구형 데이터에서도 성능이 우수하다.
| 병행학습 |
K-medoids는 군집의 중심을 실제 데이터 포인트 중에서 선택하고, 군집 내 모든 점들과의 거리 합을 계산한 후, 가장 작은 거리를 가지는 점을 군집의 중심으로 선택한다. 이 과정에서 모든 점들 사이의 거리를 반복적으로 계산해야 하기 때문에, K-평균보다 계산량이 훨씬 더 많다.

**38** 정답 ①
목적 정의 → 데이터 준비 → 데이터 가공 → 데이터마이닝 기법 적용 → 검증

**39** 정답 ①
| 오답해설 |
② 로지스틱 회귀는 최대우도법(MLE)을 사용하여 모형을 추정한다.
③ 로지스틱 회귀 모델의 출력값은 0과 1 사이의 확률값이다.
④ 로지스틱 회귀 모델은 오즈(odds)의 관점에서 해석한다.

**40** 정답 ④
| 오답해설 |
① 연관분석은 너무 세분화된 품목에서는 잡음이 많아질 수 있으므로 적합하지 않다.
② 품목 수가 증가하면 연관 규칙을 찾기 위한 계산량도 증가한다.
③ 거래량이 많은 품목에 대해 더 유의미한 규칙을 찾기 쉬우므로, 거래량이 적은 품목에는 적합하지 않다.

주관식 문제

**01** 데이터베이스

**01** 유전자 알고리즘

**03** 집중형 조직 구조

**04** 하향식접근법

**05** 다차원척도법(MDS)

**06** 후진제거법

**07** 홀드아웃

**08** 최단연결법 또는 단일연결법

**09** 0.4

**10** 포아송분포

## 객관식

| | | | | |
|---|---|---|---|---|
| 1. ① | 2. ③ | 3. ① | 4. ② | 5. ④ |
| 6. ④ | 7. ① | 8. ① | 9. ② | 10. ③ |
| 11. ③ | 12. ③ | 13. ④ | 14. ① | 15. ③ |
| 16. ② | 17. ① | 18. ② | 19. ④ | 20. ① |
| 21. ② | 22. ④ | 23. ④ | 24. ③ | 25. ③ |
| 26. ① | 27. ④ | 28. ④ | 29. ① | 30. ④ |
| 31. ② | 32. ④ | 33. ③ | 34. ④ | 35. ② |
| 36. ① | 37. 모두 정답 | 38. ③ | 39. ④ | 40. ④ |

## 주관식

1. 정보(Information)

2. 사물인터넷(IoT)

3. 문제 정의(Problem Definition)

4. 데이터 거버넌스(Data Governance)

5. 랜덤 포레스트(Random Forest)

6. 부스팅(Boosting)

7. 실루엣 계수(Silhouette Coefficient)

8. 역전파 알고리즘(Backpropagation)

9. 점추정(Point Estimation)

10. 지니 지수(Gini Index)

---

### 1과목 | 데이터 이해

**01 정답 ①**

데이터 오용은 데이터 과신이나 잘못된 지표의 사용으로 인해 잘못된 인사이트를 얻어 비즈니스에 적용할 경우 직접 손실이 발생되는 것으로, 개인정보 수집은 사생활 침해와 관련이 있다.

**01 정답 ③**

빅데이터 전문인력의 증가는 오히려 빅데이터의 활용도를 높이고, 그로 인해 빅데이터의 가치를 더욱 명확하게 산정할 수 있게 도울 수 있다.

**03 정답 ①**

크기 자체가 경쟁우위를 확보하는 본질적인 요소는 아니며, 핵심은 데이터를 어떻게 활용하여 통찰력과 가치를 창출하느냐에 있다.

**04 정답 ②**

데이터 마트는 특정 부서나 사용자의 요구에 맞춘 데이터를 제공하기

---

때문에 모든 사람에게 개방된 것이 아니다.

**05 정답 ④**

빅데이터 분석은 일차적인 분석 단계에서도 부서별 업무 개선에 유의미한 인사이트를 제공할 수 있으며, 일차적인 분석 결과를 기반으로 추가적인 심화 분석이 이루어진다.

**06 정답 ④**

분석의 정확도도 중요하지만 데이터 사이언스의 본질은 데이터로부터 인사이트와 가치를 발견하고, 이를 기반으로 효과적인 의사결정을 내리는 데 있다.

**07 정답 ①**

데이터베이스에 저장된 모든 데이터가 분석 가능한 것은 아니다. 분석 가능 여부는 데이터의 구조화 정도, 품질, 적합한 분석 도구와 방법의 유무에 따라 달라진다.

**08 정답 ①**

데이터는 반드시 구조화된 형태로 저장되지 않아도 활용할 수 있다. 비정형 데이터(예: 텍스트, 이미지, 동영상 등)도 적절한 분석 기법을 통해 유의미한 정보를 도출할 수 있다.

---

### 2과목 | 데이터 분석 기획

**09 정답 ②**

분석 프로젝트에서는 변경이 빈번하게 발생할 수 있지만, 이는 일정을 제한하는 계획을 수립하는 것이 적절하지 않다는 의미는 아니다. 오히려, 분석 프로젝트에서도 명확한 범위 설정, 일정 계획, 리스크 관리 등을 통해 프로젝트를 효과적으로 관리할 필요가 있다.

**10 정답 ③**

업무별 적합한 분석 기법 사용은 분석 기법 영역에 포함된다.

| 오답해설 |

분석 업무 영역은 발생한 사실 분석 업무, 예측 분석 업무, 시뮬레이션 분석 업무, 최적화 분석 업무, 분석 업무 정기적 개선이다.

**11 정답 ③**

Accuracy는 모델과 실제 값과의 차이를 평가하는 정확도를 의미하며, Precision은 모델을 지속적으로 반복했을 때의 편차의 수준으로써, 일관적으로 동일한 결과를 제시한다는 것을 의미한다.

**12 정답 ③**

데이터 탐색은 데이터 이해 단계에 포함된다.

**13 정답 ④**

| 오답해설 |

① 데이터 준비 단계
② 데이터 분석 단계
③ 분석 기획 단계

## 14 정답 ①
하향식 접근법의 문제 탐색 단계는 문제의 구조와 근본 원인을 이해하는 데 중점을 둔다. 세부적인 구현과 솔루션은 이후 단계에서 다뤄야 한다.

## 15 정답 ③
데이터 수집 및 확보와 분석 데이터를 준비하는 단계를 순차적으로 진행하고, 모델링 단계는 반복적으로 수행하는 혼합형을 많이 적용한다.

## 16 정답 ②
분석과제 정의서에는 분석 별로 필요한 소스 데이터, 분석 방법, 데이터 입수 및 분석의 난이도, 분석 수행 주기, 분석 결과에 대한 검증 오너십, 상세 분석 과정 등을 정의하지만 상세 분석 알고리즘은 포함하지 않는다.

## 3과목 | 데이터 분석

## 17 정답 ①
상자 그림(Boxplot)은 이상치(outlier)를 시각적으로 명확히 확인할 수 있는 도구이다.

## 18 정답 ②
| 오답해설 |
① 연구가설: 대립가설의 한 형태로, 연구자가 검증하고자 하는 주장을 의미
③ 점추정: 모집단의 특성을 나타내는 하나의 값을 추정하는 과정
④ 구간추정: 모집단의 특성을 추정할 때, 값이 포함될 수 있는 범위를 제시하는 방법

## 19 정답 ④
정규성을 만족하지 못하는 경우 이상값을 제거하거나 변환(예: 로그 변환)을 통해 문제를 해결할 수 있지만, 상관계수와는 직접적인 관련이 없다.

## 20 정답 ①
회귀분석에서는 변수 간 상관계수 자체를 평가하지는 않는다.

## 21 정답 ②
명목형 변수도 더미 변수를 생성하여 회귀분석의 독립변수로 사용할 수 있다. 예를 들어, 성별(남=1, 여=0)처럼 코딩하여 분석에 포함할 수 있다.

## 22 정답 ④
주성분은 원래 변수들의 선형 결합으로 생성되므로, 원래 변수와 밀접한 관계를 가진다.

## 23 정답 ④
| 오답해설 |
① 분해 시계열은 데이터를 추세, 계절성, 불규칙성 등의 요인으로 분리하는 분석 방법이다.
② ARIMA는 Autoregressive Integrated Moving Average이다.
③ ARIMA 모델은 차분을 사용하여 정상성 시계열로 변환해야 한다.

## 24 정답 ③
선형 관계의 유의성을 판단하려면 추가적인 통계 검정이 필요하다.

## 25 정답 ③
Balance와 가장 상관관계가 높은 변수는 Limit이며, 상관계수는 0.862로 가장 높다.
| 오답해설 |
① 그래프에서 Income 변수의 밀도 그래프를 보면 오른쪽 꼬리가 긴 분포(우측으로 치우친 분포)를 보이고 있다.
② Limit와 Rating의 상관계수는 0.997로, 거의 완벽한 선형관계를 나타낸다.
④ Age와 Balance의 상관계수는 0.002로, 거의 상관관계가 없음을 나타낸다.

## 26 정답 ①
재현율은 실제값이 True인 관측치 중 예측치가 적중한 정도로 $\frac{30}{100} = \frac{3}{10}$ 으로 계산할 수 있다.

## 27 정답 ④
피어슨 상관계수가 0이면 선형 관계가 없음을 의미하며, 비선형 관계는 존재할 수 있다.
| 오답해설 |
① 스피어만 상관계수는 두 변수 간의 순위(서열) 관계를 기반으로 계산되며, 비선형 관계도 파악할 수 있다.
② 피어슨 상관계수는 −1에서 +1 사이의 값을 가진다.
③ 비율척도와 같은 정량적 데이터에서는 일반적으로 피어슨 상관계수를 사용한다.

## 28 정답 ④
지수평활법은 단순히 평균을 사용하는 것이 아니라, 최근 데이터에 더 높은 가중치를 부여하여 예측하는 방법으로 정상성과는 상관이 없다.

## 29 정답 ①
연관규칙학습은 고객의 구매 패턴을 분석하여 특정 상품을 구매한 고객이 다른 상품을 구매할 가능성을 찾아내는 기법이다.

**30** 정답 ④
군집분석에서는 군집의 품질과 신뢰성을 평가하기 위해 논리성과 안정성을 검증하는 것이 필수적이다.

**31** 정답 ②

**32** 정답 ④
의사결정나무는 지도학습 방법에 속한다.

**33** 정답 ③
시그모이드 함수로, 입력 값을 0과 1 사이의 값으로 변환하는 활성 함수이다.

**34** 정답 ④
품목이 세분화될수록 가능한 품목 집합의 수가 급격히 증가하며, 계산량도 크게 늘어난다.

**35** 정답 ②
ROC 그래프에서 X축은 거짓 긍정 비율(FPR, False Positive Rate)로 값이 작을수록 좋다고, Y축은 진짜 긍정 비율(TPR, True Positive Rate)로 값이 클수록 좋다.

**36** 정답 ①
| 오답해설 |
② 보팅은 서로 다른 알고리즘도 결합할 수 있으며, 항상 동일한 알고리즘만 사용하는 것은 아니다.
③ 잘못 분류된 데이터에 더 높은 가중치를 부여하여 학습을 강화하는 방식은 부스팅이다.
④ 학습기 간 상호연관성이 높으면 모델 간 편향된 예측이 이루어질 가능성이 크며, 성능 저하로 이어질 수 있다.

**37** 정답 모두 정답 처리
신뢰도 70% 이상을 만족하는 규칙이 없으므로 모두 정답처리된 문제이다.
① 지지도=25/100=25%, 신뢰도=25/50=50%
② 지지도=20/100=20%, 신뢰도=20/50=40%
③ 지지도=20/100=20%, 신뢰도=20/65=약 31%
④ 지지도=25/100=25%, 신뢰도=25/50=50%

**38** 정답 ③
| 오답해설 |
① 첫 번째 주성분은 약 45.25%의 분산을 설명한다.
② 두 번째와 세 번째 주성분의 분산 합은 약 34.59%이다.
④ 스크리 플롯에서 고유값이 수평을 유지하기 전 단계로 주성분의 수를 선택한다.

**39** 정답 ④
K가 클수록 과대 적합이 아니라, 과소 적합의 가능성이 높아진다.

**40** 정답 ④
개인지출(Personal)의 p-값은 0.05 미만으로 유의하며, 졸업률에 영향을 미친다. 너무 많은 데이터를 참고하면, 개별데이터의 특성이 무시되므로 과소 적합의 가능성이 커진다.

**주관식 문제**

**01** 정보(Information)

**01** 사물인터넷(IoT)

**03** 문제 정의(Problem Definition)

**04** 데이터 거버넌스(Data Governance)

**05** 랜덤 포레스트(Random Forest)

**06** 부스팅(Boosting)

**07** 실루엣 계수(Silhouette Coefficient)

**08** 역전파 알고리즘(Backpropagation)

**09** 점추정(Point Estimation)

**10** 지니 지수(Gini Index)